北東アジアの
エネルギー政策と
経済協力

東アジアと地域経済 2011

福井県立大学 編

京都大学学術出版会

はしがき

　福井県立大学が企画・編集した研究シリーズ『東アジアと地域経済』の出版も，今回で4冊目となる。昨年は，特集として，「東アジア地域統合の諸動向」を取り上げ，国内外で活躍しておられる研究者に執筆をお願いした。
　今回は，特集のテーマとして，「北東アジアのエネルギー政策と経済協力」を設定し，昨年に引き続きそれぞれの分野でご活躍の内外の研究者の方々にご協力をお願いした。
　2008年の米国発金融危機とその後の世界同時不況の影響によって，北東アジアは深刻な経済後退を経験した。今回の危機は，今世紀に入って急速に拡大しつつあった北東アジアの二国間での経済連携に深刻な影響を与えたが，中国経済のV字型景気回復によって，2009年以降緩やかな回復基調に移行している。このような現状を踏まえて，今回の特集では，北東アジアにおけるエネルギー・資源問題，深刻化する環境問題，最先端を行く日本の原子力政策，北東アジアの経済協力問題，北東アジアにおいて圧倒的なプレゼンスをもつ中国経済の動向，などに焦点を当てた。
　序章では，1990年代から初めて取り組まれることになった北東アジアの地域協力について，回顧と展望を行っている。1990年代初頭から，北東アジアでは，「環日本海経済圏」あるいは「北東アジア経済圏」と呼ばれた局地的な経済圏構想が叢生した。しかし，北東アジアの平和と安定的発展にかけられた当時の熱い期待にもかかわらず，多国間での経済協力構想は次々と挫折していった。筆者は，その理由として，北東アジアにおける特殊性に対する認識の欠如をあげている。そのうえで，今後の北東アジアにおける地域協力の課題として，「下位地域協力」の重要性を指摘している。
　第1章では，世界最大のエネルギー資源保有国ロシアのエネルギー政策を概

観し，政府の2030年までの長期エネルギー戦略と天然ガス供給問題を中心に，検討している。筆者は，結論として，今後とも，資源国・輸入国・パイプライン経由国に各者各様の思惑が働き，各者間の緊密度や絆の強さに応じて政治的配慮が入りこむ余地が生じ，国によっては政治的判断が経済的合理性に優先されることもありうるという判断の下で，「資源は普遍的に外交の道具」であることを認識しておく必要があると指摘している。

　第2章では，ロシアの天然資源の大部分が埋蔵されているシベリア・極東地域の経済の概要と，極東地域で行われている開発計画について紹介している。筆者は，その上で，極東地域と北東アジア地域とのエネルギーを中心とした経済協力の現状と課題を整理し，北東アジア諸国とのエネルギー協力は，今後，ロシアの「エネルギー外交の三つの原則」に基づいて行われるであろうことを指摘している。

　第3章では，韓国のエネルギー・環境問題を取り上げている。韓国は，OECD（経済協力開発機構）加盟国の中では，一人当たりエネルギー消費はOECD平均よりは若干低いが，日本，ドイツ等の先進国の水準を越えている状態にある。韓国政府は2030年までにエネルギー原単位を先進国水準まで改善するという目標を樹立しており，現状ではこのような目標を達成するためには，エネルギー効率化政策がより強力に運営されなければならないが，筆者は，エネルギー効率の改善政策にも「市場の失敗や政府の失敗」が存在するとして，「政府と市場の調整」が特に重要な時期であると指摘する。さらに，政府の限界はエネルギー消費を自発的に削減しようとする市民社会の努力で補完されなければならないとも指摘している。

　第4章では，日本の原子力政策の現状と課題を取り上げた。承知のように，福井県は，運転中13基，建設準備中2基の軽水炉に，建設中（試験運転中）の高速増殖原型炉「もんじゅ」と廃止措置中の新型転換炉「ふげん」の研究炉2基が立地している世界的に見ても希な県である。筆者は，永年，福井県の原子力行政に携わった経験から，日本の原子力政策の課題についていくつかの提言を行っている。とくに，地球環境問題の深刻化，エネルギー資源確保の緊急性，

立地問題や地域共生の困難性などの全国的な課題を解決するため，国民合意のもとで原子力政策が見直されることが極めて重要であると指摘している。

　第5章では，新しい国際分業論の立場から環境問題を考察している。今日，経済学の理論では，グローバリゼーションの展開に伴って深刻化している貧困・環境などの現代問題を背景に，従来までの国際分業のあり方に対して多くの疑問が提起されている。筆者は，このような状況を受けて，環境論の視点に立脚した新しい国際分業論＝循環型国際分業論を構築する必要性を訴え，自らその理論的構築に取り組んでいる。筆者は，それを，「国際生態補償体制」というキーワードを用いて，本書において試論を展開している。

　第6章では，東アジア地域における経済発展と地域の経済連携を背景とした通貨金融協力の要因を分析し，域内バスケット通貨および共通通貨の可能性を検討している。筆者は，域内通貨金融連携が何らかのバスケット通貨形成と為替相場の安定性を実現し，共通通貨形成に至るという構想ではプラス面のみが強調されているように見受けられるが，そのような議論に対してはいくばくかの懸念を抱かざるを得ないと指摘している。その懸念として，金融政策の選択肢の問題と共通通貨の前提としての自由貿易の範囲の問題が指摘されている。東アジアの共通通貨構想は，まだ途に就いたばかりであり，今後，この分野での議論が深化していくことを期待する。

　第7章では，日韓自由貿易協定（FTA）の問題を取り上げた。筆者は，韓国対外経済政策研究院（KIEP）の日本チームの中心人物として，永年日韓FTAの問題を研究してきた第一人者である。日韓FTAの論議は，従来の枠組みからなかなか脱皮できずに，交渉再開というごく技術的な論議ばかりが先行しているが，筆者は，日韓FTAを実現させるためには改めてその枠組みを再設計する必要があると力説している。韓国と日本は，グローバル経済危機を通じて，各々のマクロ経済の安定を図るためには，為替市場の変動性と域外輸出市場への依存性を見直すべく，国家間協調と共同対応が容易になるように経済協力の枠組みを再構築する必要があることを学んだという。そこで，両国ともに国内市場の外延を東アジアまで拡大し，域内市場と域外市場の間に均衡のとれた需

要基盤を形成することが求められており，その出発点をなすのが日韓 FTA であるという。今後は，両国の政府と産業界だけでなく，市民社会も参加して韓日関係の未来ビジョンと課題等に関する虚心坦懐な対話を始めることが大切であり，「このような議論ができる国同士がまさに韓国と日本であることを忘れてはならないであろう」という指摘は印象的である。

　第 8 章では，2008 年 9 月に発生したリーマン・ショックとそれに続く世界金融危機は，中国経済に何をもたらしたのか，中国経済の現状を改めて掘り下げて分析しながら，その影響について再検討し，2011 年 3 月に打ち出された「第 12 次五カ年計画」(2011～15 年) の策定動向から，今後の中国経済の行方を展望している。リーマン・ショックは未曾有の世界経済危機を惹き起こしたが，中国はいち早く景気後退から脱却し，文字通りの「V 字回復」を達成した。ちまたでは，この状況を「中国の一人勝ち」，「世界経済の牽引車」など概ね肯定的な評価が多くみられたが，果たして中国経済の現状を手放しに評価できるのであろうかというのが筆者の基本的な問題意識である。

　第 9 章では，中国「社会主義市場経済」の矛盾の一つの側面として一般に指摘されている地域格差の問題を，義務教育予算に反映される財政格差の現状を検討することによって，格差の実態を分析している。筆者は，「教育ジニ係数」という指標を利用して，各省間の格差の実態に迫っているが，分析の結果からは，省（都市）間には特筆されるような格差はみられず，過去 10 年間で緩やかに格差が縮小しており，省（都市）内の格差に関しても，2000 年初期にかけて格差が拡大する傾向がみられたが，2004 年から 2006 年を境に，縮小傾向が続いているとの結論が示されている。ただし，「教育ジニ係数」だけを指標として用いる分析には限界も多く，今後多面的な分析が必要であることが指摘されている。

　第 10 章では，2010 年 2 月 1 日より施行された中国特許法の第三次改正法が，日本の対中国ビジネスに及ぼす影響について分析されている。筆者は，第三次改正法の概要と特徴を分析した後，この改正が日本企業（外国企業）に与えると思われる主な影響と留意点について 5 点にわたって整理している。ただし，

中国では，法律上の規定と司法上の執行状況との乖離が大きく，今後は，法改正後の司法執行状況から，外国企業への実際的な影響に対して引き続き注目する必要があるとも指摘している。

　第11章では，今日著しく進展するグローバル化に対して，日本の地方はどのような対応をはかればよいのか，さらには企業と地域はどのような関係を構築すれば両者においてWin-Winの関係を保つことが可能なのか，といった諸問題について，福井県の産業連関分析を通じて明らかにしようとしている。その際，主として，福井県産業界におけるグローバル化が地域企業にどのような影響を及ぼしているのか，さらにグローバル化により企業間の取引構造がどのように変容しているかを，産業連関表をもとに分析している。そのうえで，今後，地域経済が持続的発展を遂げるために，企業と地域がどのような関係を構築することが必要なのかについて示唆を与えている。

　第12章では，リーマン・ショック後の北陸地域と北東アジア地域との経済交流の動向について，ロシア，中国，韓国との関係を中心に考察している。筆者によれば，今後，世界経済は，先進国と主要新興国との勢いの差を際立たせながら，混迷状態を続けるものと予測され，こうした混沌とした世界経済情勢の下で，国内市場の需要縮減も一段と進むものと予想されるという。したがって，北陸地域の業界，企業としては，生産・販売体制の再編を進めながら，よりグローバルな視点に立脚した新たな海外戦略を指向することが求められているとして，そのための具体的な方策が提言されている。

　およそ以上のような構成で編まれた本書ではあるが，特集としては抜け落ちている問題も多い。中でも，中国のエネルギー・環境問題については，是非とも触れておきたかった部分ではあるが，残念ながらわれわれのネットワークでは中国人の適切な専門家（研究者）を見つける事はできなかった。実際のところ，中国の環境問題の研究は，資料面での多くの制約を抱えており，期待される成果も限られている。困難な課題ではあるが，今後の課題とさせていただきたい。

　本書の執筆者は，編者が代表を務める「東アジアと地域経済」研究グループ

のメンバーと，私たちの研究ネットワークを通じて依頼した各分野の専門家である。私たちの申し出を快くお引き受けいただいた執筆者の方々には，改めてお礼申し上げる次第である。

　また，京都大学学術出版会編集室の斎藤至氏には，本書の特集の企画段階から，わざわざ福井までご足労いただき，貴重なアドバイスをいただいた。この場をお借りして感謝申し上げる次第である。

　　2011年早春　奥越の山並みを望む研究室にて

　　　　　　　　　　　　　　　　　　　　　　　　　　　坂　田　幹　男

目　次

はしがき　　　［坂田幹男］　i

序章　北東アジアの地域経済協力：回顧と展望
　　　………………………………………………［坂田幹男］………1

　はじめに　1
　第1節　北東アジアの特殊性　3
　第2節　北東アジア経済協力の成果と教訓　8
　第3節　北東アジア経済協力の現状　16
　おわりに　21

第1章　ロシアのエネルギー資源
　　　── 開発戦略と国際関係 ──　………［杉本　侃］……25

　はじめに　25
　第1節　ロシアのエネルギー政策の変遷　26
　第2節　「2030年エネルギー戦略」の概要　31
　第3節　エネルギー資源が国際関係に及ぼす影響 ── 欧州との天然ガス関係を中心に ──　39
　おわりに　46

第2章　北東アジア諸国とロシア極東のエネルギー協力
　　　…………………………………………［アンドレイ・ベロフ］……49

　はじめに　49
　第1節　ロシア極東経済の概要　51
　第2節　北東アジア諸国の一員としてのロシア極東開発　56
　第3節　ロシア極東における「エネルギー外交」　60
　おわりに　69

第3章　韓国のエネルギー・環境問題…………［崔　宗一］……71

　はじめに　71
　第1節　韓国のエネルギー消費現況と消費効率　72
　第2節　エネルギー消費と環境　76
　第3節　韓国のエネルギー効率化政策の動向と改善策　82
　おわりに　90

第4章　日本の原子力政策
　　　　―― 福井の原子力から考える ―― …［来馬克美］……93

　はじめに　93
　第1節　地球環境問題とエネルギー資源　94
　第2節　福井の原子力を世界へ　109
　第3節　福井の原子力の展望　113
　おわりに　118

第5章　循環型国際分業と環境
　　　　―― 国際生態補償体制構築の視点から ――
　　　　………………………………………………［龍　世祥］……121

　はじめに　121
　第1節　環日本海生態系からみる地球環境問題　122
　第2節　地球環境問題からの新国際分業論の喚起
　　　　　―― 要因論に触れて ――　127
　第3節　循環型国際分業について　134
　おわりに　143

第6章　アジアにおける通貨金融連携と
　　　　バスケット通貨制への展望 ……………［吉田真広］……145

　はじめに　145
　第1節　アジア通貨金融連携の成立経緯とその後の展開　146
　第2節　東アジア地域における通貨金融連携をもたらした要因とその構造　149
　第3節　ASEAN＋3 域内における相互経済関係の強まり　152

第 4 節　アジアにおける取引通貨・媒介通貨・準備通貨の現状　161
　　第 5 節　バスケット通貨採用の意義　166
　　第 6 節　バスケット通貨 ECU の経験とアジアにおける共通バスケット
　　　　　　通貨の展望　169
　　おわりに　178

第 7 章　韓日 FTA をめぐる懸案と実現に向けた推進方向
　　　　　……………………………………………………［金　良姫］……181

　　はじめに　181
　　第 1 節　日韓 FTA の長期膠着状態の政治経済学　182
　　第 2 節　両者間懸案の批判的検討　190
　　第 3 節　韓国と日本のマクロ経済の共通懸案 ── グローバル経済危機
　　　　　　と韓日 FTA ──　197
　　おわりに ── 日韓 FTA の推進方向　202

第 8 章　中国の世界金融危機への対応とその結果
　　　　　── 経済発展方式との関係を中心として ──
　　　　　………………………………………………［加藤健太郎］……209

　　はじめに　209
　　第 1 節　世界金融危機の中国経済への影響と中国の対応　210
　　第 2 節　中国の世界金融危機への対応は何をもたらしたのか　213
　　第 3 節　「第 12 次五カ年規画」の策定と「経済発展方式の転換」　226
　　おわりに　234

第 9 章　中国地方政府間の財政格差について
　　　　　── 義務教育経費に着目して ──　…［桑原美香］……237

　　はじめに　237
　　第 1 節　中国の義務教育制度と教育経費　238
　　第 2 節　教育ジニ係数　248
　　第 3 節　分析結果と考察　250
　　おわりに　253

第10章　中国特許法の改正と対中ビジネスへの影響
── 第三次改正の問題点を中心に ──
[福山　龍]……255

はじめに　255
第1節　特許制度の変遷と法改正　256
第2節　新規性判断基準の引上げ　259
第3節　国際出願と秘密保持審査　261
第4節　職務発明制度と共有特許　263
第5節　特許権保護範囲の新解釈　269
第6節　特許侵害追及措置の強化　272
おわりに　277

第11章　グローバル化進展の中で変容する地域企業の取引構造 ── 福井県の産業連関分析を中心に ──
[南保　勝・江川誠一]……279

はじめに　279
第1節　分析の枠組み　281
第2節　県内生産額と県内需要の推移　284
第3節　県際取引構造の変容　288
第4節　地域として求められる「技術革新の風土」　297
おわりに　299

第12章　北陸地域・企業の海外展開の現状と展望
── リーマン・ショックによる北東アジア地域との経済交流の変化 ──
[野村　允]……301

はじめに　301
第1節　北陸地域の北東アジア貿易取引の現状　302
第2節　北陸地域の海上輸送ルートの動向　310
第3節　北陸企業の対岸事業展開の現状と課題　313
おわりに　321

統計資料　[坂田幹男・南保　勝]　323

序　章
北東アジアの地域経済協力：回顧と展望

坂田幹男

はじめに

　北東アジアは，世界的冷戦構造の影響がもっとも強い地域であった。それゆえ，多国間にまたがる地域経済協力という発想は，冷戦構造下では皆無であった。そのような状況が大きく変化し始めたのは，1980年代末に至ってである。
　中ソ対立が和解へと向かい，世界的な冷戦構造の溶解現象がみえ始めた1980年代末から90年代初頭にかけて，日本では，「環日本海経済圏」あるいは「北東アジア経済圏」を構想する議論が叢生したことは，周知のとおりである。
　当時，情報・通信革命と経済活動の自由化の著しい進展によって，世界はますますグローバル化し，世界的冷戦構造の最前線に位置していた北東アジアも例外なくグローバル化の波に飲み込まれていった。それとともに，地方においても，Inter-national（国際）から，国家を介さない越境的 Inter-local（民際）な関係づくりが重要な課題として浮かび上がってきた。また，日本では，東京一極集中の是正と地方分権の拡大，魅力ある地域づくりなど，地方の活性化が叫ばれ，そうした課題に対する具体的な取り組みが迫られていた。こうした状況の

下で，地方の活性化と地方が主体的に取り組む「民際交流」とを同時に追求しようとする新たな潮流（グローカリゼイション：glocalization）が形成されていった[1]。

このような状況を受けて，日本海沿岸地域（環日本海地域）を中心として，かつては大陸との重要な接点（海を通じた交流）でありながら，近代以降の度重なる不幸な歴史によって，閉ざされた冷たい海へと変貌していった「日本海」を再び開かれた交流の海へと復権させようという熱い思いが，この地域の人々の心を捉えたのはいうまでもない。環日本海地域の人々にとって，「歴史的復権」へのまたとない好機が到来したと受け止められた。

北東アジアにおけるはじめての多国間にまたがる地域経済協力の試みとなった「北東アジア・環日本海経済圏」構想は，このような時代的背景の下で取り組まれることとなった。しかし，そこには「21世紀の巨大市場」としての期待から，「局地経済圏」（Localized Economic Zone）としての経済交流の活性化に対する期待，さらには国境を跨いだ地方間での「交流の場」としての期待まで，多様な思いが混在していた。にもかかわらず，結局のところ当時は，すべての期待は「北東アジア・環日本海経済圏」の実現へと収斂されていったようにみえる。しかし，残念ながら，20年以上経った今日においてもなお，北東アジアでは，多国間協力の実現には至っていないし，「局地経済圏」と呼べるような活発な経済交流も実現してはいない。

では，この地域における多国間協力の試みとして多くの期待を集めた「環日本海経済圏」，あるいは「北東アジア経済圏」構想とは，はたしてどのようなものであったのであろうか。さらに，この構想が実現しなかった理由はどこにあるのだろうか。今日，あらためて「北東アジアの経済協力」を論ずるに当たっては，まずこの問いからはじめなければならない。

---

1) グローカリゼイションという造語は，グローバリゼイション（globalization）とローカリゼイション（localization）を合成したものである。押し寄せるグローバル化の波に，地方が自律性を保ちながら主体的にどのように対応していくかという課題を内包している。

第 1 節　北東アジアの特殊性

　北東アジアではなぜ多国間での地域協力が進展しなかったのであろうか。経済的補完関係という意味では，北東アジアの潜在力はどの地域よりも大きいはずである。にもかかわらず，多国間協力という肝心な問題を乗り越えることができなかった。結局のところ，多国間協力（国家間協力）の枠組みを前提とした大規模な地域開発計画は，北東アジアに潜在的に存在するにすぎない経済的補完関係を重視するあまり，この地域の特殊性を余りにも軽視していたといわざるを得ない。

　1990年代初頭に脚光を浴びた，国連のイニシアティブと多国間協力を前提とした「図們江地域開発計画」のような開発方式は[2]，たしかに従来まではみられなかった新しい試みとして注目されるが，肝心の多国間協力の枠組みを可能にするような条件がまったく考慮されていなかった。このような条件は，冷戦構造の溶解という国際政治状況の変化だけで直ちに生みだされるものではな

---

[2] 「図們江地域開発構想」とは，冷戦構造の溶解の兆しがみえ始めた80年代後半に，中国吉林省の地域開発計画の一環として提唱されたことに端を発している。社会主義計画経済期には重工業の中心地域として発展してきた東北地区，なでも吉林省は，市場経済の導入以降は「東北現象」と呼ばれる極端な地盤沈下に直面していた。こうした事態に危機感を募らせていた内陸省である吉林省は，日本海への自前の出口として，図們江に着目したのである。中・朝・ロ三国と国境を接する図們江河口流域を，ロシア・北朝鮮だけでなく関心をもつすべての国の協力によって大々的に開発しようという吉林省の構想は，UNDP（国連開発計画）への強い働きかけによって，UNDP第5次事業計画（1992～96年）の中心的プロジェクトとして採用されることになった。UNDPは，わずか1ヵ月という短期間での可能性調査の後に，『図們江地域開発調査報告書』（1991年10月）なるものを発表し，この計画が実行に移されれば，「図們江デルタ地帯が将来の香港，シンガポール，ロッテルダムになり，中継貿易と関連産業が発達した地域になる可能性がある」ともちあげた。この計画が突破口となって，北朝鮮の対外開放が進めば，北東アジア地域の安定と経済的浮上が一気に加速されるとの期待もあった。しかし，その後UNDPのイニシアティブの下で組織された「計画管理委員会」では，UNDPと吉林省が描いた当初の青写真は次々と換骨奪胎させられていき，90年代末には完全に挫折した。この間の詳しい経緯は，坂田幹男『北東アジア経済論』ミネルヴァ書房，2001年，54～59ページ，参照。

い。近代以降の度重なる不幸な歴史によって，北東アジアにはそれぞれの間に強い不信感が蓄積されていたのである。

　筆者はかつて，「北東アジアは，歴史的，地理的，政治的，経済的，制度的，文化的にみてきわめて特殊な地域である」として，いくつかの特殊性を指摘した[3]。北東アジアの特殊性について，ここで改めて整理しておくことは無駄ではなかろう。

　特殊性の第一は，この地域はかつて日本が植民地として支配した地域が大部分を占めており，いわゆる支配と被支配という歴史的経験をもっているという点である。このようなかつての不幸な関係は，人々の心の中から完全には払拭されておらず，日本人の「歴史認識問題」として今日に至ってもたびたび批判の対象となっている。一言でいって，北東アジアには依然として清算されない歴史が残されている。

　第二に，この地域の構成主体には国家と国家の一部地域（中国東北地区，ロシア極東地域）が混在しており，中央と地方という複雑な利害関係を内包していることである。中国やロシアを国全体として北東アジアに含めることには地理的に無理があるだけでなく，「主権国家」の問題を背後に追いやってしまうことになる。北東アジアには制度的な地域統合を目指す条件は存在しない。このことは，東南アジアがAFTA（ASEAN自由貿易地域）や「ASEAN共同体」を求心力としているのとはきわめて対照的である。したがって，北東アジアでは，東南アジアのような国家レベルでの地域統合とは別の視点が必要とされている。

　第三に，今なお分断国家が対峙する著しい不安定性をもっているという点である。冷戦によって生まれた分断国家をいまなお抱える北東アジアが，この問題の解決の糸口を見出せない限り，北東アジアでの安定的な発展の展望はみえてこない。朝鮮半島の分断は，のど元に突き刺さったトゲのごとく，あらゆる局面において「躓きの石」となっている。北東アジアは，東アジアの中でも最

3）　同上書，16〜21ページ。

もボーダフルな現実を抱えている。

第四に，他の地域にはみられない著しい経済格差とそれとは対照的な「社会的生産知識体系」の存在である。北東アジアには，圧倒的な経済格差が存在していると同時に，ロシア極東地域の旧軍需産業や中国東北地区の重化学工業，北朝鮮の重化学工業など，「社会的生産知識体系」の蓄積がある[4]。このことは，北東アジアでは，垂直的分業に加えて，軍需産業の民需転換支援のような水平的分業関係の構築が重視されているということを意味する。低賃金と天然資源を利用するだけの経済関係は，現地の人々からは拒絶されるであろうことは明らかである。

第五に，この地域には，著しい政治・経済システムの多様性がみられることである。北東アジアには，「移行経済」と呼ばれる市場経済化の過渡期にある国家が含まれている。これらの国の特徴は，強い中央集権制にある。経済システムの多様性は経済交流（企業活動）の障害となる場合が多く，政治システムの多様性は地方自治体や民間レベルでの交流の障害となっている。

第六に，一般に信じられているような「儒教文化圏」という範疇では括れない文化の多様性が存在することである。日本では，一般に，中国や韓国とは同じ儒教文化圏に属しており，文化的な共通基盤をもっていると考えられてきた。韓国でも，「儒教経済圏」という呼び方がされ，儒教原理に基づく経済圏形成の可能性が指摘されている。実は，このような安易さが，日本と中国・韓国の間でたびたび深刻な文化摩擦を生んできたのである。民間企業の経営にとっても，日・中・韓の文化的な違いは多くのトラブルの原因になっている[5]。しか

---

4) この点を最初に指摘したのは，金田一郎『環日本海経済圏：その構想と現実』日本放送出版協会，1997年，である。

5) 一般に，儒教の根幹は「忠」と「孝」にあるといえるが，その受容において日本と韓国では大きな違いがある。一言でいって，日本は「忠」を中心とした目的合理主義に基づく社会原理を作り上げていったのに対し，朝鮮半島では「孝」を中心とした価値合理主義に基づく社会原理が作り上げられていった。このような社会原理の違いは，労使関係，経営組織原理の違いに反映され，一般的にいって，韓国では企業への帰属意識よりも血族への帰属意識が強く，企業を疑似家族集団とみなす日本とは対照的である。韓国で財閥改革がなかなか進展しないのはこのことと無関係ではない。

も，中国では，10年間続いた「文化大革命」の時期に，儒教的道徳や倫理は徹底的に否定されてきた。北朝鮮では，儒教思想の一部は指導者を絶対的存在として仰ぐ「主体思想」や「社会政治的生命体」論へと変質させられ，個人崇拝を支えるイデオロギーとなっている。

第七に，この地域には顕著な「周辺部性」が残されていることである。上述した北東アジアの特殊性は，実はこの地域の「周辺部性」と密接にかかわっている。この点について少し詳しくみておこう。「周辺部」という用語は，「中心部」に対する対概念として1970年代から資本主義「世界システム」論の分野で定着していった表現である[6]。ここでは，この議論に深く立ち入る余裕はないが，ここで問題にする「周辺部性」とは，単なる未開発状態をさすのではなく，「中心部」によって作り出された「周辺部性」であるという点だけを指摘しておきたい。

北東アジアには実に多くの「周辺部性」が残されている。ロシア極東地域は，典型的な国内「周辺部」であり，旧ソ連時代は，ヨーロッパ・ロシアを中心とした工業化のための原料供給地でしかなかった。ソ連崩壊後は，ロシア極東地域がもっとも厳しい困難に直面した時期である。90年代，極東地域は大量の人口流出に悩まされることになる。

戦前に植民地支配を経験した中国東北地区は，新国家樹立後も，社会主義的工業化に固有の強蓄積メカニズムのために「周辺部性」の克服には至らなかった。しかも，改革・開放後の東北地区は，「東北現象」と呼ばれた著しい地盤沈下を経験し，沿海地域との格差を拡大させていった。中国東北地区の低開発性とは，まさに「低開発の開発」の結果としてのそれである。

北朝鮮とモンゴルは，ともに旧ソ連との社会主義的国際分業に組み込まれ，自律的な産業構造の形成は阻害された。両国はともに，ソ連からの援助貿易なしには自立できない従属的構造を余儀なくされたのである。北朝鮮が60年代に打ち出した「自立的民族経済」路線は，中ソ両大国に対して等距離を保ちな

---

[6] 詳しくは，坂田幹男『第三世界国家資本主義論』日本評論社，1991年，第4章，参照。

がら，経済的には両国から最大限の援助を引き出すという対外政策に過ぎなかった。冷戦構造が溶解し，ソ連邦が崩壊したとたんに北朝鮮は未曾有の経済危機に直面したのである。

　北東アジアの「周辺部性」はほかにも，日本，中国，ロシアという大国に囲まれた朝鮮半島の周辺部性や，日本や韓国にみられる工業化の結果としての「周辺部性」（かつて裏日本と呼ばれたこともある）など，重要な問題が指摘できる。しかし，ここでは「周辺部性」そのものを問題にしているわけではない。筆者が強調したい点は，北東アジアにみられるおよそこれらの「周辺部性」は，この地域における経済連携のあり方に強く影響せざるを得ない，ということである。

　おそらく，北東アジアの特殊性は，以上に尽きるものではない。未解決の領土問題，日本，中国，ロシアに居住する在外コリアンの問題など，他にも無視し得ない特殊性がある。だが，結局のところ，これらの特殊性も，近代以降のこの地域の不幸な歴史と結びついている。

　およそこれらの特殊性は，北東アジアに潜在する経済的補完関係によって導かれる市場メカニズムを通じた「局地経済圏」の形成を困難にしており，市場メカニズムに代わる，あるいは補完する別の推進軸を必要としているということを意味している。

　たとえば，日本の資本と技術によって，ロシア極東の天然資源を中国東北地区の低賃金労働力を利用して開発するという発想は，経済的補完関係という点からは，なるほど合理的かつ効率的な開発政策のようにみえるが，それは必ずしもそこに住んでいる人々の願いではない。ロシア極東地域の人々は，天然資源を採掘するだけの経済協力など必要ないと考えている。彼らが望んでいるのは，軍需産業の民需産業への転換支援や，木材・水産物加工産業への投資や育成支援など，極東地域での自立的な産業基盤の形成である。要するに，そこに蓄積されている社会的生産知識体系を再生させるような経済協力を必要としているのである。

　このような経済連携のあり方は，経済的補完関係を前提とした「局地経済圏」

という発想からは決して生まれてこない。しかも，前述したように，この地域には国家間協力を推し進める上での決定的な「求心力」が欠如している。

それゆえ，北東アジアでは，「求心力の欠如」を補う方策が模索されなければならない。それは，多国間協力にこだわることではなく，北東アジアに山積している問題解決のための問題解決型「下位地域協力」という視点を共有することである。この点については，最後に改めて検討したい。

第2節　北東アジア経済協力の成果と教訓

1990年代に構想された北東アジアの「局地経済圏」構想は，結局実を結ぶことはなかった。もちろん，90年代の取り組みがすべて無に帰したということではない。「図們江地域開発計画」が契機となって，将来的な北東アジアでのグランドデザインを描こうとする試みが始まり，北東アジアでの安定的なエネルギー供給の方策や，輸送回廊の構築，インフラ整備の方策へと各国の関心が広がっていったことは，2000年代以降特に重要な意味をもつことになった。

併せて，シベリア・ランド・ブリッジ，チャイナ・ランド・ブリッジといったヨーロッパとアジアを陸路で結ぶ陸上輸送網（ユーラシア・ランド・ブリッジ）への期待が広がり，海上輸送網の構築や港湾整備が急がれることになった。こうして，日本や韓国では，地方港や地方空港の相次ぐ北東アジア航路の開設によって，北東アジアへの物的・人的アクセスは1990年代には格段に整備された。海上輸送の面では，釜山港をハブ港として，日本海沿岸の地方港と結ぶ「ハブ＆スポーク」ネットワークが，韓国の船会社を中心として形成されていった。その結果，日本海側の港湾を通じた物流は，この間大きく増大した（たとえば，北陸三県の港湾＝伏木港・金沢港・敦賀港の国際コンテナ貨物取扱総量は，1994年の16,829 TEUから2000年の50,101 TEUへ，3倍近く増大した）。航空路線でも，1990年代に日本の地方空港は相次いで韓国路線を開設し（そのほとんどに韓国の航空会社が就航した），ソウルを中心とした「ハブ＆スポーク」ネッ

トワークが形成されていった。さらに，日本の地方空港は，中国路線・ロシア極東路線も相次いで開設し，環日本海地域の人的交流は飛躍的に増大した（たとえば，富山空港は，1993年ソウル路線，94年ウラジオストク路線，98年大連路線を相次いで開設した）。

　また，1990年代に具体化していった地方間交流の中には，いくつかの画期的なものも含まれている[7]。とくに，日本海沿岸の地方自治体が中心となって進めた交流は，産・官・学の連携を促し，経済交流拡大への基盤整備がはかられた。なかでも，地方自治体が相次いで設立したシンクタンクは，知的インフラの整備に繋がり，ほとんど空白に近かったこの地域の調査・研究は飛躍的に進んでいった。併せて，この時期，グローカリゼイションという潮流が各地で形成され，民間レベルでの国境を越えた友好交流など実体を伴った運動へと広がっていった[8]。

　ただし，国境を越えた地方間での経済交流の実績という点では，日本海沿岸地域でもいくつかの先駆的な事例はみられるものの，おしなべて低調であったことは否めない。日本の地方自治体は，外国の事業に直接投資することは地方財政法に抵触するため，経済交流の主体はあくまで民間企業とならざるを得ないが，当時日本の地場産業は，バブル崩壊後の長期不況に加えて，1980年代の対韓国直接投資において経験したさまざまなトラブルが「トラウマ」となって，対岸地域への投資には消極的であった。

　しかし，黄海を取り巻く北部九州，韓国・中国の沿海部では，「環黄海経済圏」と呼ばれる実態を伴った経済圏が発展していったことは特筆されるべきで

---

[7] この時期，地方自治体が中心となって進めた交流の先駆的な事例としては，中国琿春市とロシア沿海地方との鉄道敷設事業（ザルビノ鉄道）の合意およびザルビノ港開発・利用に関する協力，北九州市と大連市との友好交流に基づいて北九州市が行った大連市の環境改善マスタープランの策定，新潟県のザルビノ港整備計画への協力などをあげることができる。

[8] 地方が抱える国際化と地方の活性化という今日的課題を同時に取り組もうとすれば，地方からの国際化，すなわち国境を越えた地方間交流という方向性が必然的に追求されることになる。このような，グローバルにしてローカルな交流こそ，環日本海圏交流が担った課題であった。

あろう。1991年に開催された「環黄海六都市会議」（北九州市・下関市・釜山市・仁川市・大連市・青島市）は，その後福岡市，韓国の蔚山市，中国の天津市，煙台市が加わり（東アジア都市会議への拡大），今日では「東アジア経済交流推進機構」として発展し，経済交流の拡大に取り組んでいる。こうした地方自治体を中心とした交流に加えて，民間での経済交流も活発に行われている。福岡―釜山間の空と海を利用した旅行者の数は近年急増しており，韓国の旅行会社は相次いで福岡への進出を果たしている[9]。さらに，対馬海峡・朝鮮海峡をはさんだ日韓の両岸地域には，自動車産業の巨大集積地が形成されており，日韓双方の自動車産業間では，部品の相互供給など活発な取引がみられる。「日韓海峡経済圏」と呼ばれる福岡・北九州を中心とした九州北部と慶尚南道蔚山・釜山を中心とした経済的な結びつきは拡大の一途をたどっている。

　そのほかにも，大学や研究機関が中心となって進めた北東アジア学術交流ネットワークや，コリアン・ネットワーク形成に向けた取り組み[10]，日本や韓国での学会の設立など，この地域でのソフト・インフラの構築は飛躍的に進んだ。この時期に築かれた国際的な学術ネットワークや研究ネットワークは，21世紀に入って重要な役割を果たすことになる。

　たしかに，1990年代の北東アジア経済交流の取り組みには，以上のような積極的に評価される面がある。しかし，同時に，この時期の北東アジアにおける「局地経済圏」構想には，多くの教訓が残されている。われわれは，この教訓を正しく受け止めなければならない。以下において，いくつかの重要な点を整理しておきたい。

　まず，何よりも重要な教訓として指摘しなければならないのは，筆者も含めて，大方の研究者が，構想と現実の乖離に鈍感すぎたことである。図們江地域開発計画を含めた北東アジアにおける「局地経済圏」構想は，それが語られ始めた1990年代初頭から，すでに現実との乖離が進行していたのである。しか

---

9) 小川雄平『東アジア地中海経済圏』九州大学出版会，2006年。
10) 中国朝鮮族研究会編『朝鮮族のグローバルな移動と国際ネットワーク』アジア経済文化研究所，2006年，参照。

し当時は，構想実現への期待が大きかったために，現状分析には強いバイアスが働き，客観的な分析が十分ではなかった[11]。

1990年代後半には，この乖離はますます進行していったにもかかわらず，多国間協力に基づく大規模開発に望みをつなぐ議論が主流を占めた。90年代後半に至ってさえ，図們江開発計画の最大のネックと考えられた開発資金問題など，北東アジアでの開発プロジェクトを資金的に支援する目的から，多国間協力と民間協力に基づく「北東アジア開発銀行」構想が打ち出されていった[12]。

しかし現実には，1990年代の北東アジアには依然として多くの不安定要因（障害）が残されていた。最大の不安定要因は，対外開放を拒み続け，伝統的外交手法に固執する北朝鮮の動向であった。当時，日本における北朝鮮分析は，多分にバイアスのかかったものであった。そのことは，資料や情報の不足にのみ起因するものではない。それはまさに，1980年代まで続いた韓国の独裁政権に対する批判と対照的な関係において形成されたものである。北朝鮮が，大国と対等に伍していく手段として歴史的に形成してきた伝統的外交手法の危うさに対する認識は，一部の人々の懸念を除けば，一般にはほとんど皆無であっただろう。

だが，この一部の懸念は，1993年に現実のものとなった。かねてより指摘されていた北朝鮮の核開発疑惑は，国際原子力機関（IAEA）の査察によって「確信」へと変わり，米朝関係が悪化する中で，北朝鮮は核不拡散条約（NPT）か

---

11) 筆者も，1990年代初頭の北東アジアの新しい状況の出現を受けて，経済交流を通じた「北東アジア経済圏」の形成を展望した（坂田幹男・他『北東アジア経済圏の形成』新評論，1995年）。そこでは，北東アジアの特殊性を踏まえて，東南アジアの局地経済圏とは異なった新しい開発のあり方を模索したつもりであるが，「局地経済圏」としての北東アジア（環日本海）経済圏そのものへの期待は依然として大きかった。北東アジアの現実への認識が甘かったといわざるを得ない。

12)「北東アジア開発銀行」構想は，1997年8月に開かれた第7回北東アジア経済フォーラム・ウランバートル会議の席上，スタンリー・カッツ・米国東西センター上級客員研究員をリーダーとする研究スタッフによって提案されたものである。しかし，多国間協力を前提とするこのような構想は，図們江地域開発計画と同様，挫折を余儀なくされた。

らの脱退を宣言すると同時に,「準戦時体制」に突入した。1993年から94年にかけて,北東アジアは一転して「戦争の危機」に直面したのである(実際アメリカは,北朝鮮の核施設に対する空爆を検討した)。北朝鮮の核開発問題は,1994年10月の米朝枠組み合意によってひとまず回避されたが,多くの重要な問題を先送りしたことによって後に火種を残すことになった[13]。

　北朝鮮の核開発問題以外にも,1990年代の北東アジアは幾度かの危機的状況に直面した。1996年9月には,北朝鮮が初めて設置した「経済特区」(羅津・先鋒自由経済貿易地帯)での大規模な国際投資・ビジネスフォーラムが開催された矢先に,韓国東海岸(江陵市郊外)への北朝鮮潜水艦進入事件が勃発した。大規模な軍隊を動員して行われた北朝鮮逃亡兵士の捜索の模様を伝えるニュース映像が全世界に配信され,韓国の経済協力ムードは一掃された。この事件は,核問題における米朝対話を重視した米国の仲介によって,北朝鮮外務省スポークスマンによる平壌放送を通じた「深い遺憾の意」の表明によってひとまず終息したが,1997年末には今度は韓国が未曾有の経済危機に直面することになった。この経済危機によって,韓国がロシア極東地域や中国東北地区など北東アジアで進めていた経済協力は大きく後退した。

　他方,北朝鮮の経済は,この間,大量の餓死者を出すほどまで極度に悪化していった。初の南北首脳会談を直前にした金日成主席の突然の死(1994年7月)は,北朝鮮の対外開放を大きく後退させ,1996年からは「苦難の行軍」と呼ばれる人海戦術と突撃戦が繰り返されることになった。水害と干ばつという自然災害が集中したとはいえ,1990年代の北朝鮮経済はどん底の状態まで落ち込んでいった。

　逆説的ではあるが,世界的な冷戦構造のもとでほとんど埋もれていた北朝鮮

---

13)「枠組み合意」は,北朝鮮の黒鉛減速炉を中心とした原子力施設を凍結・解体する見返りとして,軽水炉2基を提供するという米朝合意を基本としたものである。これを受けて,1995年3月に日・米・韓三カ国により,朝鮮半島エネルギー開発機構(KEDO)の設立協定が署名された。しかし,軽水炉本体の設置までに行うことになっていた北朝鮮の核施設の査察方式・モニタリングなどについては,曖昧なまま残されていた。

の異質性が，冷戦構造の溶解によって逆にクローズアップされることになったというのは，何とも皮肉な現実であった[14]。

　ロシア極東地域の経済的混乱も，90年代の動向を左右した不安定要因の一つである。ソ連邦の崩壊によって混乱の極に達した極東地域は，エリツィン時代，相次いで経済的権限の強化を要求し，地方の自立性を強化しようとした。ロシア極東地域が，韓国・日本を含む北東アジア地域との連携を深めようとしたのも，そうした試みの一環であった。「北東アジア経済圏」構想とロシア極東地域の自立性の追求とは，表裏の関係にあった。

　しかし，プーチン大統領登場以降（1999年8月），中央と地方の関係は大きく変化していった。プーチン大統領は，「強いロシア」の復活を目指して，中央と地方の関係の再構築に乗り出していった。手始めとして行われたのが，連邦憲法および連邦法と地方の法令とを合致させる試みであった。当時，地方の首長が交付した政令や地方の議会で採択された法の内，20％が連邦憲法や連邦法と矛盾し，しかもこれに対して裁判所が違憲判決を出したとしても十分な強制力をもたないという「法的無秩序の状況」があったという[15]。プーチン政権は，以後矢継ぎ早に中央と地方の関係を再構築するための政策を打ち出していった。このような中央と地方の再編成課程の下で，ロシア極東地域には，かつてのような独自性を追求する姿勢はみられなくなった。

　前述したように，北東アジア地域の特殊性の一つに，この地域には国家（日本・韓国・北朝鮮・モンゴル）と国家の一部を構成する地方（ロシア極東地域・中国東北地区など）が混在していることがあげられる。そのことは，AFTA（ASEAN自由貿易地域）のような，国家次元での地域統合の可能性を展望することが出来ないことを意味している。北東アジアには，制度的な地域統合を目指す条件

---

14) 前述したように，冷戦時代の北朝鮮研究は，様々なバイアスによって，その真の姿を捉えにくい状況にあったことはある意味ではやむを得なかったとしても，その影響を払拭するには時間がかかった。結果として，北朝鮮の特殊な体制に対する認識は十分ではなかったといわざるを得ない。今日でも，統計資料をまったく公表していない北朝鮮の経済研究は，多くの制約に直面している。

15) 堀内賢志『ロシア極東地域の国際協力と地方政府』国際書院，2008年。

は存在していないのである。
　そのことはまた，中央政府と地方政府の間には，「国益」と「地域開発」の間の矛盾という問題が常に内在していることをも意味する。換言すれば，国境を跨いだ地域開発の具体化が，国益の追求とトレード・オフの関係になることもあり得るということを意味している。ロシア極東地域は，豊富な天然資源が存在しているがために，中央政府の思惑が強く働き，中央からのコントロールが強化されざるを得なかったのである[16]。
　さらに，先に指摘した中国政府の図們江地域開発に対する冷やかな態度も教訓として活かされなければならない。中国政府にとって，開発戦略上における東北地区の位置づけとしては，中ロ関係，中朝関係という複雑な政治問題が絡んでくる上に，中国朝鮮族の動向という民族問題まで内包しているために，特別な配慮を必要とするものであった。韓国政府が1998年8月に，これまで規制の多かった在外同胞の法的地位に関する法律の改正を発表し（通称「在外同胞特例法」），韓国籍のまま外国で生活している同胞と外国籍同胞（中国朝鮮族など）に対して，韓国内での経済活動について一定の内国民待遇を与えようとする姿勢を示したとき，さらに在外同胞の基本的権利の明確化を謳った議員立法（在外同胞基本法）が国会に提出されたとき，民族問題の火種となることをおそれた中国政府は内政干渉に当たるとして激しく反発した[17]。中国政府にとっては，中国朝鮮族の「コリアン・アイデンティティー」の高揚は，なんとしても

---

[16] ロシア極東地域では，ソ連崩壊後の一時期，地方政府の権限強化と独自の開発政策が追求された。沿海地方議会が1993年7月に採択した「沿海地方の地位について」宣言は，沿海地方政府の経済的権限の強化を要求したものであり，1991年10月にウラジオストク市が公表した「大ウラジオストク構想」は，「自由経済地帯」（経済特区）の設立を含む大規模な地方開発計画であった。こうした地方政府の独自行動は，中央政府からことごとく押さえ込まれることになる。

[17] 中国の反発だけでなく，在日コリアンの中にも，韓国籍を有し外国で暮らす在外国民と，中国の朝鮮族のような「外国人」とを同等に扱うことに対する不満も根強かった。こうした内外からの批判によって，「在外同胞基本法」は廃案に追い込まれ，「在外同胞特例法」はその対象から中国の朝鮮族などの外国籍取得者を除外して制定された。詳しくは，坂田，前掲（注2），第5章，参照。

避けなければならない課題であった[18]。

　また，地方自治体が中心となって進めた国境を越えた地方間交流にも，幾多の障害が横たわっていた。とくに，対岸諸国・地域の地方自治の歴史は浅く，トップ・ダウン型の運営が地方間交流においても幅を利かせる場合が少なくなかった。こうした地方自治の異質性は，交流に携わる者にとって事あるごとに直面せざるを得ない壁であった。こうした壁は，交流を単発的なものから継続性のあるものにしようとする際に必ずといっていいほど直面する[19]。

　およそ以上のことは，冷戦の終焉という世界的政治状況と経済のグローバル化という世界的経済状況を前提として，「北東アジア・環日本海経済圏」の形成を具体的に手の届くものとして描いてきたわれわれの現状分析が，基本的に誤っていたということを意味する。この点は，最大の教訓として，率直に認めなければならない。実際には，北東アジアには依然として「ボーダフルな現

---

18) 韓国は，延辺朝鮮族自治州の州都である延吉市にソウルからの定期直行便の開設を要求していた。延吉市は，檀君神話で知られ朝鮮族発祥の地といわれる白頭山への玄関口であり，韓中国交樹立以降多くの韓国人が観光に訪れている。韓国人と朝鮮族との交流が始まってから，この地域では多くの社会問題が噴出することになった。韓国政府の定期直行便開設の要請にもかかわらず，中国政府はなかなかそれに応じず，韓国では中国政府の姿勢に不満の声が強かった（チャーター便の運行は観光シーズンに限られていた）。延吉空港は 2005 年に国際空港に格上げされ，ソウル・延吉間の定期直行便も 2006 年になってようやく開設された。2010 年 7 月現在，ソウル・延吉間は週 19 便が運行されている（運行便数は季節によって異なる）。

19) 地方自治体が行った地方間交流の問題は対岸諸国だけではない。日本の地方自治体が追求した環日本海圏交流の大部分は，打ち上げ花火のようなイベント型の交流が中心であり，その華々しさとは対照的に継続性に乏しかった。こうしたイベント型交流は，みえやすい成果の追求という体質と，ジョブ・ローテーションに伴う企画担当者の短いタイム・スパンによって，多くの自治体において定着していった。しかも，日本の地方自治体が行う地方間交流には，政府が行う国際交流のような「国益」という視点をもち得ないために，推進力の脆弱性（政策目標の抽象性）という限界もあった。そのことは，バブル崩壊後の地方自治体の交流予算に直接反映されるようになっていく。バブル経済期に浮上した環日本海圏交流は，バブル崩壊後の日本経済の長期不況によって，財政面からも圧迫されることになり，地方自治体は軒並み予算のマイナス・シーリングを余儀なくされ，交流や基盤整備のための予算を大幅に削減していった。地方自治体に交流のイニシアティブを期待する時代はすでに終わったといえよう。

実」が横たわっていたのである。われわれは，この厳しい現実から出発する以外にないのである。

第3節　北東アジア経済協力の現状

　世界的には，「グローバリズムの時代」といわれながら，実は北東アジアは，依然として「ナショナリズムの時代」にあるといわざるを得ない。日口の領土問題はその糸口さえ見出せないまま，メドベージェフ大統領は歴代の指導者としてははじめて北方領土を視察するなど，日口関係の改善は膠着状態に陥っている。日韓の間に突き刺さったトゲ（竹島・独島問題）は，依然として両国関係のさまざまな局面で悪影響を及ぼしている。さらに，尖閣列島をめぐる日中の対立の激化は，日中関係の将来に暗い影を投げかけている。

　「ナショナリズムの時代」という点においては，韓国や中国，ロシアにおいても同様である。中韓の間には，かねてより中国東北地区および朝鮮半島の歴史解釈をめぐって双方の歴史家の間に根強い対立があった。しかし，中国社会科学院が中心となって2002年から5カ年計画として本格的に進めてきた国家プロジェクト（中国東北地区の地域・歴史研究）「東北工程」の進行過程において，中国側の公式的な歴史認識（高句麗史・渤海史の中国史への編入）が示されたことによって，韓国では激しいナショナリズムが誘発され，反中感情が一気に高まった。韓中間の歴史解釈問題は，朝鮮（韓）民族の出自にかかわるもっともセンシティブな問題であり，対立の根は深い。

　ロシアにおいても，近年の資源ナショナリズムへの傾斜は，北東アジアにさまざまな軋轢をもたらしている。ロシア政府は，突然，2007年7月から，原木・丸太の輸出関税を6.5％から20％に引き上げる措置を一方的に講じた。2008年4月には，さらに25％へと引き上げられ，2009年1月以降，80％への引き上げが通告された（現在引き上げは保留されている）。中国東北地区，わけても黒龍江省では，ロシアから輸入した原木を家具や建築用材に加工する木

材加工産業が重要な産業となっており，当然その影響は大きい。ロシア政府の狙いが，極東地域再生に向けて中国の木材加工産業の誘致にあることはいうまでもないが，このような強引な政策措置は，中ロ間の経済連携に亀裂を生じさせるものである。

　ロシア政府が，今後もエネルギー外交に傾斜し続けるとすれば[20]，ロシアへのエネルギー依存を強めつつある中国にとっては，再び重大な不安定要因となることは疑いなく，中ロ関係の亀裂はさらに深まっていくことが予想される。それはひいては，安定的に発展してきた中ロの「戦略的パートナー関係」に亀裂を生じさせることにつながりかねない。中ロ経済連携の拡大は，北東アジアの安定的発展にとって最も重要な位置を占めており，その面からもロシアの動向が注目されるのである[21]。

---

20) ロシア政府は「天然ガス・カルテル」結成の動きもみせている。2001年5月に結成された「ガス輸出国フォーラム」(GECF) 閣僚級会合 (07年1月) でのイランの提案に対して，ロシア，カザフスタン，ウズベキスタンが加盟の意向を表明した。カタール，サウジアラビア，UAE は慎重姿勢を示したというが，これら4カ国の天然ガスの埋蔵量は44.5％で（ロシア 26.3％，イラン 15.5％，カザフスタン 1.7％，ウズベキスタン 1.0％），実現すれば影響は大きい。当面，旧ソ連6カ国（ロシア，カザフスタン，ウズベキスタン，ベラルーシ，タジキスタン，キルギス）加盟の「ユーラシア経済共同体」でまず08年中にスタートさせるという（埋蔵量約30％）（『日本経済新聞』2008年3月13日。埋蔵量は，2006年末BPエネルギー統計）。

21) ロシアには，今日でもなお，「中国脅威論」が根強くある。80年代末に中ロ国境貿易が再開されて以降，ロシア極東地域には中国製品の大量流入とともに中国人の大量流入現象が起こった。その大部分は，ロシアの農場で働く農業労働者や建設現場で働く建設労働者など，いわゆる「労務輸入」の名目で極東地域が受け入れた中国人労働者と，民間貿易に従事してロシアに入国したもの，観光名義で入国し実際には商売に従事して不法滞在を続けたものなどである。90年代初頭，極東地域に不法滞在していた中国人の正確な数字はわからないが，ロシアでは，「非合法に移民した中国人が沿海地方で4万から15万，極東全体では40万から200万とする根拠なき数字が1993年と94年にわたってマスコミで一人歩きを始め，人々は19世紀の『黄禍論』さながらの反中国シンドロームへと陥った」（岩下明裕『中・ロ国境4000キロ』角川書店，2003年，57ページ）といわれる（当時の極東の人口は800万人）。実数はともかく，たしかに労務輸入の名目で入ってきた中国人や団体旅行の名目で入国した中国人の多くは，極東地域で商売に従事し，そのほとんどが非公式のものであった。当然のことながら，犯罪などの社会問題を誘発した。こうして，90年代を通じて，ロシア極東地域では，「中国脅威論」が台頭し，市民感情が悪化した。ロ

しかし，北東アジアにおけるこのような現実にもかかわらず，この地域では近年注目すべき新しい現象もみられる。それは，今世紀に入って以降，二国間経済連携の著しい進展がみられるという点である。しかもそれは，1990年代とは比較にならない規模とスピードで進行している。筆者は，このような二国間経済連携の拡大が，この地域での「下位地域協力」の叢生につながるのではないかという点に期待を寄せている。もちろん，二国間での経済連携の拡大が，そのまま「下位地域協力」（サブ・リージョン，ミクロ・リージョンの形成）につながるわけではないが，経済「空間」の広がりは，生活「空間」の共有へとつながっていく可能性を秘めている。その意味から，北東アジアの二国間経済連携の動向は注目に値する。

　筆者が，北東アジアにおける二国間経済連携の拡大に初めて注目したのは，『世界経済評論』2006年1月号（第50巻第1号）における拙稿「拡大する北東アジアの二国間経済連携：現状と課題」においてであった。そこでの核心は，北東アジアでは，日本のプレゼンスの相対的後退とは対照的に，韓中経済連携，中ロ経済連携を中心的なモメンタムとして二国間経済連携が急速に拡大している，というものであった。2008年の米国サブプライム・ローンの破綻とその後のリーマン・ショックと続く米国発世界同時不況の影響を受けて，2009年には二国間貿易は大きく落ち込んだものの，この特徴は，おそらく今後も基本的な趨勢に変化はないと思われる。表序–1からも伺えるように，日本を除く北東アジアの二国間貿易は，2000年以降2008年まで，いずれも年平均20％を超える高い伸び率で拡大してきたのである。

　しかし，このような特徴と同時に，北東アジアでは近年，見過ごせない幾つかの重要な変化がみられることも指摘しておかなければならない。中国で

シア政府は，2002年に，不法移民排除のための移民制限強化をもくろんで移民政策の重大な変更を行ったが，実際には，中国人の流入は，中国の成長とそれに伴う賃金の上昇によって，2000年代に入ってから急減し，いまやロシアへの出稼ぎを希望する中国人はほとんどいないとさえいわれるようになった。しかしロシアでは，依然として「中国脅威論」が払拭されたとはいいがたく，両者の信頼関係の醸成には時間が必要である。

表序-1 北東アジアの二国間貿易と伸び率

(単位:億ドル・%)

	2000年	2008年	平均伸び率	2009年(増減率)
韓・中	432.2	1903.1	20.4	1621.0 (▲14.8)
韓・ロ	28.5	180.9	26.0	99.8 (▲44.8)
中・ロ	63.4	563.2	31.4	402.8 (▲28.5)
中・朝	4.9	27.9	24.3	26.8 (▲4.1)
朝・ロ	0.5	1.1	10.4	0.5 (▲54.5)
南・北	2.5	17.1	27.2	16.4 (▲4.1)
日・中	1146.5	3081.6	13.1	2646.4 (▲14.1)
日・韓	513.2	884.6	7.0	691.0 (▲21.9)
日・ロ	51.7	297.8	24.5	121.0 (▲59.4)
日・朝	4.7	0.08	▲40.3	0.0 (▲100)

注:韓中貿易,韓ロ貿易は韓国側統計,中朝貿易は中国側統計,中ロ貿易・朝ロ貿易はロシア側統計,日本と各国との貿易は財務省貿易統計(税関長公示の年平均為替レートでドル換算)による。韓中貿易・中ロ貿易・日中貿易は香港との取引を含む。南北交易は商業性取引のみ。平均伸率は,過去8年間の年平均増加率。

資料:Korea National Statistical Office, *Monthly Statistics of Korea*, 各月版, 韓国統一部『月刊南北交流協力動向』各号, 中華人民共和国国家統計局『中国統計年鑑』各年版, ロシア連邦統計局『ロシア統計年鑑』(ロシア語) 各年版, 財務省貿易統計より算出。

は,無差別的外資導入政策が終わりを告げ,選別的外資導入政策へと転換した。2008年1月から施行された「労働契約法」は,その象徴的な意味をもっている。中国の「社会主義市場経済」は,地域格差・所得格差の拡大,環境問題の悪化,貿易摩擦の拡大,経済のバブル化といった深刻な問題を背景として,市場経済の量的拡大から質的深化という新しい課題に直面している。

ロシアでは,2008年5月に発足したメドベージェフ新政権は,プーチン路線の継承を謳い,エネルギー外交が一層強化されたようにみえた。だが,世界的な金融危機と原油価格の暴落を受けて,ロシア政府はエネルギー外交の限界を悟りつつある[22]。米国に端を発した世界的な金融危機は,原油価格高騰に

---

22) ロシアでは,2008年9月のリーマン・ショックによって「石油バブル」が一気に崩壊した。9月以降,ロシアでは金融危機(株価の暴落と外資の流出・ルーブル相場の下落)が深刻化し,一時は1バーレル140ドル台にまで上昇した原油価格が50~60ドル台にま

よって潤ったロシア経済もまた，市場経済への移行過程で世界経済に深く組み込まれていることを実感させる出来事であった。ロシア経済は，このまま「新冷戦」に向かって突き進むのか，それとも周辺諸国との経済連携強化の方向に本格的に乗り出していくのかという転換点にさしかかっている。そのような中で，2007年，ロシア連邦政府は，「2013年までの極東開発総合計画案」を採決し，すでに2008年より実行に移している。この新しい計画によれば，極東地域に対して2008年から2013年までに総額200億ドルの国家投資が行われることになる。新しくスタートしたロシア極東地域開発は，計画倒れに終わった過去2回の開発計画と違って実現の可能性が高く，北東アジアにおける経済連携の拡大にとってきわめて重要な意味をもっている。

　韓国では，10年間続いた対北朝鮮「包容政策」の転換を訴えた李明博が大統領に就任し，南北関係の見直しが進められた。それにともなって，南北経済交流も，経済的インセンティブがより重視されるようになった。李明博大統領が新たに打ち出した「非核・開放・3000」という対北朝鮮政策には[23]，北朝鮮側は激しい反発を示しており，さまざまな局面で南北経済交流に影響を及ぼしている。にもかかわらず，北朝鮮経済にとって，南北経済交流は対中貿易と並んで重要な位置を占めており，李明博政権への反発を強めながらも重要な決断を迫られつつあることは疑いない。

　北朝鮮の核問題をめぐる「6カ国協議」は，北朝鮮による6カ国協議脱退表明（2009年4月14日）とそれに続く二回目の地下核実験（5月25日）の強行以後，完全に機能しなくなった。この間，韓国哨戒艦撃沈没事件（2010年3月26日），

　　で急落し，2009年度には再び財政赤字への転落（1999年以来）が避けられなくなった。
23）韓国の李明博政権の基本的な対北朝鮮政策は，「非核・開放・3000」というスローガンに集約されている。これは，北朝鮮が，核兵器の廃絶と対外開放を進めるならば，北朝鮮の一人当たりGDPを3,000ドルまで引き上げるための援助を行う，というものである。しかし，北朝鮮の非核化と対外開放を前提にした協力姿勢は，「包容政策」によって拓かれた南北関係を大きく後戻りさせてしまうものだとの韓国マスコミや野党の批判を受けて，2008年8月には，対話を通じた段階的支援も行うとする「相生と共栄の対北政策」を発表した。北朝鮮は，これに対しても激しく反発している。

韓国延坪島砲撃事件（2010年11月23日）が勃発するなど，朝鮮半島情勢は一気に緊張が高まった。しかし，2012年までに「強盛大国」の大門を開くとする金正日政権にとって，経済の立て直しのために残された時間はない。金正恩への権力の継承を内外に公表し，権力継承問題に一応の決着をみた現在，国際関係改善に向けた政策転換はもはや時間の問題であろう[24]。

このように，北東アジアでは注目すべきいくつかの変化への兆しがみられる。このような変化の兆候は，つまるところ，北東アジアの二国間経済連携が，量から質への転換という課題に直面していることを物語っている。

おわりに

筆者はこれまで，機会あるごとに，地域協力における二つのタイプを区別しなければならないと指摘してきた。一つは，東南アジアで進展している経済的市場統合（AFTA：アセアン自由貿易圏）のような，相互の経済的Win-Win関係に基づいて進められる地域協力であり，もう一つは，ヨーロッパの市場統合において果たした「下位地域協力」（サブ・リージョン）という問題解決型の越境地域協力である[25]。

相互の経済的Win-Win関係に基づいて進められる地域協力の場合には，「主権国家の相対化」にかかわりなく市場統合を進展させることは比較的容易である。東アジアで進行している二国間，地域間での自由貿易協定を梃子とした市場統合化の動きは，このことを実証している。しかし，経済的市場統合と「下

---

[24] 2010年11月に，北朝鮮は訪朝したヘッカー元ロスアモス国立研究所所長を大型ウラン濃縮施設に案内し，ウラン濃縮の公表に踏み切った。近年の北朝鮮の強硬政策は，従来からの瀬戸際外交の一環ではあるが，裏を返せば，米朝対話を早期に実現させたいがための焦りでもある。

[25] 欧州統合の過程において「下位地域協力」（ユーロリージョン）が果たした役割については，坂田幹男『開発経済論の検証—新・東アジアモデルを求めて—』国際書院，2011年を参照してほしい。

位地域強力」の間には，経済的な Win-Win の関係だけでは超えられない壁がある。現在，東アジアで進行しているリージョナリズムのあやしさは，つまるところ，「ナショナル・スタンダード」の問題に行き着く。

　北東アジアを含めて，東アジアでは，「ナショナル・スタンダード」の問題を回避しながら「リージョナル・スタンダード」を求めようとしている[26]。しかし，経済的な Win-Win 関係の実現は，「リージョナル・スタンダード」を構成する一部の要素とはなりえても，その本質ではない。「ナショナル・スタンダード」を超える視点が示されない限り，この地域での「下位地域協力」の実現はおぼつかない。

　であるならば，まず日本が，「下位地域協力」へ向けた具体的モデルを示さなければならないであろう。戦前，この地域に対して「権力的地域統合」を押し付けた経験のある日本こそ，まずそのモデルを提供する義務があるのではないか。おそらく，そうしたモデルの出発点となるのは，北東アジアを東アジア地域統合プロセスのサブ・リージョン（下位地域）として位置づけ，まず，日・中・韓三カ国による「北東アジア自由貿易圏」(Northeast Asia Free Trade Area：NEAFTA) 形成へ至るロードマップを作成し，この地域での問題解決型下位地域協力（環境問題，漁業問題，領土問題，歴史認識問題，など）を積み重ねていくことであろう。

　日本が，本気で東アジアでの地域協力を推進しようとするのであれば，東アジアの最も身近なサブ・リージョンである北東アジアでまず「下位地域協力」に取り組まなければならない。そうでなければ，東アジアでの日本の信頼は決して得られないであろう。

　今後できることは，さしあたり，北東アジアでの「経済的補完関係」を利用した個別分野での経済連携の強化（物流・インフラ・金融・投資など）をはかりながら，日・中・韓での自由貿易協定締結へ向けた意識的な協力体制の構築（環境づくり）を目指すことである。そのためには，まず，日・中・韓三カ国で

---

26) ASEAN Way と呼ばれる，ASEAN の市場統合における原則（内政不干渉・全会一致）が，まさにこの典型である。

の自由貿易協定を通じた「北東アジア自由貿易圏」形成へ至るロードマップを作成する必要があるが，しかし「経済的補完関係」にだけ依拠した地域協力には限界があることも認識されなければならない。繰り返しになるが，北東アジアでは，「経済的補完関係」の追求と同時に，「サブ・リージョン」という視点から問題解決型「下位地域協力」を実現することができるか否かが，将来を展望する重要な鍵となる。その最初の努力は，日韓の市民レベルでの問題解決型「下位地域協力」実現への取り組みである。

第1章
ロシアのエネルギー資源
―― 開発戦略と国際関係 ――

杉本 侃

はじめに

　ロシアは世界最大のエネルギー資源保有国といって過言ではない。賦存埋蔵量で天然ガスは世界トップ，石油は同第2位，石炭は2位，ウランは3位に入り，包蔵水力も第2位である。かかる状況からロシア経済はエネルギー産業への依存度が高い。ロシアのエネルギー戦略研究所[1]によると，2008年ではGDP（国内総生産）の24.9％（2007年は28.8％），税収の48.3％（同48.7％），輸出の68.1％（63.6％），投資の28.3％（21.7％）をエネルギー分野が占めている。

　外国との関係をみると，ロシアのエネルギーに対する依存度が高い国が幾つかある。特に，硬直性の強いエネルギー源である天然ガスでは，自国の需要の大半をロシアに依存している国もある。そうなると，国民生活や経済活動の動脈とも言うべきエネルギー供給の一部をロシアが握っていることになり，他方，ロシアとしても，引取や通過，対価受取などサプライヤーなりのリスクを抱えている。換言すれば，エネルギーは二国間・多国間関係を差配するトゥール（武

---

1) http://www.energystrategy.ru/stat_analit/TEK_econ (2007-2008).doc.

器)の役割を果たすこともあることになる。

　そこで,本章では,ロシアのエネルギー問題を2009年11月に政府で採択された「2030年までを対象期間とするエネルギー戦略」[2]を中心に分析し,その上で,エネルギー資源がロシアの対外関係に果たす役割や課題を考察する。

第1節　ロシアのエネルギー政策の変遷

(1) ソ連時代末からロシア初期に掛けてのエネルギー産業の特徴

　ロシアでは,生誕直後から,国家レベルでエネルギー政策策定の検討が始まった。ソ連時代には,ハードカレンシー収入の4分の3を占めたほど,ソ連自身と同盟国にとって重要な産業であったが,ソ連時代末期にエネルギー産業が果たす役割に幾つかの変化が現れていた。

　ロシア時代のエネルギー問題を論述する導入として,ソ連時代末からロシア初期のエネルギー部門の変遷を3つのポイントに絞って考察する。

①図1-1に,1980年を基準年としロシア時代初期までの経済成長と一次エネルギー生産の相関性を示した。この表は,経済成長およびエネルギー生産の推移を見ると共に,その両者には一定の相関性が認められるとされるので,それを評価することを目的とするものである。

　GDPは1990年をピークとし,その後は1995年まではマイナス成長に陥るものの,それ以降は成長基調に乗った。一次エネルギー生産もほぼ同様の推移を示している。但し1990年代の落ち込み方はGDPほどではなく,この事実は経済におけるエネルギー効率が低下したことを物語る。

　同図では参考までに石油と天然ガスの生産動向も示した。

　いずれの指標も1990年代半ばに底を打って上昇に転じた。産油以外は既に1980年のレベルを上回っている。

---

[2]　2009年11月13日付け,政府決定第1715-r。

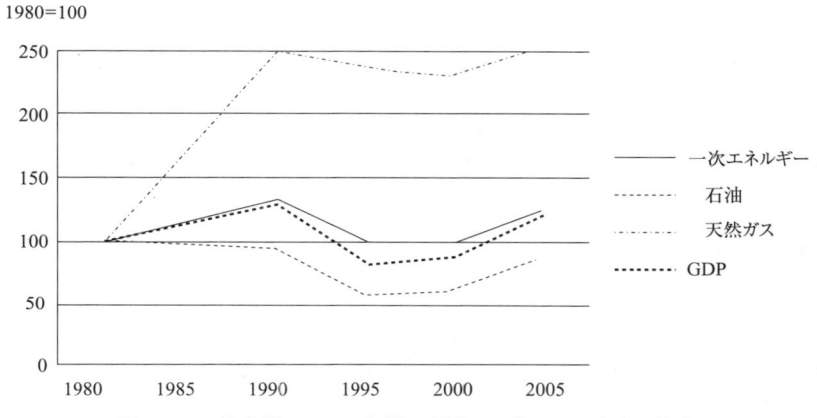

図 1-1　ソ連末期・ロシア初期の経済・エネルギー生産の推移
注：GDP の 1980・85 年は生産国民所得。
資料：ソ連・ロシアの公式統計を基に筆者作成。

②表 1-1 に，エネルギー部門が経済に果たす役割を示した。鉱工業生産に占めるエネルギー生産のシェアはソ連時代には 11〜12% 程度であったが，1990 年以降，そのシェアを大きく伸ばして全体の 4 分の 1 を超えるに到った。

投資面では，エネルギー投資が全鉱工業投資に占める比率は 1990 年までは 30% 台であり，2000 年には 5 割を超え 2003 年には 6 割超となった。

1990 年ごろのソ連の石油産業を分析した資料[3]によると，「エネルギーは工業投資の 40.0% を占めながら，工業総生産におけるシェアは 10.8%（1988 年）に過ぎない非効率な部門である」と指摘している。しかしながら，ソ連時代末期には増え続けるエネルギー需要および外貨需要の増大を賄う上で，エネルギーの増産と西側への輸出拡大は不可欠とされ，経済性は等閑視された感は否めない。その後も投資の拡大は続いている。

③表 1-2 に，単位当たりの国民所得・国内総生産に要する一次エネルギーの量，即ち，一次エネルギー消費原単位を示した。1980 年と 1985 年のデータは

---

[3]　杉本侃「ソ連のエネルギー事情と極東開発の展望」（サハリン石油開発協力株式会社，1991 年，1 ページ，13 ページ）。

表 1-1　鉱工業総生産におけるエネルギー産業の位置付け[*]

	1980[1]	1985[1]	1990[2]	1995[3]	2000[3]	2005[4]
生産高	12.1	11.3	11.2	26.8	25.0	32.1
投資	32.7	37.0	35.8	47.3	57.7	60.6[**]
就業者	6.6	6.9	6.4	9.6	14.6	13.2[**]

注：[*] 鉱工業総生産に占めるエネルギー産業の比率（%）。
　　[**] 2003 年。出所は下記 3）。
資料：1) VNIIKTEP 編『ソ連邦エネルギー統計年鑑：1990 年版』（杉本侃他監修），東西貿易通信社，1995 年。
　　　2) A. M. Mastepanov『21 世紀のロシア・エネルギー戦略』（杉本侃監修），東西貿易通信社，2001 年。
　　　3) A. M. Mastepanov, *Toplivno-Energeticheskij Komlpeks Rossii: sostoynie, problemy i perespektivy razvitiya Tom 1*, Moskva, 2009.
　　　4) ロシア統計庁『工業統計年鑑』2008 年版。

表 1-2　GDP に対する一次エネルギー消費原単位（kg/ ルーブル）

	1980[1]	1985[1]	1990	1995	2000	2008[2]
原単位	3.41	3.25	1.97	2.27	2.07	1.48

注：1) 国民所得に対する原単位。
　　2) 公式情報を基に筆者が算定。
資料：1980 年と 1985 年は表 1-1 の 1），1990 年から 2000 年は同じく 3）。

　国民所得に対する原単位で，それ以降は GDP に対するものなので厳密な比較は無理であるが，1980 年から 1985 年に掛けて原単位は下がり，1990 年から 1995 年に掛けては上がり，その後，再び低下傾向を示している。
　表 1-1 と表 1-2 には相関関係は無い。表 1-1 は投資効率を，表 1-2 は消費効率を表したデータであり，前者は悪化し，後者は向上していることが確認される。
　表 1-1 には鉱工業全体の就業者に占めるエネルギー産業の比率も示した。
　投資シェアおよび生産シェアに比べると，就業者のシェアは小さい。1980 年には 6.6% の就業者で 12.1% の生産高を上げ，2000 年では全体の 7 分の 1 の就業者が鉱工業総生産の 4 分の 1 の生産を上げた。このことは就業者 1 人当たりの生産性ではエネルギー分野は高いことを示すものと理解される。

(2) 1990年代のエネルギー政策

　ロシアは草創期から，国家レベルでエネルギー政策を策定し始めていた。経済制度が中央統制から市場原理へと移行したにも拘わらず，国家としてエネルギー産業を管理する必要性が認識された背景には，当該産業部門がロシアにとって極めて枢要な意味を持っていることから，民間企業だけの裁量に委ねるのではなく，国家として明確な道程を示すことが必要と判断されたことにある。

　例えば A. M. Mastepanov は「市場経済への移行という条件の下でロシア連邦を自立国家として形成するためには，何よりもまず新たなエネルギー政策の策定が求められた。その主な理由はロシアはこれまで世界のエネルギー大国の1つであったし，将来もあり続けることにある。（中略）ロシアのエネルギー産業が長年の努力によって作り出した比類ないポテンシャル（資源，生産，科学技術，人材の各分野）を効率的に利用することが，ロシア経済の昂揚と国民の福利向上のための確実な土台となる。しかし，（中略）この潜在力を合理的に利用し，痛みを伴う社会経済改革の時期にあるロシアのエネルギー安全保障を確保し，エネルギーの長期安定供給と国家のエネルギー自給体制の基礎を築くためには，科学的に裏付けられ，社会的に受け入れられる国家長期エネルギー政策が必要とされる」として，エネルギー政策を国家レベルで策定することを不可欠とする見解を述べている[4]。

　ロシアになってから制定された国家エネルギー政策を律する基本文書は，1992年の「新しい経済条件下における国家エネルギー政策コンセプト」[5]，1995年の「2010年までを対象期間とする国家エネルギー政策の基本方向」[6] および「国家エネルギー戦略―基本規定」[7]，2000年・2003年の「2020年までを対象期間とする国家エネルギー戦略（の基本規定）」[8] の4つを挙げることが出

---

[4] 杉本侃監修『21世紀のロシア・エネルギー戦略　2008年版』東西貿易通信社，2008年，438ページ。
[5] 1992年9月10日付政府会議議定書 No. 26。
[6] 1995年5月7日付大統領令 No. 472。
[7] 1995年10月13日付政府決定 No. 1006。
[8] 2000年11月23日付政府会議議定書 No. 39第3部および2003年8月28日付政府決定，No. 1234-т。

来る。「2030年戦略」はこの延長線上に位置付けられる。

　新経済制度下におけるエネルギー政策の構成要素に，ソ連時代とは異なり，資源の所有，中央と地方の所管権限，政府と企業の役割というような新たな経済メカニズムに加えて，市場や市場経済下の国家規制といった新しい概念が取り入れられた。

（3）「2030年エネルギー戦略」策定の背景

　エネルギー政策は1990年以降，策定後ほぼ5年以内に見直されており，「2020年戦略」でも5年に1回以上見直すことが予定されていた。他方「2020年戦略」が採択された21世紀初頭は，中国やインドなどに代表される emerging market の台頭などによって世界的にも景況を呈し，ロシアもプーチン大統領の登場で政治・経済・社会制度が安定したことに加えて高油価に支えられ，経済は成長基調に入っていたことから，戦略策定時に投入された要素や条件に想定を超える変化が生じていた。

　例えば「2020年戦略」の経済堅調発展シナリオでは，2008年にGDPは2000年比で139.5％に，油価はバーレル当たり18.5ドルに，天然ガス価格は1,000 m³当たり98.3ドルに，一次エネルギー生産高は16億5,700万TOE（石油換算トン）になると想定されていたが，現実には，GDPは165.1％（想定に対して18.4％のプラス），油価は95.6ドル（想定の5倍余），ガス価格は353.7ドル（同じく約3.6倍），生産高は17億9,780万TOE（同じく8.5％増）となった。他方，GDPに対する一次エネルギー消費原単位は想定の85.5％であった。

　消費や輸出など戦略の他の項目でも，想定された値とは乖離が見られた。

　以上の状況に鑑みて，「2030年戦略」は2008年末/2009年初に公表される前提で改訂が進められていた。しかるに2007年のサブプライムローン問題に端を発した2008年9月15日のリーマン・ブラザーズ破産が引き起こした世界同時不況は，ロシアもその影響から逃れることは出来なかった。油価の下落はエネルギー資源への依存が強かったロシア経済を直撃し，加えて2008年8月8日に起きたグルジアによるロシア侵攻も相俟って危機的な状況が加速し，

「2030年戦略」策定の前提を見直さざるを得なくなった。

「2030年戦略」は2008年11月に最終案が政府で採択され，翌2009年1月に正式承認の運びであったが，内容が再考され，ほぼ1年遅れで公表された。

第2節 「2030年エネルギー戦略」の概要

(1)「2030年エネルギー戦略」の特徴

ソ連時代の国家5ヵ年計画やロシアになってからのこの種のプログラムと比較すると，最終年に到る途中の経過点が固定年でなく幅を持たせていることが最大の特徴と言える。図1-2に示したように最終年までを3つの段階に分け，途中は2013〜2015年，2020〜2022年としてそれぞれ3年間の幅を持たせている点がこれまでとは異なる。

2つ目の特徴は目標値に幅を持たせているが，これはシナリオによる差ではなく，同一シナリオで高位（上限）値と低位（下限）値を設け，目標値は各段階の3年のうちに上下限の範囲の中に入ることが想定されるということである。

シナリオは「イノヴェイションシナリオ」とされる基本シナリオのみである[9]。

3つ目の特徴は，合計値とそれを構成する個々の内訳の数値は，それぞれで上限と下限が設定されている場合があり，個々の数値の和が合計値と一致しないことがあることである。

(2) 埋蔵量拡充政策

「2030年戦略」では，各種エネルギー源の増産が予定されており，この目標を達成する上で資源確保は不可欠の前提であるが，本章では，紙面を考慮し次

---

9) 厳密にいえば，「2030年戦略」では省エネルギー・環境政策を論じた項目で，代替シナリオとして「節約・環境対応徹底シナリオ」が策定されているので，第2節：(7)省エネルギー・環境政策のところで簡単に触れることにする。

2030年戦略の目標達成の考え方

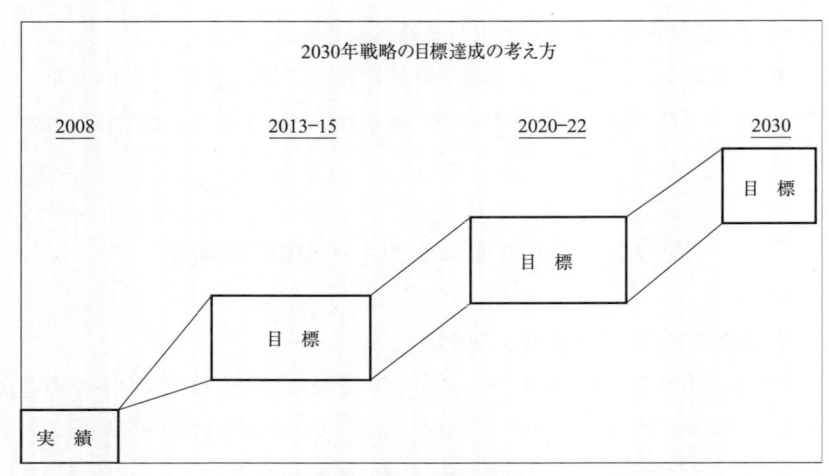

2008　　　2013-15　　　2020-22　　　2030

実　績　　目　標　　　目　標　　　目　標

図1-2　3段階目標達成

の2点を指摘するに留める。
①石油は合計125億7,300万トンの埋蔵量の追加が想定されている。年平均では5億4,700万トンとなり，戦略期間中の年間最大の生産高が5億3,500万トンなので，replacement ratio（置換率）[10]は1を超え，量的には生産が確保されるようにみえるが，発見される埋蔵量は恐らく開発条件が劣化していくと思われるので，生産目標の達成には，開発中の油田での追加探査による埋蔵量の成長も前提にされていると思われる。

石油の新規発見埋蔵量を地域別にみると，西部シベリアがほぼ50%を，東部シベリアが2割を，また，欧露北部も5%弱を占める。
②天然ガスは2030年までに16兆m^3の埋蔵量の新規発見が想定されている。2008年1月1日時点の確認埋蔵量は48兆m^3であるので，その3分の1が新規に追加されることになる。年平均では2015年までは5,000億m^3余，2022年までは7,700億m^3余，2030年までは8,000億m^3余となり，いずれもその時

---

10) 同一年の生産高と新規発見埋蔵量の比。

期に想定されている生産予測を下回る（置換率は1以下）。

地域毎の追加発見量では，西部シベリアは約4割，東部シベリアは20％弱とされ，海域が25％余と大きな期待が掛けられている。

因みに，海域の究極可採資源量は石油が165億トン余，天然ガスは73.8兆m^3とされ，カスピ海，バレンツ海，カラ海ならびにオホーツク海での資源探査に期待が掛けられている。

(3) 一次エネルギー生産・需要・輸出予測

一次エネルギー生産（図1-3）は2005年から2030年に掛けて31～42％の伸びと想定され，他方，国内需要は45～65％の伸びとされている。輸出は12～14％の伸びとされ，生産ほど増加しない。

2030年の一次エネルギー生産高（図1-4）は16億弱～17億TOE余とされている。石油は2030年に掛けて14％前後の増加で構成比は2005年の38.5％から31～33％に低下し，天然ガスは38～46％の伸びでシェアは42％余から44％内外に増大する。石炭と電力は大きな伸びが想定され，構成シェアも拡大する。

国内需要では石油は構成比を高め，現在過半を占める天然ガスは大きく下げる。固体燃料（石炭他）とその他（主に電力）は構成シェアを上げる想定である。

エネルギー輸出は前述の如く生産や需要に比べて伸びが抑制的であり，生産に対する輸出の比率は現状の5割弱が2030年には40～43％へと低下する。輸出高は2020～2022年にピークを迎えてその後減少すると想定されている。

輸出を仕向地別にみると，現状で8割以下のCIS（独立国家共同体）以外への輸出が8割以上に高まり，逆にCIS向けのシェアは低下する。

エネルギー源別の輸出では，石油は伸びない中で天然ガスは拡大する想定なので，輸出シェアは2030年に後者が43％程度となり石油の約47％に近付く。

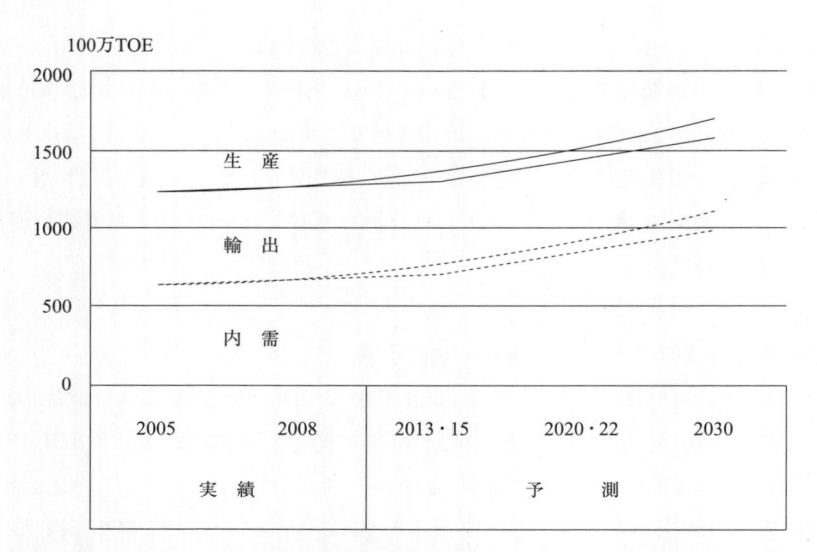

図 1-3 一次エネルギーの生産（上の線）・需要（下の線）・輸出（上下線の間）予測
資料：「2030 年戦略」を基に筆者作成。

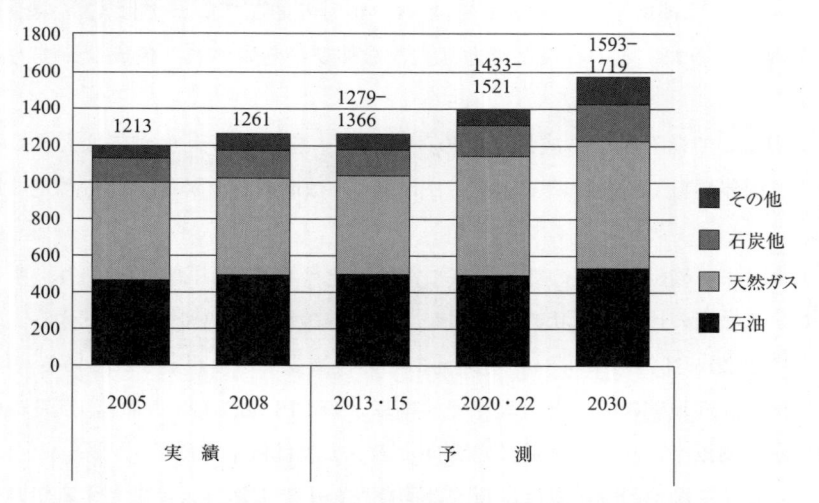

図 1-4 一次エネルギーの生産予測（100 万 TOE）
資料：図 1-3 に同じ。

（4）エネルギー産業に対する投資政策

「2030年戦略」の実現に要する総資金量は2.4兆ドル弱～2.8兆ドル弱とされるので，年平均で1,000億ドル以上の投資が必要となる。そのほとんどは国営や民間の企業が負担する。

投資の半分以上は戦略期間の最終段階である2022～2030年の間に実行される想定である。また分野別にみると，高位値では電力部門に最大（全体の3分の1弱）の投資が振り向けられることになっており，低位値では石油部門が最大（全体の4分の1強）で，天然ガス・電力両部門にもほぼ同程度（約24％）の投資が行われる。省エネルギー分野にも10％程度の投資が行われる。

（5）石油産業の発展戦略（図1-5）

産油高は年平均0.4％程度の伸びとされており，1990年代末の金融危機の回復期に当たる2000年以降の石油生産の伸び（年率5.3％弱）に比べて控え目であり，一次エネルギー全体の2030年までの伸び率（1.1～1.4％）に比べても大きいものではない。

産油高は2030年に5億3,000万～5億3,500万トンとされる。地域別にみると，最大の産油地であるチュメニ州のシェアが2005年の68.1％から2030年には55％程度に低下する。同州を含む西部シベリアは既に生産のピークを過ぎており，2015年頃に減産に転じる。

東部諸地域の位置付けが重要性を帯びてくる。現状では全体の1％のシェアであるが，2030年には18～19％に拡大する。東部シベリア～太平洋原油パイプライン（ESPO）沿線の油田開発にも重点が置かれる。カスピ海やサハリン沖などの海域での生産の拡大が予定される。

石油（原油と石油製品）輸出は2013～2022年までは増大するが，それ以降は減少して2030年には現状のレベルにまで落ちる。石油輸出の中で原油は全体の4分の3程度を占める。地域別輸出では，欧州向けは現状の82.5％から2030年には63％内外へと著しく低下し，それに代わってアジア太平洋地域が6％程度から22～25％に高まる。生産に対する輸出の比率は現状の7割弱か

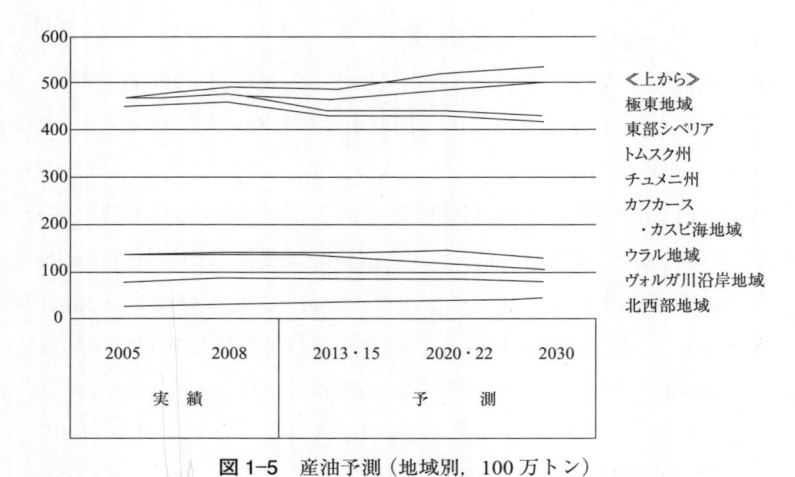

図 1-5　産油予測（地域別，100万トン）

＜上から＞
極東地域
東部シベリア
トムスク州
チュメニ州
カフカース・カスピ海地域
ウラル地域
ヴォルガ川沿岸地域
北西部地域

資料：図 1-3 に同じ．

ら 6 割前後に低下する．

製油部門は産油部門の増産を上回る率で増産する想定である．製品としては，重油の生産高が減り，ガソリンなどの動力用燃料の生産が伸びる．製油所の新設および既存製油所の近代化が志向される．

原油・石油製品パイプラインならびに輸出ターミナルの新増設が予定されている．

石油投資の約 8 割が探鉱・開発・生産に向けられる．

（6）天然ガス部門の発展予測 (図 1-6)

天然ガス部門は生産および輸出の両面で重要な役割を果たす．前述の如く石油の増産率（年 0.4％ほど）に比べると 1.3〜1.6％とかなり高い．これは 2000〜2008 年実績値 1.6％と同水準あるいは僅かに低目の想定となる．

石油同様チュメニ州が最大の産地であるが，全体に占める比率は現在の 90％超から 2030 年には 3 分の 2 余に下がる．州内ではナドゥィム・プル・タズ地域の地位が下がり，代わってヤマル半島他のシェアが拡大する．東部シベリア・極東地域は現状の 1〜2％から 2030 年に 14.7〜16.2％に高まる．

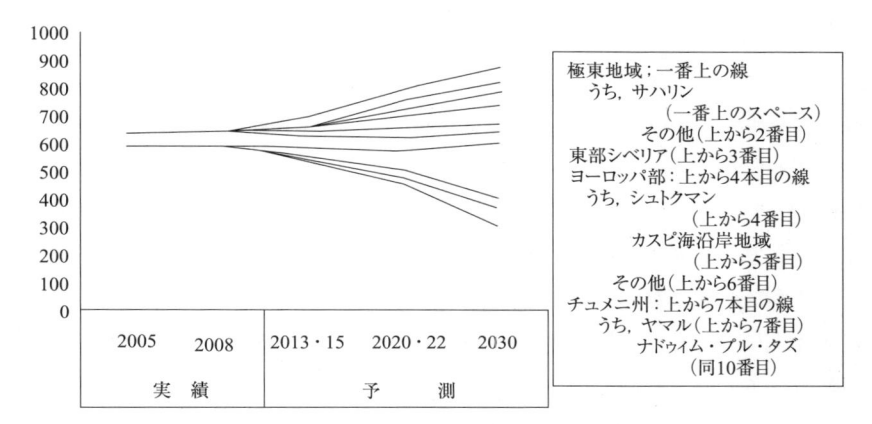

図 1-6　天然ガスの生産予測（地域別，10 億 m³）

資料：図 1-3 に同じ．

　将来の増産を担うのは，ヤマル半島，オビ・タズ湾地帯，シュトクマンガス田，東部シベリア・極東地域，カスピ海地域などであり，新規開発地域は 2030 年には全生産量の 38〜39％ を占める．

　天然ガス生産に占める Gazprom 社のシェアが低下する．同社は自然独占体の典型のようにみられ，事実パイプライン輸送や輸出では独占権を付与されているものの，他のガス生産者（独立系ガス事業者，石油会社および生産分与会社）のシェアは現時点で 2 割弱（17％ ほど）に達し，2030 年に 27％ に達する．

　ガス輸出は戦略期間中に 1.4 倍に増える．伝統的市場である欧州向けは 26％ 増，CIS 向けは微減で，新たな市場としてアジア太平洋圏が浮上する．2030 年に欧州向けは全体の 57％ 余（現状は 62.5％），アジア向けは 20％ 余となる．

　ロシアからの LNG（液化天然ガス）輸出は 2009 年 3 月にサハリン-2 プロジェクトで始まったが，戦略期間中にヨーロッパ部や極東地域で LNG 設備の新設が予定され，天然ガス輸出に占める比率は 14〜15％ に達する．

　天然ガスでは生産に対する輸出の比率は現状の 4 割以下のレベルが維持される（但し，戦略期間の半ばに一時的に 4 割を超す）．

　パイプラインは輸出向けを中心に増設が見込まれている．敷設総延長は現在

のほぼ15万5,000キロメートルから20万5,000〜21万2,000キロメートルに延長される。主なパイプライン建設はYamal-Europeの増設，Nord Streamの竣工，South Streamの建設，Blue Streamの増設，SKV（サハリン〜ハバロフスク〜ヴラヂヴォストーク）第1期工事の完成およびヤクーチアからの合流，中国向け（1〜2本）の建設，カスピ海沿岸パイプライン（トルクメニスタンが起点）の完成などで，Blue Stream-2の可能性なども検討される。

天然ガス産業に対する投資は，輸送部門が半分近くを占め，生産，地下貯蔵・ガス加工はそれぞれ3割，2割を占める。時期的に見ると，2022年〜2030年の期間に全体の半分以上が投資される。

Vostokガスプログラム[11]が2007年9月に策定され，また2030年までを対象期間とする「天然ガス産業発展マスタープラン」が2010年10月に政府承認されたが，本章では敷衍しない。

(7) 省エネルギー・環境政策

先に触れたが「2030年戦略」では，ベースシナリオ以外に代替案として省エネルギー・環境対策徹底シナリオ（代替シナリオ）が策定されている。

ロシア（ソ連時代も含め）は重厚長大な経済体質が強く，エネルギーの浪費がかねてから指摘されていた。GDPに対する一次エネルギー消費原単位は西側先進国の数倍とされていた。そこで，節約は環境対策と並んで「2030年戦略」の重要な柱とされている。

2000年から2008年に掛けて同原単位は66.7％に低下し，節約政策が奏効したようにみえるが，その背景は1990年代の経済不況時に遊休設備が増えて悪化した効率が，経済成長で生産設備の稼働率が高まったことによって改善したことによるもので，省エネルギー政策が奏効したものではない。

「2030年戦略」では原単位（2005年=100として）を2013〜2015年で78以内

---

11) 2007年9月3日付エネルギー省令No. 340「中国市場およびその他のアジア太平洋市場への将来の輸出を考慮した東部シベリア・極東地域における天然ガスの統一した生産・輸送・供給システムの創設」（略称「Vostok（東部）プログラム」）。

に，2020〜2022年で57以内に，また2030年では44以内にすることを目標としている。他方「代替シナリオ」では39にまで下げることを目標とし，温暖化ガスの排出量も1990年比で「基本シナリオ」の94〜105％に対して，「代替シナリオ」では80％と大きな削減目標を掲げている。

　なお，この代替シナリオでは，一次エネルギーの国内消費量を8億3,650万TOE（基本シナリオでは9億6,250万〜10億9,550万TOE），生産高を14億9,170万TOE（同15億9,320万〜17億1,920万TOE）とし，かなり低く設定されている。投資高も11〜26％の節減が可能とされている。

第3節　エネルギー資源が国際関係に及ぼす影響
―― 欧州との天然ガス関係を中心に ――

　当節では既述の議論を念頭に置きながら，天然ガスをベースとする国際関係を検証する。天然ガスはエネルギー資源の中で硬直性が高いとされ，他資源に比べると国家間の政治関係がその輸送・供給・引取に直接影響を及ぼす可能性が高い。このことは長い安定供給の歴史を誇るロシアと欧州との天然ガス協力に，中継輸送するウクライナやベラルーシがロシアや欧州諸国との関係ならびに国内問題などを背景に円滑な供給を阻害したり，中央アジア産天然ガスの欧州向け中継にロシアが影響力を及ぼしたりする例が見られ，国家間関係が天然ガス契約の履行を支配する要因になり得ることが実証されているからである。

（1）ヨーロッパとロシアとのエネルギー関係

　欧州とソ連・ロシアとの関係において天然ガスが果たす役割は長く深くかつ大きい。2008年にロシアの対欧州天然ガス供給40周年と35周年が祝われた。天然ガスは1968年にオーストリア向け供給が，1973年には西ドイツ（当時）向け輸出が始まった（イタリア向け供給開始は1969年）。

　欧露ガス協力が成立した時代背景を短絡的に解説すると以下のようになる。

東西関係には時により強弱があり，天然ガス契約が成立した 1960 年代後半・1970 年代初頭はデタントが志向された時期であった。経済面では，欧州は不況に見舞われ，国内産業振興のため自国産品の輸出促進が志向され，同時に中東原油依存の低下が求められた時期でもある。ソ連は自国と東側陣営を維持するための資金源を確保する手段として石油に加えて他の有効な資源が必要とされていた折から，天然ガスの資源量が世界トップに躍り出た時代であった。

　欧露間の本格的な天然ガス協力は西独との間の契約である。1969 年 10 月に同国ではブラント政権が樹立され，デタントへの模索が強まり，他方，中東原油代替の一つとして天然ガス輸入が検討され，同時に不況対策として自国の鋼管やプラントなどの輸出拡大が志向されていた。

　そのような状況が両国間の「ガス・鋼管」交換協定の成立[12]を後押しした。

（2）欧州とロシアとの天然ガス依存関係

　ロシアは欧州にとって最大の天然ガス供給者であり，他方，欧州はロシアの最大の天然ガス輸出先である。

　ロシアで天然ガス輸出の独占権を付与されている[13]ガスプロム社のヨーロッパ向け天然ガス輸出量は近年 1,500 億強～1,700 億 m^3 弱の水準にあり，欧州の天然ガス輸入の 4 分の 1 内外[14]を占め，逆に欧州市場はロシアの天然ガス輸出の約 7 割（2009 年では 69%）を占める。

　欧州各国の対露天然ガス輸入状況は表 1-3 に示した通りである。依存度が極めて高い国はかつてソ連圏にあったか，政策的にソ連（ロシア）との関係が深い。一国一地域に対する依存度のリスクについて，1970 年代のオイルショック時に国際エネルギー機関（IEA）が 30% 程度のレベルを示唆したことがあったので，欧州の幾つかの国はその水準を超えていることになる。

---

12) 1970 年 2 月 1 日に調印され，「世紀の契約」とも称される。
13) 2006 年 7 月 20 日付連邦法 No. 117-FZ。
14) Gazprom 社のウェブサイト（www.gazprom.ru/marketing/europe/）によると，2003 年で 22.0%，2008 年で 28.4%，2009 年で 26.3% である。

表1-3　欧露間ガス取引の現状

	ロシアからの輸入高（十億 m^3）	ロシアへの依存率（％）
オーストリア	5.4	61
フィンランド	4.4	100
フランス	10.0	24
ドイツ	33.5	42
イタリア	19.1	28
オランダ	5.1	15
トルコ	20.0	67
英国	9.7	17
ブルガリア	2.2	90
チェコ	7.1	81
ハンガリー	7.6	64
ポーランド	9.0	51
ルーマニア	2.5	27
スロバキア	5.4	100

注：輸入高は2009年，依存率は2008年。
資料：「Gazprom」社のウェブサイト他。

　他方，ロシアにとっても，欧州に輸出の7割を依存し，ほぼ全量がパイプラインによる他国経由の供給であることはリスクを伴う。

（3）欧州のガス市場確保を巡る資源国の動静および欧州側の対応

　欧州は世界最大の天然ガス輸入地域である。2009年に世界で取り引きされた天然ガス4,020億 m^3 の過半となる2,500億 m^3 が欧州向けであり，日韓中印の合計は1,400億 m^3 であったが[15]，前者には大きな伸びが想定されていない一方，後者，特に中印の需要は著増が予想されている。
　このような世界最大の天然ガス輸入市場を巡って，産出国・通過国・消費国の動きが顕在化しているので，その骨子を概観する。
　図1-7（地図）は欧州と中国などを供給先とする天然ガスパイプライン（「PL」と表記する）の一覧である。掲出したのは輸出用およびそれに関連する主なPL

---

15) ロシア『Vedomosti』紙，2010年9月20日。

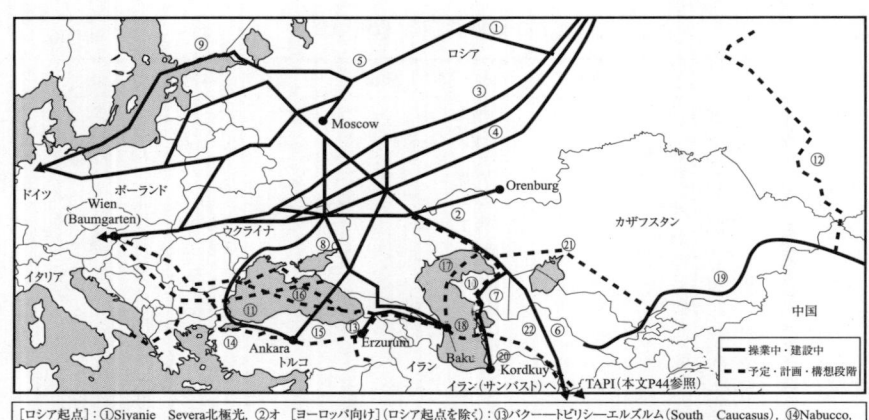

[ロシア起点]：①Siyanie Severa北極光，②オレンブルグー西部国境(Sojuz同盟)，③ウレンゴイーウシュゴロド(Bratstvo兄弟)，④ヤンブルグー西部国境(プログレス)，⑤ヤマルーヨーロッパ，⑥Central Asia-Center(CAC)-1,2,4-1,4-2，⑦CAC-3，⑧Blue Stream，⑨Nord Stream，⑩カスピ海沿岸，⑪South Stream，⑫中国向け西ルート(アルタイ)，☆中国向け東ルート

[ヨーロッパ向け](ロシア起点を除く)：⑬バクー―トビリシ―エルズルム(South Caucasus)，⑭Nabucco，⑮アゼルバイジャン―グルジア―ルーマニア・インターコネクター(AGRI)(LNG船)，⑯White Stream，⑰カスピ海縦断，⑱スピ海横断，☆トルコ―ギリシャ―イタリア・インターコネクター(ITGI)，☆ギリシャ―アルバニア―イタリア (TAP: Trans Adriatic Pipeline)

[中国向け]：⑲トルクメニスタン―ウズベキスタン―カザフスタン―中国

[イラン向け]：⑳コルベジェ(トルクメニスタン)―コルドクイ(イラン)，☆ダウレタバード(トルクメニスタン)―セラクス(イラン)―ハンギラン―サンバスト

[輸出ライン接続用]：㉑東西(カザフスタン)，㉒東西(トルクメニスタン)

図 1-7 ロシア・中央アジア・カスピ海沿岸諸国を起点とする天然ガスパイプラインの一覧
注：当一覧の☆は図示せず，呼称のみを掲載。
資料：筆者作成。

である。欧州域内やアフリカを起点とする PL は割愛した。

　ロシア起点の欧州向け PL は 1968 年に操業を始めたオーストリア向けを嚆矢として何本もある。ロシアとしては，既存ルートの通過国であるウクライナやベラルーシの嫌がらせを受けずに欧州市場における自国の地歩を固めるべく，北ルート (Nord Stream) は 2011 年の供用開始に向けて 2010 年に着工し，南ルート (South Stream) については建設の準備を進めている。

　中央アジア・カスピ海沿岸の天然ガス産出国は，ロシアとの歴史的関係の維持と同時に独自ルートの開拓を検討している。

　アゼルバイジャンはトルコとグルジアに天然ガスを供給しており，ロシアへの供給も合意し（現状では少量であるが，ロシアは全量の供給を求めている），Nabucco にも秋波を送りながら，最終的には実現性や政治関係，供給条件などを考慮して決めることになると思われる。なお天然ガス開発には西側企業も参加しており，サプライソースとしての信頼性は高いと評価される。トルクメニ

スタンやカザフスタンの天然ガスを自国経由に誘導する構想も俎上に載っている。

トルクメニスタンも両睨みの状況にある。但し現状ではイラン向けのパイプラインがあるものの，欧州に供給するにはロシア経由（Central Asia-Center PL）とするか，あるいはカスピ海を横断するなど新たなルートを開拓する必要がある。前者の場合，ロシアとの間で建設に合意しているカスピ海沿岸 PL は需要が見込めるまで実現を見合わせることになっているし，ロシア経由は欧州のロシア依存軽減に資することにならないかもしれない。後者（海底 PL）はカスピ海の法的地位問題との絡みが大きい。イラン経由の可能性もあり得る。2009年から中国向けに供給しているので余力にも問題があるかも知れない。

カザフスタンはガス産出では前二者ほどの可能性をもっていないとされるが，探鉱・開発に注力すると同時に，ロシア向け・中国向けに加えて，欧州向けではロシアを迂回するルート（カスピ海縦断）の可能性も視野に入れている。

ヨーロッパ側は，エネルギー安全保障を確保する上で経由国の影響を回避すべく，着工済みの北欧ルート Nord Stream は支持し，他方南欧ルートでは Nabucco がロシアと特定経由国への依存軽減に寄与するとしている。

通過国はサプライソースや政治関係・エネルギー依存関係を勘案しながら，複数の可能性を検討している。

トルコはロシアから輸入しており，さらに供給源としてアゼルバイジャン（既に南コーカサス PL が供用中にある），カザフスタンおよびトルクメニスタンを念頭に置いている他，イラクやイランなどの現実性を視野に入れている。

欧州内の PL 通過国の対応は複雑である。特に競合することが明白な South Stream と Nabucco のいずれを支持するかの選択に当たっては，欧州の一国である立場，自国のエネルギー安全保障，ロシア依存の低減，ガス供給国との長期的関係，パイプライン事業の実現性などなど様々な要素を考慮しなくてはならないからである。

Nabucco 事業会社はブルガリア，トルコ，ハンガリー，オーストリア，ドイツおよびルーマニアの 6 カ国が参加し，政府間協定が結ばれると同時に各国区

間を所管する国内会社が設立されている。South Stream はイタリア，オーストリア，ブルガリア，ハンガリー，ギリシャ，マケドニア，ルーマニア，スロベニアおよびクロアチアの 9 カ国がロシア政府および/あるいはガスプロム社と協定を結び，国内区間を担当する合弁の事業会社を設立している国もある。仏 EDF（電力公社）も参加を予定している。

　ガスのサプライソースでは，South Stream は世界最大の埋蔵量を有するガスプロム社であるが，ガス田は特定されていない上，Nord Stream550 億 m^3（年間）および中国向け約 700 億 m^3 をコミット済みであるので，生産・輸出余力に不安無しとしない。Nabucco はカスピ海周辺国，中東ならびにエジプト辺りを想定しているが，契約が出来ている訳ではない。アゼルバイジャンのシャフ・デニズ第 2 フェーズやトルクメニスタン（年間 400 億 m^3 の供給を可能としている）に期待しているようであるが，前者は既述の如くロシア向けに合意済みであり，後者は中国向け供給を始めているほか（年間 300 億 m^3），アフガニスタン・パキスタン・インド（TAP = Trans-Afghanistan PL または関係国のイニシャルで TAPI と呼ばれる）向けも協議しており，量的確保の保証は無い。

　プロジェクトの実行に要する巨額の資金は，当事国や国際機関の投融資に期待が掛けられているものの，Nabucco の総所要資金 79 億ユーロでさえ金融機関は経済性を疑問視しているといわれるのに，South Stream の 180 億～240 億ユーロに至っては，予定される供給量が前者の倍とされるものの事業性に不安を感じる向きもある。

（4）パイプラインガスの競合ファクターと長期天然ガス契約条件の見直し

　これまでパイプラインガスについて論じてきたが，競合するエネルギー源に簡単に触れておきたい。

　原油・石油製品や石炭など旧来からのエネルギー源に加えて，最近では LNG や非在来型[16]のシェールガスの存在がクローズアップされ始めた。それ

---

16) シェールガスの他，炭層メタンガス（Coal Bed Methane = CBM）やタイトサンドガスなどを指す。

に加えて天然ガスのスポット市場との競合も長期契約に影響を与え始めている。

　非在来型ガスは，例えば米国では 2009 年のガス生産に占めるシェアが 5 割を超え，国内ガス生産が好調のため LNG 輸入が前年比約 5 割減になった[17]。

　シェールガスが脚光を浴びたことで，天然ガス市場に幾つかの変化が表れつつある。1 つは欧州や中国などでシェールガス探しが始まるなど非在来型資源への期待が高まりつつある半面，在来型ガスの存在感が薄れた感があることである。2 つ目は米国で余った LNG が欧州市場などに流れ込んで天然ガス需給が緩やかになりガス価格を引き下げる要因になったことである。

　このような事情に加えて，ヨーロッパでの天然ガス需要には大きな伸びが期待されていなかったことから，2009 年末ごろからロシアの欧州向け契約を見直す圧力が掛かってきた。

　ロシアと欧州諸国との長期天然ガス契約の条件は，①期間は 20 年超，②価格は先行 6〜9 ヵ月の石油製品バスケット連動，③最低引取義務 (take or pay)，④一方的契約破棄の禁止が原則とされる。しかしながら石油製品との値差が 2009 年初頭の 3 倍程度から 9 月には 25 倍に開いたり，ガスのスポットとの価格差も 2009 年 12 月に 1,000m^3 当たりスポット 174 ドル対ガスプロム価格 270 ドルに広がったりした事態に鑑みて，契約条件の見直しは不可避となった。

　ガスプロム社の原則は「天然ガスは長期契約に基づくものであり市況商品では無い」ということであったが，2010 年初頭に同社は見直しに応じることを約し，①販売の 15％をスポット価格とする，②長期契約に対する take or pay 対象を従来の 83％から 50％に削減するなどの措置を講じた（これは一例であり契約相手によって譲歩内容は異なる）。

---

17) 石油天然ガス・金属鉱物資源機構『石油・天然ガスレビュー』Vol. 44, No. 1, 2010 年 1 月, 25 ページ。

おわりに

　本章ではロシアの「2030年までを対象期間とする長期エネルギー戦略」ならびにヨーロッパ向け天然ガス供給問題を概観した。

　エネルギーは経済と生活にとって不可欠なので，供給側も受入側も経由側も政治的道具として使うことが可能なことは，ウクライナやベラルーシの最近の事例をみても明らかである。輸出価格についても，相手国との関係の濃淡によって差が付けられている。CIS向けが平均で1,000m^3当たり181.3ドル，西側向けが238.6ドルであり（2009年）[18]，旧共和国でもベラルーシ向けは160ドル，リトアニア向けは353ドル[19]などというような価格設定は市場の論理を超えたものであり，人為的に操作された政治的なものといえる。

　エネルギー超大国のエネルギー政策は，当然ながら世界規模での影響力を有する可能性があるので，その観点からここでは以下を指摘しておく。

　「2030年戦略」実現の成否を支配する課題は生産の現実性（国内・海外の経済情勢や一次エネルギー需給他）および可能性（埋蔵量，探鉱・開発資金，技術他），省エネルギー・環境政策の実現性，エネルギー間ミックスの最適化，世界的規模でみた競合資源との関係，探鉱・開発コストなどである。特に天然ガスについては「2030年戦略」では置換率が1を下回る想定なので生産量確保に不安を禁じ得ない。

　次に欧州との関係では，供給国・引取国・経由国にそれぞれの事情と思惑があることに加えて，埋蔵量・生産量やPL建設資金の現実性などを指摘した。

　Nabucco構想は欧州向け天然ガス供給ソースの多角化を図るため，中央アジア部や中東と中南欧を結ぶガス架橋を新設することを目的として，オーストリアとトルコが2002年に発想したものである。域内産，ロシア産，北アフリカ産に次ぐ4番目の供給源として地域のガス需要増を賄い，サプライソースを多

---

18) 前掲（注15）。
19) 2009年のある時期に新聞などで公表されたデータを集計したもの。

角化することでエネルギー安全保障の強化を図る期待がもたれており，ロシア依存の軽減も目的の一つである。他方 South Stream は 2006 年にイタリアとロシアが天然ガス供給量の増大と供給期間の延長に合意したことが発端となり，南欧を供給先とするルートとして Nabucco に対抗する構想として展開されているものである。トランジット国が自己の役割を意図的に濫用し欧露双方が多大な影響を被った反省から，最近ではこれを迂回するルートとしての意義が強調されている。

ルーマニア・ウクライナ主導の White Stream も存在する。EU の枠内のプロジェクトとされるが，役割は南ルートの補完とされ，既述 2 案件とは本質的に異なるとみられるので詳述を避けた。

サプライソースであるアゼルバイジャンやトルクメニスタンを巡って，EU 側（Nabucco 支持派）は自陣に組み入れるべく画策し，他方，ロシアはアゼルバイジャンに自国への供給をコミットさせる一方で，トルクメニスタンにはカスピ海沿岸 PL の敷設を約束させて西傾化を牽制し，さらに中国向けで競わせて先行させ，輸出余力の縮小を図るなど，Nabucco 対抗軸の形成を企図している。

EU は競合ルートの成立を阻止するため，PL アクセス権など制度上の制限を設けようとしている。

中東やエジプトも供給源としての役割を期待されている。イランの参入は米国の反対で欧州に逡巡する国もみられるが，他方で資源確保の観点からは看過出来ない存在ともされる。

このように考察してくると，資源国・輸入国・経由国に各者各様のプレイの論理があり，各者間の緊密度や絆の強さ（loyalty）に応じて政治的配慮が入り込む余地が出てくることに加えて，国によっては政治的判断が経済合理性に優先させることもあり得る。筆者は PL 通過国が自己の都合で輸送を阻害した最近の出来事をポストソビエト空間に固有の現象ではないかと考えていたが，バクー〜トビリシ〜ジェイハン原油パイプライン（BTC）成立の背景やイランの

石油ガス開発参入外資への制裁問題[20]などを勘案すると，エネルギー資源（に限らないかも知れないが）は普遍的に外交の道具になり得るようである。

　欧州市場を狙う2つのPLに両立の可能性は低いであろうことを考え併せると，需要・資源・トランジットを囲い込もうとする政治的動き，即ち市場寡占政策と，需要・資源・トランジットの多角化・分散化の推進，即ちリスク分散政策の2つの政策が併走していくと思われる。

　エネルギー資源は戦略性の強い物資とされ，ロシアでは現在「エネルギー安全保障ドクトリン」の策定が進められている。中国市場を巡っても，欧州向けなどとも絡み合いながら，ロシアと中央アジア諸国の駆け引きと争いが熾烈になっている。国家間関係において，エネルギー資源が果たす役割はますます大きくなっていくのかも知れない。

---

[20] いずれも米国の政治的主導による。

第2章
北東アジア諸国とロシア極東のエネルギー協力

アンドレイ・ベロフ

はじめに

　ロシアは，北東アジア諸国の中でも，独特な位置にある。ロシアの人口と経済力の大半は，ヨーロッパ・ウラル地域に集中し，国際関係の重点は旧ソ連と欧州地域にある。しかし近年，ロシアはアジアと太平洋地域諸国との政策協力及び経済関係を拡大し，シベリア・極東におけるエネルギー，運輸，社会分野の大規模インフラ開発プロジェクトをいくつも実現させている。こうして，北東アジア諸国の相互協力におけるロシアの地位が向上している。

　1999〜2008年の間，ロシアのGDP（国内総生産）は1.92倍になり，年平均6.7％の急速な成長で注目を集めた（経済規模に関する主要指標は表2-1で示される）。しかし，経済成長の傍ら多数の問題が発生した。具体例としては，著しい人口減少，厳しい投資環境，国内金融制度の虚弱性，WTOへの未加盟（2010年末現在），経済成長の不安定があげられる。北東アジア諸国との違いは，ロシアには事実上，加工産業において国際競争力を持っていないことである。2009年現在，GDPの主要部分(17％)を，燃料エネルギー産業がしめている。輸出の86％は，天然資源と同製品（うち67％は燃料・エネルギー）である。石油・

表 2-1　北東アジア諸国の主要経済指標 (2009)

	国内総生産 *		国内総生産 *, 成長率		国内総生産 (一人当り) *	
	兆ドル	順位 **	前年比, %	順位 **	ドル	順位 **
日本	4.150	4	−5.30%	191	32,600	42
韓国	1.364	13	0.20%	112	28,000	49
ロシア ***	2.110	8	−7.90%	208	15,100	75
中国	8.748	3	9.10%	4	6,600	128

注：*　購買力平価
　　**　EU を含む全世界 227 ヵ国
　　***　ロシア極東平均は全ロシア平均と同様
資料：米国中央情報局, THE WORLD FACTBOOK.

　ガス輸出は中央政府予算歳入の 40％ にあたる。このような経済構造は，ロシアを世界資源市場の景気に大きく依存させるものである。2009 年，経済危機と国際資源価格の下落，及び外国資本の流出は，ロシアの GDP を 7.9％ 低下させ，世界で最も深刻な経済縮小の一つとなった。

　このようなロシアの特徴は，極東地域でも明確な形で表れている。しかし，2000 年代，当地域では，経済成長の回復，インフラの整備，石油・ガス輸出の増加がみられた。2008～2009 年の経済危機の影響を受けたにも拘らず，拡大する北東アジア諸国の市場において，エネルギー資源の供給という重要な役割を担い始めている。次の要因は，ロシア極東地域の経済開発を促進するものである。まず生産の分野では，新しいエネルギー開発がロシアの西部より東シベリア及び極東地域で多く行われている。需要では，石油・ガスの消費がヨーロッパや北米諸国で停滞し，北東アジアで急速に伸びている。そして，ロシア国内の地域政策におけるシベリア・極東の優先順位は上昇し，国際外交でもアジア太平洋諸国の重要性が高まっている。本章では，この要因の詳細な内容及びエネルギー開発という側面から見た地域経済への影響を分析している。

第1節　ロシア極東経済の概要

　ロシア行政制度における極東連邦管区は，バイカル湖から東北の9つの自治管区から成る（図2-1，表2-2）。「極東」とは，経済的地域というより，地理的，行政的な意味合いの方が強い。極東の南部にのみ，共通の鉄道2路線，舗装された自動車幹線1本，そして地域間送電線がある。また，サハリン北部からハバロフスク地方を通る石油パイプラインが2本，ガスパイプラインが1本通っている。極東の他地域との連絡手段は，海路か空路である。実際には，極東は南東，北東，オホーツク海周辺という三つの孤立したゾーンに分断される（図2-2）。

　南東ゾーンには，アムール州，ハバロフスク地方，ユダヤ自治州，沿海地方，そしてサハリン州の一部が入る。このゾーンは極東地域の人口の68％，GRP（地域内総生産）の72％を占め，主要な都市，企業，交通施設がある。南東ゾーンは，長距離にわたって中国との国境に面しているため，中国が主な経済パートナーである。極東開発の展望は，主としてこの南東ゾーンに関わるものである。北東ゾーンには，サハ共和国（ヤクート），マガダン州，チュクチ自治管区が含まれる。北東ゾーンの将来は，鉱物資源の採掘にかかっている。オホーツク海周辺ゾーンは，カムチャッカ地方，マガダン州，ハバロフスク地方，サハリン州沿岸及び諸島など，オホーツク海に面した地域をまとめたものである。主要経済活動は，水産資源の採取と，日本やアメリカ，韓国や中国市場への輸出である。

　ロシア極東の地理的な特徴は，広大な地域，厳しい気候と豊かな天然資源である。こうした特徴によって極東経済の特色も決まってくる。それは，少ない人口，大きな地域格差，高い生産コスト及び生活費，資源産業中心の経済構造，そして対外貿易への依存などである（表2-3）。

　ロシア極東の人口は640万人である。その多くは南東ゾーンに居住している。そのうち，約300万人は，シベリア横断鉄道とバイカル・アムール鉄道が隣

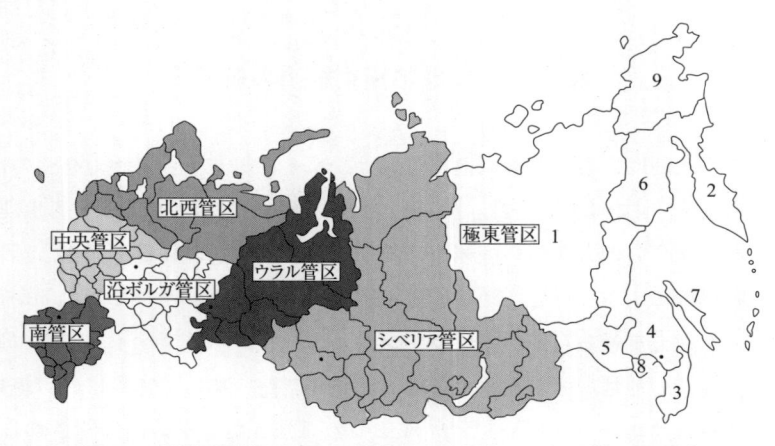

図 2-1 連邦管区別のロシア連邦行政区分（2009 年 1 月 1 日現在）
資料：ロシア統計局より作成。

表 2-2 ロシア主要経済指標・連邦管区の比重（2008 年，％）

	面積	人口 (2009年1 月現在)	地域総生 産(2007 年現在)	鉱業 生産	工業 生産	農業 生産	設備 投資	輸出	輸入
ロシア連邦	100.0	100.0	100.0	100.0	100.0	100.0	100.0	100.0	100.0
中央連邦管区	3.8	26.2	36.5	11.2	31.5	21.6	24.6	45.5	60.1
北西連邦管区	9.9	9.5	9.9	6.3	12.0	4.6	11.4	11.1	18.5
南連邦管区	3.4	16.1	7.7	1.6	7.3	23.6	10.3	3.4	4.7
沿ボルガ連邦管区	6.1	21.3	15.5	16.3	23.0	26.1	16.6	12.3	5.2
ウラル連邦管区	10.6	8.6	15.1	45.5	13.8	6.9	16.7	17.6	4.2
シベリア連邦管区	30.1	13.8	10.7	10.8	11.1	14.2	10.2	6.9	3.8
極東連邦管区	36.1	4.6	4.6	8.3	1.4	3.0	6.4	3.2	3.5
1　サハ共和国（ヤクーチヤ）	18.0	0.7	0.9	2.6	0.1	0.6	1.8	0.5	0.0
2　カムチャッカ地方	2.7	0.2	0.2	0.1	0.1	0.2	0.2	0.0	0.1
3　沿海地方	1.0	1.4	0.9	0.1	0.4	0.6	0.8	0.2	2.3
4　ハバロフスク地方	4.6	1.0	0.8	0.4	0.6	0.4	0.9	0.4	0.4
5　アムール州	2.1	0.6	0.4	0.3	0.1	0.6	0.7	0.1	0.2
6　マガダン州	2.7	0.1	0.1	0.3	0.0	0.1	0.1	0.0	0.1
7　サハリン州	0.5	0.4	1.0	4.1	0.1	0.2	1.7	1.9	0.4
8　ユダヤ自治州	0.2	0.1	0.1	0.0	0.0	0.2	0.1	0.0	0.0
9　チュコト自治管区	4.2	0.0	0.1	0.4	0.0	0.0	0.1	0.0	0.1

資料：図 2-1 に同じ。

第 2 章 北東アジア諸国とロシア極東のエネルギー協力　　53

図 2-2　ロシア極東における経済発展地域
資料：筆者作成。

表 2-3　ロシア極東の面積，人口，総生産（2008 年）

	面積 （千 km²）	人口 （2009 年 1 月 1 日現在， 1000 人）	1 月の 平均気温 （度）	一人当たり地 域内総生産 （2007 年， 名目，ロシ ア＝1）	物価 （最低生活 費，ロシア ＝1）
ロシア連邦	17,075.4	141,904.0	…	1.00	1.00
極東連邦管区	6,215.9	6,460.1	…	…	…
1　サハ共和国（ヤクーチヤ）	3,103.2	949.8	−34.9	1.30	1.60
2　カムチャッカ地方	472.3	343.5	−13.5	0.99	2.07
3　沿海地方	165.9	1,988.0	−15.3	0.66	1.29
4　ハバロフスク地方	788.6	1,401.9	−22.8	0.83	1.47
5　アムール州	363.7	864.5	−27.9	0.66	1.21
6　マガダン州	461.4	163.0	−29.5	1.07	1.60
7　サハリン州	87.1	514.5	−11.9	2.77	1.60
8　ユダヤ自治州	36.0	185.4	−22.8	0.67	1.15
9　チュコト自治管区	737.7	49.5	−21.3	2.12	2.10

資料：図 2-1 に同じ。

表2-4　ロシア極東の人口増加率（前年同期比，%）

	1991〜1995	1996〜2000	2001〜2005	2006	2007	2008
ロシア連邦	− 0.1	− 0.4	− 0.5	− 0.4	− 0.1	− 0.1
極東連邦管区	− 1.4	− 1.1	− 0.7	− 0.6	− 0.3	− 0.4
1　サハ共和国（ヤクーチヤ）	− 1.6	− 1.0	− 0.1	0.004	0.2	− 0.2
2　カムチャッカ地方	− 2.7	− 1.6	− 0.8	− 0.6	− 0.4	− 0.6
3　沿海地方	− 0.4	− 0.9	− 0.8	− 0.7	− 0.5	− 0.4
4　ハバロフスク地方	− 0.7	− 0.8	− 0.6	− 0.5	− 0.1	− 0.1
5　アムール州	− 0.7	− 0.8	− 0.7	− 0.7	− 0.6	− 0.6
6　マガダン州	− 7.8	− 2.4	− 1.8	− 1.8	− 1.6	− 1.7
7　サハリン州	− 2.0	− 1.8	− 1.2	− 1	− 0.5	− 0.8
8　ユダヤ自治州	− 0.8	− 1.2	− 1.2	− 0.5	− 0.1	− 0.1
9　チュコト自治管区	− 6.0	− 4.9	− 0.4	− 0.1	− 0.4	− 1.5

資料：図2-1に同じ．

接する幅50 kmの狭い地帯で暮らしている。この地帯は，人口密度や経済発展において，ロシアヨーロッパ部の他地域と十分比較できるものである。その他の人口は，600万 km^2 という広大な空間に散らばっている。冷涼な気候，永久凍土，そして鉄道・自動車道の欠如がこの地域の生活環境を作っており，おそらくそれは世界でも最も厳しいものである。比較できるのはカナダ北部，グリーンランド，そして南極大陸のみであろう。

　多くのロシア極東地域の住民は，比較的高収入を得ているが，食料品，光熱費，交通費などの物価は高く，生活水準はロシア平均を下回ることが多い。その結果，ロシア極東の人口は，特に北東・オホーツク海周辺ゾーンで減少を続けている（表2-4）。このような人口流出と労働力不足は，ロシア極東全体の発展，特に建設業及び農林水産業の大きな障害となった。

　高価な生産コスト，高いビジネス・リスク，厳しい投資環境，脆弱な金融制度によって極東の経済構造は，一次産業が優位であり，第二次産業が成り立たない（表2-5）。第二次産業における大半の企業は，国営であるか，財政支援を受けている。1995〜2008年に国営企業への財政支援が乏しくなったために，全ロシアの地域内総生産，固定資産，鉄道貨物量標における極東地域のシェアは縮小した。

表 2-5　地域内総生産の部門別構成（2007 年）

	ロシア全体	極東連邦管区
全　体	100.0	100.0
第一次産業	15.7	28.8
第二次産業	29.0	19.3
第三次産業	55.3	51.9

資料：図 2-1 に同じ。

表 2-6　ロシア極東の貿易（100 万ドル）

	1995	2000	2005	2006	2007	2008
輸出	2,427	3,826	8,925	8,156	12,490	14,063
輸入	1,753	864	5,646	6,863	7,717	8,850
貿易総額	4,180	4,690	14,571	15,019	20,207	22,913
貿易収支	673	2,962	3,279	1,293	4,773	5,213

資料：図 2-1 に同じ。

　ロシア極東の森林，石炭，非鉄金属，海産物の 50～80％は輸出用である。輸入されるのは，設備機器，家電製品や乗用車などの消費財，食料品である。2000 年代，対外貿易は急速に成長した（表 2-6）。しかし，ピークであった 2008 年の 1 人当たりの貿易総額は極東は 3,500 ドルとなり，ロシア平均の 5,100 ドルを下回った。但し，極東のダイヤモンド，金，兵器の貿易は地域ではなく，全国の統計に計上されている。これを考慮しても，数字の違いは重要な問題を表している。アジア太平洋で加速している経済統合へのロシアと極東地域の参加は不十分なものである。中国との関係は順調に発展しているが，そのほかの協力過程及び組織（ASEAN+3，FTA，EPA，TPP など）でのロシアのイニシアチブは限られている。しかし，100 年にわたって極東地域の貿易の 70～80％は，近隣の中国，日本，韓国に向けられている。これは，ロシア極東が極めて独特ながら，北東アジア諸国の一部とされる有力な証拠である。

第2節　北東アジア諸国の一員としてのロシア極東開発

　ロシア極東の経済開発は，19世紀後半から始まった。約150年の間に，極東はロシアとアジア，太平洋諸国の連結，そして天然資源の近隣諸国やロシアヨーロッパ部への提供という，二つの主な機能を果たした。1930〜1980年，ソ連政府は極東に軍事・民間機械製作企業を置いた。1986〜1990年には，この地域の交通・社会インフラの改善，加工産業の競争力向上，機械製作分野を利用した北東アジア諸国との経済統合拡大の試みがなされた。しかし機械製作部門の再建が極めて困難だったため，この政策は失敗に終わった。

　1992年から，ロシアでは市場改革，国営企業の民営化，対外貿易の自由化が始まった。機械製作部門の国家支援が減少し，インフラ整備と軍事費の予算支出が削減された。新たな経済状況において，ロシアヨーロッパ部の国内市場と北東アジア諸国の国際市場で競争力があったのは，資源の採掘のみであった。

　地域の経済，国内交易及び国際貿易における加工産業の割合が減少し，石油，ガス，石炭，貴金属，非鉄金属，水産物，木材，ダイヤモンド等の原料資源が大半を占めた。

　2000年代にはエネルギー資源価格が伸び，石油とガスは極東天然資源の中で最大の商業価値を持つようになった。東シベリアと極東では，大規模石油・ガス産地開発が始まり，ロシア全体のエネルギー生産・輸出における極東の比重が拡大した（表2-7）。エネルギー開発はロシア極東の経済発展及び，北東アジア諸国の経済協力にとって重要な要因となった。

　したがって，ロシア極東は，天然資源という「比較優位」を以て，北東アジア諸国の協力モデルに的確に沿って発展していった。このモデルは，中国の労働力，韓国の機械製作，日本の資金・ハイテク技術による極東資源開発を前提としていた。

　しかし近年，国際協力において世界的，地域的，そして国家的に，重大な変

表 2-7　アジア太平洋地域における石油・ガスの採掘，消費，純輸入予想量 *

	2010	2015	2020	2025	2030
石油　100 万トン					
採掘	408	408	391	367	342
消費	1510	1765	1970	2100	2205
純輸入	1102	1357	1579	1733	1863
ガス　10 億 m^3					
採掘	436	489	525	552	571
消費	510	625	740	846	952
純輸入	74	136	215	294	381

注 * 米国の太平洋沿岸を除く
資料：ロシア連邦科学アカデミー（≪極東の諸問題 (Проблемы Дальнего Востока)≫, 2010, No. 2, pp. 64-77）。

化が見られた。世界レベルでは，グローバル化が進んだ。そのため，シベリア・極東開発のための資金と技術は，北東アジアだけではなく全世界からも投入が可能になった。地域レベルにおいては，中国経済がロシアの天然資源をすべてのみ込むほどの能力をもつまでに拡大し，労働力だけでなく，シベリア・ロシア極東の天然資源開発に十分な資金，技術をも有するようになった。国家レベルでは，ロシアで経済成長が始まり，政治情勢が安定した。ロシア政府は，ロシア極東地域支援を再開し，また，中央政府の財政資金を利用した国内の技術と労働力による発展プロジェクトに取り組んだ。

2000〜2010 年，極東では，ハバロフスク市周辺でのアムール川を渡る新しい鉄道橋，道路橋の建設，シベリア横断鉄道の電化の完了，ブレヤ水力発電ダムの建設及び中国北東部への電力輸出の開始，ハバロフスク―チタ自動車道の建設，南クリル諸島の空港，自動車道等の社会インフラの改修，タイシェト―スコヴォロジノ，スコヴォロジノ―中国国境への石油パイプラインと，コムソモリスク―ハバロフスク間のガスパイプライン，ナホトカ近郊コズィミノ湾の石油輸出ターミナルの建設などが行われた。

国営企業「ガスプロム」は，50％以上の株を買い占め，「サハリンⅡ」プロジェクトの最大株主となった。このプロジェクトで，いくつかの主要パイプライン，海洋ターミナル，南サハリンのガス液化工場が稼働を始めた。2012 年の

APEC開催に向けてのウラジオストクの都市インフラ開発と，東シベリア―太平洋間の石油パイプライン，ハバロフスク―ウラジオストク間のガスパイプラインの建設は現在も続行中。このように，ロシア政府は広範囲で直接的な極東開発支援を再開したといえる。

　免税措置などの間接的支援は，コムソモリスクの飛行機工場とウラジオストクの自動車組立工場にも供与された。しかし国の直接支援（補助金，財政投資など）の大部分は，加工企業ではなく，社会，交通，エネルギー施設のインフラ開発に投入されている。ロシア政府は，市場経済における国の役割がここにあるべきだと考えている。

　概して，ロシア極東の開発は，市場原理と「比較優位」に基づいている。しかし，2000年代の世界的，地域的，国家的状況によると，北東アジア諸国では「比較優位」の組み合わせ，国際協力メカニズムの変形およびロシア資源へのアクセスを巡った競争的関係が明らかになった。

　国際協力において大きな変化があったにせよ，北東アジア諸国はシベリアと極東にとって重要なパートナーである。地理的な近さ，市場の規模の大きさ，そして中国，日本，韓国との長年の関係は，ロシア東部における対外経済関係の重要な要因である。

　これらはすべて，ロシアのエネルギー資源輸出にも適合する。石油，ガス，石炭は，高い輸送費を必要とするため，近隣諸国を優先的な買い手としている。北東アジア，特に中国におけるエネルギー需要は，急速に伸びている。ロシア政府は，北東アジア諸国のエネルギー輸入が今後増加し，そのため安定的な需要を確保できると考えている（表2-8）。

　その中でも，中国との政治的，経済的関係が，最も急速に進展している。ロシア政府の予想では，ここ20年のうちにロシアがアジア向けに輸出する石油とガスの主な需要国は中国となる。予想供給量で中国に続くのは，日本と韓国である（表2-9）。

　東シベリアと極東のエネルギー資源採掘は，厳しい気候と高コストによって長い間困難なものだった。しかし，旧ソ連は1970年代，北部内陸域の石油・

表2-8　ロシアにおける石油・ガス予想採掘量

	2010	2015	2020	2025	2030
石油　100万㌧					
シベリア	364.0	413.0	433.0	452.0	470.0
極東	16.9	18.2	24.8	30.5	33.1
ロシア全土	544	609	630	630	630
ガス　10億 m^3					
シベリア	615	714	792	808	818
極東	22.6	30.5	52.6	74.2	82.9
ロシア全土	681	790	895	930	960

資料：表2-7に同じ。

表2-9　シベリア・ロシア極東地域から北東アジア・アジア太平洋諸国への石油・ガス予想供給量

	2010	2015	2020	2025	2030
石油 100万㌧					
中国	27.1	43.5	58.3	64.8	74.3
日本	7.9	13.1	16.2	16.5	16.9
韓国	8.7	16.1	22.2	27.8	30.0
その他	4.5	6.9	12.4	13.1	11.9
計	48.3	79.6	109.1	122.1	133.1
ガス 10億 m^3					
中国	1.4	35.8	87.0	115.2	122.5
日本	8.2	18.0	25.1	27.3	28.3
韓国	2.7	21.5	30.5	34.1	35.2
その他	1.4	9.2	18.0	22.5	23.9
計	13.7	84.5	160.6	199.2	209.9

資料：表2-7に同じ。

ガスの採掘技術，永久凍土条件下のパイプライン敷設技術を獲得した。また，2000年代，ロシア企業は，大陸棚の開発とサハリンにおけるガス液化工場建設を経験した。ボーリング用プラットフォームの修理，石油・ガス輸送タンカーの建造，建設資材の生産といった分野で，アメリカ，日本，韓国企業との国際協力が展開された。その結果，エネルギー採掘と輸送に必要なすべての技術が，ロシア企業によって活用できるようになった。

表 2-10　アジア太平洋地域における石油・ガス予想価格

	2010	2015	2020	2025	2030
	石油予想価格	ドル /1バレル			
シナリオ1	60	70	80	80	80
シナリオ2	100	110	120	130	140
	ガス予想価格	ドル /1000m^3			
シナリオ1	280	320	400	440	450
シナリオ2	300	580	730	870	900

資料：表 2-7 に同じ。

　天然資源の開発は国際市場の景気に左右される。しかし，2010年現在のエネルギー資源の価格は，高い水準で安定している。現在の価格条件では，1990年代に凍結された多くのプロジェクトが実現可能になっている。シベリア・ロシア極東の石油・ガス採掘と，北東アジア向けの輸出の予測は，ロシアにとって有利な現状価格に基づいたものである。今後の価格は，スムーズに上昇していくと予想される（表2-10）。したがって，開発コストが膨大であっても，石油・ガス採掘，そして輸出には，良好な経済的・技術的条件があるといえる。

第3節　ロシア極東における「エネルギー外交」

　2000年代後半，ロシア政府は，前述の情勢に基づいてエネルギー開発の具体的な政策を策定した。詳細は前章で紹介されているので，本章ではこの政策の基本原則にふれる。重要な特徴は，「エネルギー外交」と「プラグマティズム」という二つのキーワードで表すことができる。

　「エネルギー外交」は，経済的な手段を利用し政治的な目標（安全保障，緊張緩和，国際協力の促進など）を達成するための政策である。エネルギー外交の主な手段は，国際エネルギー施設（石油・ガスパイプライン，送電線，石油・石炭積換え用鉄道・海運ターミナル等）の建設と，石油，ガス，石炭，電力供給の長期契約である。目的は，エネルギー資源の供給側と需要側の相互依存及び信頼関

係を確立し，長期にわたる政治環境を改善するものである。

「エネルギー外交」の典型的な実例とされるのが，ソ連と西ドイツの間で実現した「ガス・ガス管」取引いわゆる「20世紀の取引」である。西ドイツはガス管，コンプレッサー，建設機械を供給し，ソ連は長期的にガスを供給するようになった。契約は，1970年2月1日に締結された。有効期間と契約総額は，当時，社会主義と資本主義国の間で結ばれた契約の中で最も大きなものだった。契約に基づき，輸出用パイプライン2本が建設され，ソ連のガスが西ドイツへそしてその後他のヨーロッパ諸国へ供給された。その結果，ソ連と西欧諸国間で，経済的相互依存関係が形成された。またソ連，後のロシアは，ヨーロッパ市場で石油・ガスの25〜30％のシェアを獲得した。またソ連，ロシアのエネルギー資源輸出の90〜95％は，ヨーロッパに向けたものだった。1970年代の政治環境の改善と，当時の「デタント政策」（国際の緊張緩和）のための強固な経済基盤は，こうして作られた。

1991年12月17日，西欧，東欧のエネルギー部門での相互関係に関する「欧州エネルギー憲章」が調印された。ロシアは1994年に加わり，石油・ガス主要輸出国で，この憲章の唯一の加盟国となった。憲章の基本原則は，輸出入国が資源採掘と輸送インフラへ平等にアクセスすることである。これに基づきヨーロッパ諸国は，ロシア国内での石油・ガスの採掘やパイプライン貯蔵施設の建設などを提案した。またロシア側も，欧州領土内でのエネルギーインフラの建設と購入を求めた。しかし，ロシアの関係者によると，平等な協力条件の達成には至らなかった。エネルギー資源の輸入側であるヨーロッパ諸国と，輸出側であるロシアの利益保護で不均衡が生じたのだ。2009年8月20日，ロシアは「欧州エネルギー憲章」に付随する「エネルギー基本条約」の批准（裁可）を拒否した。それでも，輸出国と輸入国の責任と依存の平等性という原則は，ロシアエネルギー外交の基盤として残った。

ヨーロッパでの交渉は，北東アジアとのエネルギー協力におけるロシアの立場に多大な影響を与えた。ヨーロッパと比較すると北東アジアでは政治的な問題が多いため，輸入国間の政策の調整力が弱い。ロシアからみると，これはプ

ラスになる。一方，中国，韓国，日本のエネルギーインフラ開発における外国企業の参加は極めて少ない。それでもロシアは，輸出側と輸入側の利益を同じように考慮したエネルギー協力を一貫して主張している。特に，アジアの需要国との交渉におけるロシアの関心は，ガスをヨーロッパ価格で算定することにある。また，ロシア国営企業は，中国，韓国，日本におけるエネルギーインフラ施設の建設への参加及び購入を望んでいる。ロシアの見解では，こうした方策がこの地域での相互依存と信頼関係の確立をもたらすものである。

ヨーロッパと北東アジアにおけるロシアエネルギー外交の基本原則は，長期的なアプローチ，最大限の収益，そしてロシアの地方の開発である。長期的アプローチは，前述のように，エネルギー資源の生産側と需要側の平等な依存関係の確立を目指すためにある。この経済的基盤によって，信頼関係が生まれ，政治情勢の長期的向上のための好環境がつくられるのである。

最大収益の原則は，エネルギー資源を最高値で販売することに，最も顕著にあらわれている。北東アジア諸国市場におけるエネルギーの売値は高額で，ロシアにとっては魅力である。一方，最大需要国である中国は，価格の点で極めて強硬な立場をとっている。通常，交渉の詳細は商業機密である。しかし，2010年9月26～28日にロシア大統領が訪中し，エネルギー問題に関する交渉を行った後，有力週刊誌『エキスパート』(2010年10月4～10日，No. 39, p. 38)は，以下の情報を掲載した。

ロシアは，天然ガスを西ヨーロッパへ1000m^2当たり250～350^{ドル}で供給している。ロシアは中国へもまたこのような価格での供給を望んでいた。しかし，トルクメニスタンとカザフスタンは，150～160^{ドル}という価格で中国に供給している。これに関連するロシアエネルギー外交の最重要課題は，中央アジア(将来的にはイラン，イラクも含む)との価格調整，中国ガス市場の規制緩和，そして中国国内のガス価格値上げに関する交渉である。交渉は，既に10年以上続いており，極めて難航している。まさにこれこそが中国へのロシアの石油輸出と急成長と違い，ガス輸出が停滞している理由である。2010年までに，中国行きのガスパイプラインプロジェクトは一つも実現しなかった。しかし近年，

中国のポジションに若干の変化が見られたため，ロシアは輸出用ガスパイプライン計画の具体的な作業に入ることとなった。

ロシアエネルギー外交の3つめの原則は，地域開発である。これは，産地の開発，或いはパイプライン建設に関する決議の採択において，経済的要因だけではなく，環境保全，社会的情勢などの要因をも考慮するということである。例を挙げると，2006年「東シベリア―太平洋」石油パイプラインの経路が変更されたのは，バイカル湖の生態系を損なわせないためであった。2010年には，ハバロフスク―ウラジオストク間ガスパイプライン建設の加速，ウラジオストク大規模発電所の燃料の石炭からガスへの変更，2012年のAPEC開催都市の送電安定化と環境改善が決議された。こうしたロシア政府の決定事項は，パイプラインを建設している国営企業「トランスネフチ」や「ガスプロム」には負担を増やすものである。しかし，ロシア政府の見解では，大きな社会的効果が得られるため，この追加支出は十分補えるものである。

これらの原則に基づいて，北東アジアに向けたロシアのエネルギー政策がつくられる。政策の方針は「プラグマティズム」というキーワードで表される。具体的な内容で，最大の意義をもつのがロシア国家の直接介入，相手諸国からの輸入量・価格・期間に関する国家保障，そしてエネルギー資源の種類，輸送の経路，輸入諸国等の多様化である。

国家の直接介入とは，輸出向けエネルギー資源の開発とロシア領域内のエネルギーインフラ建設において，ロシア国営企業が必ず参加するということである。輸入国はこれを「資源ナショナリズム」と呼ぶこともある。しかし，国家の介入政策はエネルギー輸出国及び輸入国でも広く利用され，長期的に安定したエネルギー供給を行うための重要な手段となっている。またロシア政府は，これによって，民間企業と国営企業が参加する大規模プロジェクトの開発コストをコントロールできると考えている。国家介入の必要性は，二つの実例によって証明される。1例目は，2003年5月28日，民間企業「ユコス」（2006年8月1日に倒産）が，中国国有石油会社CNPCとともに中国への石油パイプライン建設及び石油輸出に関する基本合意書を発表し，最短のイルクーツク―

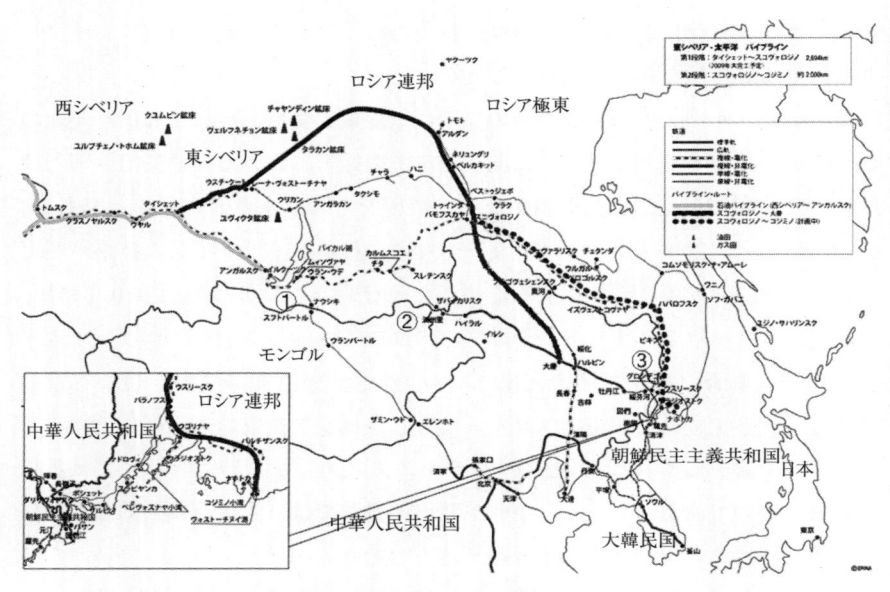

図 2-3 東シベリア・太平洋石油パイプライン
資料：環日本海経済研究所 (ERINA)（一部更新）。

大慶（ダツィン，中国）経路を採択した。建設費は低かったが，中国が独占的な買い手となり，価格の決定権を獲得し，そのため輸入価格が下がる可能性が出てきた。そして，バイカル湖の周辺地域での環境保全，新たな油田開発が考慮されていないという側面もあった。ロシア政府はこのプロジェクトの中止と，2000年12月31日には国営企業「トランスネフチ」による，高額で長距離の「東シベリア―太平洋」石油パイプラインの建設を決定した。第一期（タイシェット・スコヴォロジノ）石油パイプラインが建設されたのは2009年12月28日，第二期（中国支部スコヴォロジノ・大慶）が2010年9月26日，第三期（スコヴォロジノ・コジミノ）最終工事は2013年の予定である（図2-3）。複雑な経路を選んだことは，結果的に極東地域の経済的発展に大きく貢献し，中国だけでなく，他の北東アジア諸国への輸出開始をももたらした。

　国家介入必要性の2例目は，「サハリンⅡ」プロジェクト実現過程にあった。

初期段階，このプロジェクトは外国企業によって実行された。ロシア側は，外国参加企業が建設費用を石油ガス販売によって埋め合わせた後に，主要な収益を受け取る予定だった。2002〜2005 年，外国参加企業は，予定建設費用の増大を何度も通告していた。それに応じて，費用の回収期間が延び，ロシア側の収益受け取り開始時期も延期された。この問題は，2005 年 11 月 1〜2 日，プーチン・ロシア大統領がプロジェクトの最大参加企業である「ロイヤル・ダッチ・シェル」本社があるオランダを訪問した際に審議されたほどの重要性をもっていた。しかし多くの努力にもかかわらず，問題解決にはいたらなかった。2005 年 7 月 26 日にサハリン地方裁判所は環境法違反のために建設を一時中止させ，2007 年 4 月 18 日にはロシア国営企業「ガスプロム」が外国参加企業の全株の 50% プラス一株を購入した。「ガスプロム」の介入は，特に支出と収入に関する情報の直接入手や，ロシア側の不安排除を可能にした。

　エネルギー産出地の開発と輸出インフラ建設には，膨大な費用が必要である。当然，ロシア政府は稼働開始前に，建設費用を埋め合わせられるだけの購入の期間，条件，エネルギー価格について，輸入国から政府保証を求めている。しかし，北東アジア諸国では経済における政府の役割はロシアと異なっているため，これは非常に困難なことである。それでも，2003〜2004 年頃，石油輸入に関する中国からの保証は得られたと考えられる。それによってロシアは，石油輸出パイプライン建設に着手した。しかし，ガスの供給，特に価格に関する交渉の進展は，極めて難航している。その結果，ガス産地開発とガスパイプライン建設は，石油プロジェクトと比較すると，数年間遅れている。

　ロシアエネルギー政策の重要な要因は，エネルギー資源の種類，採掘地区，輸送経路，輸入国の多様化である。2010 年現在，ロシアは北東アジアに電力，石炭，石油製品，そして液化ガスを輸出し，また，ガスパイプラインやその他の燃料供給に関する交渉も行われた。ロシアにおける主要石油・ガス採掘地区は，西シベリアにあるが，サハリンや東シベリアでの採掘も急速に伸びている（図 2-3，2-5）。ロシア西部と東部のパイプライン接続と，石油・ガス輸送の全国統一システムの設立も行われている。このシステムは，エネルギー資源を

表 2-11 ロシアから北東アジア諸国への石油供給源・経路（百万トン）

	2010	2015	2020	2025	2030
供給源：シベリア北西部	32.0	62.0	79.0	96.0	104.0
ロシア・カザフスタン・中国石油パイプライン*					
中国	2.0	5.0	10.0	10.0	10.0
鉄道**（図 2-3）					
中国	13.0	12.0	7.0	7.0	7.0
東シベリア・太平洋石油パイプライン（図 2-3）					
中国	8.0	22.0	27.0	40.0	48.8
日本	3.0	8.0	10.0	10.0	10.5
韓国	5.0	12.0	17.0	21.0	21.2
その他	1.0	3.0	8.0	8.0	6.5
供給源：極東	16.3	17.6	22.1	26.1	29.1
デカストリ基地（図 2-5, ②）					
中国	2.6	2.9	3.7	3.9	4.1
日本	0.4	0.5	1.7	2.0	2.1
韓国	2.2	2.4	3.1	3.3	3.5
その他	3.5	3.8	3.8	3.9	4.1
プリゴロドノエ基地，海上プラットホーム（図 2-5, ①）					
中国	1.5	1.6	2.6	3.9	4.4
日本	4.5	4.6	4.5	4.5	4.4
韓国	1.5	1.7	2.1	3.5	5.3
その他	0.0	0.1	0.6	1.2	1.3

注：* オムスク（ロシア）・アタス（カザフスタン）・阿拉山口站（中国）
　　** ナウシキ・スフトバートル（図 2-3, ①）；ザバイカリスク・満洲里（図 2-3, ②）；グロデコボ・綏芬河（図 2-3, ③）
資料：表 2-7 に同じ。

　西ヨーロッパと東アジアに同時に輸出でき，その地域間の競争を促すものである。ロシアにとってのメリットは，輸出価格の上昇，輸送費の低下，そしてシベリア・極東の新たな石油・ガス産地の開発である。

　石油輸送手段は，パイプライン，鉄道，海上の 3 つがある（図 2-3，図 2-5，表 2-11）。中国への輸出では，すべての手段が利用されている。2010 年までは鉄道（図 2-3，①・②・③のルート）が主流であったが，2011 年からはパイプラインでの供給が主流となる。日本と韓国への石油輸出は海上輸送である。主要輸出基地はサハリン北部の海上プラットフォーム，サハリン南部のプリゴロドノエ基地，ハバロフスク地方中部のデカストリ基地（図 2-5，①・②），そし

第 2 章　北東アジア諸国とロシア極東のエネルギー協力　　67

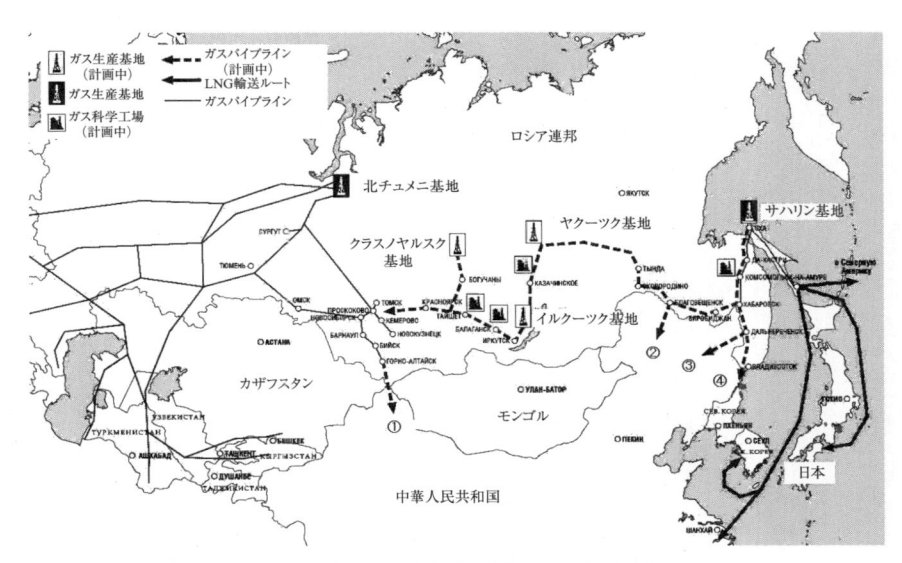

図 2-4　東シベリア・太平洋ガスパイプライン

資料：Gazprom 資料に基づいて筆者作成。

て沿海地方南部のコジミノ港（図 2-3）である。

　ガスの供給手段は，パイプラインと液化の 2 種類である（図 2-4，図 2-5，表 2-12）。2009 年 3 月 18 日，ロシアでは，南サハリンのプリゴロドノエ村で液化ガスプラントと海上ターミナルが稼働していた。2017 年に向けて，沿海地方南部のナホトカ市区に 2 つめのガスプラントとターミナルの建設が計画された。ガスパイプラインについては，2011〜2012 年，中国に向けての建設が計画されている。その後は，南ヤクート―ハバロフスク―ウラジオストク，西シベリア―東シベリア，つまりロシアのすべての主な採掘地を結ぶパイプラインが計画されている。2000 年代初め，サハリンから日本へのガスパイプライン敷設の可能性を探る技術調査が行われたが，高コストと建設条件の困難性からこのプロジェクトは不利だと判断された。2010 年 11 月 10 日，ロシアの「ガスプロム」及び韓国の「コガス」は，2017 年以降の韓国へのガス供給増加に関する計画を公開したが，2010 年末現在，具体的な情報は報道されていない。

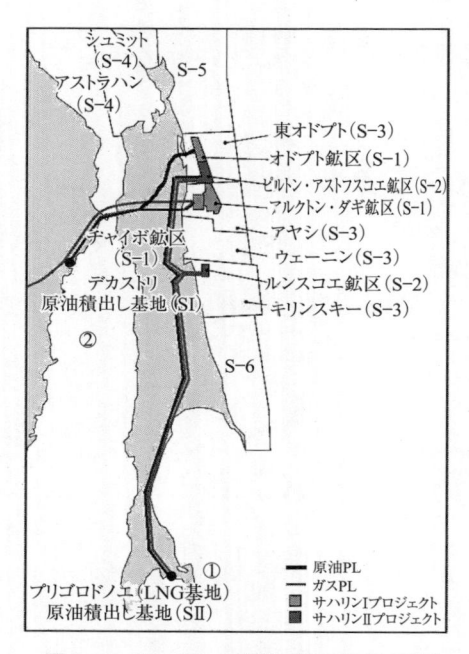

図 2-5 サハリン大陸棚石油天然ガス開発
資料：石油天然ガス・金属鉱物資源機構（JOGMEC）。

　概して，東シベリアとロシア極東のエネルギー資源開発政策は多様的，妥当的，プラグマティックな性格を有している。政策の多様性は，数種のエネルギー資源の同時開発や，複数の相手国への様々な輸送・供給手段の活用にあらわれる。政策の妥当性は，北東アジアのエネルギー市場の分析及びロシアのエネルギー開発能力の活用に表れている。政策のプラグマティズムは，ロシアが対外経済関係を国内の問題解決のために利用していることにある。ロシア政府の極東開発の重点は，エネルギー資源の採掘と輸送インフラの建設にある。まさに，極東地域はエネルギー資源の保有と輸出において，市場経済と北東アジア市場の観点から見た「比較優位」を有するのである。

表 2-12 ロシアから北東アジア諸国へのガス供給源・経路（10 億 m³）

	2010	2015	2020	2025	2030
供給源：シベリア北西部	0	63	122	146	152
アルタイガスパイプライン（図 2-4, ①）					
中国	0	3	20	30	30
東シベリア・極東ガスパイプライン（図 2-4）					
中国	0	30	60	74	80
日本	0	7	9	9	9
韓国	0	17	22	22	22
その他	0	6	11	11	11
供給源：極東	13.7	21.5	38.6	53.2	57.9
プリゴロドノエ基地（図 2-5, ①）					
中国	1.4	1.8	3.0	3.8	4.0
日本	8.2	10.8	14.0	14.6	15.0
韓国	2.7	3.6	5.2	5.9	6.0
その他	1.4	1.8	3.2	4.1	4.3
サハリン・ウラジオストク・ナホトカガスパイプライン（図 2-4, ④）					
中国	0.0	1.0	3.9	7.4	8.6
日本	0.0	0.2	2.1	3.7	4.3
韓国	0.0	0.8	3.3	6.2	7.1
その他	0.0	1.4	3.8	7.4	8.6

資料：表 2-7 に同じ。

おわりに

　21 世紀に入って，ロシアは経済的に急成長を遂げ，政治的にも安定した国家となった。シベリア・ロシア極東でも経済の回復，インフラの整備，国際的開発プロジェクトの稼働が見られた。さらに重要なのは，北東アジア諸国においてロシアが，長期的，明確，かつ根拠のある経済的意義を持つようになったことだ。エネルギー開発を通じて，輸出入国の間の平等的な総合依存関係に基づく，国際環境の改善，緊張緩和，政治的な安定化に向けた政策がロシアのイニシアチブで始まっている。これは北東アジアで「ウィン・ウィン」関係を構築するのに必要なロシアによる「ロード・マップ」である。以上にもとづい

て，ロシアは北東アジア諸国にとって，信頼できるパートナーとなりつつあると結論できる。

第3章
韓国のエネルギー・環境問題

崔　宗一

はじめに

　現在，国際社会が取り組まなければならない二つの大きな課題は，エネルギー危機と気候の変化である。エネルギー危機は，石油の需給の不均衡によって2004年から原油価格が急騰していることによって惹き起こされた問題であり，気候変化の問題は大気中の温室効果ガス濃度が高くなることによって惹き起こされた問題である。すなわち，一つは資源の需給に関する経済の問題であり，もう一つは地球温暖化という環境の問題である。しかし，これら二つの問題は，産業社会が化石燃料に依存して成長してきたことによって必然的に発生した問題という側面から，共通する部分を有している。

　いうまでもなく，化石燃料は，燃焼する過程で膨大なCO_2を排出することによって気候変化を引き起こす主な原因であり，急速な産業化の進展により石油の枯渇の危機を迎えている。このような理由によって，エネルギー効率化政策が注目を浴びるようになった。

　本章では，エネルギー消費と環境に関して，韓国の現状を考察することにする。まず，韓国のエネルギー消費の現状とエネルギー消費の効率を考察する。

これにより，韓国の各部門別のエネルギー消費と効率の問題点を明らかにした。さらに，韓国の CO_2 排出の現状及び経済部門別の CO_2 排出量を考察している。これによって，エネルギー消費と CO_2 排出量の現状を総合して，韓国において必要とされるエネルギーの効率化政策が重要となっている部門に関して，エネルギー効率化政策の動向と改善方向を示した。とくに，エネルギー消費の節減や効率化の潜在力がもっとも高いと思われる産業部門と輸送部門に関して検討している。

本章の構成は次の通りである。まず，第1節では，韓国のエネルギー消費の現状に関して，消費量，消費効率を中心に考察した。第2節では，エネルギー消費と環境に関して各部門別に考察し，エネルギー効率がもっとも必要な部門を識別した。第3節では，韓国のエネルギー効率化政策の動向と改善策を指摘した。

第1節　韓国のエネルギー消費現況と消費効率

(1) 韓国のエネルギー消費の現況

韓国のエネルギー消費は，2000年代に入って経済成長に比べて低い増加率をみせている。国内総生産は2000年代に入って年平均4.4％の成長率で成長した。しかし，1次エネルギー消費は2000年に192.9百万TOE（石油換算トン）から2008年240.8百万TOEで，経済成長率より低い年平均2.8％の増加率を示している。1次エネルギー消費の中で，石油が41.6％，石炭が27.4％，LNG（液化天然ガス）が14.8％，原子力が13.5％，新再生エネルギー2.2％，水力が0.5％を占めていた。

最終エネルギー消費は，2000年149.9百万TOEから2008年182.6百万TOEで，年平均2.5％増加した。同期間，産業部門のエネルギー消費が年平均3.0％増加し，エネルギー消費増加を主導した。2008年基準で，産業部門全体の消費量の41.0％が価格に対する需要弾力性が低い非エネルギー用の石油製

表 3-1　韓国のエネルギー消費の現況

	2000	2001	2002	2003	2004	2005	2006	2007	2008
1次エネルギー消費（百万TOE）	192.9	1984	208.6	215.1	220.2	228.6	233.4	236.5	240.8
最終エネルギー消費（百万TOE）	149.9	153	160.5	164	166	170.9	173.6	181.5	182.6
石油依存度（％）	52.0	50.7	49.1	47.6	45.7	44.4	43.6	44.6	41.6
エネルギー海外依存度（％）	97.2	97.3	97.1	96.9	96.7	96.6	96.5	96.5	96.4
エネルギー輸入額（億ドル）	375.8	336.9	322.9	383.1	496	667	855.7	949.8	1414.8
エネルギー輸入/総輸入（％）	23.4	23.9	21.2	21.4	22.1	25.5	27.7	26.6	32.5

資料：韓国エネルギー経済研究院『エネルギー統計年報』各年版より作成。

品が占めている。

　韓国が使用するエネルギーの96.5％（2008年度基準）は海外に依存しているし，エネルギーの中で，石油に対する依存度は41.6％を占めている。また，2008年度の総エネルギー輸入額は1,415億ドルで，韓国全体の輸入額の32.5％を占めていた。

　韓国の一人当たりエネルギー消費量は，2000年の4.10 TOEから2008年には4.95 TOEで，8年間で年平均2.4％増加した。2008年基準で，一人当たりエネルギー消費はOECD平均よりは若干低いが，日本，ドイツ等の先進国の水準を越えている状態である。

　最近のエネルギー消費の特徴をみると，総エネルギー消費の増加率は経済成長率と関係なく，上昇と下落を繰り返している様子をみせている。2004年と2006年は経済成長率が前年に比べて比較的高い4.6％，5.1％の増加であったにもかかわらず，気候の影響でエネルギー消費はそれぞれ前年比2.7％，2.1％と，比較的に低い増加をみせた。ところが，2007年には経済成長率が5.0％で，前年より少し低くなったが，総エネルギー消費は4.2％で比較的に高い増加率をみせた。これは2000年代に入って，エネルギー消費の変動が，経済変数より気候のようなほかの要因により大きく影響されるようになったということを意味する。

表3-2　韓国のエネルギー関連主要指標

	2001	2002	2003	2004	2005	2006	2007	2008
エネルギー消費増加率（％）	2.9	5.2	3.1	2.7	3.4	2.1	4.2	1.9
経済成長率（％）	4.0	7.2	2.8	4.6	4.0	5.2	5.1	2.2
GDP弾力度	0.72	0.72	1.10	0.52	0.96	0.4	0.26	0.82
エネルギー原単位（TOE/百万ウォン）	0.28	0.27	0.27	0.27	0.26	0.26	0.25	0.25
1人当たりエネルギー消費（TOE）	4.19	4.38	4.49	4.58	4.75	4.83	4.86	4.95

資料：表3-1に同じ。

（2）韓国のエネルギー消費の効率

　韓国のエネルギー消費が増加している背景には，産業化，都市化の結果という要因があり，経済規模に比例して増加した側面もある。通常，エネルギーを多く使用するかどうかの指標として，エネルギー原単位（energy basic unit）を使う。これは全体の経済に使用されるエネルギー使用量の比率であり，産業の構造，付加価値の程度，エネルギー節約利用の効率水準などによって大きく影響される。韓国のエネルギー原単位は，IMF経済危機（1997年）以後改善の推移をみせて，2000年代に入ってからは年平均2.0％ずつ改善されているが，日本の約3倍，ドイツの約2倍ぐらいの高い水準である（表3-3，参照）。

　また，物価水準を反映する購買力平価（PPP）為替レートの基準でみても，韓国はアメリカと同じぐらいだが，日本とドイツよりは高い水準である（表3-4，参照）。韓国のエネルギー原単位が高い理由としては，過去の重化学工業育成戦略によって，ほかの先進国に比べて産業及びエネルギー多消費産業の比重が高いからである。特に，産業のなかでエネルギー多消費産業（鉄鋼，石油化学，セメントなど）が占める比重が高く，他の先進国に比べてエネルギー原単位が高くなっている。原単位の改善のためには，エネルギー節約及び効率の向上が必要である。

　日本は世界1位のエネルギー効率化の国家であるが，韓国はエネルギー原単位の改善はあるものの，主要先進国に比べて高い水準であり，OECD平均よりもかなり高い状況である。さらに，図3-1が示しているように，エネルギー

表3-3 主要国の1人当たりエネルギー原単位（2000年不変為替レート）

	エネルギー原単位（TOE/千ドル，2000年不変基準為替レート）							年平均改善率 ('00～'08年)
	1970	1973	1980	1990	2000	2007	2008	
フランス	0.256	0.256	0.223	0.206	0.191	0.175	0.176	1.0%
ドイツ	0.328	0.322	0.291	0.228	0.178	0.16	0.160	1.3%
日本	0.142	0.144	0.123	0.106	0.111	0.099	0.095	1.9%
韓国	—	0.279	0.336	0.328	0.369	0.315	0.314	2.0%
イギリス	0.282	0.265	0.226	0.18	0.152	0.120	0.117	3.2%
アメリカ	0.417	0.402	0.352	0.271	0.234	0.204	0.198	2.0%
OECD	—	0.306	0.274	0.224	0.203	0.183	0.179	1.6%

資料：IEA, *Energy Balance of OECD Countries*. 2009年。

表3-4 主要国の1人当たりエネルギー原単位（2000年不変PPP）

	エネルギー原単位（TOE/千ドル，2000年不変PPP基準）							年平均改善率 ('00～'08年)
	1970	1973	1980	1990	2000	2007	2008	
フランス	0.222	0.222	0.193	0.178	0.165	0.152	0.152	1.0%
ドイツ	0.292	0.287	0.26	0.203	0.158	0.143	0.143	1.3%
日本	0.204	0.208	0.177	0.153	0.16	0.142	0.137	0.6%
韓国	—	0.184	0.222	0.217	0.244	0.209	0.208	1.9%
イギリス	0.272	0.255	0.217	0.174	0.146	0.115	0.112	2.0%
アメリカ	0.417	0.402	0.352	0.271	0.234	0.204	0.198	3.2%
OECD	—	0.288	0.258	0.212	0.191	0.17	0.166	2.0%

資料：表3-3に同じ。

消費の効率性に関しても日本や台湾より低い状況である[1]。しかしながら，韓国政府は2030年までに，エネルギー原単位を先進国水準まで改善するという目標を樹立している。現状況からして，このような目標を達成するためには，エネルギー効率化施策及び政策がより強力に推進されなければならないことはいうまでもないであろう。

---

1) エネルギー消費の効率性はDEA（Data Envelopment Analysis）の計算による。

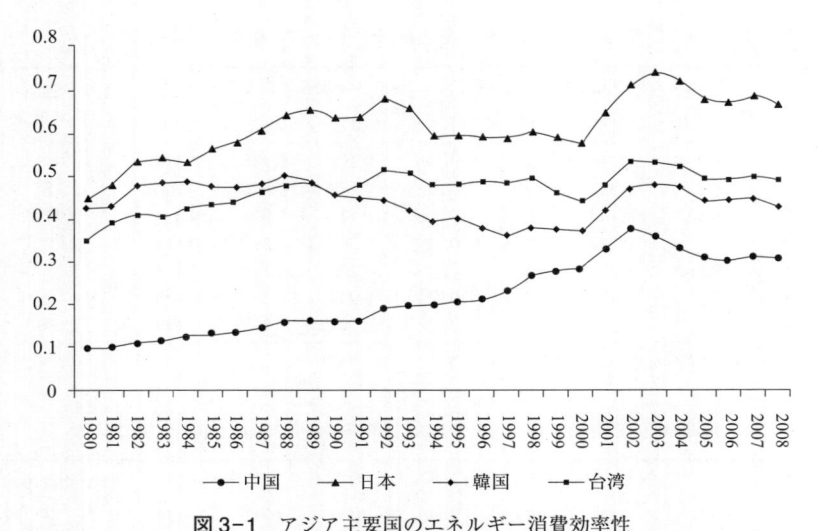

図3-1　アジア主要国のエネルギー消費効率性

資料：崔宗一・他「エネルギー消費の効率性と所得間のクズネッツ型調整に関する研究」(『韓日経商論集』第47巻，所収) 175 ～ 198 ページより作成。

第2節　エネルギー消費と環境

(1)　エネルギー原単位が高い要因

　韓国のエネルギー原単位が高い主要要因は，エネルギー多消費型業種中心の産業構造と先進国に比べて商品・サービスの付加価値が低いことによるものである。特に，エネルギー多消費業種の産業構造の特性上，創出する付加価値あたり投入されるエネルギー消費量が大きいからである。したがって，産業部門が経済に占める比重が大きいほど，国家のエネルギー原単位は高くなり，産業部門の経済に占める比重が小さいほど国家のエネルギー原単位は低くなる。韓国の産業部門別の経済全体に占める付加価値の比重は42.8％であり，日本31.5％，ドイツ30.2％，アメリカ22.7％に比べてかなり高い水準である[2]。ま

---

[2] エネルギー経済研究院『国家エネルギー節約及び効率向上の推進体系の改善方案研究』基本研究報告書，2009年。

第3章　韓国のエネルギー・環境問題　　77

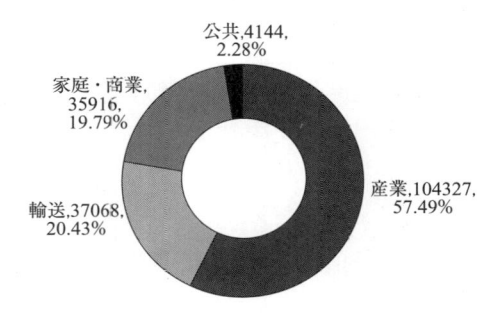

公共,4144,
2.28%
家庭・商業,
35916,
19.79%
輸送,37068,
20.43%
産業,104327,
57.49%

図 3-2　部門別エネルギー消費（2007年）（単位：千TOE，比重）
資料：韓国エネルギー経済研究院『エネルギー統計年報』2009年版より作成。

た，1980年代以降，自家乗用車の急速な増加により，輸送部門がエネルギー消費を主導したことも，エネルギー原単位を高くしている原因である。

　図3-2は，韓国の部門別エネルギー消費とその比重を示したものである。まず，最終エネルギー消費のなかで，産業部門が占めるエネルギー消費の比重は約58％で，主要先進国の産業のエネルギー比重（30％～40％水準）に比べて10～20％高い水準である。また最終エネルギー消費の中で，輸送部門が占めるエネルギー消費比重は約20.4％で，韓国のエネルギー消費の中で2番目に高い水準である。したがって，韓国のエネルギー消費でもっとも大きい比重を占める部門は産業と輸送部門である。

　表3-5は，部門別の石油製品の消費の推移を示したものである。2008年基準で，石油製品の消費がもっとも多いのは産業部門で，54,745千TOEであり，続いて輸送部門が34,642千TOEである。ここでも，産業部門と輸送部門の石油製品の消費が大部分を占めている。特に，輸送部門は国内の石油消費の36％を占めている。国内の石油の消費は主に産業用と輸送用で消費されていることがわかる。産業部門と輸送部門の石油製品の消費は，1980年代の後半に比べて約3倍以上増加したと言われている。また，輸送部門の石油製品は，2008年を除く最近までずっと増加推移をみせている。産業部門の石油製品は石油消費の56.3％を占めているが，原料用の比重が高く，石油節減の潜在力に限界をもっており，輸送部門が石油節減の潜在力がもっとも高い分野として

表3-5 部門別石油製品の消費の推移(単位:千TOE)

年度	産業	家庭・商業	輸送	公共	合計	輸送比重
2000	48,193	13,492	30,770	1,140	93,595	32.9
2001	47,848	12,474	31,708	1,327	93,357	34.0
2002	49,499	11,955	33,488	1,217	96,159	34.8
2003	49,304	11,156	34,286	1,408	96,154	35.7
2004	50,236	9,773	34,160	1,344	95,513	35.8
2005	50,905	9,437	34,983	1,393	96,718	36.2
2006	52,474	7,513	35,780	1,270	97,037	36.9
2007	55,628	6,980	36,670	1,271	100,549	36.5
2008	54,745	6,654	34,642	1,175	97,216	35.6

資料:図3-2に同じ。

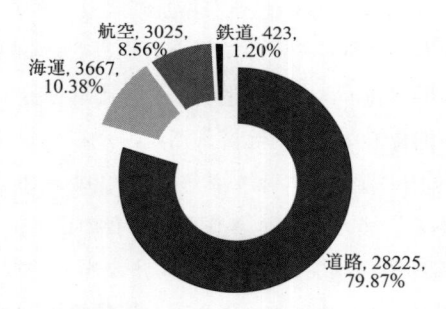

図3-3 輸送部門別エネルギー消費(単位:千TOE,%)
資料:図3-2に同じ。

注目されている。

　輸送部門は大きく,鉄道,海運,航空部門に分けられる。この中で,道路部門が約80%を占めて,もっとも多く消費している。特に自動車の利用が急速に増加して,道路部門が輸送エネルギーの消費を主導している。2008年の場合,輸送用エネルギー消費の中で,道路が79.9%,海運が10.4%,航空が8.6%,鉄道が1.2%を占めていた。特に,道路部門のエネルギー消費の増加は自動車の保有台数の増加に起因する。韓国の自動車の保有台数の増加は,国民所得の増加,生活様式の変化などによるものであると思われる。韓国の2008年の自動車保有台数は1,679万台になっている。自動車の保有台数の持続的な

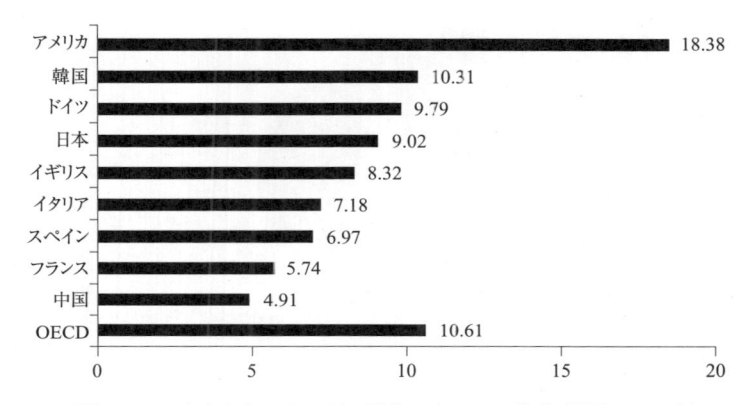

```
アメリカ        18.38
韓国            10.31
ドイツ           9.79
日本            9.02
イギリス         8.32
イタリア         7.18
スペイン         6.97
フランス         5.74
中国            4.91
OECD           10.61
```

図3-4 一人当たりエネルギー消費による CO_2 排出（単位：kg／人）
資料：IEA, *CO₂ EMISSIONS FROM FUEL COMBUSTION Highlights*, 2010 Edition.

増加により，輸送部門のエネルギー消費が増加せざるを得ない状況になっている。

（2）エネルギー消費による CO_2 排出

図3-4は，2008年の主要国の一人当たりエネルギー消費による CO_2 排出量の比較が示されている。まず，アメリカが18.38 kgでもっとも大きい数字をみせている。次いで韓国が10.31 kg，ドイツが9.79 kg，日本が9.02 kg，イギリスが8.32 kg，イタリアが7.18 kg，スペインが6.97 kg，フランスが5.74 kg，中国が4.91 kgである。OECDの平均が10.61 kgであり，韓国はOECDの平均よりは若干低いが，主要先進国の中では，アメリカに続いて2番目に多く CO_2 を排出している。このようなエネルギー消費による CO_2 排出の多さは，先に述べたように産業部門と輸送部門のエネルギー消費と無関係ではないと思われる。

韓国のエネルギー消費原単位は，主要先進国に比べて相対的に高いこと，一人当たりエネルギー消費による CO_2 排出量も主要先進国に比べて高いことをみた。また，エネルギー消費原単位が高い原因としては，エネルギーを多く消費する業種中心の産業構造によるものであることと，1980年代以降，輸送部

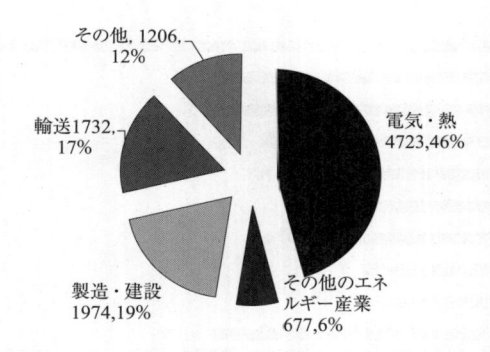

```
            その他, 1206,
                12%
      輸送1732,              電気・熱
         17%                4723,46%

      製造・
      建設              その他のエネ
     1974,19%          ルギー産業
                       677,6%
```

図 3-5 部門別 1 人当たりエネルギー消費による CO_2 排出（単位：kg / 人, ％）
資料：図 3-4 に同じ。

門が自家乗用車の急速な増加により，エネルギー消費を主導したことが挙げられる。したがって，韓国のエネルギー消費原単位の多さが一人当たりエネルギー消費による CO_2 排出量の多さに結び付いていると考えられる。

図 3-5 は，韓国の部門別一人当たりエネルギー消費による CO_2 排出量を示している。電気・熱部門を除けば，やはり製造・建設部門と産業部門がもっとも多く CO_2 を排出していることがわかる。このような現状は，先にみた産業部門と輸送部門のエネルギー消費がもっとも高かったことと一致している。つまり，韓国の場合，エネルギー消費がもっとも高かった産業部門と輸送部門が韓国の環境問題に結びついていることがわかる。

韓国がエネルギー消費の節減を通じて，エネルギー効率の向上を図るためには，経済全般の付加価値の創出力を向上させつつ，技術革新，産業構造の改編，エネルギー節約の生活化が必要であると思われる。韓国のエネルギー節約に関する制度は比較的よく確立されていると思われるが，一貫してエネルギー効率政策を推進してきた日本に比べて，硬直的なエネルギー価格，経済成長中心の政策などが問題点として指摘できる[3]。

図 3-6 は，1990 年から 2008 年までの一人当たりエネルギー消費による CO_2

---

3) エネルギー経済研究院，前掲（注 2），69 ページ。

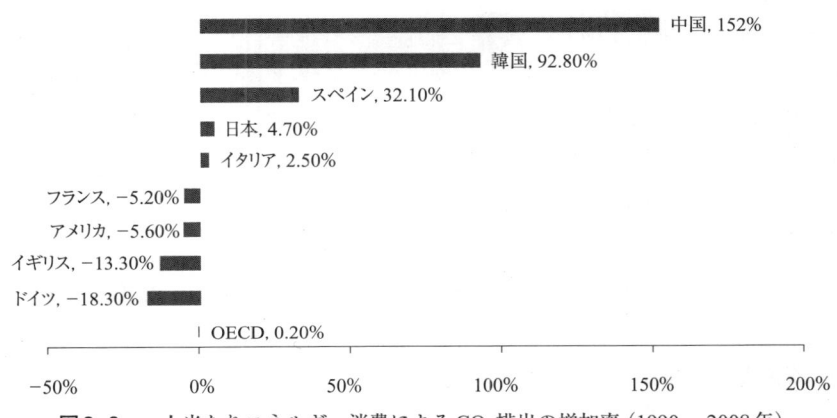

中国, 152%
韓国, 92.80%
スペイン, 32.10%
日本, 4.70%
イタリア, 2.50%
フランス, −5.20%
アメリカ, −5.60%
イギリス, −13.30%
ドイツ, −18.30%
OECD, 0.20%

図3-6 一人当たりエネルギー消費による CO_2 排出の増加率（1990〜2008年）
資料：図3-4に同じ。

排出の増加率を示したものである。一人当たりエネルギー消費による CO_2 排出が高かった国と一人当たりエネルギー消費による CO_2 排出が低かった国の差は，CO_2 排出量の増加率をみればすぐにわかるだろう。

フランスとイギリスは一人当たりエネルギー消費による CO_2 排出の増加率がそれぞれ−5.2％と−13.3％でマイナスの数値を記録している。そのほかに一人当たりエネルギー消費による CO_2 排出量がもっとも高かったアメリカは，増加率が−5.6％で，エネルギー消費に関する効率化または節約政策が推進されていることがわかる。反面，韓国は一人当たりエネルギー消費による CO_2 排出量は1990年から2000年の間に，約93％増加している。アメリカ，イギリス，フランス，ドイツと対照的である。

図3-6から，韓国では1990年以降，エネルギー消費に関する効率化または節約施策が効果的に行われていないことが間接的に窺われる。実際に，韓国のエネルギー節約に関する制度は比較的よく確立されていると思われるが，韓国の政府は高原油価格の時期にだけ集中的にエネルギー節約政策を推進し，原油価格が下落すると節約政策に対する関心が薄くなる側面があった。何よりも，長期的な目標を設定して統合的に政策を推進する体系的な対応が必要である。

韓国では様々なエネルギー利用の効率化政策が試行されているが，政策の効果的な推進体系と評価体系が脆弱であるといわれている。新しいエネルギー市場と環境の問題に照らしてみると韓国のエネルギー効率化政策は企画，政策立案，実行，評価及び効果の分析の側面でより体系的な推進が必要である[4]。

第3節　韓国のエネルギー効率化政策の動向と改善策

(1) 韓国のエネルギー効率化政策の動向

以下では，環境問題に対応するエネルギー消費の効率化推進の方向について述べておきたい[5]。特に，先に述べたようにエネルギー節減の潜在力が最も高い輸送部門を詳しく考察することにする。

①産業部門

最近，高原油価格などエネルギー価格の上昇と地球温暖化の問題を解決するために，温室ガスの排出の節減というグローバルな環境規制によって，エネルギー供給の側面で資源開発と新再生エネルギーのようなクリーンなエネルギーの供給が拡大している。しかしながら，エネルギー供給の拡大だけでは持続的に増加していくエネルギー需要を満たすことは困難である。つまり，エネルギーの供給拡大の限界とエネルギー問題を解決するためには，エネルギー消費を節減する対策が重要になる。韓国では，エネルギー節約及びエネルギー効率化の実現を通して，エネルギー消費を需要の約50％まで節減することが可能であり，温室ガスの低減目標も約78％達成することが可能であると展望されている。

韓国は1970年代の石油危機によって，エネルギー節約及び効率化政策を重点的に推進しはじめ，単純に節減するより技術的，政策的な手段を通じて合理

---

[4] 同上書。
[5] 本節は，エネルギー経済研究院『海外エネルギー効率化政策の動向分析研究』研究報告書08-04，2008年を参考にしている。

的にエネルギーを使用するという現実的な政策手段をとってきた。韓国政府は第2次石油危機の期間中である1980年に「エネルギー利用合理化法」を制定して，エネルギーの供給側面だけではなく，エネルギーの節約政策を政府の規制の下において体系的な政策と施策を樹立し，エネルギー効率化を推進した。

最近では，エネルギー消費の効率化技術の開発及びエネルギー効率の等級標示制，自発的協約制度，エネルギー節約の専門企業（ESCO）制度の導入を通じた温室ガスの排出低減など，環境問題に対応した国家のエネルギー政策の目標を達成するために，エネルギー効率化政策の基本的な枠組みを変化させてきた。これにより，効率性の改善が国家のエネルギー政策の主要アジェンダに昇格されることになった。

韓国のエネルギー効率化政策の始まりは，日本と同様1973年の第1次石油危機からである。初期のエネルギー効率化政策は，単純なエネルギー節約で，エネルギーの消費を減らすキャンペーンの水準にとどまっていた。より体系的なエネルギー効率化政策は，1979年の「エネルギー利用合理化法」と1990年に「エネルギー利用合理化の基本計画」の樹立であるといえる。第1次「エネルギー利用合理化の基本計画（1993～1997年）」は，エネルギー消費増加率と経済成長率の比率で表されるエネルギー・GDPの弾力度を1以下に下げるため，1次エネルギー需要を正常な需要の10.5％節減することを目標にした。主要な施策としては，エネルギー多消費の事業場に対する高効率のエネルギー設備への転換支援，輸送部門の自動車の効率管理制度の施行，エネルギーの節減サービス会社（ESCO）の導入と地域暖房普及事業などであった。

第2次「エネルギー利用合理化の基本計画（1999～2003年）」は，エネルギー産業の構造改編及び価格規制の合理化，低消費型エネルギー経済構造への改編を通じたエネルギー効率化の基盤の助成を重点目標に樹立された。主要な施策は，自発的な協約の導入及び拡大，高効率機器の開発及び普及の拡大，消費の効率基準の強化，ESCO事業の拡大及びエネルギー使用計画の事前協議などである。

第3次「エネルギー利用合理化の基本計画（2004～2008年）」は，2003年以

降の高原油価格に対応する方案として，強力なエネルギー原単位の改善計画（2005～2007 年）を施行した。第 3 次のエネルギー利用合理化基本計画は，気候変動枠組条約への対応及び環境に対する重要性を強調し，エネルギーの低消費型の社会を構築することに重点をおいた。

　第 4 次「エネルギー利用合理化の基本計画（2008～2012 年）」は，エネルギー効率の向上を通じて，エネルギー節減，温室ガスの減縮，エネルギー輸入の削減を達成するため，国家エネルギー効率を 11.3％改善するものである。主要な施策では，白熱電球を 2013 年までに市場から退出させ，日本の Top-runner 方式をベンチマーキングしたエネルギー効率の目標管理制を導入して，強力な効率規制を行うという内容が含まれている。これ以外にも，7 大部門のエネルギー効率に関する核心技術のような技術開発のための R&D，建物や輸送部門の効率の増大のための基準の上向き調整及びインセンティブ制度の導入など多様な施策が含まれている。エネルギー効率を増進させるための制度的な装置としては，エネルギー管理公団が運営している効率管理制度がある。効率管理制度は，エネルギー消費効率の等級標示制度，エネルギー節約マーク制度，高効率エネルギー機資材認証制度，建物エネルギー効率等級認証制度など 4 つの制度を通じて，エネルギー節約型の製品の普及拡大を図るよう運営されている。部門別の効率化の施策は以下のとおりである。

　部門別の効率化の施行案として，エネルギー多消費部門に対する義務的な強制割当制よりは，産業部門ではエネルギー関連の施設投資に対する支援及び税制のインセンティブを拡大し，自発的な義務制度を導入してエネルギー節減をはかるなどの方法を通じて産業のエネルギー使用の効率化を推進した。代表的な施策としては「自発的な協約（Voluntary Agreement;VA）」が挙げられる。1998 年 5 月に開催された「国家エネルギー節約推進委員会」で制度の導入が決まって以降，毎年導入対象を拡大して施行されている「自発的協約制度」は，初期には年間のエネルギー使用量が 5,000 TOE 以上の産業体を対象に実施されたが，その後 2,000 TOE 以上の産業にまで拡大され，2010 年からは 1,000 TOE 以上の中小企業にまで拡大されている。

エネルギー節減に対する投資の支援策としては，中小企業にエネルギー使用に対する正確な情報と評価の分析を通じてエネルギー節減及び効率化の増進を向上させるためにエネルギー診断を奨励し，政府が診断費用の70％まで補助している。また，エネルギー節約専門企業（ESCO）を通じたエネルギー効率化の技術の導入とエネルギー節減を支援するために，政府が初期投資の費用を提供し，エネルギーの節減額に応じてその投資資本を回収するようにしている。また，エネルギー節約施設に対する税制の支援も拡大しており，エネルギー節約に関する投資の税額を10％減税から2009年には20％減税まで拡大している。

②輸送部門

　低炭素，高効率の輸送システムの構築のための輸送部門の政策としては，エネルギーの消費の効率等級ラベルの付着及び義務化と同時に，自動車の基準平均燃費制度の強化が挙げられる。2006年以前までは，韓国の政府は自発的な目標推進を図っていたが，その成果が微々たるものでしかなかったために，2006年1月に義務制度として初の平均燃費基準を設定した。その他に，環境排出汚染が少なく効率のよいクリーン・カー及びハイブリット・カーの普及を拡大するために，車の購入時に個別消費税及び取得・登録税を免除する方案が樹立された。大衆交通の活性化のためには，大衆交通の連携システムを強化し，エネルギー節約型の鉄道車両のシステム開発，幹線急行バスの体系を確立した。

　韓国のCO_2排出で大きな比重を占めている輸送部門のエネルギー効率政策については，より詳しく推進の状況を考察することにする[6]。

●自動車の燃費等級標示制度

　韓国は1992年からエネルギー多消費の製品を対象に，エネルギー消費等級標示制度を施行している。エネルギー消費等級標示制度は，製品のエネルギー消費効率またはエネルギー使用量によって1から5の等級に区分して標示させることよって，消費者が効率の高いエネルギー節約型製品を判断して購入で

---

[6]　ここでは，エネルギー経済研究院，前掲（注2）を参考にしている。

表3-6 燃費による等級付与の基準および等級別の燃費基準（単位：km/ℓ）

区　分	1等級	2等級	3等級	4等級	5等級
基　準	15.0以上	14.9-12.8	12.7-10.6	10.5-8.4	8.3以下

きるようにするための政策である。また，製造（輸入）業者が生産（輸入）段階からエネルギー節約型の製品を生産・販売するようにするエネルギー節約のための制度でもある。乗用車のエネルギー消費の効率（燃費）等級標示制度は，1992年8月に一般型の乗用車を対象に初めて施行されて以来，その対象を1993年の9月からはガソリンを使用する乗用車及び乗用兼用の貨物車，1996年の1月からは軽油を使用する自動車，1999年の3月からは小型車に拡大した。そして，15人乗り以下の自動車はすべて，2002年10月からエネルギー消費効率等級標示を義務付けられている。

韓国政府は，2008年に等級の体系を単一基準に改編した。自動車の大きさ（排気量）と関係なく，効率の高い自動車は1等級を，効率が低い自動車は5等級を標示するようにして，等級だけで効率が高い車を選択できるようにした。改定された等級付与基準は，等級間での基準は，2.2 km/ℓ の均等な間隔に設定されている。

乗用車の1等級の車種は，2003年に35車から2007年には128車に増加し，1等級の車種の比重も2003年の10％から2007年には24％に拡大した。このような1等級の車種の増加は，自動車メーカーが低燃費（一定距離を走行するのに必要な燃料消費量が少ない）の自動車の開発・生産に努力した結果である。

自動車の燃費標示制度は，消費者の情報不足という市場障壁を解消できる有用な手段として評価され，国内外で広く施行されているエネルギー節約施策の一つである。自動車の燃費標示制度は低燃費の自動車生産を促進し，消費者の低燃費車両の購入に寄与しているから，国内外の市場与件の変化に対応して，自動車の燃費標示の実効性を確保するためには持続的な改善が必要である。

まず，企業の負担を最小化するために，一定の要件を備えた自動車メーカーの自社試験性能を認定して測定の手続きを簡素化する必要がある。現在は3回

の重複測定（自社試験，公認試験機関の認証試験，事後管理）の手続きになっているが，自社試験成績の認定及びサンプル調査を通じて試験費用を節減し，企業の負担を減少させる必要がある。アメリカの場合，自動車メーカーの自社試験を認めるが，必要な場合にはその試験結果について公認試験機関の検証試験を受けるようにしている。ただし，自動車の燃費が車の購入時の重要な選択要因であることを考慮して，燃費に対する信頼を維持させる手段を設ける必要性がある。そして，気候変化に対応する必要性に対して国民の認識を高めるために，燃費基準だけではなく，CO_2排出量も標示する必要がある。現在の燃費基準に相応するCO_2排出量を算定して同時に表示することによって，自動車の燃費向上と温室ガスの節減の必要性に対する認識の広がりを図り，温室ガスの節減に寄与することができると期待される。

◉自動車の平均燃費制度

2006年以前までは，韓国政府は自発的な燃費目標の改善を推進したが，その成果が微々たるものであったため，2006年1月から義務制度として平均燃費の基準を設定した。平均燃費制度（Average Fuel Economy）とは，各自動車メーカーが1年間に国内で販売した乗用自動車の燃費の合計を販売量で割って算出された平均燃費を通じて，国内の乗用車の燃費を管理する制度である。各メーカー別の年間販売量を考慮して平均燃費の加重平均を産出する。国が提示した基準平均燃費に達しない場合は，一定の期間を定めて燃費の改善を命ずることができ，改善命令を実行しない時はその内容をマスコミに公表することを可能にしている。現在の基準平均燃費（ℓ当りの走行距離）は，排気量1600cc以下は12.4km/ℓ，排気量1600cc超過は9.6km/ℓである。

韓国は大型車の選好などで，日本やヨーロッパなどの主要先進国に比べて平均走行距離（11.47km/ℓ）は短く，平均CO_2排出量（190.5g/km）は高い水準である。日本の乗用車の平均走行距離は15.1km/ℓ，アメリカの乗用車の平均走行距離は11.7km/ℓの水準である。また，アメリカは2016年までに16.6km/ℓに強化する計画である。アメリカ，ヨーロッパなどの輸出市場の燃費規制の強化に対応し，今後も続くと見込まれる高原油価格と気候変動枠組条約に対応し

て，技術開発とともに軽自動車及び小型車など相対的に燃費がよい乗用車の拡大のために，自動車の燃費規制が一層強化されなければならない。まず，中長期的な燃費目標（基準）を提示して，段階別のロードマップを樹立しなければならない。そして，自動車業界が，強化された燃費基準を満たすことができるよう中長期の政策ロードマップを樹立しなければならない。中長期燃費基準は，2020年の温室ガスの減縮目標と連動した自動車部門の温室ガスの減縮目標の設定と，主要先進国の燃費規制の水準，国内の自動車産業の発展など，総合的な分析のもとで設定される必要がある。

● グリーン・カーの開発及び普及

主要先進国は，輸送部門のエネルギー使用量を減らすために多様な政策を推進している。グリーン・カーとは，環境にやさしく効率の高い自動車であり，グリーン動力システムを活用または装着（built-in green）したり，既存の内燃機関に対して燃費が低く，排出 CO_2 が少ない車両をいう。グリーン動力システムを活用または装着したグリーン・カーとしては，ハイブリッド自動車（HEV），水素燃料自動車（FCV），電気自動車（EV）などがあり，内燃機関であるにも関わらず燃費及び CO_2 の排出量が大幅に改善されたクリーン・ディーゼル車両もグリーン・カーとみなすことができる。海外の主要国は，高効率のグリーン・カーを成功裡に普及するために，補助金や税制を通じて支援しているが，ある程度の市場を形成したハイブリッド自動車に対する支援が大部分を占めている。

韓国は2009年に入って，現代自動車と起亜自動車が，アバンテLPi及びポルテLPiハイブリッドを販売して，ハイブリッド自動車市場に進出した。LPG車両であるため輸出用というよりは内需用であるが，国内の技術で開発されたことは高く評価されるべきである。韓国政府はグリーン・カーの技術開発に7,200億ウォンを投入して，2013年までにグリーン・カーの4大国入りを目指し，2018年までに世界の自動車生産4強になる計画を立てている。グリーン・カーの源泉技術の確保及び部品の競争力を強化して，2013年までにハイブリッド車と燃料電池車の量産で，世界4大グリーン・カーの生産国に進入す

るという戦略である。このために，韓国政府は世界的な水準のリチウム二次電池の実用化に向けた開発と核心的な部品の競争力の確保のための技術開発を支援し，専門企業の育成及びシステム解析，安全性及び信頼性の確保に向けた技術の開発にも積極的に取り組んでいる。

グリーン・カーの大国を実現するためには，産業界と政府間の緊密な協力を通じて，グリーン・カーに関連した技術の開発，実証事業，普及事業の支援など段階的かつ体系的に推進していかなければならない。韓国政府は，グリーン・カーの開発の支援を通じてハイブリッド自動車，電気自動車など低燃費・親環境車を早期に量産すると共に，国内の市場助成のために開発した車両の安全性と信頼性の検証のための事業も推進しなければならない。一方，消費者がグリーン・カー及び低燃費の車両を購入するよう，現在の排気量基準の自動車税の税金体系を燃費・CO_2の基準に改編するべきである。

◉**軽自動車の普及の支援制度**

韓国では中・大型車を選好する傾向があるため，軽自動車の普及及び販売率が持続的に減少している状況である。政府は軽自動車の普及のための税制支援などインセンティブを拡大している。取得・登録税の免除を通じた税制支援（2004年1月）と公営駐車場の駐車料の減免（50％）などを実施している。軽自動車の普及を促進するために，LPG軽自動車の開発・販売を許可しているし（2008年4月），軽自動車の油類税の減免も実施している（2008年5月）。

韓国と日本の軽自動車の普及率及び販売率をみると，韓国の軽自動車の登録比率は2009年8月では7.7％に過ぎないが，日本の場合は32.9％にまで達している。日本の軽自動車の基準が排気量660 cc以下で韓国より厳しいことを考慮すると，日本人の軽自動車の選好は驚く程である。韓国の場合，軽自動車が普及していない背景には，自動車を富の象徴と考えて大型車を選好する消費者の意識構造と，軽・小型車の開発に対する自動車メーカーの関心の不足などが原因として挙げられる。韓国も，軽自動車を普及させるためには，軽自動車に対する確実な優遇策を保障する必要がある。軽自動車専用の駐車場の拡大，新車購入時に軽自動車など燃費のよい車両に対するインセンティブの提供など

を導入する必要がある。また，軽自動車に対する消費者の選択幅を広げるための対策も必要である。そして，軽自動車の安全性と便宜性の向上を通じて，軽自動車に対する消費者の認識を改善する必要がある。

おわりに

　本章では，エネルギー消費と環境に関して，韓国の現状を考察した。韓国のエネルギー消費原単位が主要先進国に比べて高く，エネルギー消費の効率性は相対的に低い。このように原単位が高い主な要因としては，産業部門と輸送部門のエネルギー消費量が多いことによるものである。また，この2部門はエネルギー消費による一人当たりCO_2排出量ももっとも高いことがわかった。

　このことを総合すれば，韓国のエネルギー効率化政策の成否は，産業部門と輸送部門の効率化政策にあると考えられる。特に，産業部門と輸送部門はエネルギー消費効率化の潜在性がもっとも高い部門でもある。韓国のエネルギー消費効率化政策を要約すると，エネルギー多消費産業のエネルギー消費の節減規制，インセンティブ，エネルギー節約の技術開発などが持続的に推進されなければならない。一方，輸送部門に関しては，自動車の燃費規制の強化，グリーン・カー技術の開発及び発展，軽自動車の購入に対するインセンティブの拡大が重要である。

　以上，韓国のエネルギー効率化に関して，主に韓国政府の政策を中心に述べてきたが，エネルギー消費効率の改善政策が市場メカニズムを考慮したものでなければ，政策効果が半減するか，むしろ逆の効果が起こることもあり得るということに注意しなければならない。つまり，エネルギー効率化政策にも市場の失敗や政府の失敗が存在するのである。したがって，高原油価格と環境という大きな課題を政府に全面的に任すことはできないのである。これからは特に，政府と市場の調整が重要な課題になると思われる。政府の限界は，エネルギー消費を自発的に削減しようとする市民社会の努力で補完されなければなら

ない。市場の特性をよく理解する賢明な政府と民間部門の協力は，気候変化という環境問題を解決し，省エネルギー社会に進んでいく重要な土台になるだろう。

第4章
日本の原子力政策
―― 福井の原子力から考える ――

来馬克美

はじめに

　原子力委員会は，2005年に策定した「原子力政策大綱」の見直しを行うことを，2010年11月30日に決定した。国の原子力政策の基本方針である大綱は，新大綱策定のための会議において2010年12月に検討がスタートし，約1年かけて見直される予定である。

　福井県は，運転中13基，建設準備中2基の軽水炉に，建設中（試験運転中）の高速増殖原型炉「もんじゅ」と廃止措置中の新型転換炉「ふげん」の研究炉2基が立地している日本はもとより世界でも希な原子力立地県である。

　このため，高経年化プラントの健全性確認，耐震安全性の向上など国による安全確保対策，プルサーマルや使用済み燃料中間貯蔵など核燃料サイクルの課題，「もんじゅ」のトラブルと性能試験再開の遅れ，敦賀3，4号機増設計画の着工延期，「ふげん」の解体廃棄物処理処分策の未確立，後継炉によるリプレース構想，エネルギー研究開発拠点化の実現など，多くの課題に直面している。

　これらの福井県の課題はもとより，地球環境問題の深刻化，エネルギー資源

確保の緊急性，立地問題や地域共生の困難性などの全国的な課題を解決するためには，国民合意のもとで原子力政策が見直されることは極めて重要である。

本章では，地球環境問題・エネルギー資源，福井の原子力の現状，エネルギー研究開発拠点化計画の将来展望について紹介する。日本の原子力政策を福井の原子力から考えるための参考になれば幸いである。

第1節　地球環境問題とエネルギー資源

(1) 地球環境問題
①地球温暖化

環境問題は，図4-1に示すとおり時間と空間のスケールを縦軸と横軸にしてみると，当初は，1960年代後半の有害廃棄物による水俣病，四日市大気汚染等のように，限定された地域の環境問題であったが，1970年代初めに起きた石油危機以降の石炭火力の増加等による酸性雨被害のように，国境を越えた広域の環境問題へと大きく変化した。さらに今日的には，オゾン層の破壊や地球温暖化のように，地球そのものの環境問題にまで急速に拡大した。地球の温室効果を高める二酸化炭素（CO_2）等の排出量の増加により，氷河が溶ける，異常気象が増えるなど様々な問題が出現している。

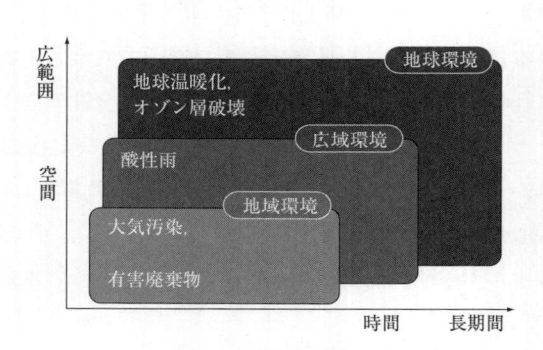

図4-1　地球環境問題

表 4-1　CO_2 増加による気温上昇の実績と予測

実績	世界	100 年あたり 0.67℃ の割合で上昇（注 1）
	日本	100 年あたり 1.10℃ の割合で上昇（注 2）
予測	世界	21 世紀末の平均気温は，20 世紀末に比べ約 1.8℃（1.1℃～2.9℃）～約 4.0℃（2.4℃～6.4℃）上昇（注 3）
	日本	2100 年頃に 2℃～3℃（北海道の一部で 4℃）上昇（注 4）

（注 1）1891 年～2007 年の平均気温をもとにしたデータ（気候変動監視レポート 2007）。
（注 2）1898 年～2007 年の平均気温をもとにしたデータ（気候変動監視レポート 2007）。
（注 3）気候変動に関する政府間パネル（IPCC）第 4 次評価報告書（2007）。
（注 4）異常気象レポート 2005（気象庁）。

表 4-1 に示すとおり，二酸化炭素増加による気温上昇の実績と予測は，気候変動監視レポートなどにより示されているが，その実績は，これまで 100 年あたり 0.67℃ の割合で上昇し，日本でも同じく 1.10℃ の割合で上昇している。また，気候変動に関する政府間パネル（IPCC）は，世界の 21 世紀末の平均気温は，20 世紀末に比べて約 1.8℃（1.1～2.9℃）から約 4.0℃（2.4～6.4℃）上昇すると予測し，気象庁は日本でも 2100 年頃に 2℃～3℃（北海道の一部では 4℃）上昇すると予測している。

② COP15

2009 年 9 月，鳩山首相（当時）は，コペンハーゲンで開催された「気候変動条約締結国会議」（COP15）において，2020 年までに温暖化ガス排出量を 1990 年に比べて 25％ 削減するという日本政府の目標を表明した。これは，COP3 京都議定書における日本の約束値（2012 年までに 1990 年に比べて 6％ 削減）と比較すると極めて大胆かつ無謀な目標に見える。なぜなら，表 4-2 に示すとおり，2007 年の排出量の実績は，基準年（1990 年）と比べて 6％ も上昇しているからである。

以下では，我が国において生活や産業に必要な膨大なエネルギーを確保しながら，次世代に環境負荷を残さないような対応策はありうるかを考える。

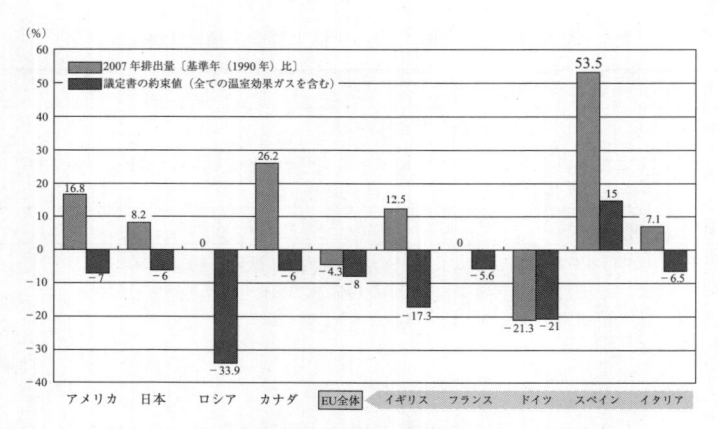

表 4-2 京都議定書の約束値と温室効果ガス排出状況
注：中国，インド，ブラジル等の発展途上国には，削減数値目標は課せられていない。
資料：(財) 地球環境戦略研究機関「温室効果ガス排出データ」(2009 年)。

(2) エネルギー資源の確保

図 4-2 に示すとおり，人類は広範にかつ大量にエネルギーを消費しながら発展してきた歴史をもっている。ただ，この地球上で我々が使えるエネルギー源は，三つのタイプしかない。一つ目は，40 億年の地球の歴史の中で太陽エネルギーを蓄積・濃縮した「化石燃料」である。二つ目は，地球の誕生以来地球が内蔵している地熱（マグマ）や核燃料（ウラン）である。三つ目は，太陽光・太陽熱，風力，波力などの再生可能な自然エネルギーである。

①化石燃料利用

世界のエネルギー資源の埋蔵量は，石油で約 42 年，天然ガスで約 60 年，ウランで約 100 年，石炭で約 133 年と言われている。化石燃料の問題は，埋蔵量，価格，供給など安定性に欠けることや，燃焼による CO_2 発生が直接温暖化ガスの排出増加になることである。しかし，日本の 1 次エネルギーの 8 割はこの化石燃料に依存しているのが現状である。

②自然エネルギー利用

太陽光，太陽熱，風力，波力，潮力，バイオマスなどの自然エネルギーは無尽蔵にも見える。しかし表 4-3 に示すとおり，それはエネルギー密度が小さ

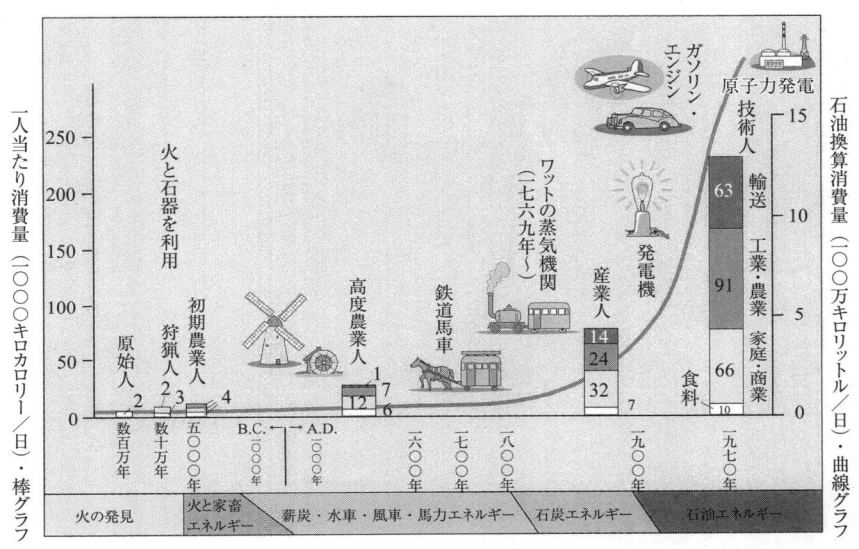

図 4-2 人類とエネルギーのかかわり

原始人	百万年前の東アフリカ，食料のみ。
狩猟人	十万年前のヨーロッパ，暖房と料理に薪を燃やした。
初期農業人	B.C.5000年の肥沃三角州地帯，穀物を栽培し家畜のエネルギーを使った。
高度農業人	1400年の北西ヨーロッパ，暖房用石炭・水力・風力を使い，家畜を輸送に利用した。
産業人	1875年のイギリス，蒸気機関を使用していた。
技術人	1970年のアメリカ，電力を使用，食料は家畜用を含む。

資料：総合研究開発機構『エネルギーを考える』(1979年)。

表 4-3 新エネルギーの現状（太陽光・風力）

	太 陽 光	風 力
発電コスト	46円/kWh	[大規模] ・10〜14円/kWh [中小規模] ・18〜24円/kWh
必要な敷地面積	100万kW級原子力発電所1基分を代替する場合	
	・約67 km² 山手線の内側面積 (約70 km²)とほぼ同じ	・約246 km² 山手線の内側面積 (約70 km²)の約3.5倍
設備利用率	・12%	・20%

資料：資源エネルギー庁「原子力立国計画」(2006年8月)および総合資源エネルギー調査会「新エネルギー部会報告書」(2001年6月)より作成。

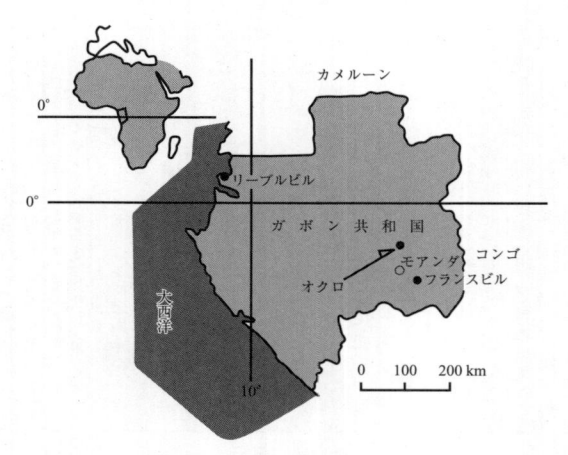

図4-3 ガボン共和国とオクロ
資料：フランスビル・ウラン鉱山会社（COMUF）提供。

く気候・季節などによる変動も大きいため，利用の効率性や安定性に欠け発電コストがきわめて大きくなる。

たとえば，現在福井県内では，3150世帯が太陽光発電を利用しており，年間の総発電電力量は約1,375万kWhである。また，福井市国見岳山頂の風力発電所は，1年間で435万kWhを発電する。ちなみに福井県内で消費する電気の量は，約80億kWhであることから，太陽光発電は，県内消費量の0.2％相当であり，風力発電は，0.05％程度にしか相当しない。したがって，現時点では，大規模な電源を自然エネルギーに頼ることはできない。また，太陽光発電パネルの生産過程でわずかではあるがCO_2を排出するのは原子力発電とほとんど変わらない。

③核燃料と地熱利用

図4-3に示すとおり，アフリカのガボン共和国のオクロウラン鉱床で，20億年前に約60万年もの間ウランが核分裂を行っていたことが発見された。オクロの天然原子炉として有名であるが，この間に，約6千ギガワット日（6000GWd），すなわち100万キロワット級原子炉5基が1年間全出力で運転する時の熱エネルギーに相当すると推計されている。地球が誕生した時のウラ

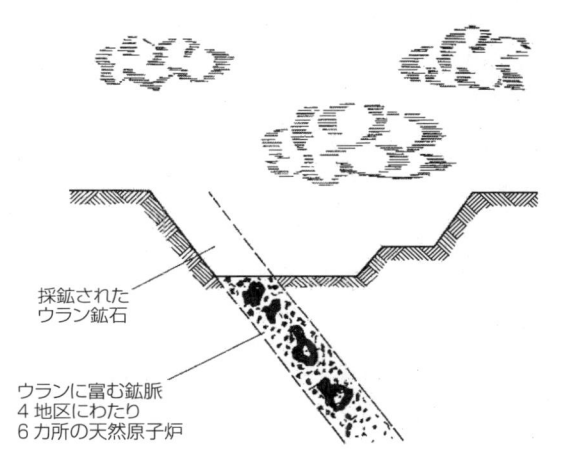

図4-4　オクロ原子炉跡

オクロ原子炉跡，ここには6カ所の天然原子炉心が4つの反応帯に分かれて存在する。
資料：Ivan. G. Draganic ほか（松浦辰男ほか訳）：放射線と放射能学会研究センター（1996.1），149ページ。

ン資源が，自然に核分裂の連鎖反応を持続したことがうかがえる。この核分裂を，一瞬の破壊的なエネルギーとして使うのか，人間のコントロール下で生産的なエネルギーとして使うかによる差は人類にとって大きい。しかし，このウランも軽水炉利用だけでは100年程度の埋蔵量しかないことから，このウラン資源を徹底的に有効に使う高速増殖炉の実用化が原子力平和利用の最重要課題である。

　地熱エネルギーは地球のマグマの利用であるため，その利用可能性は最も大であるが，常に地殻変動（火山活動）にさらされており国内のほとんどは国立公園区域内にあるため開発利用は非常に困難であり，地震同様このエネルギーのコントロールは困難である。したがって，無尽蔵な資源ではあるが限定的にしか期待できない。

　したがって，地球環境問題，エネルギー資源の安定性，経済性などを解決する現実的方策は，化石エネルギー依存の極小化や再生エネルギー利用の拡大を図りつつ，原子力エネルギーの安定的利用を推進することが基本となると考え

る。

(3) 世界は今，原子力ルネッサンス

　1953年に米大統領アイゼンハワーが国連で「アトムズ・フォー・ピース」と演説してから50年以上が過ぎ，原子力の平和利用は表4-4に示すとおり，世界で432基（3億8,900万kW）の原子力発電所が運転を行っており，日本では54基（4,880万kW）の原子力発電所が営業運転し日本の電気の約30％を供給するに至っている。

　今，地球温暖化への関心の高まりや資源高騰を背景に，アメリカやヨーロッパでは，原子力発電の再評価が行われ，いわゆる原子力ルネッサンス，原子力発電の積極的な導入という流れが世界的に加速してきている。

①軽水炉利用の飛躍的な拡大傾向

　IAEA（国際原子力機関）は，図4-5で示すとおり，2030年までに，世界の原子力発電設備容量は30～100％増加すると予測している。これは，100万kW級の原子力発電所で換算すると，100～380基程度増加し，年平均で5～17基ずつ建設することになる。IAEAの最も高い予想では，2030年までに新たに23カ国が原子力発電を導入することになる。特に東アジア，東欧，中東，南アジアで大きな伸びが予想されている。

　このため日本は，2010年10月22日，原子力産業の海外展開を促進するため，9つの電力会社と原子力プラントメーカー3社を中心とした新会社「国際原子力開発株式会社」（代表取締役社長武黒一郎・東京電力株式会社フェロー）を設立した。この会社は，日本の窓口として，プラント建設，運転保守，燃料供給，人材育成，安全規制等の制度整備，資金支援など官民の支援までを一元的に取りまとめて相手国と調整する。当面は受注の方向で進んでいるベトナムを対象に活動するが，新規導入希望国についても対象としている。

　以下に日本，中国，ベトナムにおける軽水炉利用の現状と課題について述べる。

表 4-4 世界の原子力発電開発の現状

	日本		世界	
	基数	合計出力（万 kw）	基数	合計出力（万 kw）
運転中	54	4,884.7	432	38,915.6
建設中	2	275.6	66	6,513.8
計画中	12	1,655.2	74	7,460.5
合計	68	6,815.5	572	52,889.9

資料：各種資料より筆者作成。

欧州
26.0兆円
(135 GW→202 GW)

ロシア
17.9兆円
(22 GW→74 GW)

韓国
3.3兆円
(18 GW→33 GW)

中近東
11.6兆円
(0 GW→30 GW)

中国
63.5兆円
(9 GW→189 GW)

日本
7.7兆円
(47 GW→68 GW)

米国
15.5兆円
(101 GW→141 GW)

インド
16.6兆円
(4 GW→48 GW)

東南アジア
8.8兆円
(0 GW→22 GW)

南米
2.7兆円
(3 GW→10 GW)

2025年（推定値）
2009年

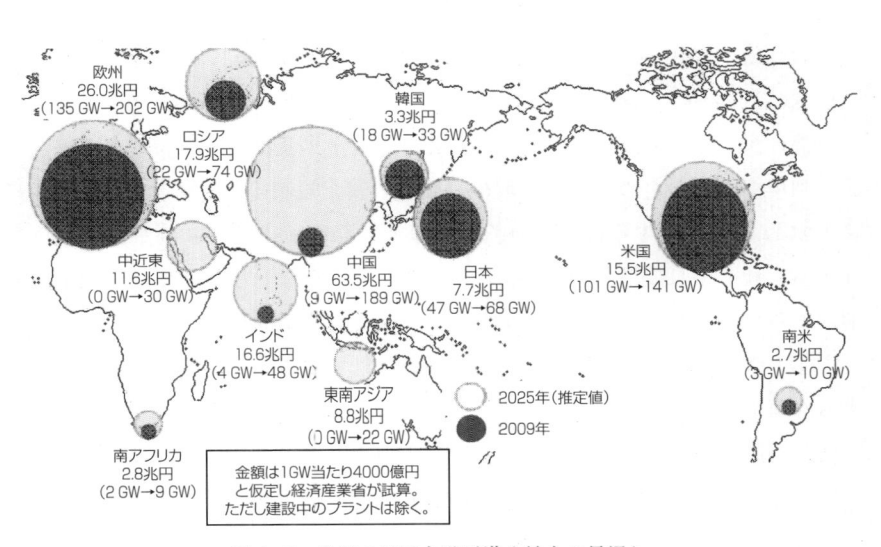

南アフリカ
2.8兆円
(2 GW→9 GW)

金額は1GW当たり4000億円と仮定し経済産業省が試算。ただし建設中のプラントは除く。

図 4-5 世界の原子力発電導入拡大の見通し

注：上の数字は 2025 年までに新たに生じると予想される市場規模の金額。
　　下の数字（カッコ書き）は 2025 年に予想される設備容量と現在の設備容量（GW）。
　　世界原子力協会（WNA）2010 年 1 月のデータを基に作成。
資料：総合資源エネルギー調査会，電気事業分科会，原子力部会（第 23 回）資料より作成。

●日本

わが国においては，2010年6月に「原子力発電推進行動計画～安全と信頼―世界の原子力新時代における日本の挑戦～」を策定し，エネルギー基本計画に取り入れ閣議決定した。

このエネルギー基本計画の目標は，以下の4点である。
・温室効果ガスを2030までに1990年比で30％削減
・2020年までに9基，2030年までに少なくとも14基以上の新増設
・原子力発電所の設備利用率を2020年までに約85％，2030年までに90％まで引き上げ実現（2007年～2009年の3年間の平均値は63.4％と世界で最下位）
・発電時に二酸化炭素を排出しない電源の構成比を約70％（原子力50％；再生可能エネルギー・水力20％）まで引き上げ実現（図4-6のとおり）

今後の課題の一つは，まず，高経年化プラントの長期運転時の安全確保及び設備利用率向上のための保守管理の高度化と安全規制の効率化である。図4-7に示すとおり，2011年には，運転中の原子力発電所のほぼ4割が高経年化を迎える。現在，長期運転には10年ごとの技術評価を行っているが，我が国で初めて40年を超えて運転をすることになった敦賀発電所1号機と美浜発電所1号機については，念には念を入れるため3年程度ごとに中間評価を行い確認する計画である。

また，設備利用率の向上については，電力事業者による長期的な視点からの予防保全対策の積極的な導入と設備機器配管の運転中状態監視の充実強化等を図る必要がある。

次の課題は，プラント新増設時の地域における合意形成と地域共生の前進及び次世代軽水炉の開発と原子力人材の確保である。新増設問題を推進するためには，既設地点でのリプレース（置き換え）についての国民の合意・地元の同意を得る必要があり，国民との対話の徹底，原子力・エネルギー教育の前進，地域共生の「目に見える化」等を図る必要がある。また，次世代軽水炉の実用化研究のための国家的な体制作りと原子力産業を支える人材を持続的に育成する強固な体制作りがぜひとも必要である。

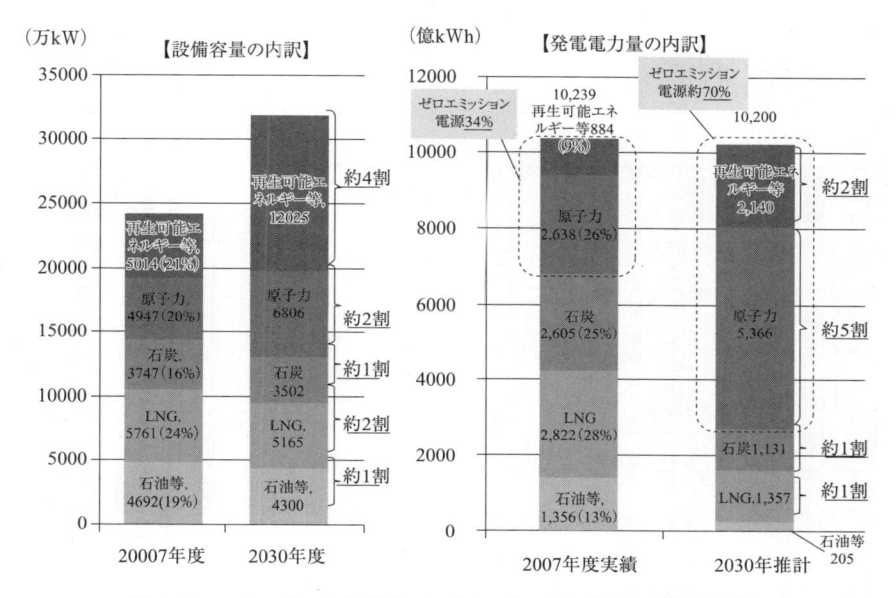

図4-6 エネルギー基本計画におけるエネルギー供給の絵姿（試算）

注：① 2030年の「再生可能エネルギー等」には、家庭等での発電量も含む。
② 大幅な省エネルギーや、立地地域を始めとした国民の理解及び信頼を得つつ、安全の確保を大前提とした原子力の新増設〈少なくとも14基以上〉及び設備利用率の引き上げ〈約90％〉、並びに再生可能エネルギーの最大限の導入が前提であり、電力系統の安定度については別途の検討が必要である。
③ 石炭火力については、商用化を受けて、リプレース時には全てCCSを併設すると想定。今後の技術開発やCO_2の貯留地点の確保等によって変動しうる点に留意が必要。
④ ゼロエミッション電源約70％には、再生可能エネルギー等のうち、廃棄物発電及び揚水発電を除く。

最後に、図4-8に示すとおり、2030年頃から次世代軽水炉へのリプレース（置き換え）と2050年以降の高速増殖炉の実用化が並行して進展すると予測されることから、最新の研究用原子炉の整備など原子力基礎科学分野の研究インフラの強化が重要である。

◉中国

国家経済の発展が驚異的でエネルギーの安定供給が課題である中国では、現在、運転中の原子力発電所は、2010年9月20日に運転開始した広東省の嶺澳Ⅱ期1号機を含め12基1,016万kWである。また、建設中は24基2,649万kWで、計画中は200基を超えるといわれている。

> ● 長期安定運転には，高経年化技術評価及び計画的な予防保全対策の取組が必要。（運転開始後 30 年を迎える原子炉は，10 年毎に原子炉の評価と管理方針を策定）
> ● 2010 年 3 月に，日本原子力発電（株）敦賀 1 号機が我が国の商業炉で初めて運転年数 40 年を迎えたところ。

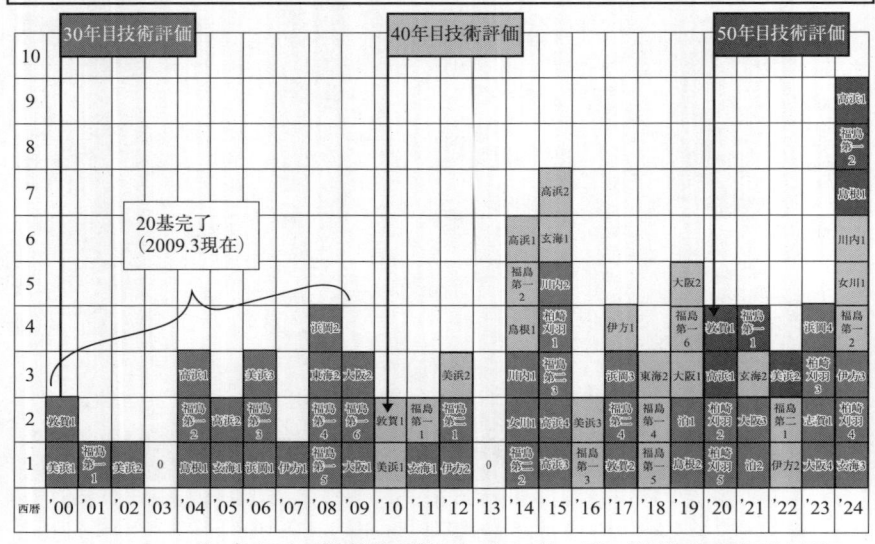

図 4-7　高経年化プラントの現状

資料：電気事業連合会資料より抜粋。

2007 年 11 月に政府が発表した「原子力発電所中長期発展規画」（2006 年～2020 年）によると，2020 年までに運転中の設備容量を 4,000 万 kW に拡大するとともに，2020 年時点で建設中の設備容量を 1,800 万 kW とする計画である。さらに，2050 年までに 2 億 4,000 万 kW～2 億 5,000 万 kW に到達すると予測している。

このような積極的な原子力発電導入計画を実現するためには，人材育成，規律規範，安全研究，安全意識などの原子力の安全確保にかかる技術基盤，社会基盤の確立が不可欠である。

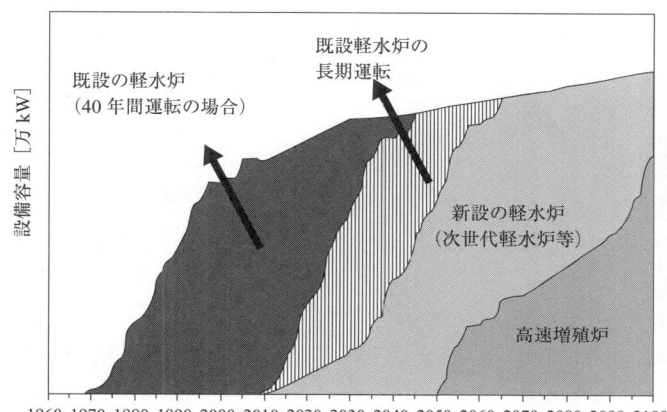

図4-8 中長期的な商業炉の方向性

●ベトナム

2030年までに14基の原子力発電所を稼働する計画を持つベトナムは、図4-9に示すとおり第1サイトとしてニントゥアン省フォック・ディンを、第2サイトしてニントゥアン省ビン・ハイを決定している。

第1サイトはロシアが受注し、2020年に1号機を、2021年に2号機を運転開始する計画である。このサイトでは、さらに2024年までに2基運転開始する予定である。すなわち、2030年までに合計14基の導入を計画している。

第2サイトは日本の受注が予定されており、2021年に1号機を、2022年に2号機を運転開始する計画である。さらに2025年までに2基を運転開始する計画である。他に中部地域で、2026年から2030年までに6基を運転開始する構想である。

このように急速な原子力発電導入を推進しているが、今後、原子力基礎科学研究基盤の充実から原子力プラントの立地・建設・運転・保守の段階における多様な人材育成まで着実な進展が不可欠である。

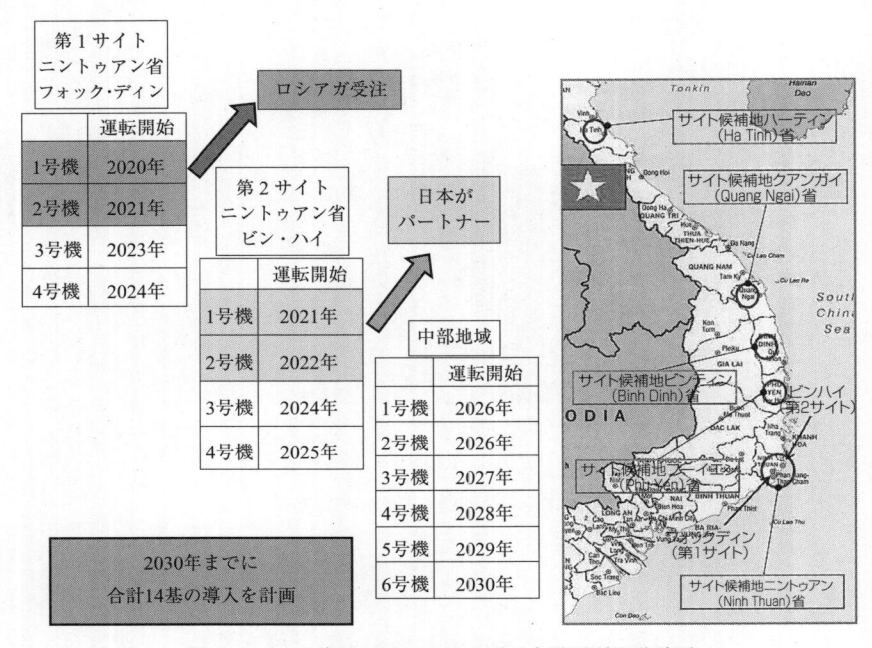

図4-9 2030年までのベトナム原子力発電所開発計画

第1サイト ニントゥアン省 フォック・ディン → ロシアが受注

	運転開始
1号機	2020年
2号機	2021年
3号機	2023年
4号機	2024年

第2サイト ニントゥアン省 ビン・ハイ → 日本がパートナー

	運転開始
1号機	2021年
2号機	2022年
3号機	2024年
4号機	2025年

中部地域

	運転開始
1号機	2026年
2号機	2026年
3号機	2027年
4号機	2028年
5号機	2029年
6号機	2030年

2030年までに合計14基の導入を計画

サイト候補地ハーティン（Ha Tinh）省
サイト候補地クアンガイ（Quang Ngai）省
サイト候補地ビンディン（Binh Dinh）省
サイト候補地フイエン（Phu Yen）省
サイト候補地ニントゥアン（Ninh Thuan）省
ビンハイ（第2サイト）
フォックディン（第1サイト）

②将来の柱となる高速炉サイクル

軽水炉の導入が世界的に過熱する一方，ウランの資源問題や価格高騰などを受けて，高速炉の実用化に向けた研究開発の動きも各国で加速している。

2009年12月の「高速炉システム国際会議（FR09）」や2010年11月の「敦賀国際エネルギーフォーラム」では，フランス，ロシア，アメリカはもとより中国，インド，韓国などから，軽水炉の開発導入とあわせて，高速炉の実用化に向けた研究開発の促進が報告されるとともに，「もんじゅ」の国際的な共同利用への大きな期待が表明された。以下にこれらの国々の高速炉研究開発への取組みを紹介する。

●アメリカ

先ず世界で最初に高速炉で原子力発電に成功したアメリカは，世界で一番多くの商業用軽水炉を運転している国でもある。1951年にアイダホ州にある高

速実験炉 EBR-1 が世界で初めて発電に成功したことはあまり知られていない。高速炉は，軽水炉（PWR や BWR）より 6 年も早く発電に成功したが，軽水炉が高速炉より先に実用化した。その原因は，安全性ではなく経済性や核不拡散性に課題があったためである。

1992 年の高速試験炉（FFTF）の運転中止以降一時低迷したが，今世紀に入り，第 4 世代国際原子力フォーラム，先進核燃料サイクル構想などのプログラムの中で高速炉が注目されてきた。アメリカは，原子力研究プログラムを継続，拡大し続けており，それに相応しいパートナーかつ同盟者として，日本以上の国はないとし，「もんじゅ」の性能試験に高い関心を示している。

◉フランス

次に世界で唯一大型実証炉スーパーフェニックスの 4 年半余の運転実績をもつフランスは，実用化に向かって再スタートした。実証炉スーパーフェニックスや原型炉フェニックスは既に運転停止しているが，新たにナトリウム冷却実証炉（ASTRID）を建設する計画である。

2012 年に仕様選定，2013～14 年に設計，その後製作，2020 年に燃料装荷・運転開始を計画している。国際レベルで補完的な研究開発協力を行い，研究成果，設計評価手法，安全基準等の共有を図ることが重要である。

◉ロシア

ロシアは，稼働中原子炉 32 基のうち 1 基が高速炉 BN-600 で，世界で最も長い 30 年の運転実績をもつ。さらに 15 年間運転する予定である。

ロシアは，2014 年の運転開始を目指して実用炉（BN-800）を建設中である。大統領最優先プロジェクトとして，短期にはロシア型 PWR 技術の最適化（2030 年までに 4,330 万 kW 建設），中期には高速炉に基づく先進核燃料サイクル，長期には核融合技術の開発を進める計画である。現在は軽水炉が主流であるが，高速炉は，使用済み燃料の処理（長寿命核種の処理）で利点があり，安全性，経済性の面でも軽水炉より優れたものとなりうるとしている。また，高速炉の商業化について，各国が協力すればより容易であり，国際核燃料サイクルセンターを作るなどにより前進できるとの考えである。

図 4-10 中国の高速実験炉 CEFR
資料：日本原子力研究開発機構第 7 回敦賀国際エネルギーフォーラム会議記録から転載。

● 中国

　中国は，2010 年 7 月 21 日に，図 4-10 に示した実験高速炉（CEFR；電気出力 2 万 kW のナトリウム冷却プール型）が臨界に達し，2011 年に発電を開始する予定である。さらに 60〜100 万 kW 高速実証炉（CDFR）の 2022 年までの運転開始に向け設計検討中である。

　核燃料サイクルを伴う加圧水型炉と高速増殖炉の組み合わせを長期戦略として，2030 年に高速増殖炉の小規模な実用化を行い，2050 年に 16％を原子力（主に高速増殖炉）が担い，2050 年〜2100 年の期間で石炭火力を原子力に大規模に置き換える計画である。

● インド

　2031〜32 年までに少なくとも国民一人当たりのエネルギー消費量を現在の世界平均とすることを目指すインドは，今後 20 年で発電量を 4 倍に増やし，50 年間で 10 倍の成長を目指す計画である。

　インドは，実験炉（FBTR：電気出力 1 万 3,500 kW）のループ型を 1985 年から稼働中であり，2003 年から建設中の高速増殖原型炉（PFBR：電気出力 50 万 kW）は 2011 年臨界予定である。この PFBR の設計を基にあと 6 基を段階的に

建設し，2023年までに商業運転する予定であり，2020年以降は100万kW級のナトリウム冷却炉を建設する方針である。

●韓国

韓国は，2008年にナトリウム冷却高速炉（SFR）実証炉と乾式再処理の開発長期計画を策定し，2011年までに次世代SFRの概念設計開発，2017年までに標準設計，2020年までに設計認可，2028年までに実証プラントを建設するという長期ビジョンをもっている。

第2節　福井の原子力を世界へ

(1) 福井の原子力50年
① 15基体制

福井県では，1957年に産学官が集まり設立した「福井県原子力懇談会」が中心となり，原子力技術による県内産業の活性化を目指した。まず嶺北地域において研究用原子炉や原子力発電所の誘致を行ったが適地が得られなかったため，1962年に嶺南地域の敦賀半島に誘致した。

50年ほどの間に，県内で13基（1,145万kW）の原子力発電所が運転中で，敦賀1号機と美浜1号機は2010年で満40歳を迎え，我が国で最初の40年超運転を開始した。福井県の原子力発電は，関西地域で消費される電気のほぼ50％を供給し，日本の原子力発電の25％に相当する。我が国の原子力発電のパイオニア県である。

国による研究開発段階の炉である高速増殖原型炉「もんじゅ」は，1995年の2次系ナトリウム漏えいにより運転停止していたが，2010年5月，14年ぶりに試験運転を再開した。炉心確認試験を終え，2011年度予定の40％出力プラント確認試験に向けて燃料交換作業と設備点検作業等を実施していたが，炉内中継装置で不具合が発生し，現在その原因と対策を検討している。当初予定より遅れるが2011年度中には40％出力プラント確認試験を開始する計画である。

新型転換炉「ふげん」は，世界で最も多くのプルトニウム燃料照射の実績を積んで25年の運転を終了した。2008年から廃止措置研究センターとしてスタートしている。

　敦賀1号機の後継炉である敦賀発電所3,4号機は，2004年3月から経済産業省原子力安全・保安院による第1次安全審査が行われているが，中越沖地震等を踏まえた耐震安全性の審査に時間を要しており，当初予定の2010年10月着工は大幅に遅れる見通しである。安全審査終了時期が明確ではないので困難と思われるが，現時点では，2016年，2017年の営業運転開始を目指している。

　また，軽水炉でのプルトニウムウラン混合酸化物燃料の使用計画いわゆる「プルサーマル計画」は，2010年，九州電力玄海発電所3号機，四国電力伊方発電所3号機，東京電力福島第一発電所3号機でスタートし，県内でも燃料製造データ不正使用の問題で当初計画より10年程度遅れたが，2010年12月には関西電力高浜発電所3号機がプルサーマル運転を開始した。

　このように国内外の50年間の原子力平和利用における進展は目覚ましいものがあり，軽水炉による核燃料サイクルは国際的には確立している。

　地球環境とエネルギー資源問題の解決が迫られる人類の未来にとって，ウラン資源の有効利用を図るため今後さらに高速炉サイクルシステムの実用化研究開発が重要となる。

②「もんじゅ」の運転再開と高速増殖炉の実用化

　高速炉の研究開発は，1995年の「もんじゅ」事故で停滞していたが，2006年にFBRサイクル技術は国家基幹技術として位置づけられ，実用化研究開発推進方針や推進体制を整備した。「もんじゅ」の運転実績や実用化研究開発（FaCTプロジェクト）を踏まえ，2025年頃の実証炉運転，さらに2050年までの商業炉（実用炉）運転という目標を掲げている。

　2009年9月に川端達夫文部科学大臣（当時）は，「温室効果ガス25％削減に向けて，FBRや核融合が大きなブレークスルー技術の一つとして役割を担う可能性は相当あると思っており，これらの研究開発をスローダウンする意思は全くない」と言明した。

設計研究と革新要素技術開発を推進し，2010年に革新要素技術の採否判断，2015年に実証炉や商業炉（実用炉）の概念設計の提示，2025年頃に実証炉の運転を開始する計画である。2050年頃までに実証炉の経験を踏まえ商業炉を導入する予定であり，このためには「もんじゅ」を中心としたアメリカ・フランス・ロシアなどとの国際協力が不可欠である。

世界は，国際的なエネルギーセキュリティ，地球温暖化防止や放射性廃棄物の発生量低減などに貢献する具体的な技術として，軽水炉と併せて高速炉サイクルシステムの実用化を国家目標に押し上げ各国が競争する時代になった。世界から「もんじゅ」の国際共同利用への大きな期待が寄せられている。

③ナトリウム利用の利便性と安全性

「もんじゅ」は，ナトリウムとプルトニウムを使うという特徴をもつ。

ナトリウムはNaで，新潟にある工場では，80年余り工業規格で金属ナトリウムを製造し，毎年数千トン規模のナトリウムが安全に出荷されている。最近は，自動車エンジン，NaS電池，ナトリウムランプなどのほかに，高速増殖炉「もんじゅ」の冷却材として利用されている。ナトリウムは身近な存在である。ナトリウムの性質は，常温常圧で固体，摂氏98度で溶けて，摂氏881度までは沸騰しない。比重はほとんど水と同じで，熱伝導率が非常に良い。高温でも液体なので高速炉の冷却材として使用される。このような利点も多いが，反応性の高い金属なので水や空気と反応しやすいという不利な点もある。

このため「もんじゅ」では，原子炉の熱を取り出す1次ナトリウムについては，全て燃えないアルゴンガスで閉じ込めており，万一漏えいがあっても大事に至ることは防止できる。また蒸気を作る2次ナトリウムについては，平成3年の漏えい事故を教訓に，万一漏えいした場合には，漏れを早期に検知して燃えないガスで部屋を充満するなど被害の拡大を防止する改善を図った。

次世代高速炉の冷却材を何にするかは大きな課題であり，ナトリウム，鉛，炭酸ガスが候補に挙がっているが，これまでの実績などからナトリウムがほぼ選択されるであろう。

ナトリウムを大量に使用する高速炉はとても危険な原子炉だという見解もあ

るが，筆者が大学時代の隣の研究室ではナトリウムを使った研究をしており，同級生達もナトリウムの大規模な燃焼を実験で体験していた。

　様々なその危険性を過大にも過小にも評価せず，確かな技術を日々積み重ね危険性を閉じ込めることが安全確保の基本である。このため，「もんじゅ」に隣接する白木地区に「ナトリウム工学研究施設」を整備する予定である。

　④「ふげん」の廃止措置

　「ふげん」は我が国が自主開発した重水減速軽水冷却型の新型転換炉原型炉である。25年間の運転を終え，現在は，廃止措置研究センターとなっている。青森県大間における実証炉計画が経済性の理由で中止されたことは極めて残念であった。

　廃止措置計画は，2008年に認可されたが，2013年頃までに使用済み燃料の排出を終えたのち，まず原子炉周辺設備解体撤去を2018年頃までに終了する予定である。その後10年程度で原子炉本体解体撤去を行い，2028年頃を目標に建屋の完全解体撤去を行うとしている。

　現在，将来の原子炉容器の水中遠隔切断技術や機器配管等の除染技術の開発を行っているが，課題は，発生する解体廃棄物の適切な処理処分方策の確立と地元企業が廃止措置ビジネスに参入できるかどうかである。

　⑤高レベル廃棄物の処理処分

　高レベル廃棄物は使い終わった核燃料を再処理する工場でのみ発生するので，県内では発生しない。原子力発電所で発生する低レベル廃棄物はドラム缶詰めして青森県の処分施設に安全に輸送している。高レベル廃棄物の処分施設については，国と原子力発電環境整備機構（NUMO）が，概要調査地区を選ぶための活動を行っている。

　原子力発電による便益を受けた全ての国民が，とりわけ電力を大量に消費する地域が，まずこの問題に真剣に向き合う必要があると考える。日本においても，CO_2排出25％削減やエネルギー・セキュリティ確保などの観点から，原子力発電の推進が緊急の課題として取り上げられているが，運転中プラントの稼働率の改善や新規立地施策の拡充と並んで，世界の原子力先進国に学び高レベ

ル廃棄物の課題の前進を最優先する必要がある。

第3節　福井の原子力の展望

(1) エネルギー研究開発拠点化計画

　2005年3月に福井県が進める「エネルギー研究開発拠点化計画」が策定された。この計画の趣旨を端的に言うと，福井県の特徴である原子力産業を県民のために活かすことは，地球の役にも立つということである。原子力と地球が共生することは，軍事利用を減衰させ平和利用を進展させることであり，原子力と地域が共生することである。

　福井県の「エネルギー研究開発拠点化計画」は，国や電気事業者，大学研究機関，産業界など，事業主体自らがまず行うことからスタートする。県民の安全・安心の確保，研究開発機能の集積，人材の育成強化，産業の創出・育成という四本柱に，具体的に取り組む16項目のテーマを設定した。

　長期的な視点に立って，地域の活性化にふさわしい新しい連携協力のソフト面から，さらに次の世代に必要な研究施設，研修施設，産業施設，教育施設などを準備する必要がある。

①高速増殖炉を中心とした国際的研究開発の拠点

　「もんじゅ」を中心に国際的な高速増殖炉研究開発の拠点を形成することは，白木地区をはじめ地元敦賀市の熱い願いである。また地元以上に，先進開発国アメリカ，フランス，ロシア，追いかける中国，インド，韓国が，「もんじゅ」の動向に熱いまなざしを注いでいる。

　「地球は青かった」という言葉で有名なユーリイ・ガガーリン少佐（旧ソ連）が人類で最初に宇宙飛行に成功してからほぼ50年が過ぎた。2009年日本人宇宙飛行士の野口聡一さんが，ソユーズ宇宙船に乗って国際宇宙ステーションに行き約6カ月間滞在した。さらに2010年3月には，日本人初の女性飛行士の山崎直子さんがスペースシャトル・エンデバーに乗り国際宇宙ステーションに

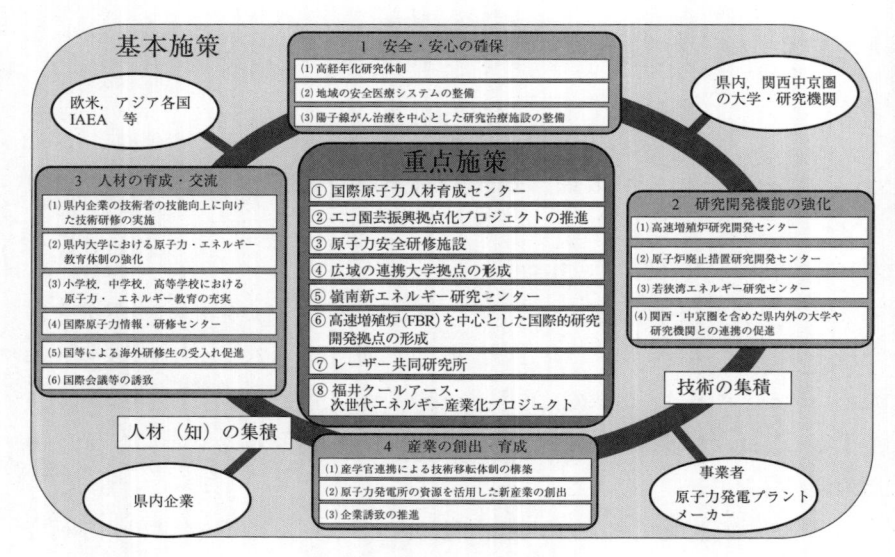

図 4-11 拠点化計画 施策体系

基本施策

- 欧米，アジア各国 IAEA 等
- 県内，関西中京圏の大学・研究機関
- 県内企業
- 事業者 原子力発電プラントメーカー

1 安全・安心の確保
(1) 高経年化研究体制
(2) 地域の安全医療システムの整備
(3) 陽子線がん治療を中心とした研究治療施設の整備

3 人材の育成・交流
(1) 県内企業の技術者の技能向上に向けた技術研修の実施
(2) 県内大学における原子力・エネルギー教育体制の強化
(3) 小学校，中学校，高等学校における原子力・エネルギー教育の充実
(4) 国際原子力情報・研修センター
(5) 国等による海外研修生の受入れ促進
(6) 国際会議等の誘致

重点施策
① 国際原子力人材育成センター
② エコ園芸振興拠点化プロジェクトの推進
③ 原子力安全研修施設
④ 広域の連携大学拠点の形成
⑤ 嶺南新エネルギー研究センター
⑥ 高速増殖炉(FBR)を中心とした国際的研究開発拠点の形成
⑦ レーザー共同研究所
⑧ 福井クールアース・次世代エネルギー産業化プロジェクト

2 研究開発機能の強化
(1) 高速増殖炉研究開発センター
(2) 原子炉廃止措置研究開発センター
(3) 若狭湾エネルギー研究センター
(4) 関西・中京圏を含めた県内外の大学や研究機関との連携の促進

4 産業の創出・育成
(1) 産学官連携による技術移転化体制の構築
(2) 原子力発電所の資源を活用した新産業の創出
(3) 企業誘致の推進

人材（知）の集積　　技術の集積

行き実験を行った。宇宙開発においては，この50年間に米ソなどによる競争の時代から各国が国際協働する時代に大きく転換している。

世界が期待する共同研究の場をできるだけ速やかに提供する使命を「もんじゅ」はもっている。

高速増殖炉の実用化に向けて，2009年3月，プラント工学研究センターを設置するとともに，2012年度供用開始を目途に「ナトリウム工学研究施設」の建設に着手することとしている。また「新型燃料研究開発施設(仮称)」についても，2015年度運転開始を目途に2011年度から基本設計に着手する。

世界の研究者の信頼を得るためには，何よりまず計画通り「もんじゅ」の40％出力プラント確認試験を再開することが必須である。

②福井県国際原子力人材育成センター（仮称）の設立

アジアの安全技術・人材育成への貢献を目指して，原子力先進県である福井県を国際的な原子力人材育成の拠点とするため，2011年4月に福井県国際人材育成センター（仮称）を若狭湾エネルギー研究センターに設置する予定であ

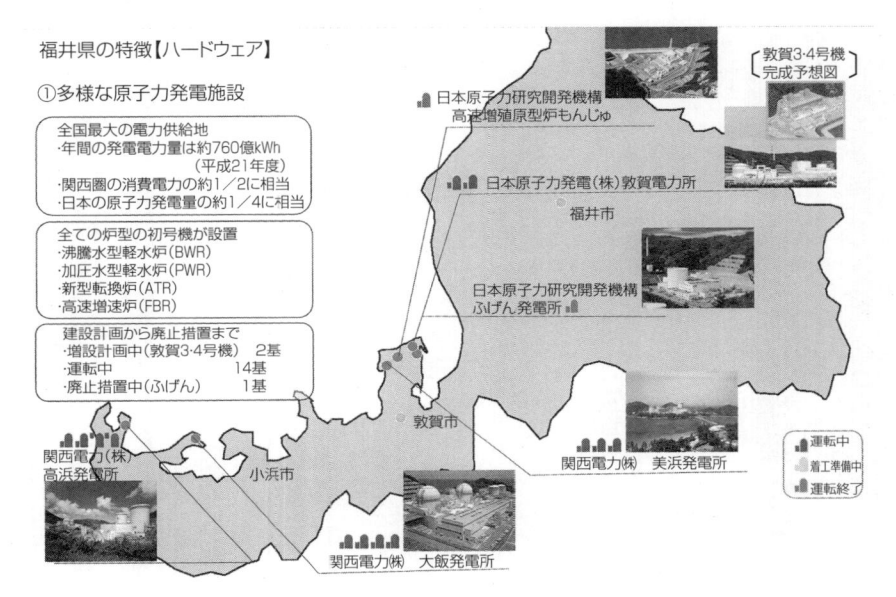

図 4-12　福井県の原子力の特徴

る。この人材育成センターでは，図 4-12 と図 4-13 に示した福井県の特徴を最大限活用して，アジアなどで新たに原子力発電を導入する計画を持っている国々の原子力政策担当者や将来の原子力技術者の研修を開始するとともに，国際的に活躍できる国内の人材育成についても取り組むこととを予定している。

2010 年度は，文部科学省の「国際原子力人材育成イニシアチブ」の中の機関横断的な人材育成事業である，福井における原子力人材育成機能を活用した国際人材育成ネットワークの構築とプログラム開発のフィージビリティスタディを行うこととした。

このため 2010 年 6 月，ベトナム，タイ，マレーシア，インドネシア，フィリピンの 5 カ国の原子力担当政府関係者や研究機関の代表，さらに電力事業の責任者が福井で国際会議を行い，福井の人材育成機能を使った教育研修に参加したいとの意向が表明された。また，同じく 6 月福井で開催された APEC エネルギー担当大臣会合では，原子力発電の組み入れを初めて明記した「福井宣

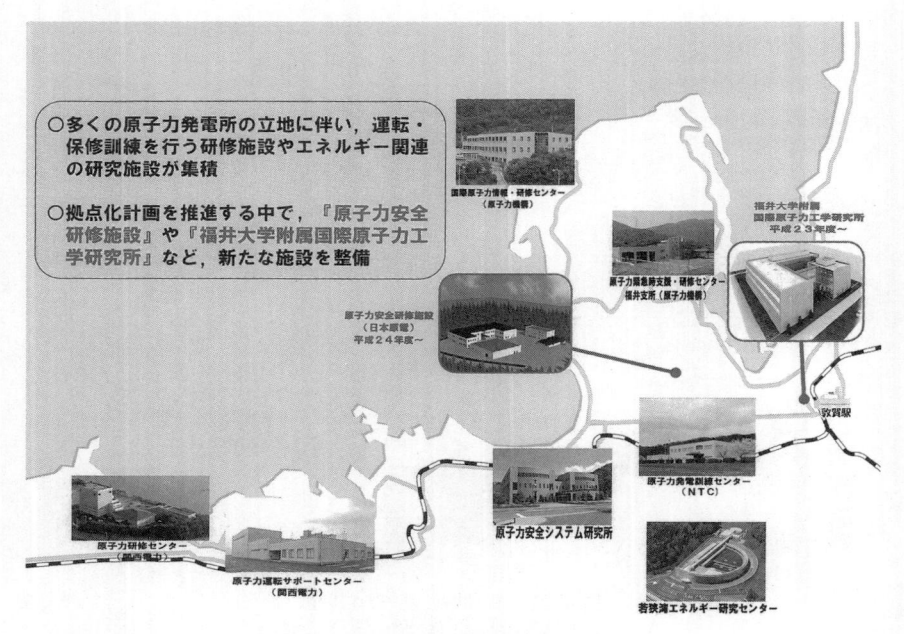

図4-13 原子力人材育成機関の集積

言」が採択されるとともに，原子力立地県の取組みを参加者に紹介することができた。

2011年3月に福井で開催されるアジア原子力協力フォーラム（FNCA）コーディネーター会合（コーディネーターは各国の代表者1名）において，福井の国際人材育成への取り組みを参加国にアピールし，ニーズ等を把握するため，2010年のFSで開発したプログラムの試行を計画している。

ベトナムへの原子力発電所の輸出もほぼ軌道に乗ってきたことから，国全体のネットワークの中で本県の特徴を生かした現場型人材育成に取り組む計画である。

③福井大学附属国際原子力研究所を中心とした広域の連携拠点づくり

2009年4月に福井大学附属国際原子力工学研究所が福井市の文京キャンパスに設置されてからほぼ2年が経過する。この研究所は，原子力の「安全と共

生」を基本として，日本のみならず世界のトップレベルで特色ある原子力人材育成と研究開発を行い，我が国の原子力立国計画の実現に寄与すること，さらには海外，主としてアジアの人材育成を通じ，環境と調和した持続的なエネルギー供給基盤をもつ世界の構築に貢献することを目標としている。

　所長は，竹田敏一・大阪大学名誉教授で，有馬朗人・元文部大臣と木村逸郎・京都大学名誉教授が顧問に就任されている。2010年10月13日，敦賀キャンパスが着工し，2012年4月からここで国際的にもトップレベルの研究教育がスタートする。現在，研究所を中心に，関西中京圏の大学と連携連合した大学院の設置に向けた検討がスタートしている。

　また，京都大学の研究用原子炉をはじめ日本の研究炉は今後10年から20年程度で閉鎖される可能性があることから，日本原子力学会や日本学術会議などにおいて，将来必要となる原子炉やホットラボなどの共同利用施設の在り方について議論がスタートしたので，今回の原子力政策大綱の見直しの中でしっかりとした議論が行われるよう求めていきたい。

(2) 若狭湾エネルギー研究センター
①陽子線がん治療成果のアジア展開

　若狭湾エネルギー研究センターでは，放射線の一種である陽子線（水素の原子核を光の速度の約60％まで加速したイオンビーム）を使い，2002年から2009年末までに62名の患者さんの治療を行い，全て良好な治療実績を得た。治療部位は，前立腺が55名，肝細胞が6名，肺が1名である。

　副作用など身体への負担が少なく，通院治療が可能な陽子線によるがん治療を本格的に行うため，福井県立病院敷地内に県陽子線がん治療センター（仮称）を建設しており，2011年3月の治療開始に向け，鋭意，設備機器の据付調整，試運転，患者の募集などを鋭意に行っている。

　陽子線としては世界で初めて腫瘍の形に応じて精度よく照射する方法を採用することや，国内で初めて患者の負担を軽くする共通ベットによる自動位置決め装置を導入することなど，当研究センターでの研究開発成果等を取り入れた

国内最新の施設となる予定である。

また福井県では，治療費が自由診療（保険が適用されない）のため自己負担となるので，1ヵ所のがんの治療にかかる基本料金を全国の他施設よりもっとも低い額の240万円に設定すること，県民に対しては治療費などの負担軽減策として25万円の補助を行う。設備としては年間200名から400名の治療が可能であるが，治療実績を重ねながら，他の部位における治療法の確立や保険適用などの課題解決に取り組む必要がある。

当研究センターでは治療研究は行わないが，県の治療センターと連携協力して，陽子線がん治療の基礎研究や高度化研究を引き続き実施する。そのための施設整備と研究体制を検討中である。

②イオンビームによる植物の品種改良

西日本では唯一のイオンビームによる放射線育種が可能な加速器を有していることから，国内の大学や企業はもとより，ベトナムやスリランカといった，アジアの研究機関から共同研究や研修生の受け入れを行っている。また最近は，将来需要の拡大が見込まれる野菜工場に適した野菜の創出やカニ殻から健康有用物質を効率的に抽出する菌類の改良など，その研究対象が広まっている。

おわりに

筆者は，47回目の"原子力の日"である2010年10月26日に『君は原子力を考えたことがあるか─福井県原子力行政40年私史─』を上梓した。

そのあとがきに「……（中略）……莫大なエネルギーを生みだす原子力は，潜在的な危険性が実に大きい。もしも原子力利用に安易に喝采を叫べば，軍事利用という最悪な事態にも至りかねない。かといって人知の結晶である原子力を使わないのも愚かな姿勢だろう。地球温暖化や化石燃料枯渇が問題になっている現在，原子力以外に有効な代替エネルギー技術は存在しない。まして，原子

力エネルギー抜きで経済発展しろと後進国に要求するのはあまりにも酷な話だ。軍事転用という深刻な危険性を忘れることなく，その巨大なエネルギーを平和に利用することが，人類の英知の結晶である原子力には課せられているのだ。原子力の光と影を忠実に映し出すことが重要である。その原子力がある福井県で，私達は今も暮らしている」と書いた。この本では，福井の原子力の馴れ初めから今日に至る道筋をたどり，今後の福井と原子力との関わりについてまとめた。

　福井県が50年以上にわたり原子力と厳しく向き合ってきた経験と実績は，世界でも貴重だろうし，今後，原子力平和利用の健全なる発展を目指す国に対して，福井の地域共生の姿はモデルケースとして十分貢献できると考える。

　熱心なあるアジアの国の日本駐在大使は，美浜発電所を視察した際，発電所の前面海域で漁業を営み40年も生活している住民がたくさんいることに一番感動したと感想を述べている。我々にとっては当たり前のことだが，これから原子力発電所を導入する国の人々にとっては極めて新鮮な出来事と映るようだ。地元の元区長は，これまでの原子力と事業者に対する信頼の揺るぎないこと，さらに，原子力発電所や放射線に対する特別な感覚はほとんど何もないことを丁寧に説明した。

　原子力政策を議論するとき必要なことは，この立地地域住民の日々の経験や感覚を基本とすることである。

　福井県は原子力発電所立地のパイオニアとして，原子力をめぐる様々な課題に真っ先に直面しながら，そのひとつひとつを解決するために常に先頭に立って具体的な施策を提案し実行してきた。スタートしてから5年が過ぎたエネルギー研究開発拠点化計画もまた，全国のモデルとなり，福井の地に原子力ルネッサンスが沸き起こることが期待される。

　地域が原子力を利用し活性化する地方主権の時代がやって来た。中央での政策議論が机上に留まることなく，常に現場とともにある原子力政策の見直しであってほしい。

　最後に，本書への寄稿を薦めていただいた坂田幹男福井県立大学副学長（北

東アジア学会・会長）と唱新経済学部教授に心からお礼を申し上げる。

第5章
循環型国際分業と環境
── 国際生態補償体制構築の視点から ──

龍　世祥

はじめに

　国際分業論は，産業の歴史的拡張に伴って，形態論と要因論という二つの方向から展開されてきた。形態論としては，「垂直分業」，「水平分業」，「雁行型産業発展モデル」といった伝統的な諸論があるが，国境を越える企業内と企業間の二次元の視線で検討されている「フラグメンテーション」と「アグロメレーション」が先端的な論点となる。要因論としては，「比較生産費説」，「特別要素説」が伝統的理論であり，「価値連鎖」，「立地優位性」などの新たな論述が注目されている。

　しかし，経済理論では，グローバリゼーションの展開に伴って深刻化している貧困・環境などの現代問題を背景に，国際分業のあり方に対して疑問視する，いわば国際分業の環境論も少なくない。これらの理論は動脈産業を視野としているのであるが，北東アジアをはじめとして，現実においては，環境問題の深刻化を背景に進められている循環型社会（中国では，循環経済という）の構築とともに，国民経済社会における社会分業と国際経済社会における国際分業が動脈産業から静脈産業まで拡大している。本章の問題意識と目的は，自然環

境，経済生産と人間福祉を含む循環社会の視点から，この新しい動向を対象に伝統的な国際分業理論を形態論的，要因論的，環境論的に前進させて，「循環型国際分業論」を試論として提起することにある[1]。

第1節　環日本海生態系からみる地球環境問題

(1) 環日本海生態系

「海」と海の「循環」を強調するならば，日本海は，対馬海峡，関門海峡，津軽海峡，宗谷海峡，間宮海峡（タタール海峡）に囲まれる西太平洋の縁海であると定義できる。この定義に示されている独特な海の構図は，環日本海生態系ならではの閉鎖性，固有性，多様性などを規定する重要な要素であると考えられる。この環日本海生態系が地球生態系に規定されながら，「海峡・外海」，「海湾・河川」，「蒸気・雨雪」，「大気流動」，「生物生態」などの中間生態系を通して広がっていき，日本海を囲んで一つの特有な国際的生態系が形成される。このように，日本海を中心に形成されてきた環日本海国際的生態系は，地球生態系に規定されると同時にその生物循環，物質循環，大気循環，水循環，エネルギー循環などの地球環境循環に介入して自分自身の地域的固有性と多様性を強調し，保ちつつある。

環日本海生態系は，日本海生態系から地球生態系に連結できるまで周期（時間性）の異なる自然循環を通じて空間的に広がっていくが，この空間性は生態系のもつ地域公共性を基準に，さらに点型生態系，線型生態系，面型生態系，球型生態系に大別にして考察できる。点型生態系とは，ある地域に固有のものであるが，他地域にとって公共性をもっている，湿地，湖，自然文化遺産な

---

[1] 本章は，日本北東アジア学会・韓国東北亜経済学会合同国際学会（2010年8月26日～27日，韓国東海市）第Ⅱ-4分科会において発表した「循環型国際分業について―国際生態補償体制構築に必要な主論点の概説―」をもとに，その内容の一部を加筆・修正して作成したものである。

どのような局地的な生態系である。線型生態系とは，複数の地域にわたっている，流域，渡り鳥などのような生態循環の方向性が単一で強い帯状的な生態系である。面型生態系とは，複数の地域にわたっているが，森林，海，山地などのような，生態循環が広い範囲で全方位に広がっている広域的な生態系である。球型生態系とは，生態システムが立体的でその固有性と公共性がともに，地球規模の生態系に接近している当該地域全体に係わっている生態系である。

このように時間性，空間性と社会性をもつ多層的な環日本海生態系は，「環日本海地域」，あるいは北東アジア地域という国際社会より成り立っている自然的根拠でもあり，当該地域の諸課題，特に環境問題を考察する際の基本的視座でもある。

(2) 環日本海生態系サービス

環日本海生態系サービスは，ミレニアム生態系評価の報告書[2]の手法を援用して，供給サービス，調整サービス，文化的サービスと基盤サービスに分類することもできれば，人間の福利要素として，安全保障，生活環境，健康維持，協働関係，個性自由という5つの側面から把握することもできる[3]。さらに，循環社会の視点からみると，一般的な人間が生活主体，生産主体と生命主体という三つの姿勢をとって存続して活動していると考えられる。従って，国際地域の人間社会は，生活共同体，生産共同体と生命共同体という三つのあり方で協働するものとして認識できる。なお，上記のような環日本海生態系サービスの分類を循環社会の視点（基準）により，改めて福祉的サービス，経済的サービスと生命的サービスに分けて整理することもできる[4]。

一般的に，一つの国際的地域生態系は，地球生態系の一部として地球生態系

---

2) 環境省『環境・循環型社会白書』（平成19年度版）。
3) 同方法を援用して環日本海生態系サービスを整理した具体的な内容については，下記の文献を参照。http://www.nihonkaigaku.org/08f/i080401/t5.pdf.
4) 龍世祥「地域的共通価値と環境技術移転—北東アジア環境経済学構築の起点—」（『環日本海研究』（環日本海学会）第13号，所収，2007年10月，37～49ページ）。

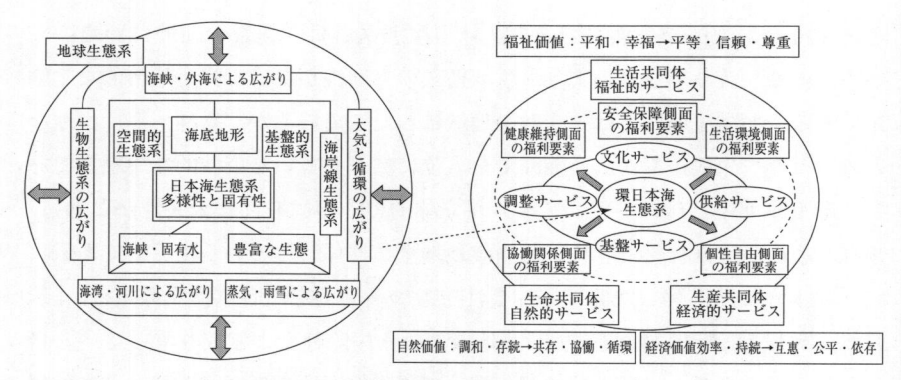

図 5-1　環日本海生態系サービスと地域共通価値

資料：注3により作成。

サービスの多様性と共生に規定されると同時に，国内地域生態系に固有な独自の多様性と共生から構成され，相対的に独立している地域的生態系として，地球生態系に影響を与える。つまり，北東アジア地域の人間にとっては，前述のように理解した「環日本海生態系サービス」が，地球の一員として享受できるコモンズ，当該国際地域の一員として享受できるコモンズと国内地域の一員として享受できるコモンズを提供している源泉となっている。なお，それと同時に，これらの縦断的に三層構造となっているコモンズは，地域福祉コモンズ，地域経済コモンズと地域自然コモンズという横断的な三次元構成にもなっている。こうした重層・多元的な地域コモンズを基礎に「地球共同生活基盤に基づく地域的共同生活基盤」が形成される。

この地域共同生活基盤を土台に，上記の北東アジア地域の共通価値が成立し，次のように構成される。一つは，当該地域の包容性の高い多民族，多文化，多宗教，多社会体制などにより，併存・融合して形成される特有な地域共同生活様式において検出された「平等・信頼・尊重」という地域福祉価値である。二つは，補完性の高い，自然資源賦与，生産要素，産業構造及び経済発展の格差構造，進化している多様な経済体制などから形成されてきた特有な共同生産様式において検出された「互恵・公平・依存」という地域経済価値である。三つは，地域閉鎖性の高い，日本海をはじめ，水，大気，熱などの自然循環シス

テムの脆弱性として現れる特有な共同自然生態系によって検出された「共存・協働・循環」という地域自然価値である。

(3) 日本海生態系からみる地球環境問題

地球環境問題とは，「被害，影響が一国にとどまらず，国境を越え，ひいては地球規模にまで広がる環境問題と，国際的な取り組みが必要とされる開発途上国における環境問題である」という広義の理解が主流となっている。地球環境問題の分類は，自然的属性や社会的属性などを基準に多様に行われている[5]。

本章では，生態系をキーワードとして地球環境問題を次の三つの意味で理解している。第1は，国際的生態系空間範囲において生じた生態感応，生態サービスと生態便益などが破壊され，結果的に正の生態系サービスの損失，あるいは負の生態系サービスの増加に伴う地域福祉水準の低下をもたらす環境問題である。第2は，国内的生態系の空間範囲において生じた国内環境問題であっても，生態系の時間的，空間的，社会的な広がりから見てその原因者，あるいは被害者とする人間集団が国際的であれば，それは地球環境問題となる。第3は，問題とその因果がすべて国内的であるが，国際的な人間集団が共同に対応しなければ解決できない，あるいは，上述のような問題にまで発展する可能性がある環境問題も地球環境問題とすべきである。

筆者は，上記の理解に基づいて，さらに生態系の時間的広がり，空間的広がり，社会的広がりをそれぞれ視座にして地球環境問題を4分類で整理している。

まず，時間的広がりによる4分類では，循環社会の変容[6]とリンクして，環境問題が歴史的に，①自然・災害型→②農村・農業型→③都市・工業型→④地域・地球（規模）型にそれぞれ「農業革命」，「産業革命」と「情報革命」を転機

---

[5] 龍世祥「環境保全に対する国際的な取り組み」（和田直也・今村弘子編『北東アジアの環境—自然と経済から見つめる—』富山大学出版会，2009年，所収，285〜307ページ）。

[6] 龍世祥『循環社会論』晃洋書房，2002年，73〜74ページ。

に質的に転換して進み，現代的非調和型循環社会に累積すると考える[7]。北東アジア地域では，この歴史的変容の縮図として，これらの環境問題が複合して存在している。

次に，社会的広がりによる4分類は，地球環境問題を，①生物的な弱者・強者間（周辺部・中心部間を含む），②生態系的な上位地域・下位地域間，③発展段階的な途上国・先進国間，④分業的な低次元・高次元間などの側面から分類し，その形成と進展を考察できる[8]。

また，空間的広がりによる4分類としては，前述した生態系の空間的次元性［①局地的な生態環境（点型的空間），②地帯的な生態環境（線型的空間），③広域的生態環境（面型的空間），④地球的生態環境（球型的空間）］を参照基準に，筆者は地球環境問題をつぎの4類型に分類整理できることを提示している[9]。

第1類型は，アメニティ破壊，多様性減少，自然災害による環境破壊，戦争による環境破壊，途上国の公害問題などのような，国内レベルの地域に散在して世界各国が共有している「点型」の環境問題である。なお，ここに分類される環境問題は基本的に一国内で発生する問題であるという共通点を持っており，下記の観点からさらに細分化できるが，問題解決に向けた取組みに国際的な協力が必要であることから，地球環境問題として扱われるべきだと考える。まず第1は，問題対象が主権的には一国内にあるが，人類の普遍価値が大いにある。第2は，国内環境問題であるが，国際的な問題に拡大する可能性を持っている。第3は，途上国の国内環境問題であるが，先進国が経験した問題でもある。

第2類型は，廃棄物越境移動，国際河川と流域汚染，渡り鳥生息地減少など

[7) 龍世祥「中国の廃棄物分野におけるエコ型雁行発展モデル形成過程と環境技術移転メカニズム」（『富大経済論集』第52巻第1号，2006年7月，所収，79～92ページ）。
8) 龍世祥「国際生態補償理論の展開と東北亜への応用」『北東アジア学会第15回学術研究大会報告予稿集』，自由論題分科会5報告（新潟県立大），2009年11月22日。
9) 2008年3月に中国人民大学公共管理学院で開催された日中韓セミナーに提出した報告要旨「国際環境問題における生態補償問題」で，この分類を初めて提起した。なお，前掲文献・注5では再整理した。

のような，方向性を持って国境を越えて起こっている「線型」の環境問題である。第3類型は，酸性雨，黄砂，海洋汚染などのような，越境して国際的広域に広がっている「面型」の環境問題である。第4類型は，オゾン層破壊，地球温暖化，化石資源枯渇などのような，地球規模に広がっている「球型」の環境問題である。

第2節　地球環境問題からの新国際分業論の喚起
── 要因論に触れて ──

(1) 国際分業と地球環境問題に関する主要な論点

　一方，経済理論には，貧困問題と地球環境問題などの深刻化を背景に，国際分業のあり方に対して疑問視する理論は少なくない。その主要な論点として次の三つが取り上げられる。

　第1は，国際分業を通じた公害輸出と資源収奪の観点である。国際分業と環境問題をめぐって汚染逃避地仮説が早くから提起されていた。第2は，国際分業の展開を地球環境問題形成の一要因と見なす立場は，政治経済学からアプローチしてきた環境経済理論の共通認識となっている[10]。その基本的な論点は，国際分業（国際貿易と直接投資）を通じて先進国が途上国に「公害輸出」を，途上国から「地球共有資産の収奪」を行っていることを地球環境問題の本質と見なすことである。第3は，この政治経済学の基本的論点に基づきながら，国際分業論の視点で環境問題と国際経済の関連メカニズムについて理論的な解明と展開を本格的に進めようとする「国際産業・悪循環論」[11]と「国際分業と環

---

10) 例えば，原田正純「発展途上国の環境問題」（池上惇編『21世紀への政治経済学』有斐閣，1991年，所収，287～310ページ），植田和弘『環境経済学』岩波書店，1996年，172～177ページ，宮本憲一『環境経済学』岩波書店，2008年，146～147ページ，など。
11) 山崎圭一「地球環境問題と国際分業―南北問題論的アプローチ」（中川信義編『国際産業論』ミネルヴァ書房，1993年，所収，253～288ページ）。

境論」[12]である。

　筆者は，循環社会の視点から従来の悪循環論を途上国型，先進国型および複合型に分類し，雁行型産業発展モデルを格差・貧困・紛争などの問題にリンクする環境問題深刻化の主因として分析している。その上で，地球環境問題を解決するためには，この雁行型モデルに統合されている途上国型悪循環構造と先進国型悪循環構造，そして複合型悪循環の国際分業構造からともに脱却しなければならないと強調してきた[13]。

(2) 循環型社会構築への多次元的取り組み

　中国の環境政策の発展過程を韓国と日本のそれと比較して，より客観的に把握するためには，図5-2のように時系列と経済水準という2つの軸が必要であると考えられる[14]。こうした研究から明らかになった共通性と相違性は概略的に言えば次の通りである。すなわち，公害対策を中心とした始動期から地球環境問題対策を中心とした調和型社会構築期までの環境政策の転換過程には，日本では，一人当たりGDPが約2,000ドルであった1950年代から今日の約3万5,000ドルまで，経済水準で計って約3万3,000ドル，時間軸で計って約60年の段差があった。それに対して，この段差は，韓国では一人当たりGDPで1万ドル，時間で10年間，中国ではさらに一人当たりGDPで2万5,000ドル，時間で20年間ほど短縮できた。

　さらに，具体的な違いとしては，以下の点が指摘できる。

---

12) 前田芳人『国際分業論と現代世界――蓄積論から環境論・文化論へ――』ミネルヴァ書房，2006年，85～173ページ。

13) 龍世祥「広義再生産過程の視角から見た北東アジア経済協力とその課題」(環日本海学会編『環日本海研究』第3号，1997年7月，所収，60～85ページ)。

14) 原嶋洋平「環境政策に関する日，韓，中の比較研究」(『Human Security』No. 4, 1999/2000, 平和戦略国際研究所所報，1999年，所収，143～150ページ)は，日本・韓国・中国の環境政策の発展過程についての比較研究を，20世紀後半期を対象にして，時系列を軸に行っている。金丹・龍世祥「中国の環境問題の諸位相」(『ロシア・ユーラシア経済――研究と資料――』第914号，2008年9月，所収，18～32ページ)では，それに経済水準軸を加え，試論を行った。

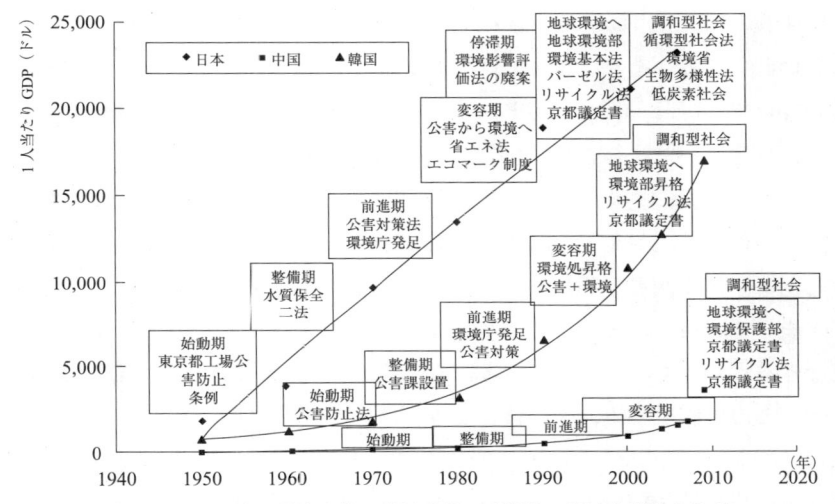

図 5-2　日中韓の環境政策の発展過程の時間的，経済水準的な比較
資料：注14, 注1より作成。

第1は，「上から下へ」と「下から上へ」のアプローチの相違である。

今日，世界の国々が，循環型社会の構築という課題に取り組んでいる。日本をはじめとする多くの先進国では，循環型社会を，廃棄物問題解決の観点から，上流の資源の持続的利用の問題に遡るアプローチとして捉えている。それに対し，中国では，持続可能な経済発展と資源利用の観点から，下流の廃棄物問題へとたどるアプローチをとっている。つまり，日本など多くの国では，ごみ，廃棄物問題を背景としているのに対して，中国は持続可能な発展のために避けて通れない道として捉え，「小康社会（いくらかゆとりのある社会）」実現のための重要な手段と位置づけているのである。

第2は，バージョンアップとシステム再建のスタートラインの相違である。

およそ江戸時代まで，「江戸モデル」といわれる資源節約の循環社会の仕組みがアジア地域の諸国には共有されていた。中国では，産業化が遅れていたことのおかげで維持されたこの従来型の循環社会の仕組みをバージョンアップして，現代的な循環型社会構築をスタートしていた。なお，そのバージョンアッ

プは規模の拡大,市場手段の導入,技術水準の向上,国際資源の活用の側面から行われている。それに対して,日本では明治維新から1960年代の高度成長期にかけて,「江戸モデル」が既に瓦解した。日本の現代的な循環型社会構築は,大量生産,大量廃棄の循環社会システムを前提にスタートしていた。

第3は,循環資源吸収型と循環資源排出型の機能メカニズムの相違である。

政策目的,政策対象と政策形成過程などから生じた相違性と共通性が存在するため,国際調和型循環社会の構築が必要かつ可能なものとなる。北東アジアを中心に行われているこの構築をめぐる国際取り組みが,この結論を実証できるものであると考えている。循環型社会の形成に注目して整理すると,まず,この国際取り組みの中核となるのは,1999年に発足した日中韓三カ国環境大臣会合(TEMM)と,2001年にスタートした環境産業円卓会議,循環型社会・循環経済3R (Reduce, Reuse, Recycle) に関する日中韓三カ国セミナーなどから構成される対話・実施型の体制である。次に,基盤づくりの取り組みとなるのは,1991年に発足した東アジア酸性雨ネットワーク(Acid Deposition Monitoring Network in East Asia: EANET)のような広域のガバナンス対話・土台型の体制である。さらに,ビジョン策定の取り組みとなるのは,2004年にG8のステージで進められる3Rイニシアティブ行動計画とそのアジアからのアプローチとして推進されるアジア3R推進会議(2006〜),南アジア3R専門家会合(2006〜),および東アジア3R専門家会合などの対話・デザイン型の体制である。なお,言うまでもなく,地球規模の環境問題をめぐる国際取り組みとして,オゾン層保護に関するウィーン条約とモントリオール議定書,地球温暖化に関する気候変動枠組条約と京都議定書,生物多様性減少に関する生物多様性条約とカルタヘナ議定書と名古屋議定書などのさらなる広域的な枠組みへの共同参加も協議・協働となっている。

この4次元のステージにおける国際調和型循環社会構築への取り組み体制は,日本が率先してデザイナーの役割を果たそうとしているが,これは前述したように国際地域生態系と環境問題の共有,経済発展の水準と循環社会の構造の相違などから生じている相互依存関係,相互補完関係に基づく協働体制であ

る。

(3) 国際調和型循環社会の形成に寄与する相乗的動向

　国際調和型循環社会の構築，特に循環資源市場の形成に寄与している要素として，次の5つの動向が主に取り上げられる。

　第1に，地球規模の要因としては，再生不可能な天然資源が枯渇に瀕している点が挙げられる。しかも，再生可能資源の利用が技術面，費用面，リスク面などから制限されていることも挙げられる。

　第2に，途上国側では，資源枯渇の深刻化に対する資源消費量の拡大の寄与度が一人当たり消費量の低さから見るとまだ低いが，資源枯渇の深刻化と資源消費量の拡大との正相関は，比較的に高い人口増加率に基づく人口規模の拡大，比較的に低い生産性に基づく経済成長の高度化，そして比較的に低い資源利用率に基づく資源需要の拡大が加速していることに伴ってますます高まっている。

　第3に，先進国側では途上国と比較して逆に，資源枯渇の深刻化と資源消費量の拡大との正相関が経済成長の長期停滞と高効率の資源利用など側面から見るとまだ低いが，資源枯渇の深刻化に対する資源消費量の拡大の高い寄与度は，経済規模が大きく，一人当たりの資源消費量が圧倒的に多く，大量生産，大量消費，大量廃棄の経済再生産システムが慣性的に機能しているため低下しない。これは環境技術の優等生と言われる日本の物質フローから一見できる。図5-3に示されているように，平成不況以降，天然資源の投入量が減りつつあるが，それでもまだ12.5トン/1人当たりの高水準である。特にそのうちでも，国外からの天然資源の輸入量は逆に増加している。なお，日本のような先進国では，途上国への依存度の高い資源輸入を特徴とする物質フローによって，社会インフラ整備と民間設備投資などで蓄積した資源ストックが常に大量に減価償却され，循環資源の大きな供給源となっている。

　第4に，途上国の不足・節約経済からスタートした循環経済づくりには，循環資源を吸収する従来ならではのメカニズムが強く機能している。一方，先進

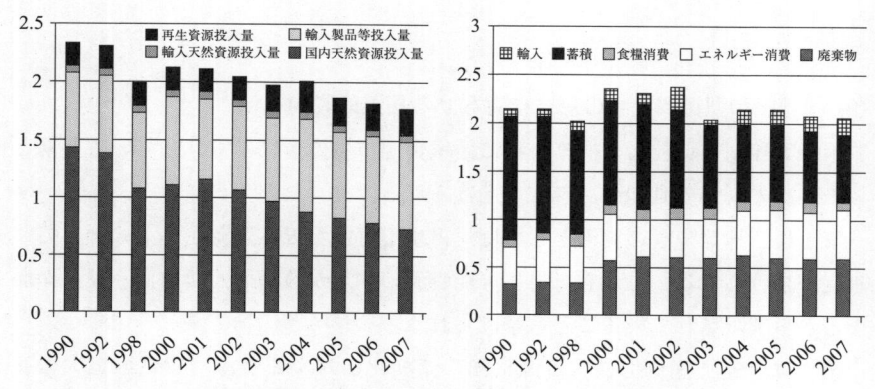

図 5-3 日本物質フロー収（左図）支（右図）推移（単位：10億 t）
資料：『環境白書』各年度。

国の過剰・浪費経済からスタートする循環経済づくりには，循環資源を排出するメカニズムが強く機能している。

第5に，天然資源の国際価格が長期的に高騰の傾向を示している。これも一因となって，循環資源の国際価格が長期的に高騰の傾向を示している。

上記の循環資源国際市場形成の背景には，次のようなメカニズムが機能している。第1に，図5-4の左側は，途上国と先進国の悪循環図[15]であるが，環境機（国際環境公共財の枯渇化）と貧困危機という国際悪循環の途上国と先進国の協働的再生産構造をも示している。これは，廃棄物の国際的大量発生のメカニズムの基礎となっている。

第2に，図5-4の右上と右下の両側は，それぞれ途上国と先進国の循環型経済構築の概念図であるが，第1の再生産構造の相違によって，循環資源の回収処理利用の機能が強化されればされるほど，循環資源に対しては先進国が過剰となるが，途上国が不足となることを示している。これは，循環資源の市場需給関係形成の一つの重要な直接要因となる。

第3に，図5-4の左中側は，途上国・先進国間における需給関係の形成か

---

15) 前掲（注13），参照。

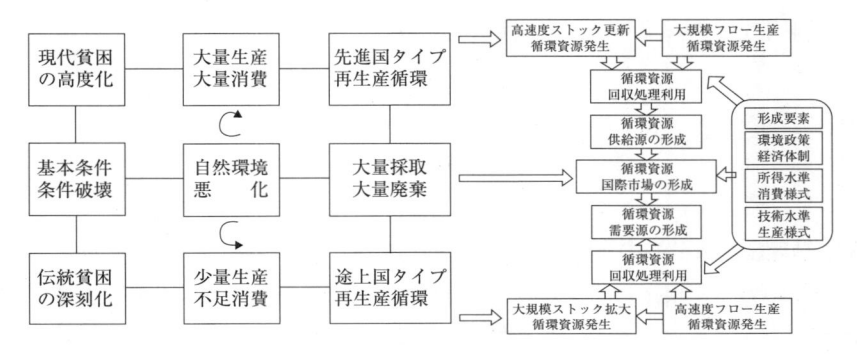

図 5-4　循環資源国際市場形成の概念図
資料：注 15，注 1 より作成．

らその国際市場の形成までの循環資源をめぐる循環型国際分業の展開過程には，経済社会体制にかかわる環境政策，消費様式にかかわる所得水準，生産様式にかかわる技術水準の格差が，基本的な「三大要因」として働いていることを示している。

　国際分業の要因論として，伝統的な国際貿易理論は，ミクロ経済学の一般均衡理論に基づいて，国と国との間の生産配置と貿易パターンの決定メカニズムを明らかにしようとしてきた。貿易利益の源泉は外生的に与えられている国と国との間の相違に求められる。それは比較生産費説（リカードモデル）であれば，二国間の生産技術の相違であり，ヘクシャー＝オリーンモデル（H＝O モデル）であれば，生産要素賦存比率の二国間での相違であった。ここで提起する循環型国際分業論のメカニズム論は，前述の「三大要因」を新たな分析軸に，リカードモデルと H＝O モデルの有効性，新国際分業の新しいメカニズムの理論化，環境関連国際分業に見られる新しいメカニズムの解明とモデル化を基本課題としている。価値連環の観点からは，循環型国際分業の第 1 部門国際分業と第 2 部門分業を再検討することは，学術的な意義があると思われるが，ここではそれを割愛している。そして，第 0 部門国際分業は，①環境基礎国際分業，②環境製品国際分業，③循環産業国際分業に三分類されているが，①と②のメカニズムについては，循環技術の国際移転に注目して，市場原理，準市場原理，非

市場原理などのパターンに分けて把握できると考えている。

第3節　循環型国際分業について

(1) 循環型国際分業の意味とその多元的構造

　以上の考察を根拠に，つぎのような国際地域の国際分業を見極める基本的視座が成立する。すなわち，ある国際地域を途上国（A国）と先進国（B国）に二分化すれば，循環社会の視点でみる調和型循環社会構築の構図は，当該地域社会の共生問題が図5-5（a）のように示される。すなわち，①当該地域の共有している自然生態系における固有性，多様性と共生原理に関する共通認識，②さらにこの共有自然生態系を共有生活基盤にした先進国型循環社会における人間・経済・自然の共生問題，③途上国型循環社会における人間・経済・自然の共生問題，④国際循環地域社会における各主体レベルの人間共生の問題，⑤各分野レベルの経済共生の問題，として展開・整理できる。

　本章の対象である循環型国際分業はこの国際経済共生システムに含まれるものである。その意味では，まず，循環型国際分業とは，循環社会の国際展開，或いは，国際的循環社会の形成の過程に伴って進んでいる循環型社会分業（産業）の国際展開の構図であるといえる。ここで循環型と呼ぶ理由は，おもに二つある。一つは，マクロ的に循環社会の視野，若しくは国際自然共生システム，国際人間共生システムとの関連性から，国際分業のあり方を見ることである。その内部構造は図5-5（b）に示される。もう一つは，ミクロ的にそのように見た国際分業の内部構造も，循環社会の全体構造とフラクタル（或いは，『入れ子』）の関係を持つシステムとして把握できる。例えば，第0部門の国際分業のそれは図5-5（c）のように展開できる。

(2) 循環型国際分業のマクロ的考察（形態分析1）

　循環型国際分業のマクロ次元での把握については，筆者がこれまで「雁行型

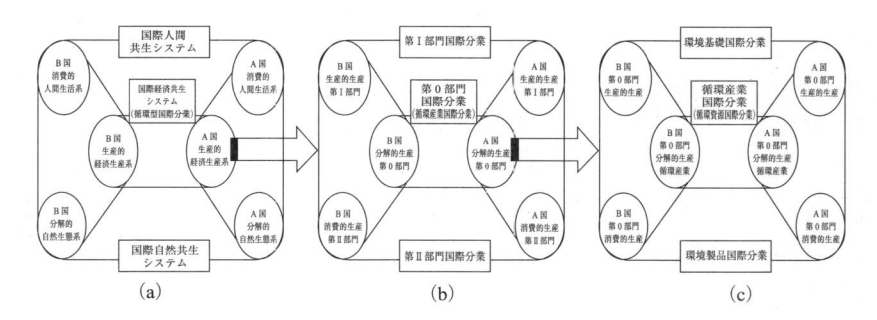

図 5-5 循環型国際分業における第0部門国際分業

資料：注1に加筆して，筆者作成。

産業発展モデル」の歴史的・理論的問題点を意識して取り組んできた「エコ型雁行産業発展モデル」という課題研究を通じて考察できる。その内容的な詳しい紹介は，別の機会に譲りたいと思うが，概略は次のとおりである。

すなわち，国民経済と国際経済の両次元で環境政策を進め，雁行型モデルに平和装置，均衡装置およびグリーン装置を据え付けて「エコ化」させることが，必要かつ可能であると考えられる。その現実性の裏付けが，循環型社会構築，環境産業の拡大などに基づく国際循環社会の形成であるが，そのメカニズムには「市場原理」，「非市場原理」と「準市場原理」が協働して機能すると考えている。

このような循環社会の国際展開の視点で捉えた循環型国際分業は，さらに次のような3つの次元から把握できる。つまり，その理論視座としては，ある国の経済は，従来の機械や，原材料などの生産手段を生産する生産的生産・第Ⅰ部門，耐久生活用品，非耐久生活用品などの消費手段を生産する消費的生産・第Ⅱ部門，さらに両部門の環境経営を投入・生産・産出の諸段階からサポートしながら，人間再生産過程の分解力（省エネ，一般廃棄物の資源化などの「エコ消費」能力）と自然再生産過程の分解力（省エネ，産業廃棄物の資源化などの「エコ経営」能力）を強める役割を果たす「分解手段」を生産する分解的生産・第0部門から構成されていると把握する視点である。

国際共生システムに内在している循環型国際分業は，まず第Ⅰ部門国際分業，

第Ⅱ部門国際分業と第0部門国際分業として把握することが出来る。経済学の領域においては国際分業の研究は第Ⅰ，Ⅱ部門を対象としている。環境経済学の領域においては，貿易と環境という視点から，この範囲の国際分業を考察している。第0部門国際分業の研究は未開発に近い領域である。循環型国際分業を国際生態補償の視点で検討するに当たっては，第Ⅰ，Ⅱ部門国際分業と環境問題，第0部門国際分業と環境問題が対象となる。3R (Reduce, Reuse, Recycle) を中心とする循環産業の国際分業は第0部門国際分業の柱となる。

　なお，このような視点から考察する国際分業論は，理論的妥当性を判断する第一の材料として，環境産業の市場規模がどの程度あるか，どのような勢いで伸びているかのデータを提供すべきである。すなわち，循環型社会分業が成立しているといえるほど静脈産業が成長しているか，循環型社会分業の国際展開の経路が存在しているかを確認しておく必要がある。

　まず，世界の環境産業の市場規模の拡大については，日本の『環境白書』平成12年度版に掲載されたJEMU (Joint Experimental Molecular Unit) の資料では，1992年には約2,100億ドル，1997年には2,800億ドルであったと推計し，2000年には約3,360億ドル，2010年には6,500億ドルまで急成長を遂げると試算している（図5-6の下位線）[16]。それに対して，アメリカのEnvironmental Business International社の推計資料では，世界の環境ビジネス市場実績の推移は，2008年に約7,820億ドルの規模となっており，1996年からの10年間で約1.6倍に成長したと推計され，2012年には9,480億ドルまで市場が拡大していくことが予想されている（中位線）[17]。さらに，国連環境計画 (UNEP) などの「グリーンジョブ報告書」では，世界の環境産業の市場規模は2020年には，2006年の約1.37兆ドルから2.74兆ドルに倍増するという試算が出されている（上位線）[18]。なお，世界環境市場の8割以上は，アメリカ，西ヨーロッパ，日本

---

16) 環境省『環境白書』（平成12年度版）。

17) 環境省『環境・循環型社会白書』（平成20年度版），原典：http://www.ebiresearch.com/

18) 環境省『環境白書・循環型社会白書・生物多様性白書』（平成22年度版），原典：

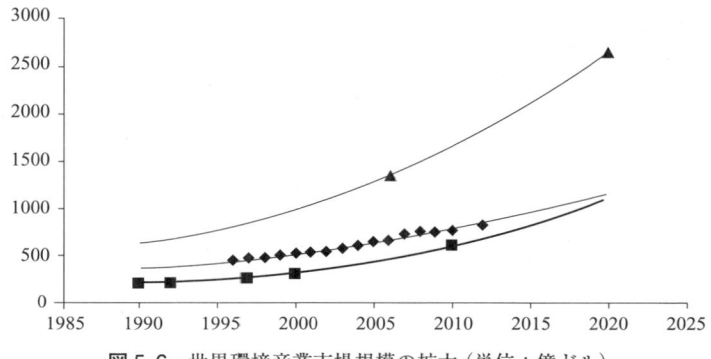

図 5-6 世界環境産業市場規模の拡大（単位：億ドル）
資料：注16，17，18より作成。

などの先進国地域によって占められており，途上国と先進国の格差は非常に大きいと言わざるを得ない。

環境省によれば，日本の環境産業の市場規模は，1997年には約24兆円，2000年には約41兆円，2008年には約75兆円となり，2009年12月に出された新成長戦略では，政策を総動員して2020年までに50兆円超の新規の環境関連市場の開拓を目指している[19]。韓国については，1995年以降，国内環境市場は年平均15％で成長したが，97年の金融危機以降，約8兆ウォンレベルに止まって成長が低迷していたが，2000年以降，再び高成長の軌道に乗り，2004年には11.8兆ウォン，さらに2008年には40兆ウォンに達している[20]。中国の環境産業の市場規模は，「中国環境保護工業協会」（現中国環境保護産業協会）が発足した時点（1984年）には28億元，1988年には38億元，1990年には400億元と急激な勢いで成長した。90年代に入ってからもその高成長が維持され，1997には522億元，2000年時点には1,080億元に達していた。2001

---

http://www.ilo.org/wcmsp5/groups/public/dgreports/dcomm/documents/publication/wcms_098503.pdf

19) 前掲（注16，注17，注18）。

20) 2000年までのデータはNEDO海外レポートNo. 924，2004年1月28日，それ以降は，末松顕成ソウル駐在員事務所「韓国の環境産業について」。
（http://www.ncbank.co.jp/asia_information/chuzaiin_news/pdf_files/seoul_201009.pdf）

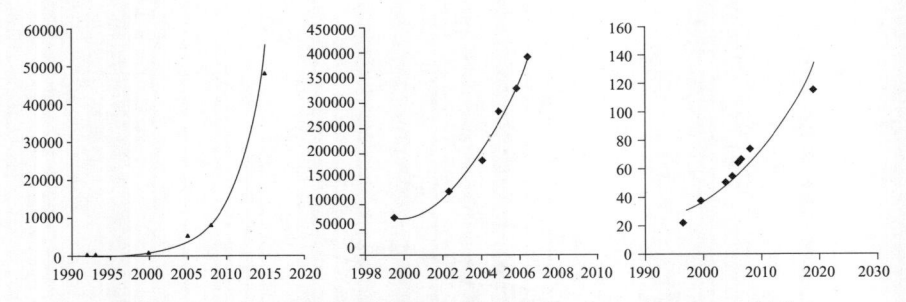

図 5-7 中韓日の環境産業市場規模の推移（単位：億元，億ウオン，兆円）
資料：韓国は注 20，日本は環境省『環境白書』，中国は筆者の整理により作成。

年から中国の環境産業はさらに加速的な高成長期を迎え，2005 年には約 5,000 億元，2008 年には約 8,000 億元に達している。第 12 回五ヵ年計画期においては環境保護事業への新規投資は 3 兆元以上となると計画されており，これによるその市場規模は 4.9 兆元に拡大するとも予測されている。

以上のように，環境産業の高成長傾向は，世界全体に関しても日中韓に関しても同様にみてとれる。しかし，経済規模に対する環境市場の相対的規模を見ると，三カ国間には大きな格差が存在する。

次に，環境産業の世界市場の拡大については，日本の環境装置の国際貿易の内訳を示す図 5-8 が参考になる[21]。これをみると，日本の環境装置は全体の 13.4％が輸出され，その輸出先は主に東アジア地域であり，韓国，中国，台湾，タイ，マレーシアが上位となっている。一方，環境装置の輸入は主に先進国から行われ，ドイツ，アメリカ，イギリス，フランス，ベルギーなどが上位国となっている。

韓国においては，環境産業を輸出戦略産業として育成しており，2012 年までに 8 兆ウォン（約 5,600 億円）の輸出目標が設定されている。国内環境産業企業の輸出額は 2003 年に 5,524 億ウォン，2005 年に 9,904 億ウォン，2007 年には 17,075 億ウォンと 4 年間で約 3 倍にまで成長し，地域別では，中国・東南

---

[21] 日本産業機械工業会常務理事・奥山正二「国際協力と環境ビジネス」『OECC 会報』58 号，2009 年 12 月。

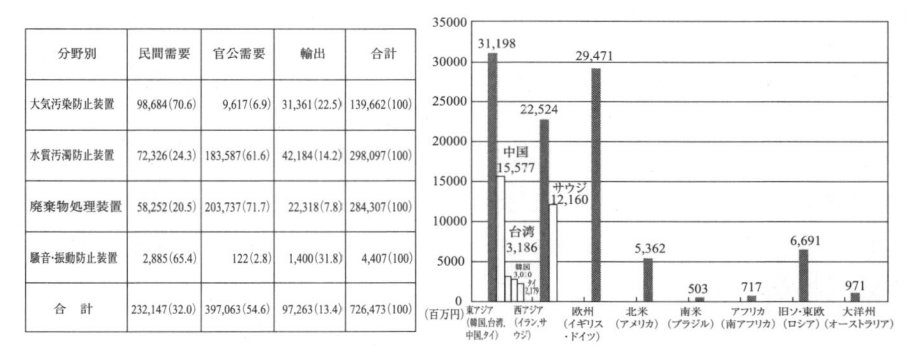

分野別	民間需要	官公需要	輸出	合計
大気汚染防止装置	98,684(70.6)	9,617(6.9)	31,361(22.5)	139,662(100)
水質汚濁防止装置	72,326(24.3)	183,587(61.6)	42,184(14.2)	298,097(100)
廃棄物処理装置	58,252(20.5)	203,737(71.7)	22,318(7.8)	284,307(100)
騒音・振動防止装置	2,885(65.4)	122(2.8)	1,400(31.8)	4,407(100)
合 計	232,147(32.0)	397,063(54.6)	97,263(13.4)	726,473(100)

図 5-8 日本の環境装置の輸出額と輸出先（2008 年，単位：百万円）
資料：注 21, および 2008 年度（社）日本産業機械工業会調査。

アジア・中東地域に環境プラント・設備を，ヨーロッパ・日本などの先進国に環境製品・機材・資材を主に輸出している[22]。

以上の考察は，循環型社会分業が先進国と途上国ともに相当の規模となり，尚且つ経済成長よりはるかに速いスピードで進んでいることを示している。加えて，循環型社会分業は環境ビジネスをひとつの重要なルートとして国際的に展開されており，循環型国際分業の概念が確実に成立していることが実証されている。

(3) 循環型国際分業におけるフラグメンテーション（形態分析 2）

途上国と先進国が混在する北東アジアのような地域における動脈産業を視野に入れた国際分業に関するミクロ理論の発展過程においては[23]，国境を越える企業内と企業間の二次元の視点から見るフラグメンテーション論，アグロメレーション（産業集積）論が先端的なものとして注目される。

静脈産業にまで拡大して展開した循環型国際分業論においては，この二つ

---

22) 前掲（注 20）。
23) 本多光雄「東アジアの国際分業・産業集積に関する一考察―新国際分業への模索―」（日本大学経済学部『経済科学研究所紀要』第 36 号，2006 年，所収，195～204 ページ），参照。

の形態がどうなっているかを，前述した第0，Ⅰ，Ⅱ部門についてそれぞれ確認することが課題となる。例えば，第Ⅰ部門（特に素材産業）の循環型国際分業におけるアグロメレーションについての考察は，製鉄産業（例えば新日鐵）の中国，韓国，インドなどにおける事業展開と業界内での環境協力の展開から考察することできると考えられる。なお，第0部門（特にリサイクル産業）の考察は，リサイクル設備と循環資源の国際移動によって繋がっている環境産業集積地（日本ではエコタウン，中国では生態工業園区など）から考察できる。それゆえ，ここでは，第Ⅱ部門（特に電気機器産業）を対象に，循環型国際分業のフラグメンテーションについて検討したいと思う。

　フラグメンテーションとは，もともと一カ所で行われていた生産活動（工程）を複数の生産ブロックに分解し，それぞれの活動に適した立地条件のところに分散させることである[24]。この生産工程をブロック化して分散立地する生産方法が最終財の完成を外国で行うところまで拡大されれば，この産業の最終財と中間財の国際貿易規模が拡大すると同時に，A国（先進国）とB国（途上国）の間では，中間財輸出入と最終財の逆輸出入が行われる。ここでは，これを，B国で組み立てが行われる「＋フラグメンテーション」と呼ぶことにする。ところが，この動脈循環に対して静脈循環では，排出・廃棄された中古最終財，或いは中古部品がA国からB国へ輸出されて，B国で分解的な処理（リサイクル・適正処理）が行われる。ここでは，これを「－フラグメンテーション」と呼ぶ。つまり，動脈産業の国際直接投資に伴う循環型国際分業，あるいは先進国の動脈産業発の循環型国際分業は，「一般産業・直接投資型」として，先進国・本社（生産要素の社内での国際移動）⇔途上国・支社（生産要素の現地での国際移動）⇒途上国（生産活動）⇒生産物の国際的販売＋廃棄物の国際的発生⇒廃棄物の不法廃棄＋廃棄物の適正処理というプロセスに整理できる。

　一般的に消費財製造業の国際分業には，フラグメンテーションがよく見られるが，半導体関係を中心とする電子機器・機械産業，とくに家電産業と自動

---

[24] 木村福成「国際貿易理論の新たな潮流と東アジア」（『開発金融研究所報』第14号，2003年1月，所収，107～116ページ）。

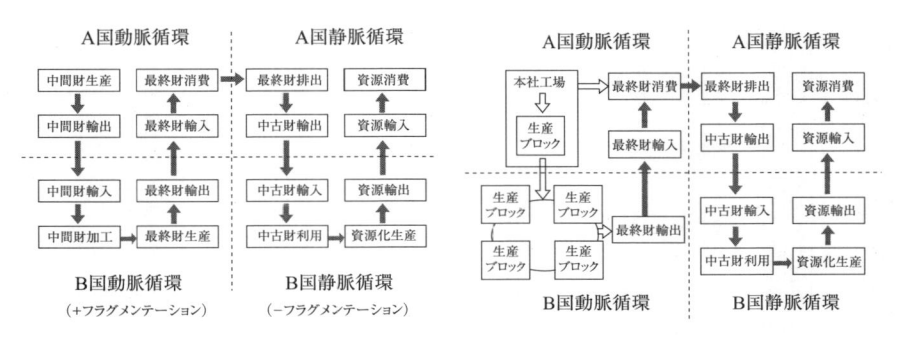

図 5-9　循環型フラグメンテーションの単純概念図と企業レベルの基本型
資料：注1より作成。

車産業はその典型的な例となる。例えば，エアコンの逆フラグメンテーションについては，家電リサイクル協会資料によれば，日本においては，循環資源として静脈産業に流入した廃棄エアコンが年間約237万台分あるが，そのうち，海外に輸出されているのは177万台分となる。

一フラグメンテーションが拡大する要因としては，主に次の3点が取り上げられる。すなわち，1つは，途上国では先進国，特に日本の機械，電子機器などの半耐久消費財の品質が高く評価されていること。2つは，先進国では半耐久消費財の生産・消費の更新，すなわち製品のライフサイクルの周期が短く，廃棄・排出の段階では使用価値が高く評価される。3つは，途上国への輸出価格が途上国の評価より低く，先進国の評価より高いことである。

図5-10に示されているのは，循環型フラグメンテーションの進化型であるが，富士ゼロックスの事業展開システムなどはその原型となる。

進化型①では，循環型フラグメンテーションは，基本型より一歩進んで，本社（本業界）が自主的に自国で製品の消費過程にリンクして回収，再利用，リサイクルなどから構成される自己再生型の「循環資源システム」を整備することである。富士ゼロックスの場合では，図5-10に示されているように，コピー機やカートリッジなどを回収した後，工場に持ち帰り，部品レベルまでの分解と洗浄，検査を行っている。まだ使えると判断された部品は，新品の部品と同じ製造ラインに載せられて，新しいコピー機の製造に使われる。再利用で

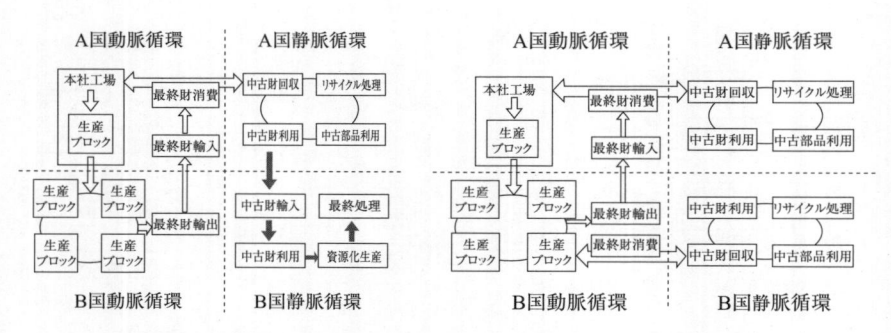

図 5-10 循環型フラグメンテーションの進化型（左図①，右図②）

資料：注1より作成。

きない部品については，資源に戻すなど徹底的にリサイクルをして，埋め立てのない「廃棄ゼロ」を目指している。1990年代初期からこのような取り組みが開始され，2000年には日本国内では「廃棄ゼロ」の仕組みができあがった。上述した電気機器業界と自動車業界の場合も，業界全体として同様な「循環資源システム」型に整備されていると同時に，その循環システムも海外へ拡張している。

　進化型②では，循環型フラグメンテーションは，進化型①と比較して，本社（本業界）の海外事業も自主的に現地国で自社製品の消費過程にリンクして回収，再利用，リサイクルなどを行う自己再生型の「循環資源システム」を整備することを意味している。たとえば，富士ゼロックスは，2004年から海外でも事業領域にしているアジア・パシフィック地域の国と地域で，タイにあるリサイクル工場に使用済みのコピー機とカートリッジを集めてリサイクルを行っている。2008年1月には，中国においても資源循環システムが稼動を開始した。中国全土から使用済み商品やカートリッジを，蘇州に設立したリサイクル拠点「富士ゼロックス・エコマニュファクチャリング（蘇州）」に回収し，約64カテゴリーに徹底的に分解・分別している。これは，高い信頼性を持つリサイクルパートナーのもとで実施されている。また，回収したカートリッジは，アジア・パシフィック地域と同様に部品リユースおよび再資源化している。

おわりに

　北東アジアをはじめとした国際地域経済研究にとって，以上の考察から示唆される課題は多い。

　まず，国際的には，環境問題を背景に社会分業が循環型社会分業へと拡張していると同時に，国際循環型社会が構築され，形成されつつある。この傾向を背景に，動脈産業と静脈産業の国際展開を内包する循環型国際分業が多層的に展開している。本章で提起しているこの新しい国際分業の形態論的整理と要因論的分析の枠組みに沿って，環境産業の各分野，特に静脈産業と循環資源をめぐる国際貿易と直接投資のデータ処理と事例調査に基づいた実証分析が，これからの優先的な研究作業となる。

　次に，従来の国際分業と環境問題についての問いと同様に，循環型国際分業に係わる環境問題も，一括して循環型国際分業の「外部不経済」で理論化することが可能であるが，国際環境政策の策定基準を検出するために，循環型国際分業の価値連環を解明する必要がある。

　つまり，一般的に循環社会における物質要素は，価値評価の特性から次の4つに大別できる。第1類型（自然財＝自然消費財＋自然生産財）は，市場経済においてプラス価値評価もマイナス価値評価もされていないが，価値評価システムを変えれば，評価できる価値がこの自然財には潜在している。第2類型（市場財＝消費財＋生産財）は，潜在的な価値（外部性，或いは公共性）があるというよりも，むしろ市場においてプラス評価されるのである。第3類型（最終廃棄物＝一般廃棄物と産業廃棄物）は，潜在的な価値（外部性，或いは公共性）があるというよりも，むしろ最終処理となったから構成され，市場ではマイナス評価されている。第4類型は，本研究のキーワードでもあり，循環資源と呼ばれ，潜在的な価値（外部性，或いは公共性）があるというよりもむしろ3Rの対象となる一般廃棄物と産業廃棄物から構成され，市場ではプラス評価されている。つまり，よく指摘されるように循環資源は，顕在的，潜在的にはプラス価値を

持ちながら，潜在的にはマイナス価値を持っている。

　なお，このような循環経路×価値評価は，空間的（地域的），時間的（歴史的）に政策的相対性，技術的相対性，消費水準相対性などを持っている。特にその空間的な相対性は，循環型国際分業形成の源であると考えられている。この相対性に基づいて，国際的に流れている循環物質の価値が変化していくことは国際分業の価値連鎖と言われている。しかし，循環型国際分業の場合は，この価値連鎖が環となるので価値連環と言ったほうが良いかもしれないが，それよりは，この連鎖が潜在的側面と顕在的側面を持っていることのほうがむしろ重要視されるべきである。

　また，この循環価値連環に従来の付加価値基準の国際分業率の概念を導入すれば，価値創造過程とその価値の国際分配を反映する付加価値基準の循環型国際分業率，損失費用発生過程とその費用の国際分配を反映する逆付加価値の循環型国際分業率の概念を導き出すことができる。こうして明らかにされる価値連環を根拠に，本研究のもうひとつのキーワードである「国際生態補償原理」が[25]，循環型国際分業の展開に如何に機能するかを解明することは重要な課題となる。

　最後に，「国際生態補償」の基本原理は，新古典派の主張を超えて，「共同だが差異ある責任」を強調する補償原則と持続性，公平性，効率性を強調する補償基準からなるのであるが，循環型国際分業に応用する際には，第1節で述べた「国際生態系→国際生態系サービス→国際地域共通価値→地球環境問題」という問題整理に基づいて，循環型国際分業に伴う外部性の空間的広がり，つまり価値連環を確認して，共同責任と差異責任をそれぞれの次元で明確にすることが基本作業となろう。つまり，循環型国際分業の物質循環の方向性に沿って価値連環から主体間の利益関係を整理することが重要な鍵となる。

---

[25] 龍世祥「国際生態補償について―基本概念と基本課題の整理を中心に―」（『富大経済論集』第55巻第2号，2009年11月，所収，115〜143ページ），参照。

第6章
アジアにおける通貨金融連携とバスケット通貨制への展望

吉田真広

はじめに

　アジアが世界経済の中心的牽引地域となって20年になろうとしている。この間，1997年のアジア金融危機において一時的後退がみられたが，その後は「東アジアの奇跡」を主導してきたNIES諸国だけではなく，中国やASEAN諸国もその役割を担うこととなった。そして，その傾向は中国の著しい成長によって加速しつつある。アジア（以下では特に断らない限り，北東および東南アジアを指す）における通貨金融連携・協力は，この地域におけるこうした経緯と結びついている。

　アジアにおける通貨金融連携はもう1つの意義をもちつつある。それは，世界経済における米国の経済的地位の相対的低下と，これを背景とした米ドル体制依存への懸念への対処としての側面である。とりわけ，サブプライムローン問題の顕在化とその後の世界的金融危機は，アジアのみならず世界の様々な国と地域において，ドル体制への信頼性を低下させ，長期的な視点から各域内通貨構想の醸成を後押ししている。

　つまり，アジアでは中国を始め世界市場における成長センターというべき状

況が一層加速しており，各国間の相互関係が強まっているだけでなく，ドル体制への過度な依存体制からの脱却という要因が存在する点からみれば，通貨金融連携が進められる可能性も小さくないとも言える。本章では，特に東アジア地域における経済発展と地域の経済連携を背景とした通貨金融協力の要因を分析し，域内バスケット通貨および共通通貨の可能性を検討する[1]。

そこで以下の順序で考察していく。始めにアジアにおける通貨金融連携・協力をもたらした経済的要因と経緯を概括し，その経緯からこれまでの通貨金融連携が共通通貨形成に直結しない理由を整理する。次に通貨金融連携を支える最も基礎的要因としてのアジア経済の発展と経済的相互依存関係の高まりを貿易と直接投資関係について整理し，それでもなお小さくない経済格差が存在することを確認する。次に国際決済における米ドルの媒介通貨と準備通貨の現状をみる。最後に ECU の導出過程を参考にしてアジアにおけるバスケット通貨導入の可能性と課題を検討する。

第1節 アジア通貨金融連携の成立経緯とその後の展開

アジア地域における通貨金融協力の最初の構想は，1997年のアジア金融危機を契機として提唱されたアジア通貨基金（Asian Monetary Fund＝AMF）である。これは，国際収支不均衡に対処するための機関として，いわばアジア版の国際通貨基金（International Monetary Fund＝IMF）の創設を意図していた。しかし，この構想は，国際通貨ドルが IMF を制度として組み込んだ体制において機能していることから，ドルの国際通貨としての地位への影響を懸念した米国

---

[1] 周知のように，アジアには第二次大戦やそれ以前の歴史的経緯に関する問題や歴史解釈の相違，各国における様々な政治的思惑も存在する。そのため，域内の通貨金融連携が必ずしも経済的理由のみから一直線に推進されるわけではない。域内の通貨金融連携の実現には，こうした問題の存在が大きな影響を与えることは確かであるが，ここでの検討範囲を超えている。

の強い反対によって，現実化されることはなかった。

　この地域において最初に現実化された通貨金融協力は，2000年5月にタイのチェンマイで開かれたアセアン（Association of Southeast Asian Nations＝ASEAN）10ヶ国＋日中韓（＋3）の財務相会議において，通貨危機防止と金融安定化をめざすことで合意したチェンマイ・イニシアチブ（Chiang Mai Initiative＝CMI）である。具体的には，2国間通貨交換協定による国際収支危機に起因する金融システム不安の再発防止や，アジア債券市場の整備などによる域内通貨金融協力を内容としている。これは，米国による強い反対があったアジア通貨基金のような国際機関設立構想の頓挫を教訓として，「基金」とは異なる形でアジアにおける通貨金融協力体制の構築をめざすものであった。

　アジア債券市場整備は，域内の豊富な貯蓄が存在していることを背景に，アジア金融危機における域外からの短期資金調達という不安定性を解消することを目的としている。その後，2007年5月，京都で開催されたASEAN＋3財務省会議では，2国間通貨交換協定の「マルチ化」を行うことで合意した。これは現実化されなかったAMF構想の方向性に回帰するものである。

　CMIに基づく通貨金融連携は，地域共同体構築への指向や貿易協定の締結に向けた動きによっても後押しされている。つまり，域内における一層の経済連携を実現するための手段として通貨金融連携が位置付けられている側面もある。2005年に開催された東アジア首脳会議（East Asian Summit＝EAS）における東アジア共同体（East Asian Community＝EAC）の推進に関する意思確認，経済連携協定（Economic Partnership Agreement＝EPA）や自由貿易協定（Free Trade Agreement＝FTA）などの自由貿易圏構築に向けた動きなどである。これらは基本的に自由貿易体制の推進を指向する協定である。

　ただし，自由貿易推進のための経済連携はアジア域内にとどまらない。米国も含むアジア太平洋経済協力会議（Asia-Pacific Economic Cooperation＝APEC）を議論の場として，環太平洋戦略的経済連携協定（Trans-Pacific Partnership＝TPP）の拡大やアジア太平洋自由貿易圏（Free Trade Area of Asia-Pacific ＝ FTAAP）の形成などが進められている。つまり，域内自由貿易の推進と域内通貨金融連携は

相互促進的であるとはいえ，自由貿易強化は域内を越えて進められている。したがって，特定の自由貿易協定が域内通貨金融連携を進めるというよりは，全体としての自由貿易指向の高まりの中で域内のそれを一層推進する装置として域内通貨金融連携が進められているといえよう[2]。

2国間通貨交換協定については，域内における共通通貨構想への方向とはやや異なるベクトルも含まれている。すなわち中国の人民元の国際化という方向性である[3]。通貨交換協定の一方を人民元とする協定締結は，とりわけ米国発の国際金融危機以降，大きく増大した。人民元との通貨交換協定は，域内金融危機への対処というよりは，国際通貨ドル体制への不安も含め，中国が長期戦略的に進めつつある人民元の国際化の動きに対応するものでもある。具体的には，2007年5月にASEAN10カ国と日本，中国，韓国の財務相が地域的な外貨準備の通貨バスケットシステムについての話し合いで合意に達し，人民元を当該地域の最重要通貨の一つとすることを確認した。また，その後もASEAN＋3の国々及びその他の通貨交換協定締結国については，人民元を国際決済に積極的に使用していくという方向性を明確にした[4]。

ただし，人民元の国際化は上海の国際金融市場としての整備も含め，中国政

---

2) 通貨金融連携が自由貿易圏を推進するための手段として，また自由貿易圏形成の進行度合いが通貨金融連携のための条件整備の一尺度として，相互関連的に位置付けられることが少なくない。しかし，無条件に自由貿易圏構想のために通貨金融連携を構築すべき，という考え方には疑問がある。言うまでもなく，資本主義経済は資本が価値増殖を図るシステムであって，人の生活や仕事が相互扶助的に保障されているわけではない。とりわけ，農産物は天候に左右される不安定生産物であるだけでなく，人の生命維持に不可欠な商品であるからこそ資本主義経済システムの中では投機の対象にもなりやすく，また国家が戦略的に利用可能な商品でもあり，本来，自由貿易の対象には馴染まない。その他の商品についても，程度の差はあれ，同種の問題は存在する。自由貿易（＝輸出側の自由＝比較優位産業・企業の利潤追求の自由）が無条件に人の生活にプラスになるわけではない以上，自由貿易圏構築には必要な一定枠を填めておくべきであると考える。
3) 石田謙は，中国の人民元の消滅に抵抗感があるであろうことを指摘している（石田謙「中国の国際通貨戦略」『国際金融』1211号，2010年4月）。
4) 拙稿「人民元の国際化と中国の国際金融市場整備」（福井県立大学編『東アジアと地域経済2010』京都大学学術出版会，2010年，所収）。

府によって戦略的に進められているとはいえ，それがどのような形に結果するのか不明確な点も少なくない。東アジア地域が中国を中心として引き続き極めて高い成長性を維持していくことは間違いないが，それを背景として中国が人民元をどのようにしてどこまで国際化するのか判断し難い面もある。

　本来，CMIはアジア金融危機を経て，こうした金融危機に対処するための域内金融協力である。この本来の方向性に沿って進められているのは，ASEAN＋3の共同基金形成の動きである。2009年2月に開かれたASEAN＋3特別財務相会議において，設立準備を進めている地域的外貨準備基金の規模を800億ドルから1200億ドルに増額することで合意した。さらに，2009年5月，インドネシアで開催された日，中，韓3国の財務相会議では，共同管理の地域的外貨準備基金への出資比率について合意に達し，これに基づいて，日本は基金の32％に相当する384億ドル，中国も32％の384億ドル，韓国は16％の192億ドルをそれぞれ出資することになった。金融危機が生じた場合，流動性の困難に陥った加盟国メンバーは基金から資金を借り入れることができる。2008年末の日中韓による計600億ドルの通貨交換協定を加えると，金融協力の規模はすでに1800億ドルの水準に達した。

第2節　東アジア地域における通貨金融連携をもたらした要因とその構造

　東アジアにおける通貨金融連携を生み出した要因を整理すれば，基本的に以下の2つが挙げられる。1つはアジア金融危機を契機とした域内通貨金融協力の試みである。アジア金融危機は，この地域における急速な経済膨張の歪みが主に国際部面に現れたものであって，それは国際収支上の経常取引と資本取引両側面において表面化した。すなわち，経済膨張による内需の拡大が経常収支を悪化させ，これを日本や米国など主に先進国からの短期的資金を含む資本流

入によって支える,という国際収支構造の歪みが顕在化したのである[5]。歪みをもたらしたのは,基本的にはアジアにおける経済と金融の膨張である。しかし,金融危機がドル体制下の通貨金融構造において現れたため,その後の危機回避のための改革は,米ドル依存に基づく流動性リスクを軽減するための通貨スワップ,域内独自の資本市場の構築など,通貨金融構造の米ドル体制依存からの脱却という方向において,模索されることとなった。この方向性に沿って最初に現実化された域内連携が CMI である。

アジアにおける通貨金融連携を後押しするもう1つの要因は,危機への対応ではなく,むしろ域内の国々の経済成長の側面であり,それによる域内各国間の経済関係の緊密化を基礎としている[6]。アジアにおける域内経済関係の相互依存の深化は,域内バスケット通貨および共通通貨形成の構想へと結びつくことになった。ただし,域内バスケット通貨および共通通貨形成への模索は,世界市場における米国経済の停滞およびそれと結びついて生じた米ドルの国際通貨としての信認への揺らぎへの対応という意味合いも有している。サブプライム問題に端を発した世界的金融危機はこの傾向を加速させた。これをもたらした基本原因は,米国が国際通貨国特権を行使し続けるという構造において世界市場に過剰な貨幣資本を供給していることにある[7]。もちろん,アジアの急激な経済・金融膨張も過剰ドル現象をもたらす原因の一端を担った。

東アジアにおける通貨金融連携の契機となった2要因(金融危機への対応と備えおよび経済の成長と相互関係の高まり)とも,ドル体制への信頼性低下と過度な依存への反省という側面が含まれているため,これまでの通貨スワップ,域内独自の資本市場といった通貨金融連携が共通バスケット通貨や共通通貨と

---

5) 拙稿「資本蓄積と資本輸出―アジア金融危機との関連で―」福井県立大学『経済経営研究』7号,2001年1月。

6) ただし,東アジアの経済成長という構造は共通しているが,世界経済の牽引となっている国と地域は,アジア NIES から中国,ASEAN に移り,将来的にはインドも加わることが確実であり,必ずしも特定国において継続して担われているわけではない。

7) 拙稿「国際通貨ドルの価値と過剰」(秋山誠一・吉田真広編『ドル体制とグローバリゼーション』駿河台出版,2008年,所収)。

いった今後の構想へと結びつけられることになったといえる。ただし，CMI成立以降，前者の要因に基づく域内通貨金融連携は，ある程度進展しているものの，これを土台として後者への模索が具体化されているわけではない。それは，上記の2つの要因が元々直結しているものではないためである。

　すなわち，第一に，前者は東アジア地域における急激な経済膨張による歪みに対処するための域内連携であるのに対して，後者はアジアの経済成長とそれに基づく域内の経済的連携の強まりを背景にその一層の強化を目的としている。第二に，前者は一時的循環的な側面が強く，それに対応するための措置であるのに対して，後者は長期的構造的な側面が強く，その構造をより強化するための措置である。第三に，前者はアジア金融危機後の事後的対処としての域内連携であるのに対して，後者は経済の一層の発展を実現するための措置という側面をもつという点である。

　こうした点において，同じく通貨金融連携であっても前者と後者にはズレがある。危機対応的・一時的内容がそのまま発展促進的・構造的内容に直結するわけではないことは明らかであろう。例えば，通貨スワップは危機時に必要な為替介入のための連携であり，必ずしも域内通貨連携による経済発展には直結しない[8]。ともあれ，域内バスケット通貨や共通通貨構想自体は，域内経済成長と相互取引関係の一層の緊密化を前提として初めて進められる。域内における各国間の密接な経済関係は共通通貨を成立させるための最も基本的な条件であり，導入への動機でもある。そこで，次に現時点において域内の経済連携がどの程度進んでいるのかを概観しておこう。

---

[8] この好例がユーロ加盟後のギリシャ危機である。安定的な経済成長構造の形成を意図した共通通貨ユーロへの加盟は，危機時における介入による為替相場調整という危機回避手段の喪失と表裏であり，両者は両立していない。

第3節　ASEAN＋3域内における相互経済関係の強まり

(1) 貿易における相互依存関係

　全体として，ASEAN＋3域内における輸出・輸入関係は一層緊密化する傾向にある（表6-1，表6-2）。まず日本については，中国との貿易比率が次第に高くなっており，輸出入とも20％近い。韓国との輸入比率は低下しているが，輸出については上昇している。ASEANとの貿易では輸出入とも絶対額において増大傾向であるが，比率はあまり大きく変化しておらず，概ね13～15％程度で推移している。ただし，域内全体として，ASEANと中国及び韓国を合わせた比率は，輸出入とも40％を超えるまでに上昇している。2000年の数値と比べると，10年間で輸出については13ポイント以上，輸入についても5ポイント以上の上昇となっている。対照的に，同期間の対米貿易と対欧州連合（European Union＝EU）貿易は輸出入比率とも低下している。対米輸出については2009年，対中国を下回り，10年間で13ポイント以上，対米輸入は8ポイント以上低下した。数値の上では，ちょうど対米貿易が対ASEAN＋3の域内貿易に振り替わった形となっている。

　中国の貿易では，絶対額において日本，韓国，ASEANとの貿易は輸出入とも大きく増大している。しかし，貿易比率において，韓国，ASEANとの輸出入はあまり大きな上昇はみられず，日本との貿易比率は低下している。そのため，ASEAN＋3の域内貿易比率は，対日本の低下分が反映して低下している。対米貿易比率も対日本ほどではないけれども，輸出入とも低下している。

　韓国においては，域内貿易比率は上昇している。10年間で対米貿易比率がほぼ半減したのと対照的に，対中国輸出では10.7％から26.2％へ，輸入では8％から16.9％へと共に倍以上増大している。対ASEANについても，輸出入ともほぼ11％の比率を維持している。また，韓国の貿易では，対ASEAN＋3域内貿易比率は日本以上に高い。これに対して，日本との貿易では輸出入とも大きく比率を低下させている。

第 6 章　アジアにおける通貨金融連携とバスケット通貨制への展望　153

表 6-1　日本、中国、韓国、ASEAN における相手国別の輸出入額推移（100万ドル）

		日本			中国			韓国			ASEAN			ASEAN＋3		
		輸出	輸入	収支	輸出	輸入	収支	輸出	輸入	収支	輸出	輸入	収支	輸出	輸入	収支
対世界	2000	478,542	379,624	98,918	249,223	225,175	24,048	172,692	160,482	12,210	426,785	369,001	57,784	1,327,242	1,134,282	192,960
	2005	598,215	518,638	79,577	762,648	660,224	102,424	285,484	261,238	24,246	653,230	582,018	70,312	2,296,500	2,019,603	276,897
	2009	581,580	551,862	29,718	1,203,420	1,003,910	199,510	355,724	349,445	6,279	835,631	798,946	36,685	2,976,355	2,704,163	272,192
対日本	2000	/	/	/	41,654	41,520	134	20,135	31,828	−11,362	57,363	70,409	−13,045	119,484	143,757	−24,273
	2005	/	/	/	84,097	100,468	−16,370	24,027	48,403	−24,376	72,618	81,293	−8,675	180,743	230,165	−49,422
	2009	/	/	/	98,045	130,928	−32,883	19,987	51,961	−31,974	78,461	85,374	−6,914	196,493	268,263	−71,770
対中国	2000	30,356	55,156	−24,800			/	18,455	12,799	5,656	16,378	18,653	−2,276	65,188	86,608	−21,419
	2005	80,340	109,105	−28,765			/	61,915	38,648	23,266	52,603	76,778	−8,594	194,523	208,284	−13,762
	2009	109,632	122,536	−12,904			/	93,183	59,003	34,181	96,130	109,948	−13,818	298,945	291,487	7,458
対韓国	2000	30,703	20,454	10,279	11,293	23,208	−11,915	/	/	/	15,687	17,657	−1,970	57,683	61,318	3,636
	2005	46,880	24,536	22,344	35,117	76,874	−41,757	/	/	/	24,946	27,315	−2,370	106,740	128,587	−21,847
	2009	47,237	21,986	25,251	53,638	102,501	−48,862	/	/	/	32,833	41,122	−8,288	133,709	165,609	−31,899
対ASEAN	2000	68,512	59,546	8,965	17,341	22,181	−4,839	20,135	18,174	1,962	101,470	90,221	11,248	207,458	190,121	17,336
	2005	76,073	73,076	2,998	55,479	75,017	−9,538	27,432	26,063	1,368	165,458	141,888	23,570	324,456	315,545	8,911
	2009	80,463	77,875	2,588	106,389	106,322	67	41,104	37,926	3,178	204,257	213,605	−9,348	432,213	435,728	−3,515
対ASEAN＋3	2000	129,570	135,155	−5,585	70,288	86,909	−16,621	59,056	62,800	−3,745	190,898	196,940	−6,042	449,812	481,804	−31,992
	2005	202,770	205,413	−2,644	174,693	252,359	−77,666	113,374	113,115	259	315,625	311,694	3,931	806,462	882,581	−76,119
	2009	237,332	222,397	14,935	258,073	339,751	−81,678	154,274	148,889	5,385	411,681	450,049	−38,368	1,061,360	1,161,087	−99,726
対米国	2000	144,009	72,514	71,495	52,162	22,376	29,786	37,806	29,286	8,520	80,955	51,610	29,346	314,932	175,786	139,146
	2005	134,889	64,497	70,391	163,348	48,995	114,354	41,500	30,788	10,712	93,971	60,956	33,015	434,821	206,185	228,636
	2009	95,343	60,487	34,857	221,384	77,772	143,612	36,858	31,504	5,354	87,238	66,075	21,163	440,823	235,838	204,985
対EU	2000	80,611	47,712	32,899	41,056	30,874	10,209	24,893	16,209	8,685	63,952	40,896	23,056	210,513	135,664	74,848
	2005	88,036	59,066	28,970	145,664	73,942	71,722	44,354	27,415	16,939	83,146	60,223	22,923	360,201	220,526	139,675
	2009	72,404	59,101	13,303	236,511	127,908	108,603	40,546	33,123	7,424	93,083	80,224	12,860	442,545	300,356	142,190

注：ASEAN　インドネシア、シンガポール、タイ、フィリピン、マレーシア、ベトナム、ブルネイ、ラオス、ミャンマー、カンボジア。
EU　ベルギー、デンマーク、フランス、ドイツ、ギリシャ、アイルランド、イタリア、ルクセンブルグ、オランダ、ポルトガル、スペイン、英国、オーストリア、フィンランド、スウェーデン、キプロス、チェコ、エストニア、ハンガリー、ラトビア、リトアニア、マルタ、ポーランド、スロベニア、スロバキア、ブルガリア、ルーマニア。
EU は 2007 年以降は 27 カ国、それ以前は 25 カ国。
資料：JETRO ホームページより作成。原資料は IMF, *Direction of Trade Statistics*, July 2010.

表6-2 日本,中国,韓国,ASEANにおける輸出入相手国の世界貿易に占める割合の推移(%)

		日本 輸出	日本 輸入	中国 輸出	中国 輸入	韓国 輸出	韓国 輸入	ASEAN 輸出	ASEAN 輸入	ASEAN+3 輸出	ASEAN+3 輸入
対世界	2000	100	100	100	100	100	100	100	100	100	100
	2005	100	100	100	100	100	100	100	100	100	100
	2009	100	100	100	100	100	100	100	100	100	100
対日本	2000			16.7	18.4	11.7	19.8	13.4	19.1	9.0	12.7
	2005			11.0	15.2	8.4	18.5	11.1	14.0	7.8	11.4
	2009			8.1	13.0	5.6	14.9	9.4	10.7	6.6	9.9
対中国	2000	6.3	14.5			10.7	8.0	3.8	5.1	4.9	7.6
	2005	13.4	21.0			21.7	14.8	8.1	13.2	8.5	10.3
	2009	18.9	22.2			26.2	16.9	11.5	13.8	10.0	10.8
対韓国	2000	6.4	5.4	4.5	10.3			3.7	4.8	4.3	5.4
	2005	7.8	4.7	4.6	11.6			3.8	4.7	4.6	6.4
	2009	8.1	4.0	4.5	10.2			3.9	5.1	4.5	6.1
対ASEAN	2000	14.3	15.7	7.0	9.9	11.7	11.3	23.8	24.5	15.6	16.8
	2005	12.7	14.1	7.3	11.4	9.6	10.0	25.3	24.4	14.1	15.6
	2009	13.8	14.1	8.8	10.6	11.6	10.9	24.4	26.7	14.5	16.1
対ASEAN+3	2000	27.1	35.6	28.2	38.6	34.2	39.1	44.7	53.4	33.9	42.5
	2005	33.9	39.6	22.9	38.2	39.7	43.3	48.3	53.6	35.1	43.7
	2009	40.8	40.3	21.4	33.8	43.4	42.6	49.3	56.3	35.7	42.9
対米国	2000	30.1	19.1	20.9	9.9	21.9	18.2	19.0	14.0	23.7	15.5
	2005	22.6	12.4	21.4	7.4	14.5	11.8	14.4	10.5	18.9	10.2
	2009	16.4	11.0	18.4	7.7	10.4	9.0	10.4	8.3	14.8	8.7
対EU	2000	16.8	12.6	16.5	13.7	14.4	10.1	15.0	11.1	15.9	12.0
	2005	14.7	11.4	19.0	11.2	15.5	10.5	12.7	10.3	15.7	10.9
	2009	12.4	10.7	19.7	12.7	11.4	9.5	11.1	10.0	14.9	11.1

注:ASEAN インドネシア,シンガポール,タイ,フィリピン,マレーシア,ブルネイ,ベトナム,ラオス,ミャンマー,カンボジア.
EU ベルギー,デンマーク,フランス,ドイツ,ギリシャ,アイルランド,イタリア,ルクセンブルク,オランダ,ポルトガル,スペイン,英国,オーストリア,フィンランド,スウェーデン,キプロス,チェコ,エストニア,ハンガリー,ラトビア,リトアニア,マルタ,ポーランド,スロバキア,スロベニア,ブルガリア,ルーマニア.
資料:表6-1に同じ.

ASEANについても,対日本貿易額では増大しているものの,その比率は輸出では4ポイント,輸入では8ポイント程度低下している.これに対して,対中国貿易比率は大きく増大し,輸出の対中国比率は3.8%から11.5%へほぼ3倍になり,輸入は5.1%から13.8%とやはり大きく上昇した.また,ASEAN

では域内貿易比率がもともと高かったけれども，10年間でその比率は一層上昇している。その結果，2009年のASEAN＋3域内貿易比率において，輸出は49.3％，輸入は56.3％が域内貿易であった。

　ASEAN＋3の域内全体としてみると，日本が占める貿易比率が低下し，中国の比率が上昇している。日本との貿易比率では輸出入とも低下しているのであるが，輸出と輸入ではその低下要因を区別しておく必要がある。一般に，需要は景気循環的な要因を，供給は構造的な要因を反映する。2007年末の世界金融危機後における日本の内需低迷は，各国における対日本輸出を低迷させた主要因ではあるが，これは循環的なものが大きく反映している。これに対して，工業製品輸出国として急成長しつつある中国との競合による輸出国としての日本の相対的な地位の低下は構造的な側面をもつ。その意味では，各国の日本からの輸入比率は，2009年において依然として10％を超えているとはいえ，東アジア域内における日本の輸出国としての相対的地位の低下が今後も続くと考えられる。

　以上，日本，韓国，ASEANについては，次第に域内との関係を高めつつある。中国はASEAN＋3の中では他の国々と比べてやや低い貿易比率であるけれども，全体としてみれば域内の貿易関係は漸次強まりつつある。2009年時点において輸出は35.7％，輸入は42.9％が域内貿易である。対米貿易においてASEAN＋3の国々はほぼ例外なく輸出入ともその比率を低下させてきている。以上のような域内貿易関係の強まりは，共通通貨の形成機運を高める最も基礎的要因となっている。

　ただし，2009年時点においてASEAN＋3域内における貿易比率は，欧州における共通通貨ユーロ形成時よりも低い。2000年時点における域内貿易比率は輸出が67.7％，輸入が62.5％であり，10年経過しても大きな変動はない（表6-3）。これは極めて高い数値ではあるが，東アジアにおける域内貿易比率は傾向的に増大している点からみても，将来的にEUに準じる密接な貿易関係が構築されつつあることは明らかであろう。このような域内貿易の相互依存関係の高さは，為替相場変動リスクの回避，域内相互間の決済コスト削減という点に

表6-3 EUの域内貿易額及びその比率（100万ドル，％）

		輸出	輸入	収支
対世界	2000	2,424,680	2,471,970	−47,290
		100.0	100.0	
	2009	4,583,310	4,634,190	−50,880
		100.0	100.0	
対EU	2000	1,641,550	1,545,430	96,120
		67.7	62.5	
	2009	3,045,950	2,953,490	92,460
		66.5	63.7	

資料：表6-1に同じ．

おいて，共通通貨形成への動機と成立のメリットの増大を示している．

(2) 直接投資における相互依存関係

次に直接投資における域内比率についてみてみよう．域内には依然として生産技術力と1人当たりGDPにおいて大きな経済力格差があるから，直接投資については1人当たりの国民所得において高所得国から低所得国へという偏った資本投資の流れが存在する．そこで，日本については中国，韓国，ASEANに対する資本輸出国としての立場から，韓国については資本輸出と資本輸入の両方から，中国については資本輸入国としての立場から域内比率をみていこう．

2009年における日本の対外直接投資は，表6-4の通りである．東アジア地域への直接投資として中国，韓国，ASEANを合わせると20％に達し，対米国を上回り，対EUにほぼ匹敵する．しかも，対米投資，対EU投資は急速に縮小しつつあるのに対して，対東アジア投資は非常に急速に拡大しつつある．対米投資の縮小は金融危機後の一時的・循環的な要因も含まれるとはいえ，日本の対外直接投資は傾向的・構造的に東アジアに重点が移りつつあるといえよう．そのため，共通通貨，その前段階としての域内バスケット通貨形成による為替リスクの軽減は，日本にとって極めて大きな意義をもつといえる．

韓国の対外投資においてもアジアが高い比率になっており，韓国にとっても

表6-4 日本の直接投資の主な相手国・地域（100万ドル）

		対外	構成比	対内
対世界	2000	31,534	100.0	8,228
	2009	74,650	100.0	11,839
対中国	2000	934	3.0	0
	2009	6,899	9.2	－137
対韓国	2000	1,074	3.4	48
	2009	1,077	1.4	255
対ASEAN	2000	207	0.7	76
	2009	7,002	9.4	985
対ASEAN4	2000	1,684	5.3	－5
	2009	3,540	4.7	227
対米国	2000	14,121	44.8	－1,052
	2009	10,660	14.3	1,831
対EU	2000	10,968	34.8	3,913
	2009	17,039	22.8	9,207

資料：財務省「国際収支状況」。

域内通貨形成の意義は大きい（表6-5）。対外直接投資において日本への比率が大きくないのは，日本の方が高所得国，高技術国であるためである。そのメダルの裏側として，対内投資では日本の比率は極めて高くなっている。韓国の経済成長の経緯からすれば，この非対称的な構造が長期的に続くとは考えにくいが，このような日本と韓国の関係においては，域内通貨形成の意義は対外資産をもつ日本にとって大きい。

中国に対する直接投資では，香港からの投資が半分以上を占めている（表6-6）。オフショア市場として中国にとって極めて重要な位置付けをもつ国際金融市場であり，先進国としての所得水準をもって返還された香港からの投資が圧倒的比率を占めているのは当然である。ただし，これだけの比率の高さについては，香港資本による本国への投資だけではなく，香港を経由して行われる投資も含まれていると推測される。国際金融市場ではないが，英領バージン諸島からの投資も同様に経由地点としての数値を示している。日本からの直接投資は米国の比率よりは高いが，圧倒的な比率とはいえない。この点からも香港の極めて高い比率は，その国際金融市場としての地位に基づくものであるといえ

表6-5 2009年における韓国の直接投資の主な相手国（100万ドル，％）

	対外	構成比	対内	構成比
世界	1,944	100.0	11,484	100.0
アジア	6,349	32.7	3,704	32.3
日本	376	1.9	1,934	16.8
香港	1,565	8.1	773	6.7
シンガポール	271	1.4	436	3.8
中国	2,082	10.7	161	1.4
欧州	4,944	25.4	5,364	46.7
英国	1,950	17	1,678	8.6
オランダ	1,901	16.6	1,019	5.2
ドイツ	570	5	292	1.5
米国	3,553	18.3	1,486	12.9

注：申告ベース。
　　対外直接投資の対アジアは日本，中国，香港，シンガポール，インドネシア，ベトナム，インド。
　　対内直接投資の対アジアは日本，香港，シンガポール，オーストラリア，中国，その他。
資料：JETROホームページより作成。
　　　原資料は知識経済部データベース，韓国輸出入銀行データベース。

表6-6 2009年における中国の対内直接投資の主な相手国（100万ドル，％）

	金額	構成比
世界	90,033	100.0
香港	46,075	51.2
英領バージン諸島	11,299	12.5
日本	4,105	4.6
シンガポール	3,605	4.0
韓国	2,700	3.0
ケイマン諸島（英）	2,582	2.9
米国	2,555	2.8

注：実行ベース。
資料：JETROホームページ，商務部ウェブサイト，「国際貿易」2010年12月号より作成。

よう。

　ASEANの対内直接投資においては各国ごとにやや違いがある（表6-7）。これは1つには，かつての列強諸国との経済諸関係という歴史的事情と90年代以降における東南アジア諸国の経済戦略上の違いが反映されている。総じて，この地域への直接投資において日本の位置付けが増大しているとは言い難い。

表6-7 ASAN6カ国の対内直接投資（100万ドル，認可ベース）

	タイ				マレーシア			
	総額	日本	米国	EU	総額	日本	米国	EU
2000	5,307	4,237	1,496	806	5,223	1,145	2,978	1,899
2009	4,138	1,716	745	292	6,286	1,999	666	n.a.
	シンガポール				フィリピン			
	総額	日本	米国	EU	総額	日本	米国	EU
2000	4,197	1,073	2,618	1,221	1,819	777	365	1,510
2009	5,765	710	2,882	1,696	2,557	1,486	271	192
	ベトナム				インドネシア			
	総額	日本	米国	EU	総額	日本	米国	EU
2000	2,013	81	30	666	16,040	1,819	237	5,967
2009	16,345	138	5,948	3,513	10,815	625	172	2,108

注：各々の国に重複してカウントされており，日本，米国，EUの総計額が合計を上回る場合がある。
　　タイの「EU」は，英国，ドイツ，フランス，ベルギー，イタリア，オランダの合計。
　　フィリピンの「EU」は，英国，ドイツ，フランス，イタリア，オランダ，スウェーデンの合計。
　　シンガポールは製造業投資（コミットメントベース）。「EU」は「欧州」合計値を指す。
　　マレーシアは製造業投資の合計。
　　ベトナムのFDIは新規の数字のみ。「EU」は09年1-6月期は，ドイツ，オランダ，イタリア，フランス，イギリスの合計。
　　インドネシアは実行ベース。インドネシアの「EU」は欧州連合だけではなく，その他ヨーロッパ諸国を含む。
　　インドネシア（認可額）の1996年～2001年における合計と各国・地域とでは出所が異なる。
資料：JETROホームページより作成。
原資料　タイ投資委員会（BOI），マレーシア工業開発庁，インドネシア投資調整庁，フィリピン国家統計調整委員会（NSCB），シンガポール経済開発庁（EDB），ベトナム計画投資省（MPI）・外国投資局（FIA），インド商工省韓国知識経済部（2007年以前は韓国産業資源部，また98年以前は韓国財政経済部），台湾経済部投資審議委員会，中国対外貿易合作部。

日本からの投資が増大しているのはマレーシアとフィリピンであり，米国とEUからの直接投資額が大きく減少しているのと対照的に，日本からの資本輸入が増大している。ベトナムでは10年間で日本の投資も増大しているが，米国とEUと比べるとその額とシェアは小さい。シンガポールではむしろ日本からの投資が縮小し，米国とEUが増大している。また，タイとインドネシアでは全体として対内直接投資額が縮小しているが，日本からの投資の縮小が著しい。これらの国々では，日本との対内直接投資の側面からは共通通貨の形成要因になり難いといえる。ただし，先に見た日本からの直接投資全体に占めるタイ，マレーシア，インドネシア，フィリピンへの比率は減少傾向にあるが，

ASEAN 全体の比率は増大しており,基本的には東アジア域内における経済関係緊密化の傾向は変わっていない。

(3) 域内における経済構造上の違い

以上のような東アジア域内における経済的結びつきの強まりは,域内のバスケット通貨および共通通貨を形成するための基本的条件を満たしつつある。しかし,欧州における共通通貨の導出の経緯を念頭におくと,いくつかの問題も存在する。

まず,日本と中国や ASEAN 諸国には,1 人当たり GDP において著しい格差がある (表 6-8)。このような著しい格差は,共通通貨形成によって大規模な資本流出入をもたらし,流入国には過剰な資本形成,流出国にはクラウディングアウトなど,双方に大きな経済的混乱を生じさせることになる。これを金融政策によって幾分調整することは可能であるが,共通バスケット通貨形成過程や共通通貨形成後,独自の金融政策を採用することは難しくなる。

また,各国における資本形成の対 GDP 比率においても,ASEAN+3 各国間には大きな格差がある (表 6-9)。EU 域内では共通通貨形成前の 1998 年において表中最も低いフランスの 18.8％と最も高いポルトガルの 27.1％の差は 8.3 ポイントであった。また,2009 年においても域内の格差は 5 ポイント程度である。これに対して,ASEAN+3 域内では 1998 年においては最も低いインドネシアの 16.8％と最も高い中国の 36.2％との差は 19.4 ポイントである。このときはアジア金融危機の影響を大きく受けていたインドネシアとの格差によるも

表 6-8 アジアの GDP 比較 (2009 年)

		日本	中国	韓国	ASEAN10	ASEAN+3	米国
名目 GDP	(億ドル) PPP ベース	50,681	49,090	8,325	14,798	108,096	142,563
1 人当たり GDP	(ドル) PPP ベース	39,856	3,648	17,226	2,545	5,140	45,307
名目 GDP	(億ドル) PPP ベース	41,594	87,652	13,642	28,399	142,888	142,563
1 人当たり GDP	(ドル)	32,710	6,513	28,226	4,883	6,795	45,307
GDP シェア	(％)	6.0	12.5	1.9	4.1	24.6	20.5

資料:IMF, *World Economic Outlook* Apr 2010, *Direction of Trade Statistics, International financial Statistics*.

表6-9 総資本形成の対GDP比率

アジア	1998	2000	2009
日本	26.3	25.4	20.3
中国	36.2	35.1	44.4
韓国	25.0	30.6	25.9
タイ	20.4	22.8	21.8
インドネシア	16.8	22.2	31.0
フィリピン	20.3	21.2	14.6
マレーシア	26.7	26.9	14.0
シンガポール	31.1	33.3	27.6
ベトナム	29.0	29.6	38.1

欧州	1998	2000	2009
ドイツ	19.4	21.8	17.0
フランス	18.8	20.5	19.1
イタリア	19.6	20.7	18.9
スペイン	23.3	26.3	24.9
ポルトガル	27.1	27.7	19.1
ベルギー	20.3	22.6	20.3
オランダ	22.8	22.0	18.2
オーストリア	24.8	24.5	20.9

資料：IMF, *International Financial Statistics Yearbook*, 2010.

のであり，その後回復しているが，各国間に大きな格差が存在している状況は変わっていない。2009年において最も低いマレーシアの14.0％と最も高い中国の44.4％との差は30.4ポイントである。ASEAN4の中ですら差は大きく，インドネシアの31.0％とマレーシア，フィリピンの差は16ポイント以上である。

第4節 アジアにおける取引通貨・媒介通貨・準備通貨の現状

上記でみてきたように，貿易や直接投資においてアジア域内の相互依存関係が一層強まっている一方で，その各国間決済では依然として米ドルの利用が抜きん出ている（表6-10，表6-11）。世界の為替市場における為替取引のうち

表6-10 外国為替市場取引における通貨比率（各年4月における日々の取引の平均パーセント・シェア）

	1998	2001	2004	2007	2010
米ドル	86.8	89.9	88.0	85.6	84.9
ユーロ		37.9	37.4	37.0	39.1
独マルク	30.5	…	…	…	…
仏フラン	5.0	…	…	…	…
ECU＋その他	16.8	…	…	…	…
スロバキアコルナ	…	0.0	0.0	0.1	…
日本円	21.7	23.5	20.8	17.2	19.0
英ポンド	11.0	13.0	16.5	14.9	12.9
豪ドル	3.0	4.3	6.0	6.6	7.6
スイスフラン	7.1	6.0	6.0	6.8	6.4
カナダドル	3.5	4.5	4.2	4.3	5.3
香港ドル	1.0	2.2	1.8	2.7	2.4
スウェーデンクロナ	0.3	2.5	2.2	2.7	2.2
ニュージーランドドル	0.2	0.6	1.1	1.9	1.6
韓国ウォン	0.2	0.8	1.1	1.2	1.5
シンガポールドル	1.1	1.1	0.9	1.2	1.4
ノルウェークローネ	0.2	1.5	1.4	2.1	1.3
メキシコペソ	0.5	0.8	1.1	1.3	1.3
インドルピー	0.1	0.2	0.3	0.7	0.9
ロシアルーブル	0.3	0.3	0.6	0.7	0.9
ポーランドズロチ	0.1	0.5	0.4	0.8	0.8
トルコニューリラ	…	0.0	0.1	0.2	0.7
南アフリカランド	0.4	0.9	0.7	0.9	0.7
ブラジルレアル	0.2	0.5	0.3	0.4	0.7
デンマーククローネ	0.3	1.2	0.9	0.8	0.6
新台湾ドル	0.1	0.3	0.4	0.4	0.5
ハンガリーフォリント	0.0	0.0	0.2	0.3	0.4
中国人民元	0.0	0.0	0.1	0.5	0.3
マレーシアリンギ	0.0	0.1	0.1	0.1	0.3
タイバーツ	0.1	0.2	0.2	0.2	0.2
チェココルナ	0.3	0.2	0.2	0.2	0.2
フィリピンペソ	0.0	0.0	0.0	0.1	0.2
チリペソ	0.1	0.2	0.1	0.1	0.2
インドネシアルピー	0.1	0.0	0.1	0.1	0.2
イスラエルニューセケル	…	0.1	0.1	0.2	0.2
コロンビアペソ	…	0.0	0.0	0.1	0.1
サウジリヤル	0.1	0.1	0.0	0.1	0.1
その他	8.9	6.5	6.6	7.6	5.3
全通貨	200.0	200.0	200.0	200.0	200.0
ASEAN＋3	24.2	28.0	25.3	23.5	25.8

注：各取引に2つの通貨が使われるため個別通貨パーセントシェアの合計は200％になる。
　　ASEAN＋3には「その他」項目内の通貨は含めていない。

資料：BIS, *Triennial Central Bank Survey, Foreign exchange and derivatives market activity in April 2010,* Sep. 2010.

表6-11　外国為替市場における通貨ペア（各年4月における日々の平均パーセント）

	2001	2004	2007	2010
USD/EUR	30	28	27	28
USD/JPY	20	17	13	14
USD/Oth	12	13	15	11
USD/GBD	10	13	12	9
USD/AUD	4	6	6	6
USD/CAD	4	4	4	5
USD/CHF	5	4	5	4
EUR/JPY	3	3	3	3
EUR/GBP	2	2	2	3
EUR/Oth	1	2	2	3
USD/HKD	2	1	2	2
EUR/CHF	1	2	2	2
USD/KRW	1	1	1	1
JPY/Oth	0	1	1	1
USD/SEK	0	0	2	1
USD/INR	0	0	1	1
EUR/SEK	0	0	1	1
USD/CNY		0	0	1
USD/BRL	0	0	0	1
USD/ZAR	1	0	0	1
JPY/AUD	0	0	0	1
EUR/CAD	0	0	0	0
EUR/AUD	0	0	0	0
JPY/NZD	0	0	0	0
Other pairs	2	2	3	2
All pairs	100	100	100	100

注：CHF スイスフラン，SEK スウェーデンクローナ，BRL ブラジルレアル。
資料：表6-10に同じ。

どちらか一方に米ドルが登場するシェアは84.9％であり，この比率の高さは，大半の為替取引において米ドルが媒介通貨機能を果たす際の効率性の高さを示している。すなわち，為替取引の一方において米ドルが極めて高い比率を占めていることは，銀行間市場における各国為替銀行の持高調整・資金調整の多くが米ドルを対象にして行われること，銀行間決済が米ドル建てコルレス口座を用いて行われることを意味している。つまり，媒介通貨としての機能はほぼ米ドルによって担われている現状を示している。この状況は，アジア諸国間の決済においても銀行間市場における米ドル建てコルレス決済の必要性，アジア域

内での決済未了という現実を示している。

　これはアジアのオフショア市場においても同様であって，各国間の決済は，米ドル通貨を創造できる米国銀行口座における増減として最終的に集約される。このような媒介通貨機能における米ドル中心の決済構造はあまり大きく変化していない。その直接的原因は銀行間市場における米ドルの調達しやすさにある。すなわち，すでに銀行間市場において媒介通貨として多く使われている米ドルを媒介通貨として利用することが効率的なのであって，この意味では慣性的側面をもっているといえよう。

　しかし，銀行間における媒介通貨であることのみが国際通貨条件ではない。国際通貨は基本的に以下の3つの条件が必要とされる[9]。第一に，世界市場における経常取引上の中心的地位である。基本的には，輸出においてその国の通貨保有がその国の商品購入という形で「担保」されていること，また輸入において海外にとって広く市場となっていることが重要である。総じて，世界の様々な国との取引を拡大することによって決済勘定を集中・相殺することが可能となる。輸出については米国の相対的衰退がみられるが，輸入においては米国市場が依然として大きな役割を有している。中国が世界の輸入地として成長してくることが予想されるが，なお時間がかかるであろうし，現在，高いレベルの1人あたり国民所得による高い購買力という点で米国市場の意味は大きい。第二に，国際金融市場における金融ファシリティの提供である。媒介通貨としての機能において米ドルが圧倒的であるのは，この側面における国際通貨条件が

---

[9]　国際通貨の条件については，拙著『国際収支と国際通貨』梓出版社，1997年，および拙稿「IMF協定とアメリカの貨幣制度」信用理論研究学会編（信用理論研究学会創立50周年記念出版）『金融グローバリゼーションの理論』大月書店，2006年，を参照されたい。河合正弘は現在の米国の国際収支が，巨額の経常収支赤字国によって最大の累積債務国となっているが，投資収益において大幅な黒字となっているため，経常赤字がさらなる赤字を生むという構造になっていないことを指摘している（河合正弘「国際通貨体制と東アジアの通貨金融協調」『国際金融』1208号，2010年1月）。しかし，米ドルが国際通貨としての地位を徐々にではあるが弱体化させている要因は存在していると考えられる。それは，米ドルがまさに国際通貨として機能し米国がその特権によって巨額の経常赤字を続けていること，言い換えれば，米ドルが国際通貨であるがゆえに抱える自己矛盾そのものにある。

効率的に機能しているためである。また，これと連動して国内金融市場の大きさも重要である。特に証券投資としての資本取引における米国市場の大きさは，コルレス勘定の維持動機と繋がっており，この点でも米ドルは充実している。これらは資本取引における相殺・決済機能を意味している。第三に，その国の通貨価値の安定性である。取引通貨，媒介通貨，決済通貨として機能するためには，ある程度の量の国際通貨保有が必要となる。大量に保有している通貨の価値変動は，そのまま保有国にとって評価損（益）となる。この条件において米ドルは長期構造的な価値下落傾向を示しており，米ドル保有の信頼性を低下させている。これは米ドルの過剰流動性と過剰な貨幣資本によってもたらされている。この第三の条件を少なからず反映させているのが，公的外貨準備比率における長期構造的に米ドル比率の低下である。

　公的外貨準備に占める各国通貨比率は，2009年において米ドルが62.1％，ユーロ27.3％，ポンド4.3％，円3.0％となっており，他の通貨に比べると，確かに米ドルが最も高い比率となっているが，表6-10に示されたほどではない（表6-12）。公的外貨準備は，基本的に国際収支と為替相場調整のための介入通貨機能のための準備であるが，価値保存のための蓄蔵機能も有している。第二線準備も含めると，準備通貨種類は一層多様化が求められる。米ドルは各国銀行間の相互決済機能として圧倒的な比率を占めており，準備通貨としても最も保有されている通貨ではあるが，その保有比率は媒介通貨としての比率に比べて低い。

　つまり，準備通貨については，依然として米ドルが最も多いことに変わりないとはいえ，2001年以降少しずつ減少しており，とりわけ途上国・新興国において米ドル比率の大きな減少がみられる。これは外貨準備を急速に増大させ，今や世界最大の外貨準備保有国となった中国が米ドル以外の通貨へ分散保有しつつあることも大きく影響している。この点，中国は米国とドルに対して体制支持的な対応を採ってきた日本とは異なっている。すなわち，米ドルに対する献身的な体制支持的な立場をとっていない中国の場合，米ドルの信頼性への懸念が反映されやすく，準備通貨種類を分散，多様化させる傾向がみられる

表 6-12 公的外貨準備に占める各通貨の比率（％，年末値）

		1999	2000	2001	2002	2003	2004	2005	2006	2007	2008	2009
全世界	米ドル	71.0	71.1	71.5	67.1	65.9	65.9	66.9	65.5	64.1	64.1	62.2
	円	6.4	6.1	5.0	4.4	3.9	3.8	3.6	3.1	2.9	3.1	3.0
	ポンド	2.9	2.8	2.7	2.8	2.8	3.4	3.6	4.4	4.7	4.0	4.3
	フラン*	0.2	0.3	0.3	0.4	0.2	0.2	0.1	0.2	0.2	0.1	0.1
	ユーロ	17.9	18.3	19.2	23.8	25.2	24.8	24.0	25.1	26.3	26.4	27.3
	その他	1.6	1.5	1.3	1.6	2.0	1.9	1.7	1.8	1.8	2.2	3.1
先進国	米ドル	69.9	69.8	70.6	66.5	67.2	67.3	69.3	68.2	66.1	67.2	65.4
	円	7.3	7.3	6.1	5.4	5.2	5.0	4.7	4.3	4.0	4.3	4.1
	ポンド	3.0	2.8	2.7	2.8	2.3	2.7	2.7	3.3	3.5	2.7	2.8
	フラン*	0.1	0.3	0.3	0.5	0.3	0.2	0.2	0.2	0.2	0.2	0.2
	ユーロ	18.0	18.4	19.0	23.2	23.0	22.8	21.2	22.1	24.1	23.1	24.8
	その他	1.7	1.5	1.4	1.6	2.1	2.1	1.9	1.9	2.1	2.5	2.7
途上国および新興国	米ドル	74.2	74.8	73.8	68.6	63.1	63.0	62.7	61.5	62.0	60.7	58.5
	円	3.9	2.7	2.4	1.7	1.1	1.3	1.5	1.3	1.8	1.9	1.8
	ポンド	2.6	2.6	2.8	2.8	3.8	4.9	5.1	6.0	5.9	5.4	5.9
	フラン*	0.5	0.2	0.2	0.1	0.1	0.1	0.1	0.1	0.1	0.1	0.0
	ユーロ	17.5	18.1	19.7	25.3	30.2	29.2	29.2	29.5	28.6	30.0	30.1
	その他	1.4	1.5	1.0	1.5	1.8	1.4	1.5	1.6	1.5	1.9	3.6

注：フランはスイス・フラン。
　　四捨五入のため，各合計額は 100％にはならない。
　　1999 年 1 月にユーロに変わった際受け入れていたユーロについては含めていないため，それ以前の各国合計の比率とは合致しない。
資料：IMF, *Annual Report of the Executive Board for the Financial Year Ended April 30, 2010*.

ということである。言い換えれば，媒介通貨機能においては圧倒的なシェアを維持しているとはいえ，米ドル体制に対する信頼性低下に起因する域内通貨形成動機は準備通貨としての側面に現れている。

第5節　バスケット通貨採用の意義

(1) バスケット通貨の導出

　次にバスケット通貨導入による一般的な意義について整理しておこう。バスケットからなる共通通貨を使って取引を行う最大のメリットはミクロ的には為替リスクの軽減であり，マクロ的には為替相場変動を利用した過度な為替投機

などの抑制である。例えば，自国通貨を対ドル為替相場において安定させる場合には，自国通貨はドルに対して100％のウエイトで構成される。これに対してバスケット通貨の場合はそのウエイトに応じて為替相場変動が抑制される。

今，円，元，ウォンによって構成されるバスケット通貨を想定し，日本，中国，韓国の貿易額，国内総生産などを考慮して，仮にその経済規模を40, 40, 20の割合で構成されるものとする。1 ACU (Asian Currency Unit) = 1 ドルとすれば，それぞれ0.4ドル，0.4ドル，0.2ドルとして構成されている。為替相場を1ドル=80円，1ドル=6.5元，1ドル=1100ウォン（1円=1/80ドル，1元=1/6.5ドル，1ウォン=1/1100ドル）とすれば，円は0.4×80=32，元は0.4×6.5=2.6，ウォンは0.2×1100=220という各通貨が含まれることになる。通貨バスケットではこの数値を安定的に維持することが必要となる。ただし，ACUの値は為替相場の変動によって変わる。例えば円相場が1ドル=40円になった場合，1ドル≒0.7 ACUとなる。この場合，円価値は2倍になっているのに対してバスケット通貨価値の上昇は1.4倍に抑えられている。各国がバスケット通貨を自国通貨の対外価値の目標とすることによって，為替相場の安定はより容易になる。ただし，為替相場安定の意義は経常取引と資本取引では異なる側面がある。次にこの点について整理しておく。

(2) 経常取引と資本取引における共通通貨導入の意味

まず，経常取引におけるバスケット通貨導入の意味を検討しよう。経常取引では為替契約時と決済時の為替相場の変動によって為替差損リスクが発生する。この為替リスクは，バスケット通貨建ての契約・決済（契約通貨・決済通貨）にすることによって軽減できる。自国通貨と他国通貨との為替相場変動の影響は，共通通貨建ての契約・決済（契約通貨・決済通貨）であれば，変動した通貨の占めるウエイトに応じて影響が軽減される。

ただし，為替リスクの回避は経常取引において，必ずしもバスケット通貨でなくても先物為替によってある程度可能である。例えば，欧州ユーロのように共通通貨化するのであれば，域内の為替リスクはゼロになり，先物ヘッジ手続

きも不要になるから，意味合いは異なる。あるいは，固定相場制を復活する場合も為替リスクは大きく軽減される。むしろ，経常取引における為替リスクの軽減には，統一通貨を創設し，域内において為替リスクをゼロにするという「最終目標」の設定が必要であろう。バスケット通貨の創設と漸次の変動幅縮小は経常取引の為替リスクを軽減していくが，少しでも為替リスクが存在するならば，先物為替によるヘッジが必要となる。少額取引では幾分の為替差損を許容するとしても，金額が大きな取引になるほど先物によるヘッジの必要性は増す。もし，先物為替によるヘッジを行わなければならないのであれば，為替リスクが大きいか小さいか，あるいは事後的に差損回避の額が大きかったか小さかったかには違いがない。この意味では，経常取引におけるバスケット通貨による為替リスクの低減は，あくまで為替相場変動の抑制に向けての道程と最終目標としての域内統一通貨が想定されている場合に大きな意義をもつ。

これに対して，むしろ資本取引ではバスケット通貨を採用する意義は直接的である。例えば，資本取引のうち，直接投資や長期的な証券保有を目的とした証券投資では，為替相場の変動によって保有資産の評価損（益）が生じる可能性がある。しかし，レポ市場などを別とすれば，このような資本取引の性質上，一般に先物によるヘッジは馴染みにくい。そのため，バスケット通貨導入による評価損回避の意味は大きい。

例えば，長期にわたって海外において投下資本が固定化される直接投資では，先物によるヘッジは行われない。資本投下の際にその引き上げを想定するわけでないからである。したがって，このような投資では投下した資産価値の評価損はできるだけ小さい方が望ましい。長期の証券投資においても，一般に投資した時点にそれを売却する時期を特定することはできないから，先物ヘッジは行いにくい。そのため，バスケット通貨建て起債を行い，為替相場の変動による評価損リスクの回避が実現するメリットは大きい。また，証券投資の中でも，利殖目的というよりは政治的な協力関係から保有されているような外債は，金利や為替相場の変動による損益を無視できないとはいえ，ある程度為替リスク要因の存在に目を瞑って長期的に保有する場合もある。そのような資本

取引においても，バスケット通貨建ての起債によって為替相場変動による評価損のリスクを軽減はできる意義は大きい。したがって，以上のような資本取引では，先物為替によるヘッジが一般的に行われている経常取引よりも，バスケット通貨採用の意義は大きいといえる。

ただし，資本取引では資産の収益率から将来の為替相場変動が必ずしも取引の障害とならない場合もある。例えば，円金利が低いときでも，なお円高が予想される場合には，資産としての円が選好され，資本取引における円選好と円高のスパイラルが生じる。このような取引では，バスケット通貨による為替相場変動要因の低下を切望する動機にはならないであろう。しかし，このようなキャピタル・ゲインを追い求める資本を別とすれば，資本取引においてバスケット通貨が採用される意味は大きい。別言すれば，バスケット通貨へ向けての為替相場変動の抑制は，キャピタル・ゲインを追い求めるような投機的な取引を抑制するためにも必要である。

以上のような経常取引と資本取引の既存の為替リスク回避動機からすれば，バスケット通貨の現実的利用は，まず証券投資におけるバスケット通貨建ての起債という形が最も現実味があるといえる。また欧州におけるECU利用の経験からみても，資本市場における資本取引から利用される可能性が高い。

第6節　バスケット通貨ECUの経験とアジアにおける共通バスケット通貨の展望

(1) EMSにおけるバスケット通貨ECUの成立

　欧州ユーロに結実する欧州通貨機構（European Monetary System＝EMS）およびバスケット通貨である欧州通貨単位（European Currency Unit＝ECU）の経験は，アジアにおけるバスケット通貨と共通通貨の創設に貴重な経験を提供している。もちろん，欧州とアジアでは経済的条件は大きく異なる。1990年代以降東欧諸国という途上国を抱えるとはいえ，早くから世界市場においてある程

度の先進国であった国々が多い欧州と，いくつかの急成長しつつある東アジアの国々が存在するとはいえ，なお生産力において日本との格差が大きいアジアとは同一レベルで考えるわけにはいかない。また，欧州経済共同体（European Economic Community＝EEC）の形成だけでなく，歴史的に早くから域内の経済的結びつきが強かった欧州と比べて，米国との結びつきが強い日本，異なる経済体制を維持している中国，第二次大戦における日本との政治的軋轢が解決していないアジアでは，統一的通貨圏の形成への道程は格段に困難であろう。それでも欧州の経験は，その実現の可能性の有無，実現に必要な条件を探る手かがりが多い。そこで，アジアにおける共通バスケット通貨形成を念頭に ECU 成立の経緯をみておく。

西欧は1957年3月のEEC設立に象徴されるように，域内各国間において元々強い経済的結びつきをもっていた。そのため，基本的には域内のより円滑な取引を実現するという立場から，また1960年代末から70年代初めにおける各国保有資産の評価損回避行動の増大による為替相場の無秩序な変動の抑制という目的から，ECにおいて為替相場変動の抑制は極めて重要な課題となっていった。

具体的には，1969年12月に開かれた欧州共同体（European Community＝EC）首脳会議で経済通貨同盟（Economic and Monetary Union＝EMU）の創設が示され，70年にルクセンブルグ首相ウエルナーを委員長とする報告「ウエルナー報告」において，通貨統合を目指すためにまず加盟国間の為替相場変動を縮小すること，そのための外貨準備を用意し80年までにEMUを創設することが示された。ここで重要なのは，ECにおいて早くから通貨統合が指向されていたという点である。

1971年8月に米国が金とドルとの交換を停止した後，為替相場は大きく変動したが，同年12月のスミソニアン合意によって再び為替相場の安定化が試みられることとなった。スミソニアン以前の固定相場制下では対ドル為替平価の上下1.5％の範囲での変動が認められていたが，EC通貨間ではドルに対して一体的に変動するため上下0.6％となっていた。スミソニアン体制では対ド

ル相場を 2.25％ としたため，72 年 4 月の「スネーク」(snake in the tunnel) において EC 通貨間の変動幅は上下 1.125％ へと変更された。しかし，ドルが変動相場に移行するのに伴い，スネーク参加国も為替変動幅を維持することが困難になり，発足後まもなくイギリス，アイルランド，デンマークと，次々と離脱していった。このスネークの失敗は 1979 年 3 月の EMS と ECU の創設へと繋がることになる[10]。

安定通貨地域の形成を目指して成立した EMS では，その中心に ECU が創設された。EMS では，参加国が ECU を用いて自国通貨の EMS 各国通貨に対するセントラル・レートを設定し，その変動幅（パリティ・グリッド）を上下 2.25％ の範囲（イタリアのみ 6％）の変動に抑えるという為替相場制度（Exchange Rate Mechanism＝ERM）が採用された。ECU の対外価値の算定は，国内総生産，EC 域内貿易に占めるシェア，EMS の短期通貨支援拠出枠などを参考にして各国通貨ごとの基準値が算出され，次にそれに各通貨 1 単位の対外価値＝為替相場（ドルや円など）を乗じたものを合計して対ドル相場や対円相場が求められる。基準値は 5 年ごとに定期的に見直され，構成通貨のウエイトが 25％ 以上変化した場合も変更される。各構成通貨の ECU に占める割合は，各通貨の基準値に為替相場を乗じたものから算定されるため，基準値の改訂と為替相場の変動によって変化する[11]。

(2) EMS における為替相場安定システム

EMS が為替相場の安定をどのようにして実現したのか，為替相場介入のための準備通貨をどのようにして形成したのかは，アジアにおけるバスケット通貨導入を具体的に構想する際の参考となる。

まず，為替相場変動を抑制するための直接的方法（変動後の事後的調整）として為替介入がある。ERM では 2 つの介入指標と方式が設定された。1 つは自国の為替相場がパリティ・グリッドに達した場合，中央銀行が義務的かつ無制

---

10) EMS 創設の直接的契機は経済政策をめぐる米国との軋轢であった。
11) 実際には各国通貨のウエイトに整合する基準値となる。

限に行う介入である。介入は常に複数国によって行われ，強い通貨国では自国通貨売り・相手国通貨買い介入，弱い通貨国では自国通貨買い・相手国通貨売り介入がなされる。ただし，弱い通貨国では売り介入のための相手国の通貨が不足するから，強い通貨国から無制限の通貨供給がなされ，介入日の月末から45日に以内に所定金利をつけて返済する。もう1つは，ECU乖離指標に基づく介入方式である。EMSでは，ECUに対するセントラル・レートにも上下の乖離限度が設定されており，2.25％×0.75×（1－当該通貨のウエイト）と規定された。介入通貨はEMS参加国通貨だけでなくドルなどの第三国通貨も認められた。パリティ・グリッド（2.25％）に達する前に介入や国内金融政策をとることが要請されているため，2つの方式のうち，事実上こちらの乖離限度に基づいた介入が行われることとなる。

　為替相場変動は参加国間の積極的かつ協調的介入によって事後的に調整されるとはいえ，介入は他国通貨を用いて行われる以上，無限に可能なわけではない。そのため，為替相場変動を抑制するためには，事前的政策も必要となる。EMS参加国間の為替相場はその国際収支状況によって変動する。また，為替相場によって示される対外通貨価値は物価水準によって示される国内通貨価値から大きく乖離すれば，これも国際収支不均衡をもたらすことになる。

　EMS参加国の中ではドイツが抜きんでた経済力を持っていた。例えば1979年3月のECUバスケットにおいて，ドイツ・マルクは33.4％のウエイトをもっていた。なお，他の国のウエイトは，イギリス・ポンド13.3％，フランス・フラン19.8％，イタリア・リラ9.5％，オランダ・ギルダー10.5％，ベルギー・フラン9.3％，ルクセンブルク・フラン0.3％，デンマーク・クローネ3.1％，アイルランド・ポンド1.1％であり，その後もこのシェアから大きく変えられることはなかった[12]。そのため，参加国の対ドル為替相場は圧倒的なウエイトをもつ域内アンカー通貨としてのドイツ・マルクのそれに影響されることになる。つまり，ドイツ以外のEMS参加国は，ドイツの経済政策にある

---

[12] 80年代にギリシャが加わるが1％程度である。

程度歩調合わせた政策を行わなければ，為替相場変動をパリティ・グリッド内に抑えることは困難になる。言い換えれば，EMS参加国は基本的にドイツや他の参加国に合わせた政策が優先され，国内経済状況に対応した政策がとれない場合も生じた[13]。

アジアにバスケット通貨を導入しようとする場合，過度な為替相場変動を避けるためのこのような事前的な政策方向性の摺り合わせは，EMSの場合よりも格段に困難になると考えられる。EMSでは国内政策が犠牲になる場合があるとはいえ，採用すべき政策の方向性の判断はドイツに合わせれば良いのであるから単純である。これに対してアジアの場合には，一方では生産力や技術力および一人あたり国民所得において他に抜きん出ている日本があり，他方では生産力や技術力および一人あたり国民所得においてはまだかなり低いけれども，一国の経済規模では日本すら凌駕している中国という2つの国がある。仮に両国の間で同じ方向性をもった政策がとられない場合，両国間の為替相場の不安定化のみならず，他国の政策基準の判断も極めて難しいものとなる。少なくとも，為替相場変動後の介入という事後的な調整だけで為替相場を安定化させることは不可能であろう。

(3) 欧州の通貨統合における問題

欧州通貨統合の過程では，アンカー国としてドイツが抜きんでた地位にあり，ドルに対して強いマルクへの信頼を基礎として，その他の国々は金融政策や通貨政策において歩調を合わせようとしてきた。欧州においても各国間の1人当たりGDP格差や成長率，資本形成比率の格差は小さくなく，その協調的政策は必ずしも容易ではなかった。しかし，その格差は今日のASEAN＋3域内における格差より格段に小さかったのである。それでも，欧州では通貨統合後に様々な問題を抱えている。それは，各国通貨が消滅したことによる資本移動を妨げる国境要因がほぼゼロになる一方で，逆にそれを調整するための独自

---

13) 例えば，81年のフランスにおける経済刺激策による経常収支の悪化。

の金融政策がとれなくなったこと，為替介入という国際収支調整手段が消滅したことによる。

　共通通貨の現実化においては，とりわけ中心的アンカー国となる日本と中国の差は大きい。このような格差が存在する中では，まずアンカー国としての日本と中国の違いがあり，さらに他の参加国においても格差があまりに大きすぎるため，全く異なる金融政策が必要であり，金融政策において歩調を合わせることは一般には難しい。

　欧州において，2010年に顕在化したギリシャ危機は為替相場調整という選択肢がない状況における国際収支調整の困難性を示している。ギリシャのユーロ参加は2001年からであるが，財政赤字が深刻化する中で発行されたユーロ建てギリシャ国債が大量に発行され，欧州域内の金融機関によって保有されたのであるが，国際金融危機後において借り換えが困難になり，ギリシャにおけるデフォルト危機が発生したのである。欧州における問題はギリシャだけではない。通貨統合後為替リスクがゼロになり金利が大きく低下したスペインやポルトガルに過剰な貨幣資本が急激に流入し，不動産バブルが形成された。そして米国発の世界的金融危機の中でそのバブルが崩壊したのである。

(4) アジアにおけるバスケット通貨の形成過程をめぐる論点

　バスケット通貨を自国通貨の対外価値の目標とすることによって，為替相場の安定が推進されるという点に関してほとんど異論はない。しかし，バスケット構成通貨をどのようなものにするか，そのプロセスをどのように進めていくかについては，見解の違いがみられる。

　バスケットの通貨の中身に関しては，世界市場における主要国通貨にするか，域内の（主要国または全参加国）通貨にするかという問題がある。とりわけ，米国と貿易上の関係性が強いという理由から，米ドルを含めたものにすべき

という主張が存在する[14]。米ドルを含めたバスケット通貨構想には，大きく2つの根拠がある。1つには，アジアのバスケット通貨とその先に展望されている共通通貨構想は，各国における国際取引を基礎としているというものである。APECにおいて進められている様々な自由貿易圏構想は，基本的に米国を含むか米国が主導的に推進する経済連携協定であり，通貨構想も基本的にこうした環太平洋自由貿易経済圏形成の方向性から展望する。したがって，バスケット通貨においても，このような経済実体と将来構想を踏まえたものにすべきという見解である。もう1つには，現在，アジア域内における各国間の国際決済は米ドルを銀行間決済における媒介通貨として使用しているという現実に基づいている。アジア域外との決済だけでなく域内の決済において，相殺の範囲，出合いの効率性という点で媒介通貨である米ドルを含めたバスケットという主張がなされる。

　しかし，これらの根拠は，以下のような米ドルを含めない構想にも繋がる。すなわち，自由貿易構想は米国によって主導される側面が強いとはいえ，すでにみたようにアジアにおける貿易相手国としての米国の地位は相対的には低下しつつある。また，アジア域内の各国間の国際取引は，最終的に米ドル決済システムを利用して決済されているとはいえ，逆に言えば，その現実こそが米ドル依存体制からの脱却の根拠となるということである。すなわち，媒介通貨として機能するには，その通貨建てのコルレス残高が必要であり，これを維持する際の信頼性と価値下落は，長期的に媒介通貨そのものへの信頼性低下に繋がる。それはアジア域内における独自の媒介通貨と決済システム構築への動機となり得る。

　逆に，バスケットの中身を米ドル，ユーロ，円という世界の主要通貨にした場合，円が入っているとはいえ，域内通貨間の基準相場はEMSにおけるECU

14）星野三喜夫は「米国の排除は，共同体の要となる安全保障の観点，すなわち東アジアの平和と安全における米国の役割を考慮に入れていないものであり，現実的でない」としている（星野三喜夫「『東アジア共同体』とアジア太平洋の地域統合」『国際金融』1213号，2010年6月）。

のような域内通貨バスケットを用いた各国毎のセントラル・レートとはならない。また，バスケット通貨のウエイトも域内経済実態を反映していないため，アジアの統一通貨の形成に繋がる方向性が見いだせない可能性もある[15]。

バスケット通貨の中身の議論とも関係しているが，どのようなプロセスで通貨金融連携を進めていくのかに関しても様々な見解がある。一般的には2国間から多国間へ，ドルペッグからバスケットペッグへと徐々に為替相場変動を縮小していく案が多い[16]。しかし，今後ASEAN地域における人民元の国際化が進むことを予想して，バスケット通貨形成よりも人民元決済圏の構築を構想する見解もある[17]。また，協定によって厳格な共通バスケット制が作られたとしても崩壊の可能性が高いという指摘もある[18]。当然ながら，通貨金融連携の目標を何処に設定するのかによって全く異なるプロセスが導き出されることになる[19]。

---

15) 鳥谷一生は以下のように指摘している。「DEY案については（中略）米ドルを事実上の準備・介入通貨としながら，域内為替相場の乖離縮小を図ろうとした「トンネルを出たヘビ」が内包させていた問題を継承している」「他方，ASEAN＋3通貨案は，79年成立のEMSにおける欧州通貨単位の着想を引き継ぐ」としている。278ページ。

16) 例えば，李暁は，域内通貨金融協力の各段階として，①各国独自のバスケットペッグによるドルペッグからの乖離と各国の政策協調，②経済発展水準の近い2国間為替相場の共通バスケット連動制構築および地域全体としてACUを目標とする為替相場変動幅の設定，③各局地でのバスケットペッグ制度の構築と東アジア全体での共通バスケット制の構築，④各国経済の一体化を踏まえて，最終的に単一共通通貨採用，というプロセスを提唱している（李暁「ドル体制の持続可能性，東アジア通貨協力及び人民元国際化」『国際金融』1217号，2010年10月）。

17) 張明は，人民元単独の国際化，人民元が残る「ポンドの道」，残らない「マルクの道」を示しASEANの人民元通貨圏の形成に合わせて選択していくことを提示している（張明「世界経済危機の中の中国の新しい国際金融戦略」『季刊中国資本市場研究』2009年夏号，東京国際研究クラブ）。

18) 奥田宏司「東アジアにおける『為替相場圏』の形成」『国際金融』1214号，2010年7月。

19) 河合は，今後の国際通貨体制改革案について，①世界単一通貨制，②SDR本位制，③複数基軸通貨，④米ドル機能改善として整理し，これらを対立するものというよりは④から順次①に向けて実現していくべき過程として捉えている（河合正弘「国際通貨体制と東アジアの通貨金融協調」『国際金融』1208号，2010年1月）。

ここでは為替相場変動を抑制する方向でのバスケット通貨形成を目指すとした場合の，いくつかの問題を指摘しておく。EMSの経験から，共通バスケット通貨採用にあたって，相場介入には特定国通貨がアンカー通貨として設定されなければならない。アジアでは日本円と人民元の2つの候補があるが，その際以下の問題が存在する。まず，人民元の場合，中国における国際金融市場整備，資本取引の自由化と自由交換性の程度が問題となる。人民元が域内においてアンカー通貨になるためには，金融市場の開放，資本取引の自由化，資本収支における自由交換性が実現していなければ難しいであろう[20]。次に，アンカー通貨を人民元と日本円とした場合，両国の金融政策の合致の程度が問題となる[21]。一人あたり国民所得において中国が日本と同程度になるには相当な時間が必要であろう。また，両国において金融政策の共同歩調の実現についても，どちらに合わせていくのかという問題がある。以上の点からすれば，現状では共通バスケット通貨の実現は見通しが立ちにくいのではないだろうか。

　総じて，域内の経済成長と経済関係の緊密化，ドル体制への懸念など，一層の通貨金融連携のための客観的促進要因は確かに醸成しつつある。しかし，その先にある共通バスケット通貨の構築，共通通貨に向けて具体的な到達プロセスの実現性を考慮すれば，解決しなければならない様々な課題があるといえよう。

---

20) 凌星光は，人民元の国際化について，中国では人民元の資本項目における自由交換制，資本取引の自由化になかなか踏み切らないであろうと指摘している（凌星光「中国・ASEAN自由貿易区の始動と人民元の国際化戦略」『国際金融』1210号，2010年3月）。また，李暁も同様の指摘をしている（李暁「ドル体制の持続可能性，東アジア通貨協力及び人民元国際化」『国際金融』1217号，2010年10月）。

21) 中北徹は，日中の中央銀行決済システムの結合から始めることを提案している。各国の外貨準備のプールとしての基金創設から始めるのではなく，中央銀行の決済システム（日本の日銀ネットと中国のCNAPS）の結合から始めることを提唱する。両中央銀行は開設した日中合成通貨口座に応じた円資産と人民元資産を保有し，合成通貨での銀行間取引は，この口座を通じて行うことを提唱している（中北徹「『日中合成通貨』創設へのボトムアップアプローチ―中央銀行決済システムの接続構想―」『国際金融』1207号，2009年12月）。

おわりに

アジア域内における通貨金融連携・協力の推進は進行しつつある国際通貨システム多極化の一環であって，その意味で特に独自なものではない。この動向を後押ししている要因として，米国経済の相対的な地位低下と米ドル体制への懸念も世界的に共有している。ただ，東アジアは世界経済の成長センターであることによって，強い経済連携を形成しつつある地域である。相互の強い経済関係の形成という点では，通貨金融連携を実現した欧州に準じつつあり，この事実こそが通貨金融連携を経てバスケット通貨，共通通貨構想にまで踏み込んだ議論が展開されている所以でもある。

域内通貨金融連携が何らかのバスケット通貨形成と為替相場の安定性を実現し，共通通貨形成に至るという構想は様々展開されているけれども，そのようなプラス面のみが強調されるような議論に対しては懸念をもつ。1つは，ギリシャ危機も含めEUの現実をみるかぎり，共通通貨の形成と参加が金融政策の選択肢を狭め，自国経済をかえって困難に陥らせる場合があるということである。また，EMSの段階においてもアンカー国のドイツに金融政策の歩調を合わせなければならないという意味で，同様の問題は存在していた。奥田宏司も指摘するように「共通バスケット制導入には各国の主権への制限が不可欠」[22]という事実を踏まえた上で，どのような通貨金融連携を構築していくのかが問われている。もう1つの懸念は，より安定的な為替相場の構築と相互取引の活発化のための通貨金融連携が自国経済にプラスになるとしても，これと並行的に推進されようとしている自由貿易圏の構築がプラス効果のみをもたらすとは限らないということである。自由貿易圏形成に大きな問題となっている農産物は，天候に左右される不安定生産物であるだけでなく，人の生命維持に不可欠な商品であるゆえに資本主義経済システムの中では投機の対象にもなりやすい

---

22) 奥田宏司，前掲論文（注18）。

商品でもあり，本来，自由貿易の対象には馴染まない。本章では無条件の自由貿易のための最適通貨圏の形成，あるいは最適通貨圏形成のための無条件の自由な貿易・資本移動・労働移動の実現を目指すという立場はとらない。

　これらの点に関する検討は別稿に譲るが，本章において域内通貨金融連携を推進すべきという根拠は，為替相場安定によってキャピタル・ゲインとカジノ的経済を多少とも抑制し，より安定的な経済取引の実現に繋がる可能性にある。むしろ，まず資本取引における投機性の強い取引を規制しなければ，為替相場の安定とバスケット通貨の実現は困難であるといえる。また，過剰資本の醸成によって不安定化している米ドルへの過度な依存体制からの脱却という意義も大きい。域内バスケット通貨形成に向けた道程に関する議論の違いも多々あるが，そうした議論は域内経済連携や共通バスケット通貨・共通通貨によってもたらされる国内経済や金融政策についての総合的な判断を踏まえて進められるべきであることは言うまでもない。

第7章
韓日FTAをめぐる懸案と実現に向けた推進方向

金　良姫

はじめに

　韓国と日本は，両国の経済関係強化と東アジア経済共同体の建設のための橋頭堡確保という野心的な目標を掲げて，2004年12月に韓日FTA交渉を開始した。だが，それは翌年11月の6次交渉を最後に中断されてから5年以上たった現在まで議論の棚上げ状態が続いており，交渉再開の目処さえ立っていない。

　こうした長期膠着状態になってしまった最大の理由は，韓国の製造業と日本の農水産業の韓日FTAに対する反対が根強いからである。韓国側は，日本が農水産物市場開放には消極的であるのに，競争力の強い自国の製造業の開放と知財権保護以外にはあまり関心がないようであると日本側を非難している。これに対し日本側は，韓国が民間企業レベルで議論すべき先端技術移転及び対韓投資を日本政府に要求しながらも，自国の投資環境改善の努力を軽視していると不満を表わしている。

　さて，2010年は1910年の韓日合併から100年になる歴史的な節目であり，韓国と日本がこれからの100年を未来志向的な両国関係に再構築できる絶好

の時点でもあった。だが，そこまでには至らなかった。それどころか，むしろ，日本政府の TPP 参加をめぐる議論が出されたことによって，日韓 FTA を東アジア統合の土台にしようとする意義は益々遠ざかってゆくような気さえする。外交的には，朝鮮半島の情勢不安化によってアメリカから韓日両国のより親密な関係構築の必要性を要求されているのが現実である[1]。

　このような冷厳たる現実のゆえに，我々は，未来志向的な韓日関係の構築という観点から，日韓 FTA の意味合いを改めて考えてみたい。そこで，本章では，まず，韓日 FTA の議論が長らく躓いている政治経済的な原因を捉える。二つに，日韓 FTA の阻害要因といわれる両国の競争力の格差に対して動態的な観点から批判的な検討を試みる。三つに，韓国と日本の両者間での懸案はさておいて，両者の共通懸案であるグローバル経済危機が日韓 FTA に与える示唆点を論じることにする。最後に今後の日韓 FTA の実現に向けた推進方向を提示することにしよう。

第 1 節　日韓 FTA の長期膠着状態の政治経済学

(1) 両国間の貿易関係の特徴

　韓日貿易の推移を図 7-1 からみると，二つの特徴が指摘できる。第一は，両者間の貿易は長期的には拡張基調だが，韓国の対日輸入超過からなる慢性的な対日貿易収支赤字状態が長らく続いている点である。これは韓国の対日競争力の弱さを反映するものであるといわれる。一方，韓国と日本は相互にとって重要な貿易パートナーだが，双方とも中国との関係がより緊密になっており，中国の強い存在感が浮かび上がる。つまり，2009 年に日本は韓国の貿易総額基準 2 位の貿易相手であり，輸出において 3 位，輸入においては 2 位の地位を有している。だが，これは韓国の対中貿易総額の半分程度にとどまる水準であ

---

1) *The Wall Street Journal*, 2010. Dec.9. "U.S. Prods Tepid Tokyo on Seoul Ties" (http://online.wsj.com/article/SB10001424052748703766704576008993363165476.html).

第7章 韓日FTAをめぐる懸案と実現に向けた推進方向　183

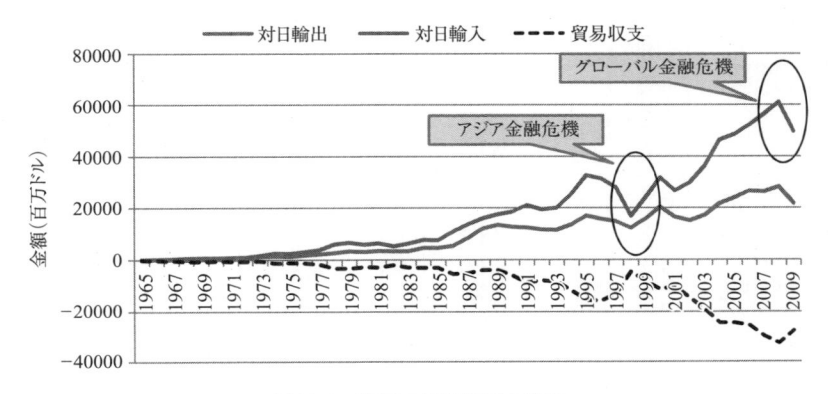

図7-1　韓国の対日貿易の推移

資料：韓国貿易協会（KITA.net）より作成。

る。他方，日本にとって韓国は，貿易総額3位，輸出3位，輸入7位の貿易相手だが，これは日本の対中貿易規模の1/3の水準にすぎない。韓国の製造業にとって日本の輸出市場としての重要性が低下しており，FTAの対象として日本より中国を好む傾向が強い理由がここにある。

　第二は，両国の貿易のうち，第3国の景気変動により敏感に反応するのは，韓国の対日輸入であり，二度の金融危機の際に対日輸入は激減しているという点である。これは，韓国の対日貿易が，主に韓国が対世界輸出のために必要な中間財の輸入を日本に依存していることによる。すなわち，2009年現在，韓国の対日輸入品目は原資財と資本財が94％を占めており消費財は5.8％にすぎない。他方，韓国の対日輸出品目構成は，表7-1に示されているように，原資財と資本財が82.0％を占めており，日本ほどではないにしろ低くはないが，消費財が17.9％を占めている。2008年に比べて，消費財のシェアが伸びたのはグローバル経済の影響で韓国産製品の価格競争力が強くなったからであろう。

　それでは二国間の競争力を測る代表的な指数である貿易特化指数（Trade Specification Index）を通じて韓国の製造業の対日競争力の現状を捉えてみよう。貿易特化指数（TSI）とは，特定品目の輸出競争力を測る代表的な指数としてつ

表7-1 韓国の対日貿易品目の加工段階別構成

性質別	対日輸出				対日輸入			
	2008		2009		2008		2009	
	金額	構成比	金額	構成比	金額	構成比	金額	構成比
合計	28,252	100	21,771	100	60,956	100	49,428	100.0
原資財	13,610	48.2	9,426	43.3	28,895	47.4	25,284	51.2
資本財	10,987	38.9	8,428	38.7	28,261	46.4	21,256	43.0
消費財	3,643	12.9	3,901	17.9	3,799	6.2	2,887	5.8
直接消費財	1,306	4.6	1,416	6.5	443	0.7	407	0.8
耐久消費財	1,747	6.2	1,860	8.5	2,799	4.6	1,948	3.9
非耐久消費財	590	2.1	626	2.9	557	0.9	532	1.1
その他	14	0	16	0.1	1	0	0	0

資料：図7-1に同じ。

ぎのように定義する。

$$TSI = \frac{X_{ij} - M_{ij}}{X_{ij} + M_{ij}}$$

ここでiは韓国を，jは日本を意味し，X_{ij}は韓国の対日輸出を，M_{ij}は韓国の対日輸入を意味する。TSIが1に近いほど輸出特化品目であり，−1に近ければ輸入特化品目である。韓国の対日輸出（対日輸入）は日本の対韓輸入（対韓輸出）を意味するから，韓国の対日輸出（輸入）特化品目は，日本の対韓輸入（輸出）特化品目になる。

2009年現在，韓国の対日輸出上位業種のうち，輸出特化段階のものは鉱物性燃料だけである。残りの17業種のなかで，特に精密機械，窯業製品，重電機器，その他化学製品，基礎産業機械などが，輸入特化の程度が大きい。依然として輸入特化段階ではあるが2006年に比べて改善されてきたのは精密化学，産業用電子製品，産業機械，精密機械，機械用小工具・金型，家庭用電子製品，その他機械類などの7つの業種である（図7-2，参照）。

総じて，韓国の対日貿易は韓国の対日競争力の弱さを主な特徴としているといえよう。

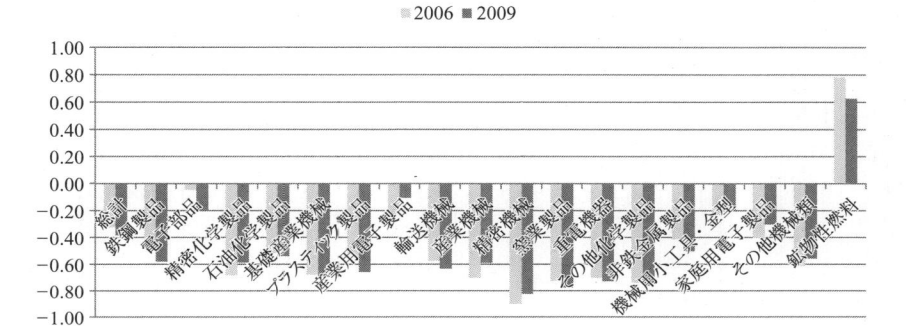

図7-2 韓国の対日輸出上位業種の貿易特化指数の推移（2006年→2009年）
資料：図7-1に同じ

(2) 国内政治—両国のFTA/EPA政策の相違
①韓国のFTA政策

　韓日FTA議論の長期膠着状態が続く政治的な側面として，我々の眼を引くのが両国のFTA政策の違いである。まず，韓国の貿易構造の特徴を反映する韓日FTA政策は，強力な重商主義にもとづいて輸出市場の安定的確保を最大の目標としている。それゆえ，韓国政府は輸出市場としての魅力の弱い日本とのFTAを積極的に推し進めるには，政治的な負担を感じるのである。以下では両国のFTA政策を批判的に検討してみよう。

　韓国は2010年12月現在，チリ，シンガポール，EFTA（ヨーロッパ自由貿易連合：スイス，ノルウェー，アイスランド，リヒテンシュタイン），ASEAN，インドとのFTAが発効し，EUとは2011年7月発効予定である。米国とは再交渉が妥結し，ペルーとも署名が完了した。これらの国々との貿易比重は韓国の貿易総額の35.6％を占めている。

　韓国の外交通商部は，WTOの停滞状態と世界的なFTA拡散趨勢を背景に，韓国の高い対外依存度を勘案し，FTA未締結時の不利益を避けるためにはFTAを通じた安定的な海外市場の確保が不可欠であり，究極的に成長率低下に直面した韓国経済がFTAを通じて体質改善と国全般のシステムの先進

表7-2 韓国と日本のFTA/EPA締結現況

	署名・発効				交渉中	検討中
	件数	国家	貿易比重	国家・地域		
韓国	8	45	35.6	チリ, シンガポール, EFTA, ASEAN, 米国（再交渉妥結）, インド, ペルー（署名）, EU（2011年7月発効）	メキシコ, カナダ, GCC, 豪州, NZ, コロンビア, トルコ	中国, 日本（交渉再開）, SACU など
日本	12	14	16.5	シンガポール, メキシコ, マレーシア, チリ, タイ, インドネシア, ブルネイ, ASEAN, フィリピン, スイス, ベトナム, インド（署名）	GCC, 豪州, ペルー	韓国（交渉再開）, NZ, モンゴル, EU, TPP など

資料：各種資料より筆者作成。

化，国民厚生の増大を図らなければならないと主張している[2]。そのためのFTA戦略の核心は，「巨大・先進経済圏と包括的かつ高い水準で，同時多発的にFTAを推進する」ことである。このように，韓国政府のFTA政策の目標は，安定的な海外市場確保と競争力強化及び経済システムの先進化にあると要約できる。

韓国がFTA相手として巨大・先進経済圏を優先する戦略は，韓国が東アジア域内国との関係よりは巨大先進経済との関係を重視していることを示している。なお，韓国の高い輸出依存度を考慮すれば，巨大・先進経済圏市場の安定的確保は不可避な側面もなくはない。こうした側面からすると，日本という貿易相手は，FTAの締結によって輸出増大どころか，むしろ輸入の拡大を招きかねない恐れさえあるので，韓国政府としてはなかなか国内支持基盤を得にくいのである。

一方，包括的かつ高い水準で全面的な開放をするためには何よりも，内部的な利害調整メカニズムの確立がかなめとなる。従って，高いレベルのFTAは締結の可能性が低いか，締結にともなう費用が非常にかかるという結論に至

---

2) http://www.FTA.go.kr/FTA_korea/policy.php.

る。韓国はいまだに，国内製造業が反対するFTAは締結したことがないし，万が一日本とのFTAで製造業が急激な構造調整に見舞われることになれば，相当の政治的な負担を負うことになる。

　しかし，東アジアでは，日本も含めて，全産業がバランスよく発展した国は存在していない。したがって，アメリカやEUと締結したような包括的かつ高いレベルのFTA形成も実際簡単ではない。さらに，いまのFTA政策は，韓国企業の輸出における最大のリスク要因である，変動性の高い為替相場には手を入れず，ごく予測可能で長期的な下落趨勢を示している関税率の低下を中心としているという限界をもっている。

　よって，今後とも求められるのは，域外輸出市場の安定的確保とは区別された域内国とのFTA政策の樹立である。なぜならば，後者の場合は輸出市場の安定的確保のみならず，域内生産システムの効率性増大，域内金融協力そして究極的には地域ガバナンス構築も含めた域内の外交安保的な安定性を高めるための多角的かつ重層的なアプローチが必要だからである。域内市場の安定的確保のためにも，既存の先進経済圏と違って，商品貿易分野で互いの敏感部門に配慮する弾力的なアプローチが必要とされる。さもなければ，韓中FTAや韓日FTAの実現は難しくなる可能性が高い。

　②日本のFTA・EPA政策

　2010年現在，日本はシンガポール，メキシコ，マレーシア，チリ，タイ，インドネシア，ブルネイ，ASEAN，フィリピン，スイス，ベトナムとのEPAを発効し，インドとは署名済みである。このように，日本はFTA対象としてASEANを優先視している。これらの国々とのEPAは，日本の総貿易の16.5％を占めている。

　2004年に公式化された日本政府のFTA政策は，なによりも日本に有利な国際環境の造成と相手国との関係強化を重視してきた。即ち，東アジア共同体形成及び域内の安定と繁栄，日本の経済力強化及び政治・外交上の課題解決，WTO交渉など国際交渉において日本との連携及び協力などに寄与すると思われる対象国とFTAを推進することである。

表7-3　日本の「包括的経済連携に関する「基本方針」」の概要

状況認識	新興国の急激な発展と日本の趨勢的低下，DDA交渉の行方の不透明，主要国間の高いレベルのFTA拡大に比して日本は遅れており，日本もFTAを通じた成長基盤の再構築が必要	
目標	高いレベルのFTA推進と同時に，これに必要な抜本的な国内改革を先行的に推進	
FTA対象	アジア太平洋地域	TPP参加を巡って情報収集と国内環境整備，関係国との協議を開始
		ペルー及び豪州との交渉妥結，韓日FTA交渉再開に努力
		日中韓FTA，東アジアFTA（EAFTA），東アジア包括的EPA（CEPEA）などの広域経済連携，モンゴルとのFTA交渉開始を可及的速やかに実現
	域外主要国	EUとの交渉再開のための国内調整加速化，GCCとの交渉促進
	その他	経済・外交安保的な観点から総合的に判断
国内対策	農業	「農業構造改革推進本部」設置，2011年6月めどに「基本方針」決定，財源装置などを含む中長期行動計画を2011年10月めどに策定
	人の移動	「新成長戦略」をもとに「基本方針」を2011年6月までに策定
	規制改革	国内の非関税障壁撤廃の観点から行政刷新会議で具体的な方針を2011年3月までに決定

資料：内閣府（2010）。

　日本は2006年に，東アジア地域の既存の広域FTA構想である「東アジアFTA（ASEAN＋3）」（韓・日・中）に，新たにインド，オーストラリア，ニュージーランドの3カ国を追加した「ASEAN＋3＋3」またはいわゆる「CEPEA」締結を提案した。しかし，これに対し周辺国の反応はやや冷たかった。「ASEAN＋3」のロードマップも不透明な状態で，日本がそれよりも現実性が低い提案をした理由は，中国を牽制しようとする意図があると思われたためである。米国国務省も，この提案については非公式のチャンネルを通じて，「太平洋の真ん中に線を引くつもりなのか」と，否定的意見を披瀝した[3]。にもかかわらず，2009年に政権を握った民主党の鳩山首相（当時）は，このCEPEAを対象とする東アジア共同体形成を目玉政策として打ち出し，はじめての訪米直前には，東アジア共同体の範囲にアメリカは含まれないと打ち明けた。

---

3) Asahi.com, 2006.11.5.

ところが，2004年にFTA政策を発表してから約6年が経った2010年11月9日に閣議決定された「包括的経済連携に関する基本方針」（以下「基本方針」）は，従来の政策からの大胆な方向転換をしているので注目に値する。「基本方針」は，一つに，すべての品目を対象に原則高いレベルの経済連携を進める，二つに，特にAPECメンバーを対象にする環太平洋パートナーシップ（Trans-Pacific Partnership）参加環境を整える，三つに，このために農業改革や規制改革を先行する，という三つの柱で構成されている（表7-3，参照）。

今回の「基本方針」表明は，なによりも，TPP参加をテコとして，これまで高いレベルのEPA推進の阻害要因として批判されてきた農水産業の構造調整を促進しようとする苦肉の策ともいえる[4]。これによって，韓国などの競争国に遅れをとっているFTA推進を加速化することが狙いである。しかしながら，今回の「基本方針」とTPP参加が，従来の東アジア共同体論からの決別であるかどうかはいまのところまだ明らかではない。

ここで興味深い点は，日本の新しい「基本方針」が，韓国のFTA政策と目的や対象，包括範囲及び開放水準等々の面で似てきたということである。しかし，輸出依存度も，経済規模も異なる両国なのに，相互のFTA政策が一種の収斂現象を示すことは，必ずしも好ましいとは限らない。特に日本は，巨大な内需市場の停滞を解消するための政策がもっと必要であろう。なにしろ，こうした急激な方向転換には，中国の浮上と韓国の追撃に対する日本の焦りを垣間見ることができよう。また，域内における日中間の葛藤を自らのリーダーシップで解決するより，アメリカのアジア介入政策に安易に便乗することになる恐れがある。

日本がTPP参加の意思を表明した後，中国も矢継ぎ早にTPP参加に興味を示した。まだその可能性は高くないようだが，もしも，日本のTPP参加が実現されれば，今までの東アジアにおける主要国間力学関係に日本と中国だけで

---

[4] TPPの意味や日本のTPP参加意思表明の背景などに対する詳しい議論は，金良姫「日本の『包括的EPA基本方針』に対する評価と示唆点」『今日の世界経済』第10-29号，KIEP（韓国語），2010年を参照されたい。

表7-4 韓国と日本のFTA/EPA政策の比較

	韓国	日本	
		2004年「基本方針」	2010年「基本方針」
目標	先進通商国家	相互経済連携強化	成長・発展基盤の再構築
主要対象	米国，EU，中国などの巨大・先進経済	東アジア（特にASEAN）	TPP，EU，中国などの巨大・先進経済
包括範囲	包括的	商品貿易中心（選択的）	TPP，EUとのFTAは包括的
開放水準	ハイレベル	製造業は高く，1次産業は中間レベル	全産業でハイレベル
中国牽制手段		域内国（韓国，ASEAN）とのFTA活用	米国主導のTPP活用

資料：金良姫「日本の「包括的EPA「基本方針」」に対する評価と示唆点」『今日の世界経済』第10-29号，KIEP，2010年（韓国語）。

なくアメリカも加わり，東アジア経済統合が非常に複雑な有様で展開されるかも知れない。さらに，TPPに日本に続き中国も参加することになれば，従来の東アジア経済統合の議論は形骸化する可能性もある。アメリカでは，自国のTPP参加を東アジア戦略の「大々的な再編成（wholesale configuration）」とみなしているからである[5]。韓日FTAを東アジア経済統合のモデルにしようとした戦略的な意義も相当薄まるだろう。

　要するに，韓国と日本はいま，FTAを通じて域内経済統合の未来像を描くべき役割をあきらめようとしているのではないかと疑われており，自らのFTA政策を再検討することが問われている。

第2節　両者間懸案の批判的検討

　韓日FTAに対する様々な見解のなかには，韓国は製造業の競争力が，日本

---

[5]　金良姫「グローバル経済危機と韓日・日韓経済協力の枠組みの再構築」『東アジア経済経営学会誌』第3号，2010年12月（韓国語）。

は農業の競争力がそれぞれ弱いので，韓日FTAを結ぶためには韓国の製造業と日本の農業間でいわゆる「ビッグ・ディール」ができるかも知れないと主張する向きもある。事実この見解は，両国でかなり支持を得ているようである。しかしながら，それは客観的な事実に基づいているのか，以下では，こうした見解を検証しつつ，韓国と日本の競争力を動態的に見た場合には，新しい側面が現れてくることを示したい。

(1) 韓国の製造業は今後とも弱いのか―競争力の未来不確実性の増大

既に述べたように，韓国の貿易構造は対世界貿易黒字と慢性的な対日貿易赤字をコインの両面のようにもっている。これを肯定的に受け止めれば，韓国は，日本から高級・高付加価値の中間財の輸入が容易であったおかげで，対世界輸出も有利であったといえる。つまり，日本からの輸入があったからこそ，対世界輸出での良好なパフォーマンスが可能であり，したがって，対日貿易赤字は問題にならないというロジックである。こうした見方は，主に日本側の主張であり，重商主義を批判する韓国側の一部もこれに賛成するようである。

他方，同じ現象に対する否定的な見方もある。この見方に立っている人々は，韓国がいくら対世界輸出を増大しても，そのための中間財などの対日輸入が増えるばかりなので，結局輸出からの利益が日本にすい取られるような韓国の貿易構造が問題であると主張する。したがって，対日貿易赤字は対日技術依存性と等しいものになって，何とかして対日貿易赤字を解消すべきだという論理につながる。こうした見方をとっているのは大体韓国側である。

このような議論は両方とも，動態的な視点が欠如しているのではないか。我々は，一国の経済発展段階に相応する産業・通商政策の変化の必要性を考慮すべきであろう。韓国経済の開発初期段階では，日本という良質で使い手のよい資本財や中間財の供給地[6]が隣に存在したのは，どちらかといえば恵まれた

---

6) これは単に製品の価格だけでなく，地理的近さからなる安い輸入コスト，英語に比べて分かりやすい日本語の使用マニュアル，機械故障の場合には修理に出向いてくる日本人エンジニアとの意思疎通の便利さ等々を含む。

条件であった。それは韓国が輸出主導型工業化を志向するにあたって主要な初期条件であったともいえる。こうして韓国は，60年代以来，輸出促進のために輸出金融と輸出用中間財輸入に対する関税還付制度などを活用してきた。言い換えれば，かつて韓国では輸出のための対日輸入はむしろ政策的に奨励されたのである。だから，対日貿易赤字は問題にならないという主張は，過去から現在までは概ね当てはまるだろう。

　しかし，韓国は2009年現在OECDのなかで貿易9位，GDP11位となっており，2010年には輸出7位になると見込まれる。韓国の主な輸出品目も，開発初期段階のカツラ，ワイシャツなどの労働集約財から自動車，造船，薄型テレビ，先端情報技術製品などに発展してきたし，加工段階別にも完成財から中間財へと変化してきた。にもかかわらず，基礎技術・源泉技術は依然として日本に比べて弱い段階にある。

　表7-5をみれば分かるように，約10年間の韓国と日本の競争力推移を見ると，つぎの特徴が見受けられる。まず，いずれの指標をとってみても，両者間の格差が縮まってきたことは確かである。特に，特許出願実績における韓国の発展ぶりが著しく，特許出願数の差は6.5倍から2.9倍と縮小し，R&D効率を表す「R＆D支出規模当り特許出願件数」はすでに韓国が2001年時点で高くなっており，2007年にはさらに高くなっている。ハイテク製品の輸出比率もこれと類似した経路をとってきた。ところが，過去に比較して縮小はしたものの，いまだに格差が大きいのが技術貿易収支倍率（技術輸出／技術輸入）であり，特許出願数も似たような推移を示している。

　このような特徴は何を意味するのだろうか。これは，韓国の輸出競争力はかつてより高まったとはいえ，それは製品の競争力であり，基礎・核心技術の競争力ではないということを物語る。こうした基礎技術の相対的な弱さは，韓国が投入主導型経済から，より革新主導型経済へと発展するためには克服しなければならないものである。

　こうした文脈で，韓国が，依然として海外に依存しているが，今後の産業構造の高付加価値化のために欠かせない核心技術を自ら開発しようとするのは，

表7-5　韓国と日本の競争力の推移

	韓国（A）		日本（B）		（B）/（A）	
	2000	2009	2000	2009	2000	2009
輸出商品の世界輸出市場占有率（％）	2.7	2.9	7.4	4.7	2.7	1.6
貿易規模（億ドル）	3327	6866	8588	11315	2.6	1.6
特許出願数（件）[1]	56510	114195	365335	332906	6.5	2.9
R＆D支出規模当り特許出願件数（％）[2]	4.27	3.70	3.60	2.48	0.8	0.7
技術貿易収支倍率（技術輸出/技術輸入）[3]	0.34	0.43	3.12	3.49	9.2	8.1
ハイテク製品輸出比率（％）[4]	29.56	33.45	26.25	18.97	0.9	0.6
製造業の中小企業付加価値比重（％）[5]		45.3		49.3		1.1
製造業生産性（名目為替，USドル）[6]	31726	56217	82781	83759	2.6	1.5
製造業R&D支出のGDP比率（％）[7]	1.4	2.2	2.0	2.4	1.4	1.1

注：1) 2009年欄にある数値は2006年。
　　2) 2009年欄にある数値は2007年。
　　3) 2000年欄にある数値は2004年，2009年欄にある数値は2007年。
　　4) 2000年欄にある数値は2001年，2009年欄にある数値は2007年。
　　5) 2009年欄にある数値は，韓国は2006年，日本は2007年。両方とも250人未満の企業。
　　6) 2009年欄にある数値は2006年。
　　7) 2009年欄にある数値は2007年。
資料：企画財政部「2010年国家競争力報告書」（2010）をもとに筆者作成。

Changが指摘するように[7]，韓国のみならず，日本をはじめ多くの先進国が辿ってきた道でもあろう。要するに，韓国に必要なのは，対日貿易全体の黒字化ではなく，将来の成長エンジンの確保のために必要な基礎・核心技術を対日輸入に依存している結果として現れる貿易赤字の解消であり，一部製品の輸入代替化つまり内製化なのである。

にもかかわらず，韓国はこれまでかなり日本を追撃してきたことも否めない事実であり，それに関しては自信をもってもよさそうである。いくら日本が核心技術をもち，数多くの特許をもっていても，それだけでは十分ではなく，ある意味ではそれを巧みに利用して商品技術で高いパフォーマンスを上げている

---

7) Chang Ha-Joon, *Kicking Away the Ladder*. Anthem Press, 2002.

韓国のほうがより優れた経営能力を有しているといえるかも知れない。

　日本がもっている核心・基礎技術は，今後技術標準（*de facto standard*）をめぐる競争が，どこへ向かうかによって台無しにされる恐れもある。その典型的な例が，トヨタが技術開発から生産まで圧倒的な優位をもっているハイブリッド・カー技術の今後の展望であろう[8]。ハイブリッド・カーが環境に優しい新技術の車であっても，割高の生産原価からくる高い販売価格のせいで消費者がその購入を躊躇するのであれば，トヨタの関連した技術優位も絵に描いたもちになるかも知れない。もしこうした傾向が強まるのであれば，まだハイブリッド・カーの開発能力が十分に蓄積されていない韓国や中国には，意外に早く新たなビジネス・チャンスが到来することにもなる。

　すなわち，今も韓日間には技術格差が存在しているものの，それが今後とも続くか否かについては誰も自信をもって予測することができないほど，科学技術の将来をめぐる展望には不確実性が高いのである。韓国は，過度の劣等感も最近の好調からくる過度な自信も，もたない方が良いだろう。

(2) 日本の農業は本当に弱いのか

　韓国の農産物の対世界競争力と日本市場における競争力を，日本のそれと比較した研究結果は注目に値する[9]。

　まず，比較顕示優位（Revealed Comparative Advantage: *RCA*）をもって両国農産物の競争力実態を把握してみよう。*RCA* とは，ある品目の世界市場における競争力を測る指標であり，品目 i の *RCA* 指数はつぎのように定義される。

$$RCA_i = \frac{X_i}{X_i^\omega} \Big/ \frac{X}{X^\omega}$$

ここで X_i と X_i^w は，それぞれ品目 i に対する分析対象国家と全世界の輸出額

---

8) Financial Times. 2010. Dec. 12 "Hybrid car sales set to total less than 1m" (http://www.ft.com/cms/s/0/716d658a-0626-11e0-976b-00144feabdc0.html"\l"axzz1809uUhI7).
9) 金良姫・他『日本農業の競争力と韓日 FTA への示唆点』KIEP, 2008 年（韓国語）。

第7章　韓日FTAをめぐる懸案と実現に向けた推進方向　195

を表し，X^ω はその国と全世界の輸出総額を意味する。RCA指数が1以上であれば，当該品目は世界市場で競争力があると見做しうる。

RCAを通じて把握した両国農産物の対世界競争力の現状をみれば，まず，韓国の場合，2002年〜2006年間で輸出実績のある561品目（HS6桁）のうち，同期間の平均RCAが1以上の品目は21個で約4％である。同じ基準で日本の現状をみると，同期間に輸出実績のある品目は韓国より多い594品目であり，そのうち，平均RCAが1以上のものは12個で2％である。こうして，輸出品目の数で日本のほうが韓国より22個多いが，世界輸出競争力のある品目の数は両国ともに多くないが韓国のほうがわずかながら多いことが分かる。しかし，両国がともに世界市場で競争力をもっている品目は，醤油とその他の醗酵酒があるが，前者の場合韓国と日本それぞれのRCAは1.21，2.01で，後者の場合も1.35，1.41となっており，代表的な輸出品目の場合に韓国より日本が高い競争優位をもっていることも見逃せない点である。

両国の輸入市場における各々の競争力の比較結果でも，意外に日本の競争力の強さを見せている。ここでは，国別比較優位（Comparative Advantage by Country: CAC）を用いることにしよう。CACとは，相手国の輸入市場における競争力を測る指標であり，品目 i のCAC指数はつぎのように定義される。

$$CAC_i = \frac{M_i^j}{M^j} \bigg/ \frac{M_i^\omega}{M^\omega}$$

ここで M_i^j は品目 i の，国家 j からの輸入額を，M^j は国家 j からの総輸入額を意味する。M_i^ω は品目 i の全世界からの輸入額を，M^ω は全世界から輸入するすべての品目の輸入総額を表す。CAC指数が1以上であれば，その品目は該当輸入市場において競争力があるといえる。

2003年〜2006年間で日本が輸入した1,532品目（HS9桁）のなかで，対韓輸入品は427個で日本の輸入市場の約28％で，金額ベースでは2％を占めるにすぎない。また，日本の対韓輸入のなかでCAC指数が1以上のものは202個であり，これは韓国の対日輸出品目の約47％が日本の輸入市場で競争力を持っ

ていることを意味する。同じく，同期間韓国の輸入市場における1,329品目（HS10桁）のうち対日輸入品目は593個で約45％を占めており，日本からの平均輸入額は韓国の総農産物輸入の2％にとどまっている。だが，韓国の対日輸入のなかでCAC指数が1以上のものは331個もあり，これは日本が韓国に輸出する農産物のうち約61％が競争力を持っていることを示す。さらに，韓国と日本がそれぞれ相手の農産物総輸入に占める割合も，2007年2.2％，11.3％となっており，韓国の輸入市場における日本の地位が必ずしも韓国のそれに比較して劣位にあるとはいえない。

　もちろん，CAC指数や輸入市場のシェア分析は，あくまで両国の輸入市場における輸入品同士の競争力度合の把握にすぎないので，それが直ちに両国の競争力を表すとは言えない。そのため，韓国と日本両市場における競争力現況をもっとも客観的に示す指数である貿易特化指数（TSI）を捕らえてみても，日本の劣らない競争力の姿が見受けられる。2002年～2006年間，両国で貿易が行われた農産物は合わせて476個（HS6桁）である。このうち，韓国の完全輸出特化品目（TSI＝1）は95個で，さらにそのなかで5年間ずっとTSIが1でありつづけたのは25個である。他方，完全輸入特化品目（TSI＝－1）は122個で，5年間TSIが－1であったものは31個である。こうした結果は，韓国の対日輸出は貿易規模の大きい一部品目に偏っている反面，日本のそれは輸出規模は小さいものの，品目の多角化が進んでいることを示している。

　このように，両国農産物の競争力を比較分析してみると，韓国のほうが日本より競争力が強いという見解は主として価格競争力に限って当てはまるものであり，完全に同意するわけにはいかないということが分かる。言い換えれば，韓日FTAを締結しても，日本の競争力の強い製品の対韓輸出が増大する可能性も無視できないのである。

　結局，製造業も，農業も，過去の競争力の現況に埋没したまま将来の競争力の展望を断定してはいけないだろう。

第3節　韓国と日本のマクロ経済の共通懸案
—— グローバル経済危機と韓日FTA ——

　2008年9月のリーマン・ショックに端を発したグローバル経済危機は，為替レートの激しい変動性と域外市場に依存している，東アジア経済の脆弱さを気づかせるきっかけになった。のみならず，東アジアはこの危機の再発を防止して国内のマクロ経済の安定性を保つためには，国家間協力が非常に重要であることをも学んだ。そこで，以下ではグローバル経済危機が韓国と日本をはじめ東アジア経済に与える含意を探り，今後両国のFTAに与える示唆点を探りたい。

　今回のグローバル金融危機がアジアの金融部門に与えた打撃は，欧米地域に比べればそれほど深刻なものではなかった。たとえば，2009年1月29日時点で，世界の金融機関がサブプライム問題で被った損失は総額で7,996億ドルにのぼるが，そのうちアジア地域のそれはわずか3.9％（311億ドル）にすぎない[10]。グローバル金融危機によって同地域が被った金融損失が幸に無視できるほど少なかったのは，この地域では金融派生商品取引に対する厳しい規制，金融機関の資産運用に関する慎重な姿勢を背景に，クレジット・デフォルト・スワップ（CDS），債務担保証券（CDO）などに対する投資損失が少なかったためである。また，間接金融中心の金融システムを維持する中で，信用危険や市場危険を分散させる金融商品・技術の出現や資本市場の発達が遅れたこと，投資よりは貯蓄に頼る傾向が強いこともその理由として取り上げられるだろう。

　ところが，韓国ではグローバル経済危機で，ソフト・カレンシーであるウォン貨の平価切下げにより，2008年第4四半期の韓国の輸出は14.2％（GDP寄与度は−3.0％p）減少し，輸入も15.7％減少（GDP寄与度は−4.6％p）した。その結果，2008年第4四半期韓国のGDPは−5.1％の甚だしい減少ぶりを見せ

---

10) みずほ総合研究所「世界金融危機とアジア経済」『みずほリポート』2009年。

（単位：ウォン，円）

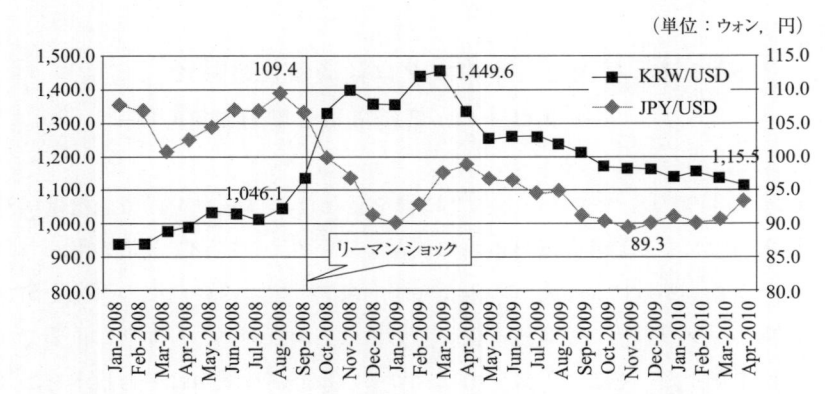

図 7-3 リーマン・ショック前後の円とウォンの対ドル相場の推移（月平均）
資料：CEIC。

　た。皮肉なことに，同じ原因はたちまち韓国の主な競合相手たる日本に対する輸出競争力を向上させる方向でも働いた。にもかかわらず，同時期の輸出依存度（輸出/GDP）は，韓国のほうが42.9％で日本の14.6％より遥かに高く，その分輸出減少の影響も韓国のほうが多大であった。図7-3からわかるように，ウォン安が頂点に達した2009年3月には為替レートが1,449.6ウォンを記録し，リーマン・ショックの寸前の2008年8月（1,046.1ウォン）時点より38.6％も変動した。

　日本でも輸出が13.8％急減し，2008年度第4四半期のGDPが対前期比3.2％減少する未曾有の景気悪化を経験した。日本の輸出は主に自動車，電気機器，一般機械など特定品目に偏っていたし，中国や韓国向け中間財の輸出も最終的には域外市場に向けられているため，同地域のアメリカ向け輸出の低迷は日本に二重の衝撃を与えた。しかし，日本の輸出がこれほど急激に冷え込んだのは，2008年9月以降，ほかの通貨の価値下落や円キャリー・トレードの清算などによる円高によって，その悪影響がさらに増幅したからである。図7-3にみられるように，ドル/円相場は2008年8月109.4円であったのが，2009年1月には90.1円（17.6％円高）に変動し，さらに，2009年12月には89.3円にまで至った。かくして，日本経済は，2000年代はじめから徐々に強まって

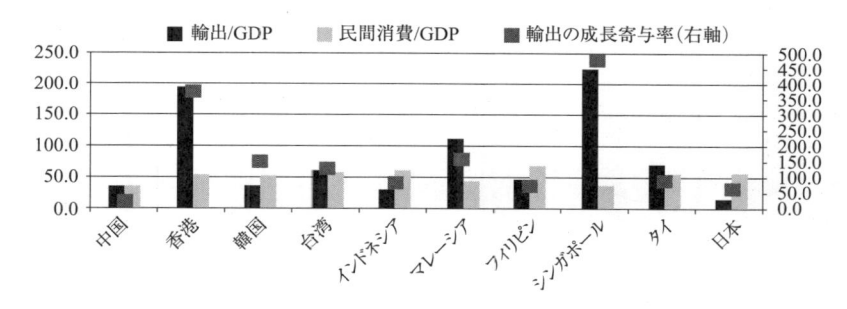

図7-4 東アジア主要国の輸出の成長に対する寄与率（単位：％）
資料：CEIC の data および中国統計局編（2010）『2010 中国統計摘要』をもとに筆者作成。

きた輸出依存性と為替の切上げが重なり，域外発のグローバル経済危機の影響が実物経済の深刻な不況を招いたのである。

西欧先進国とは違って，韓国と日本の場合，域外発の金融危機がそれぞれの金融部門ではなく実物経済に打撃を与えたという危機の波及経路において共通性をもつ点は注目に値する。これを通じて両国は，為替レートの激しい変動と域外輸出国の景気という外生変数に晒されているというマクロ経済の脆弱さを痛感させられた。

こうした事情は，韓国と日本だけでなく，東アジア主要国にも当てはまる。図7-4は，東アジア主要国のここ5年間（2003年〜07年）の輸出のGDPに占める比率と成長寄与率の年平均値である。これをみれば，輸出比率が222.3％にも達するシンガポールの場合，その成長寄与率はおよそ475％にも及ぶし，香港の場合もシンガポールに類似している。比較的に輸出比率の低いほうである韓国と日本の場合でさえ，それぞれ39.4％と152.0％，14.7％と62％である。同地域の押しなべて高い輸出依存的成長パターンが端的に見て取れる。

それでは，東アジアの主な輸出市場はどこか。表7-6から東アジア主要国の国家間輸出マトリックス（2008年）をみれば，もっともその比重が高いのが香港であり，その後をインドネシアが続いている。しかし，同地域のGDPの8割以上を占める韓国と日本，中国のそれは各々44.1％，41.9％，34.4％に過ぎず，東アジア全体の域内輸出比率は44.1％にとどまり，それだけ域外市場

表 7-6 東アジア国家間輸出マトリックス (2008 年)

(単位：百万 US ドル, %)

輸出国＼輸出先	JPN	HKG	IDN	KOR	MYS	PHL	SGP	THA	VNM	CHN	その他	世界	IRT
JPN	—	40,287	12,609	59,426	16,439	9,975	26,631	29,495	7,825	124,969	455,203	782,859	41.9
HKG	15,556	—	2,181	6,372	3,491	2,716	7,116	4,058	2,766	176,061	142,670	362,987	60.7
IND	27,744	1,809	—	9,117	6,433	2,054	12,862	3,661	1,673	11,637	60,032	137,022	56.2
KOR	28,253	19,772	7,934	—	5,794	5,016	16,293	5,779	7,805	91,389	238,728	426,763	44.1
MYS	21,466	8,530	6,243	7,800	—	2,932	29,416	9,571	2,438	19,049	92,065	199,510	53.9
PHL	7,707	4,987	603	2,523	1,958	—	2,607	1,509	385	5,469	21,400	49,148	56.5
SGP	16,710	35,098	35,747	12,291	40,912	7,297	—	13,193	8,744	31,125	138,297	339,414	59.3
THA	19,724	9,774	6,138	3,568	9,717	3,288	9,844	—	4,962	15,976	90,244	173,235	47.9
VNM	8,538	877	793	1,784	1,955	1,825	2,660	1,349	—	4,536	38,368	62,685	38.8
CHN	116,176	190,772	17,214	73,905	21,383	9,088	32,325	15,521	15,139	—	937,817	1,429,340	34.4
E. Asia	261,874	311,906	89,462	176,786	108,082	44,191	139,754	84,136	51,737	480,211	2,214,824	3,962,963	44.1
その他	420,235	115,678	43,449	226,729	55,849	31,124	136,755	71,477	22,474	515,390	—	12,068,336	
世界	682,107	427,584	132,910	403,514	163,932	75,316	276,509	155,613	74,210	995,600	12,644,005	16,031,300	

注：IRT (inter-regional trade) とは域内貿易の比重 (%) を意味する。
資料：IMF の統計をもとに筆者作成。

への依存度が高いことがわかる。グローバル経済危機の影響が刻まれている2009年の世界輸出マトリックスをみれば，東アジアは世界の総輸出の19.6％を占めており，EU27（36.2％）に継ぐ2位の地位を保っている。にもかかわらず，同地域の域内輸出比重は33.7％にとどまり，同年のNAFTA（46.5％）とEU27（66.4％）各々の7割と5割くらいに過ぎない水準で，それだけ東アジアの域外市場依存度が高いことを裏付けている[11]。それとともに指摘せざるをえないのが，高い輸出依存体質とコインの表裏の如くみられる域外輸出市場の景気との同調性であろう。みずほ総合研究所によれば，同地域の輸出と世界景気の連動性指標は世界平均（0.476）を上回っており，もっとも高いのがフィリピン（0.578）で，そのつぎを日本（0.572）と韓国（0.56）が追っている[12]。それゆえに，金融部門の発達が西欧に比して遅れているにもかかわらず，グローバル金融危機の波が意外にも同地域の実物経済を覆ったのである。

　この文脈において，図7-4で改めて注目すべき点は，主要国のなかで輸出より国内の民間需要が大きい国は半分にすぎないことである。世界の市場になりつつある中国でさえ，民間消費（38.0％）は輸出（35.6％）とさほど違いがない。今のところ，十分な購買力をもった域内市場の役割を果たしているのは日本くらいである。今後しばらく域内貿易の活性化の鍵を握っているのは，中国と日本の内需市場の拡大如何であり，この両国が域内製品を吸収しうるよう持続的な成長を成し遂げることは，両国だけでなく域内経済の持続可能な成長にとっても望ましいといえる。

　東アジアの低い域内貿易率は同地域の生産ネットワークと絡んでいる独特な貿易構造によるところが大きい。中国を筆頭に同地域には日本・韓国ないしは欧米系の超国籍企業の中間財の生産拠点が集中的に立地しており，中間財を加工・組立てた最終財を日本と域外市場に輸出するという貿易パターンが出来上

---

11) ジェトロ編『世界貿易投資白書・2010』2010年。
12) 詳しい試算方法に関しては，みずほ総合研究所（注10，25～27ページ）を参照されたい。

がっている[13]。こうした東アジア生産ネットワークの典型を示している電気機械の場合をとってみよう。電気機械は，中国の日本，米国，EU 向け総輸出と東アジアからの総輸入がそれぞれ 36％，49％を占めている。ところで，電気機械製品のこれらの地域向け輸出の 68％が最終財である反面，東アジアからの輸入の 85％が中間財である[14]。

東アジア生産ネットワークの特徴をより正確に把握するためには，NAFTA と EU との比較が必要であろう。NAFTA と EU の場合は中間財に偏っておらず，素材から消費財までよりバランスのとれた貿易が行われており，中間財と最終財の両方とも電気機械より自動車のプレゼンスが強い[15]。このようにミクロレベルで東アジア生産ネットワークの性質に注目すれば，東アジアの生産・貿易構造の故に，域外で生じたグローバル経済危機の同地域における波及効果が予想を遥かに上回る多大なものになったことがさらに浮き彫りになる。

おわりに ── 日韓 FTA の推進方向

韓国と日本は，東アジアで二国だけの OECD メンバーとして市場経済と民主主義の価値，そしてもっとも類似した社会文化を共有する善隣友好関係を続けてきた。だが，意外にその共通点を見逃してきたような嫌いがある。両国は実物経済と金融を含めた幅広い範囲で緊密な協力ができる戦略的なパートナーであり，互いの存在の有難さに目覚めて両国が不幸な過去の歴史を脱却するこ

---

13) 詳細な議論は，福田佳之「なぜ東アジアは先進国の景気に左右されやすいのか」（『TBR 産業経済の論点』東レ経営研究所，No. 009-07, 2009 年），黒岩郁雄「東アジアの生産ネットワークと金融危機」（2009 年 7 月 16 日，RIETI 政策シンポジウム『世界不況と国際経済─日本の対応』発表資料　2009 年），などを参照されたい。

14) World Bank, "Transforming the Rebound into Recovery" East Asia and pacific Update, Nov. 2009.

15) 原田泰「東アジア経済共同体の成立には何が必要か」『FOCUS POINT』大和総研，2010 年 7 月 29 日。

とは，相互に大いなる利益を与えるのではないか。

　両国関係が歴史的な分水嶺をなす今日，韓日 FTA 論議は従来の枠組みからなかなか脱皮しないで，その交渉再開というごく技術的な議論ばかりが先行する現実が我々の前に横たわっている。このような現実に照らしてみれば，我々が以上で論じてきた論点が，韓日 FTA を実現させるための枠組みを再設計する糸口となることを期待したい。いま我々には，両国の善隣友好関係のさらなる発展と，利害関係が合致する東アジア経済統合に向かって進んでいく出発点として，韓日 FTA の戦略的かつ重層的な意味合いを改めて再認識することが要求される。

　韓国と日本は，グローバル経済危機を通じて，各々のマクロ経済の安定を図るためには，為替市場の変動性と域外輸出市場への依存性を見直すべく，国家間協調と共同対応が容易になるように経済協力の枠組みを再構築する必要があることを学んだ。そこで，両国ともに国内市場の外延を東アジアまで拡大し，域内市場と域外市場の間に均衡の取れた需要基盤を形成することが求められる。その出発点をなすのが韓日 FTA であるといえよう。

　ここで我々は，韓日 FTA が両国ともに国内市場の外延を両国に拡大し，究極的には東アジア域内まで拡大する有効な手段であることを強調したい。これは，域内市場と域外市場への依存度にバランスの取れた安定的な需要基盤を作り上げることを意味する。いうまでもなく，東アジアは中国を筆頭とし世界経済を牽引する成長エンジンであり，すでに世界の工場になって久しいし，そこには両国の将来労働人口減少の影響を補える豊富な人材が存在する[16]。したがって，韓国と日本は同地域の成長潜在力を自らの活力の一部に内在化する可能性を探索する必要がある。これに関しては，両国ともに共通の利害関係を

---

16) 例えば，東アジア（日本を除き）は 2006〜2009 年間年平均 7.9％ 成長を成し遂げて，同期間に 1.5％ 成長に止まった先進国はもちろん，3.2％ 成長をした世界全体とも対照をなす。アジア開発銀行（ADB）の試算によると，2008 年現在，アジア途上国の中産層（1日一人当たり 2〜20 ドル収入）は 1990 年に比べて 21％ 上昇した 56％ に増加し，ADB は今後ともこの層の増加が同地域の購買力成長を牽引していくと展望している（ADB, *Key Indicators for Asia and the Pacific 2010*, 2010, pp. 7-8）。

もっていることは間違いない。

　韓日FTAが東アジア経済統合に向かう真の橋頭堡になるためには，まず，韓国の製造業も日本の農業も，過度な被害意識を避ける必要がある。但し，東アジアの特徴たる地域格差を考慮して，敏感部門の開放に対して漸進的かつ弾力的なアプローチをとることは有効かも知れない。これは，両国国内の反発を和らげ，韓日FTAに対する支持基盤確保にも役立つといえる。このためには，国内環境づくりの観点から，両国のFTA・EPA政策を再検討することも考えられよう。

　さらに，東アジアの先進国同士の日本と韓国のFTAに，同地域の格差解消と社会統合を促す仕組みを講じることの重要性も喚起したい。そのためには両国の政府と産業界だけではなく，市民社会も参加して韓日関係の未来ビジョンと課題等に関する虚心坦懐な対話を始めることの大切さも強調してやまない。このような議論ができる国同士がまさに韓国と日本であることを忘れてはならないであろう。

　東アジア経済統合が，単に韓国と日本の必要性に応じて利用される手段としてのみ位置づけられることは決して望ましいことではない。同地域には，両国だけでなく，域外の数多くの企業によるグローバル貿易・生産ネットワークが形成されており，それは一種の域内の公共財として機能している。そのため，両国が協力して国境間で異なる貿易ルールや制度の調和を図り，そのネットワークの効率性を向上させ，それが域内貿易の活発化を促進するよう働きかける必要がある。こうした域内貿易の増大は，同地域の雇用創出，貧困削減，生活水準の向上，そしてこれらを通じた購買力上昇のためのテコとして活用されるように精密に設計することの重要性を強調したい。そこからもたらされる利益は同地域の経済主体がともに享受できるし，当然そうすべきである。

　最後に，韓国と日本の間にマクロ経済協議体の常設が求められる。その協議の対象は，両国のマクロ経済のリスク要因である少子高齢化や雇用不安の問題にとどまらず，金融外為市場の流れ，世界経済，天然資源相場のような両国を取り巻く国内外環境まで多岐にわたってこそ意義がある。両国が基本的には激

しい競争をしつつも，場合によっては上記のような事案に対して迅速な共同対応もできるような柔軟な協議体制を整えることが肝心である。こうした協力は，将来東アジアの地域統合ガバナンス形成の重要な土台になるだろう。両国のマクロ経済における緊密な協議は，東アジア経済統合が進むにつれて，さらに東アジアにまで広げることが求められる。これは，域内市場統合により各国の輸出の域内景気との連動性が高まった際に備えた各国のマクロ経済安定化のために欠かせないからである。いうまでもなく，東アジア経済の域外市場への依存性が地域統合によって域内市場への依存性に取って代わるだけでは，東アジア経済統合の意義は半減するだろう。

付表 7-1 日本市場における韓国農産物の競争力現況

HS code	品目名	品目数	平均 CAC
01	動物（生きているものに限る）	2	4.85
02	肉及び食用のくず肉	8	18.05
04	酪農品，鳥卵，天然はちみつ及び他の類に該当しない食用の動物性生産品	4	8.15
05	動物性生産品（他の類に該当するものを除く）	2	4.99
06	生きている樹木その他の植物及びりん茎，根その他これらに類する物品並びに切花及び装飾用の葉	5	17.05
07	食用の野菜，根及び塊茎	15	20.62
08	食用の果実及びナット，かんきつ類の果皮並びにメロンの皮	15	15.33
09	コーヒー，茶，マテ及び香辛料	7	7.42
10	穀物	0	―
11	穀粉，加工穀物，麦芽，でん粉，イヌリン及び小麦グルテン	6	26.20
12	採油用の種及び果実，各種の種及び果実，工業用又は医薬用の植物並びにわら及び飼料用植物	6	5.41
13	ラック並びにガム，樹脂その他の植物性の液汁及びエキス	4	8.79
14	植物性の組織材料及び他の類に該当しない植物性生産品	1	1.20
15	動物性又は植物性の油脂及びその分解生産物，調製食用脂並びに動物性又は植物性のろう	6	3.40
16	肉，魚又は甲殻類，軟体動物若しくはその他の水棲無脊椎動物の調製品	3	11.49
17	糖類及び砂糖菓子	7	19.69
18	ココア及びその調製品	5	7.93
19	穀物，穀粉，でん粉又はミルクの調製品及びベーカリー製品	32	13.60
20	野菜，果実，ナットその他植物の部分の調製品	29	10.47
21	各種の調製食料品	24	19.10
22	飲料，アルコール及び食酢	13	14.68
23	食品工業において生ずる残留物及びくず並びに調製飼料	5	1.44
24	たばこ及び製造たばこ代用品	1	39.72
41	原皮（毛皮を除く）及び革	1	7.87
52	綿及び綿織物	1	25.62

資料：筆者作成。

付表7-2 韓国市場における日本農産物の競争力現況

HS code	品目名	品目数	平均CAC
01	動物（生きているものに限る）	13	12.83
02	肉及び食用のくず肉	5	16.44
04	酪農品，鳥卵，天然はちみつ及び他の類に該当しない食用の動物性生産品	7	8.01
05	動物性生産品（他の類に該当するものを除く）	4	10.68
06	生きている樹木その他の植物及びりん茎，根その他これらに類する物品並びに切花及び装飾用の葉	26	18.73
07	食用の野菜，根及び塊茎	12	16.06
08	食用の果実及びナット，かんきつ類の果皮並びにメロンの皮	3	22.45
09	コーヒー，茶，マテ及び香辛料	12	11.36
10	穀物	0	―
11	穀粉，加工穀物，麦芽，でん粉，イヌリン及び小麦グルテン	4	11.43
12	採油用の種及び果実，各種の種及び果実，工業用又は医薬用の植物並びにわら及び飼料用植物	18	11.85
13	ラック並びにガム，樹脂その他の植物性の液汁及びエキス	14	11.39
14	植物性の組物材料及び他の類に該当しない植物性生産品	3	17.06
15	動物性又は植物性の油脂及びその分解生産物，調製食用脂並びに動物性又は植物性のろう	39	13.99
16	肉，魚又は甲殻類，軟体動物若しくはその他の水棲無脊椎動物の調製品	2	24.73
17	糖類及び砂糖菓子	16	9.85
18	ココア及びその調製品	5	2.95
19	穀物，穀粉，でん粉又はミルクの調製品及びベーカリー製品	21	12.18
20	野菜，果実，ナットその他植物の部分の調製品	21	10.52
21	各種の調製食料品	44	15.98
22	飲料，アルコール及び食酢	19	13.82
23	食品工業において生ずる残留物及びくず並びに調製飼料	10	8.20
24	たばこ及び製造たばこ代用品	3	9.40
29	有機化学品	1	1.51
33	精油，レジノイド，調製香料及び化粧品類	5	6.78
35	たんぱく系物質，変性でん粉，膠着剤及び酵素	9	17.28
38	各種の化学工業生産品	1	5.12
41	原皮（毛皮を除く）及び革	1	7.87
50	絹及び絹織物	1	1.29
51	羊毛，繊獣毛，粗獣毛及び馬毛の糸並びにこれらの織物	1	3.20
52	綿及び綿織物	4	3.72

資料：筆者作成。

第8章
中国の世界金融危機への対応とその結果
── 経済発展方式との関係を中心として ──

加藤健太郎

はじめに

　本章の課題は，中国は，世界金融危機に対しどのような対応をおこない，その対応は中国に何をもたらしたのか，そして，今後の中国経済はどこへ向かっていくのか，を明らかにすることにある。

　2008年9月に発生したリーマンショックから，2年以上が経過した現在，世界経済は，一部で明るさを取り戻しつつあるものの，欧州を中心に不安定な状況が続いている。一方，中国はいち早く景気後退から脱却し，文字通りの「V字回復」を達成した。巷間，この状況を「中国の一人勝ち」，「世界経済の牽引車」など概ね肯定的な評価が多いが，果たして中国経済の現状を手放しに評価できるのであろうか。中国経済の現状を今一度，やや掘り下げて分析し，結局のところ，世界金融危機は，中国に何をもたらしたのか，その評価を再検討した上で，2011年3月に打ち出される「第12次五カ年規画」(2011～15年)の策定動向から，今後の中国経済の行方を展望しようとするのが，本章の試みである。

　まず，第1節で，世界金融危機に対して，中国はどのような対応をとったの

かを概観した上で,第2節で,その対応が中国にどのような影響を及ぼしたのかを,環境問題への影響とその背景を中心に,評価を加える。第3節では,「第12次五カ年規画」(2011～15年)策定に向けた動きから,中国の目指す方向性を明らかにし,今後の中国経済の行方について展望したい。

第1節　世界金融危機の中国経済への影響と中国の対応

(1) 世界金融危機の中国経済への影響

世界金融危機の引き金を引いたのは,2008年9月15日に発生した米国の証券会社リーマン・ブラザーズの破綻(リーマンショック)であった。米国では,06年頃から,サブプライムローンの不良債権化が金融機関のバランスシートを悪化させていたが,リーマンショックによりサブプライムローン問題が一気に顕在化し,国際金融・資本市場を通じて,世界の実体経済にも大きな影響を及ぼした[1]。震源地である米国では,GDP成長率が2008年には1.1％と,2001年以来の低水準になったほか,09年の第1四半期(1～3月)には,-6.4％と大きく後退したが,米国以外にも欧州など先進国の景気後退に引っぱられる形で,新興国経済も成長を鈍化させ,世界金融危機は,世界経済全体に大きな影響を及ぼしたのである[2]。

その影響は,世界経済に大きくコミットしている中国においても同様であった。中国は,リーマンショックの発生前から,景気後退をみせており,それ

---

[1] 金融危機への対応を協議する最初のG20首脳会議が,2008年11月にワシントンD.Cで開催され,「金融・世界経済に関する首脳会合宣言」が採択された。この中で,世界金融危機発生の根本的原因を「市場参加者がリスクの適正評価無しに高利回りを求め,脆弱な引受け基準,不健全なリスク管理慣行,複雑で不透明な金融商品などが,システムを脆弱にした」と総括している。全文は,http://www.mofa.go.jp/mofaj/kaidan/s_aso/fwe_08/sks.html 参照。

[2] 世界金融危機の各国・地域への影響及び対応については,日本貿易振興機構(ジェトロ)海外調査部『米国発金融危機の経済とビジネスへの影響』において,詳細にまとめられている。http://www.jetro.go.jp/jfile/report/07000202/usa2010320.pdf 参照。

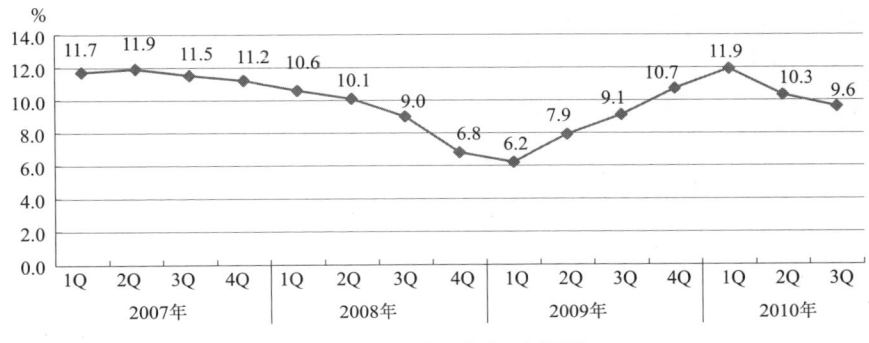

図 8-1　GDP 成長率（四半期別）

資料：中国国家統計局の発表から作成。

がリーマンショックにより，より深刻化した，と捉えるのが正確だが，少なくとも，世界金融危機が，中国経済に大きな衝撃を与えたことは事実である。GDP 成長率を四半期別にみると，2桁あった成長率は，08年の第3四半期（7～9月）には2桁を割り込み，更に，09年の第1四半期（1～3月）には，6.2％にまで落ち込んだ（図8-1）。貿易額の伸び率は，08年10月から09年10月まで，前年同月比でマイナスの状態が続き，特に輸出額では，08年の1兆4,307億ドルから，09年には，1兆2,017億ドルへと減少し（前年比 − 16.0％），2001年の WTO 加盟以降，初めて前年を割り込んだのである。

リーマンショック発生後間もない，2008年10月に開催された第17期中国共産党中央委員会第三回全体会議（第17期三中全会）では，「現在，国際金融市場の動揺が激化し，世界経済の成長が明らかに鈍化し，国際経済環境の不確定，不安定要素が明らかに増加し，また国内経済の運行にもいくらかの矛盾と問題が存在する」との現状認識を示した上で，「我々は，憂患意識を強め，積極的に，この挑戦に対応しなければならない」と，危機感を顕わにしている[3]。

---

3) 『中国共産党第17届中央委員会第三次全体会議公報』2008年10月12日。

(2) 世界金融危機への中国の対応

　世界金融危機が発生するまで，2008年の中国の経済運営方針は，「2つの防止（①経済成長が偏って速い状況から過熱に転じることを防ぐこと，②価格の構造的な上昇が明らかなインフレに転じることを防ぐこと）」であった。これは，07年11月25日に開催された政治局会議で決定されており，同年12月に開催された「中央経済工作会議」でも2008年の経済政策の主要任務として打ち出されている。この方針のもと，2008年3月の全国人民代表大会では，「内外経済情勢とマクロ・コントロールの任務の要請に基づき，2008年は穏健な財政政策と引締め気味の金融政策を実行しなければならない」との政策が示された。

　しかし，この08年の経済政策の方針である「穏健な財政政策と金融引き締め政策」は，同年の夏以降，特にリーマンショックの発生以降，景気後退が明らかになるにつれて，徐々に修正され，同年11月5日に開催された国務院常務会議において，「積極的な財政政策と適度に緩和的な金融政策」を採ることが決定された。これは，明確な政策転換であり，同会議において，年初来の経済政策方針であった過熱防止を改め，景気の刺激へと軸足を移すことが，はっきりと宣言されたのである。そして，ここで打ち出されたのが，2010年末までの，4兆元にのぼる投資プロジェクトである。4兆元のうち，まず1,000億元を，2008年第4四半期（10～12月）に，緊急に追加投入することが決定された。

　また，この4兆元のうち，中央政府による投資は1兆元あまりとされ，残りの約3兆元は地方政府や民間による投資とした。ここに，これまで過熱防止により抑制されていた地方政府の旺盛な投資意欲を再び喚起する伏線が引かれることになるわけであるが，これについては，後に詳述する。同投資プロジェクトは，最終的に，2009年3月の全国人民代表大会で決定され，その内訳が全人代開催期間中の国家発展改革委員会による記者会見の中で，発表された[4]）（表8-1）。08年5月12日に，四川省で発生した大地震への復興対策を除けば，

4）「発改委，財政部，央行負責任人答記者問」新華網，2009年3月6日，(http://www.xinhuanet.com/2009lh/zhibo_20090306a.htm) 参照。

表8-1 「4兆元」プロジェクトの内訳

プロジェクト項目	投資額
低所得者向け住宅建設	4,000億元
農村基盤施設建設	3,700億元
鉄道，道路，空港等インフラ整備	1兆5,000億元
医療衛生，教育事業	1,500億元
生態環境整備	2,100億元
自主革新，構造調整	3,700億元
地震被災地の災害復興活動	1兆元
合　計	4兆元

資料：中国国家発展改革委員会発表（09年3月6日）から作成。

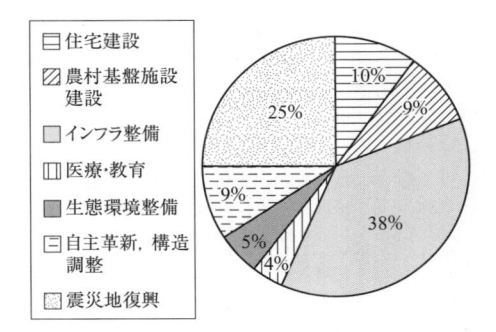

図8-2 「4兆元」プロジェクトの割合

住宅建設／農村基盤施設建設／インフラ整備／医療・教育／生態環境整備／自主革新，構造調整／震災地復興

資料：表8-1に同じ。

　鉄道，道路，空港などのインフラ整備のほか，住宅建設，農村のインフラ整備など，建設事業が全体の6割を占める（図8-2）。中国政府は，この他，自動車と家電の購入に際し，さまざまな優遇を与える，消費促進策を矢継ぎ早に打ち出した（表8-2）。これら一連の政策により，GDP成長率は，2009年の第1四半期（6.2％）を底に，「V字回復」を遂げ，2010年第1四半期（1月～3月）には，11.9％に達するなど，金融危機発生前と，ほぼ同じ水準にまで回復させたのである。

第2節　中国の世界金融危機への対応は何をもたらしたのか

(1) 国際社会における地位の向上

　中国は，上述したような一連の金融危機対応策により，文字通り「V字回復」を達成したが，それは，中国国内にとどまらず，世界経済の回復にも大きく貢献した。

　胡錦濤国家主席は，2010年6月にカナダ・トロントで開催された第4回G20首脳会議において演説し，「世界的金融危機が発生して以来，中国は危機の衝撃に対応する包括的計画と政策・措置を絶えず豊かにして整え，全面的

表 8-2　消費促進政策

政策	補助対象		実施期間	補助額等
小型車減税	排気量 1,600 cc 以下の小型乗用車の購入		09年1月20日～12月31日	車両取得税を 10%から 5%に軽減
家電下郷（家電の農村普及）	農民が次の家電を購入する場合カラーテレビ，冷蔵庫，携帯電話，洗濯機，エアコン，湯沸かし器，コンピュータ，電子レンジ，電磁調理器		09年2月1日～13年1月31日	販売価格の 13%
汽車下郷（自動車の農村普及）	①農民が，旧式の三輪車・トラックから，小型トラック，軽トラックに乗り換える場合 ②農民が，1,300 cc 以下の小型自動車，小型トラック，軽トラックを購入する場合		09年3月1日～12月31日	販売価格の 10%廃車費用の補助
	農民が，オートバイを購入する場合		09年2月1日～13年1月31日	販売価格の 13%
以旧換新（自動車・家電の買換え促進）	自動車	次の自動車の新車への乗り換え ①使用期間 8 年未満の小型トラック，中型タクシー ②使用期間 12 年未満の中型・軽トラック，中型乗用車 ③排出基準を満たさない自動車	09年6月1日～10年5月31日	3,000～6,000 元
	家電	次の家電のうち，古いものを廃棄し，新規購入する場合 ①テレビ，②冷蔵庫，③洗濯機，④エアコン，⑤パソコンを対象に，古い家電を廃棄し，新たに購入する場合に補助	09年6月1日～10年5月31日	販売価格の 10%

注：灰色は「自動車」，斜線は「家電」への優遇政策を示している。
資料：各中国政府発表から作成。

に実施し，地域と世界の経済回復に貢献した」と自賛している[5]。そもそも，2008 年 11 月 5 日に，上述した 4 兆元規模の投資プロジェクトを打ち出したのも，その直後の 11 月 14 日に，ワシントン DC で開催された世界金融危機への対応を協議する最初の G20 首脳会議を強く意識したものと推察される。すなわち，投資プロジェクトを含めた一連の世界金融危機対応策は，国内の経済成長はもちろん，「世界経済に対する中国の貢献」のアピールという要素を最初から内包していたのである。

---

5)　「胡錦濤出席峰会併発表重要講話」新華網 2010 年 6 月 28 日，(http://news.xinhuanet.com/world/2010-06/28/c_12269729_2.htm) 参照。

実際，中国経済の回復は，国際社会からも肯定的評価を勝ち取った。その証左が，「G2論」の台頭であろう。リーマンショックから半年が過ぎ，その世界経済への影響が深刻さを増す中，第2回G20首脳会議（2009年4月，ロンドン）が開催されるわけだが，同会議を前に，世界銀行のゼーリック総裁とチーフエコノミストの林毅夫副総裁は，「経済回復は『G2』次第」とする論文を米紙『ワシントンポスト』に寄稿し，「世界経済が回復するために，二つの経済大国（米中）が協調し，G20にとってのエンジンにならなければならない。強いG2がない限り，G20は期待を裏切ることになるだろう」と述べた[6]。そして，同会議における，各国の中国への期待は，英国のミリバンド外相（当時）の次の言葉に象徴されていよう。「会議では，中国が発言する時は会場が静まり返った」，「中国の存在がなければ，世界経済や地球温暖化などの問題は解決しない」[7]。

今なお，金融危機による景気後退の波から脱却できない欧州を尻目に，いち早く経済回復を達成した中国は，そのコントラストにより，存在感を一層際立たせる結果となった。今次発生した世界金融危機は，中国の国際社会における地位を大きく向上させたといっても過言ではないだろう。

(2) 世界金融危機への対応による負の影響

世界金融危機の発生による景気後退への中国の対応は，中国経済の「V字回復」をもたらしたばかりでなく，世界経済の回復にも貢献したと評価され，中国は国際社会における地位を大きく向上させた。しかし，他方において，中国経済に，大きな負の影響をもたらしたと考える。それが，ここで紹介する①「節能排減（省エネ・排出削減）」問題，②「地方融資平台（プラットフォーム）」問題，③「国進民退（国有企業の進展，民営企業の衰退）」問題，である。この3つのキーワードは，金融危機以降，中国で発生した問題や経済・社会現象を象徴的に表すものとして，メディア等で大きくクローズアップされ，頻繁に使われるよう

---

6) Robert B. Zoellick and Justin Yifu Lin 'Recovery Rides on The 'G-2'', *Washington Post*, March 6, 2009.

7) 'China ready to join US as world power', *The Guardian*, May 18, 2009.

になった言葉である。また，これら3つの問題は，決してそれぞれが独立して起こったものではなく，相互に深く関連したものでもある。本節では，この3つのキーワードを手掛かりに，それぞれの問題について関連性を念頭に置きながら，やや詳しく検討を加えることにしたい。

①「節能排減（省エネ・排出削減）」問題

中国は「第11次五カ年規画」（2005～10年）において，2010年末までに，2005年末比で，GDP単位当たりエネルギー消費量を20％削減，主要汚染物質排出量を10％削減する，という目標を掲げた。主要汚染物質としては，二酸化硫黄と水質汚染の代表的な指標である化学的酸素要求量（COD）が挙げられ，これらの環境指標は，必ず達成しなければならない「拘束性目標」として位置づけられた。「第11次五カ年規画」初年の2006年は，GDP単位当たりエネルギー消費量を4％，主要汚染物質排出量を2％，それぞれ削減することが目標として設定されたものの，前者は－1.3％にとどまり，後者は，二酸化硫黄が＋1.6％，CODは＋1.0％と，排出削減どころか，逆に増加する結果となったのである。これに目標達成への危機感を募らせた中国政府は，2007年6月，製鉄，製鋼，コークス，セメントなど，エネルギー多消費・高汚染型産業の生産能力の淘汰を中心とした，「省エネ・排出削減に関する総合プラン」を作成し，目標達成に向けた取り組みを本格化させた[8]。この取り組みの成果は，2008年まで，これら指標が大きく改善されたことに現れている（図8-3-①）。ところが，2009年には，GDP単位当たりエネルギー消費量が08年の－5.2％から－3.6％へ，二酸化硫黄排出量が08年の－6.0％から－4.6％へ，化学的酸素要求量（COD）が08年の－4.4％から－3.3％へと，それぞれ，これまでの趨勢から逆行する状況が発生している。

この趨勢は，この3つの指標にのみ現れているものではなく，エネルギー消費弾力係数（エネルギー消費の伸び率/GDP成長率）などにも同様の傾向がみられる。2006年に0.76であった同係数は，08年には0.41にまで低下したが，09

---

8) 『国務院関於印発節能減排綜合性工作方案的通知』2007年6月3日，（http://www.gov.cn/jrzg/2007-06/03/content_634545.htm）参照。

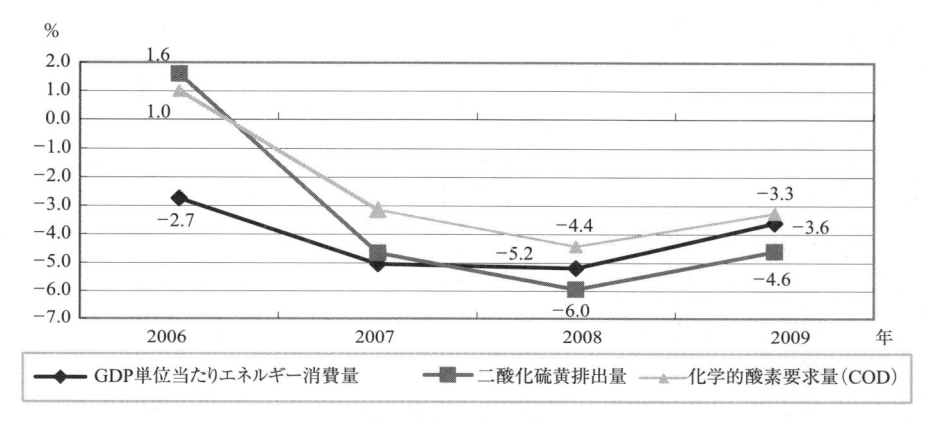

第 8 章　中国の世界金融危機への対応とその結果　217

図 8-3-①　省エネ・排出削減指標

資料：中国国家統計局等「単位 GDP 能耗等指標公報」，中国環境保護部「中国環境状況公報」各年版から作成。

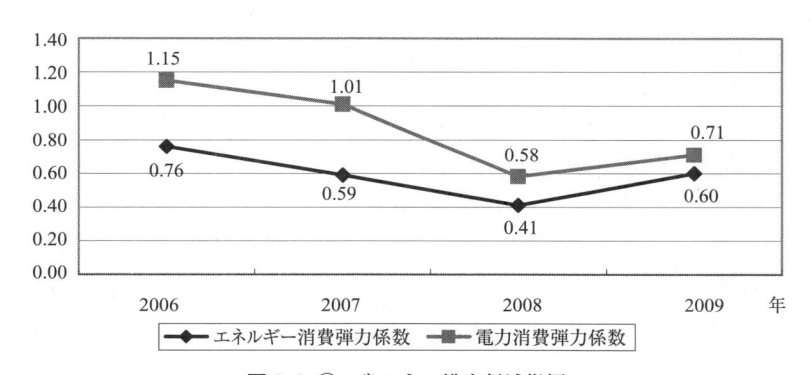

図 8-3-②　省エネ・排出削減指標

資料：中国国家統計局『中国統計摘要 2010』から作成。

年には，0.6 に増加している。電力消費弾力係数も同様に，08 年から 09 年にかけて，減少から増加に転じている（図 8-3-②）。

では，なぜこのような状況が，発生したのであろうか。中国国家情報センター経済予測部主任の範剣平は，「エネルギー多消費，汚染多排出業種が急速に回復していることが，省エネ・排出削減にとって非常に大きな圧力となって

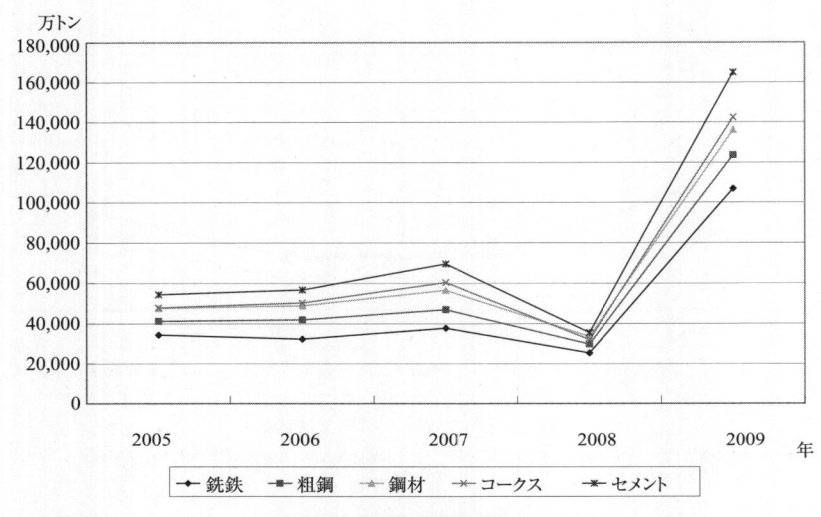

図 8-4　建築資材等の生産量

資料：図 8-3 に同じ。

いる」ことを指摘している[9]。すなわち，これら 2008 年から 09 年にかけての環境改善の趨勢に逆行する状況は，エネルギー多消費・高汚染型産業の生産拡大によってもたらされたのである。上述したとおり，中国政府は，「第 11 次五カ年規画」で掲げた環境目標を達成すべく，2007 年に「省エネ・排出削減に関する総合プラン」を作成し，製鉄やセメントなどエネルギー多消費・高汚染型産業の生産能力の淘汰を進めていたはずである。ところが，世界金融危機への対応として，景気刺激策に伴う投資プロジェクトが開始されるや，これらの環境改善の取り組みは棚上げされ，2009 年には，これら業種は，生産量を大幅に増加させたのである（図 8-4）。すなわち，世界金融危機への対応として採られた景気刺激策は，環境という側面からみれば，「エネルギー多消費・高汚染型産業の振興措置」であったのである。

---

9)　「専家表示中国今年節能減排完成目標困難増大」新華網，2010 年 5 月 16 日，(http://news.xinhuanet.com/politics/2010-05/16/c_12107391.htm) 参照。

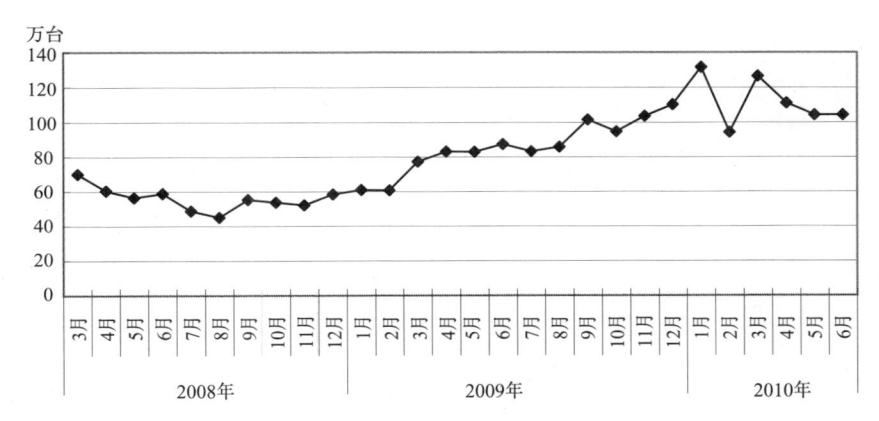

図 8-5 自動車販売台数

資料：「中国汽車工業協会」資料から作成。

　これに加え，中国政府は，2010年2月，「第1回全国汚染源センサス公報」[10]を発表したが，この中で，自動車の窒素酸化物排出量が排出量全体の30％を占め，都市大気汚染への影響が非常に大きいことが明らかになった[11]。翻って，中国が今次採った景気刺激策のうち，消費促進政策をみてみると（表8-2），結局のところ自動車と家電の消費促進政策であったことが分かる。そして，自動車についてみれば，その消費押し上げ効果は，顕著にみられたが（図8-5），それは同時に，窒素酸化物の排出を促進する結果を招いたのである。

　すなわち，中国経済の「V字回復」をもたらした景気刺激策は，環境という側面からみれば，「エネルギー多消費・高汚染型産業の振興措置」であり，「窒素酸化物排出促進政策」であったのである。

②「地方融資平台（プラットフォーム）」問題

　では，このように環境指標を悪化させる要因になった投資プロジェクトは，どのように創り出されたのか。そのカギを握るのが，ここで検討する「地方融

---

10)『第一次全国汚染源普査公報』2010年2月6日，(http://www.gov.cn/jrzg/2010-02/10/content_1532174.htm) 参照。

11)「機動車排放対城市空気汚染影響大」新華網，2010年2月9日，(http://news.xinhuanet.com/fortune//2010-02/09/content_12960214.htm) 参照。

資平台」を利用した，地方政府による資金調達・融資の構造である。

「地方融資平台」とは，地方政府が設立した「資金調達会社」のことであり，「地方融資平台」問題は，2010年6月に国務院が下達した，「地方政府の融資平台公司への管理強化関連問題に関する通知」の中で，その問題点が簡潔に整理されている。同通知は，次のように指摘している。「近年，地方政府の資金調達会社は起債で資金を調達し，地方の経済・社会発展のために資金を集め，インフラ整備の強化や世界金融危機の衝撃への対応で積極的役割を果たした。しかし同時に，①資金調達規模が急激に膨張し，運営が十分規範化されていない，②地方政府の規定に反した保証により，債務返済リスクが増大している，③金融機関の資金調達会社に対する貸し出し管理が欠けている，といった問題が出てきた」[12]。

世界金融危機対応のための積極財政と金融緩和という中央の政策転換は，それまで経済過熱抑制策によって抑えられていた地方政府の旺盛な投資意欲を喚起した。そこで地方政府が利用したのが，資金調達会社を介した「迂回融資」というカラクリである。08年末以降，地方政府は，資金調達会社を相次いで設立し，その数は09年末時点で8,221社，銀行などからの債務残高は，09年末時点で，前年比70.4％増の約7.4兆元に達した[13]。審計署（会計検査部門）によれば，地方債務の規模が大きく，09年の債務増加率が大きかった18省，16市，36県を検査した結果，これら省・市・県では，資金調達会社が307社設立されており，その債務残高は全体で1.45兆元にのぼり，特に県レベルでは，債務総額の約8割が，資金調達会社の抱える債務であることが判明した。なお，これら省・市・県では，09年の1年間で，約1兆元の債務が増加しているが，このうち，中央政府による内需拡大新規投資プロジェクトの付帯資金として充てられたものは，1割にも満たない[14]。すなわち，これら資金調達会社で獲得

---

12)『国務院関於加強地方政府融資平台管理有関問題的通知』2010年6月10日，(http://www.gov.cn/zwgk/2010-06/13/content_1627195.htm) 参照。
13)「政府当董事長就不会発生地方債務危機」,『南方都市報』2010年6月6日。
14)「審計掲2.8万億地方債：債務率最高達364％」新華網，2010年6月24日，(http://

した資金のほとんどが，地方独自のプロジェクトに回されたというわけである。

「地方融資平台」問題は，地方政府の巨額な債務がもたらす潜在的な財政リスク問題として注目されたが[15]，より本質的な問題は，地方政府が，資金調達会社の設立という手段で，密かに多額の投資資金を獲得していたこと，そして，その資金の使途の透明性・規範性が担保されず，資金調達会社によって獲得した豊富な資金が，不要・不急の地方プロジェクトを惹起したことであろう。これら投資プロジェクトが，エネルギー多消費・高汚染型産業の生産拡大を招き，環境指標の後退をもたらしたのである。

③「国進民退（国有企業の進展，民営企業の衰退）」問題と「仇富心理（富豪嫌悪）」の台頭

では，今次の世界金融危機対応による投資プロジェクトで，最も恩恵を受けたのは，誰であったのか。また，それは，中国社会にどのような影響を及ぼしたのだろうか。この問題を「国進民退（国有企業の進展，民営企業の衰退）」と「仇富心理（富豪嫌悪）」という言葉を手掛かりに，やや詳しくみていきたい。

中国は，特に2001年のWTO加盟以降，国有企業改革を推進し，多くの分野への民営企業の参入を認めてきた結果，「民進国退（民営企業の進展と国有企業の衰退）」が進んだ。それは，国有企業を市場経済の競争にさらすことによって，非効率な経営を改善することを目的としたものであった。

しかし，世界金融危機への対応策として打ち出された景気刺激策による4兆元の投資やそれに伴う融資の多くが，国有企業に配分され，その結果，金融危機の煽りを受けた民営企業が経営難で苦しむ一方で，国有企業は大きな利潤を獲得し，民営企業を買収・合併したり，高額で土地を購入したりするケースが

---

news.xinhuanet.com/fortune/2010-06/24/c_12255945.htm）参照。

15）地方財政リスク問題としては，中国銀行業監督管理委員会の劉明康主席が，「本年（2010年），地方政府が支払わなければならない利息だけで，約5,300億元にのぼる。地方政府は，昨年，土地使用権の売却によって1兆6,000億元の収入を得ているが，この約3分の1が，利息として支払われることになる」と指摘している（『証券時報』2010年5月25日）。地方財政の逼迫が懸念される中，財政収入を増やそうと，貴重な財政収入源である土地売却が更に進む可能性も否定できない。

各地でみられるようになったのである。すなわち,「国進民退(国有企業の進展,民営企業の衰退)」への局面の変化である。

国務院発展研究センターの馬駿は,都市部の固定資産投資額に占める国有企業の割合は,2005年には約半分を占めいていたが,その後,年々その割合を減少させていた。しかし,世界金融危機後の景気刺激策の導入に伴い,国有企業の割合が再び増加し,伸び率も非国有企業を上回るようになっている事実を指摘している[16]。景気刺激策の主な投資プロジェクトは,鉄道,道路などのインフラ整備であるが,これらが国有企業に独占されている分野であることを考慮すれば,当然の帰結といえよう。実際に,2009年における都市部の固定資産投資額のうち,鉄道業では98.2%,道路業では,91.9%が,国有企業による投資である[17]。

しかし,より問題なのは,国有企業であるが故に,政策の優遇的恩恵を受けられた経営者が,業績が回復する中,多額の報酬を得ていたことである。国有企業経営者の平均年収は,約60万元で,この年収のうち平均して3分の2が,企業業績に連動した上乗せ部分である[18]。人力資源・社会保障部労働賃金研究所長の蘇海南によれば,国有企業の経営者とホワイトカラーの所得格差は約18倍,社会全体の平均賃金とは,実に128倍もの格差があるという[19]。

温家宝総理は2010年3月の全人代における「政府活動報告」で,「経済の発展を通じて社会の財産という『ケーキ』を大きくするだけでなく,合理的な所得分配制度を通じて『ケーキ』をうまく分ける必要がある」と指摘した。しかし,金融危機への中国の対応は,「ケーキの大きさ」を確保することが優先され,そのケーキを作るパティシエには「国有企業」が選ばれ,その配分の恩恵は「国有企業の幹部」があずかった。こうした状況を非難する言葉が,まさに

---

16)「国進民退五大案例背後」『中国経済週刊』2010年第12期。
17) 中国国家統計局『中国統計年鑑2010』から算出。
18)「平均60万央企高管年薪高不高」中新網,2010年1月12日,(http://www.china-news.com.cn/cj/cj-plgd/news/2010/01-12/2067566.shtml) 参照。
19)「我国貧富差距正在逼近社会容認紅線」『経済参考報』2010年5月10日。

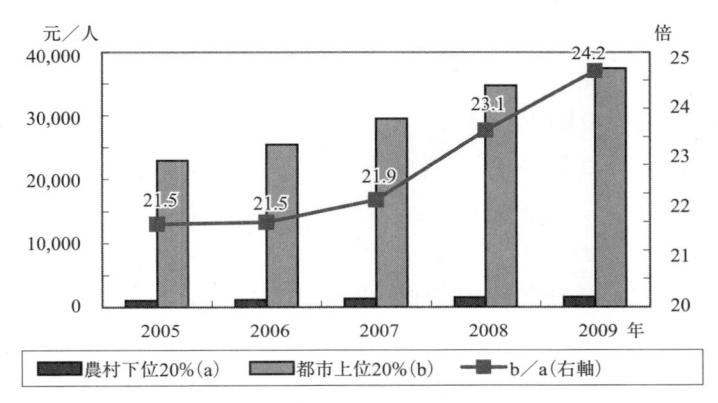

図 8-6　都市部上位 20％と農村部下位 20％の所得格差
資料：中国国家統計局『中国統計年鑑 2010』から作成。

「国進民退」であり，次で紹介する「仇富心理（富豪嫌悪）」の台頭なのである。

　中国の格差問題は，既に多くの研究者による様々なアプローチによって，豊富な研究がなされているが，筆者が，ここで指摘したいのは，世界金融危機を通して，中国社会において，「仇富心理」が急速に高まり，所得格差への対応が，政府の喫緊の課題になっているという事実である。中国社会科学院「中国社会状況総合調査」課題組の調査結果によれば，調査対象者の 56.5％が，様々な社会グループの間における格差の中でも，「富裕層と貧困層との格差」が最も大きく，矛盾を発生させやすいと答え，「この 10 年間で最も利益を得たグループ」として，68.8％が「国家幹部」を挙げ，60.4％が，「国有企業の経営者」を挙げている[20]。

　社会全体でみても，都市部と農村部の所得格差は，2008 年から 09 年にかけて，3.31 倍から 3.33 倍に，これを最貧困層である「農村部の下位 20％」と最富裕層である「都市部の上位 20％」でみると，23.1 倍から 24.2 倍へと，この 1 年で所得格差が拡大している（図 8-6）。ジニ係数も 0.47 に達し，国家発展改革委員会マクロ経済研究院の常修沢は，「格差は既に合理的な限界を突破して

---

20) 李培林・他著「2008 年中国民生問題調査報告」『2009 年中国社会形勢分析與予測』社会科学文献出版社，27 ページ。

いる」と警告を鳴らす[21]。

　経済成長が安定的に持続している時には，持てる者は大きな富を得て，持たざる者もそれなりの分け前にあずかることができるが，景気後退局面を迎えると，限られた富をめぐって奪い合いが発生し，持てる者の中でも，より持てる者がその富を収奪し，残りは富を手にすることができない，という構図が顕在化する。改革開放以降，中国では，農村住民が大きな恩恵を受けたといわれるが，実は，農村住民が受けた恩恵は，都市部住民が受けた恩恵の一部を受け取ったのみであり，ひとたび経済成長が鈍化すると，農村住民に回される恩恵はなくなり，成長の果実は，都市部住民の中で，勝者が手に入れる。

　今回の世界金融危機においても同様の構図がみられたのだが，問題なのは，政府による景気刺激策が，富の一極集中を促進する片棒を担いだ，という点であろう。

(3) 中国の世界金融危機対応への評価

　中国が金融危機対応のために採った景気刺激策を略述すれば，積極財政と金融緩和による，投資プロジェクトの創出と消費促進政策であり，この政策パッケージにより，中国は「V字回復」を達成し，国際社会からも，世界経済回復への貢献を高く評価された。

　中国が，世界金融危機への対応として採った景気刺激策は，確かに急速な経済回復をもたらしたわけであるが，同時に，それによってもたらされた負の影響にこそ注意が払われるべきであろう。特に，「環境」という視点に目を移せば，中国の世界金融危機への対応は，環境に大きな負荷をもたらすものであった。投資プロジェクトにより，エネルギー多消費・高汚染型産業は，再び生産を拡大させ，自動車消費促進政策は，大気汚染を悪化させた。「節能排減（省エネ・排出削減）」への取り組みは後退し，環境指標を悪化させるという結果をもたらしたのである。この背景には，地方政府が「地方融資平台」という資金調

---

21) 注18に同じ。

達会社を利用し，多額の投資資金を獲得していたことがあり，その豊富な資金が，不要・不急の地方プロジェクトを惹起したことによってもたらされたものであった。

また，国有企業への傾斜配分が「国進民退」をもたらす中，所得格差は拡大し，中国社会において，「仇富心理」が急速に高まった。

これらは，いずれも中国の世界金融危機への対応の結果もたらされた負の影響である。しかし，翻って，中国の経済政策をやや長期的に見れば，世界金融危機が発生するまでに採られていた政策は，いかに経済の過熱を抑えるかであったが，その背景には，中国経済の，投入の増加によってもたらされる「外延型成長」という構造的問題があったためである。その意味において，今次，世界金融危機への対応によってもたらされた負の影響は，むしろ潜在的な問題が，現象として顕在化したに過ぎず，根本的な問題は，中国の「経済発展方式」にあるのである。

上述したとおり，「第11次五カ年規画」において設定された環境目標は，その達成が危ぶまれている。特に，2010年末までに，2005年末比で，GDP単位当たりエネルギー消費量を20％削減するという目標は，09年末時点で，−15.6％と，目標までまだ大きな差がある上に，2010年上半期には，逆に＋0.09％と，増加している[22]。この状況に対し，中国政府が採った対処方法は，再び生産能力淘汰目標の徹底を強いるという行政措置であった。中央からの圧力が強まる中で，一部の地方政府は，鉄鋼，電解アルミ，セメントといったエネルギー多消費型産業への電力供給を制限しているという[23]。しかし，仮にこのような手段で，目標を達成したとしても，根本的な解決にはならないことは明白である。中国の投資に依存した，粗放型の経済構造には，何ら変化はなく，中央政府が環境問題への取り組みを少しでも緩めれば，これら産業では，再び生産を拡大し，環境への負荷が高まることは，言を待たない。

---

22) 国家統計局等『2010年上半年全国単位GDP能耗等指標公報』2010年8月3日，(http://www.stats.gov.cn/tjgb/qttjgb/qgqttjgb/t20100803_402662765.htm) 参照。
23)「限電来了：三大行業受影響最大」『第一財経日報』2010年10月27日。

今次，世界金融危機への対応によってもたらされた問題は，中国の抱える構造的問題を顕在化させ，それを認識するよい機会になったと捉えることもできる。環境問題は，中国の抱える問題が，最も端的に表れる分野であり，環境指標は，中国の構造的問題の顕在化を示すメルクマールといえよう。そして，中国自身が，この問題を乗り越えるため，「第12次五カ年規画」(2011〜15年)の策定において主軸に掲げたものこそが，「経済発展方式の転換」である。

第3節　「第12次五カ年規画」の策定と「経済発展方式の転換」

　2010年10月15日から18日にかけて第17期中国共産党中央委員会第五回全体会議(第17期五中全会)が開催され，「第12次五カ年規画の策定に関する中共中央の提案」(以下，「中共中央の提案」)が採択された。「中共中央の提案」は，次期「五カ年規画」を策定する上で，中国共産党としての方針を示すものであり，2011年3月に開催される全人代において採択される「第12次五カ年規画」(2011〜15年)の基礎となるものである。そこで，本節では，「中共中央の提案」の内容をやや詳しく検討することを通して，中国経済の今後の行方について，その展望を試みたい。

(1)「第11次五カ年規画」の目標達成状況
　2010年10月開催の第17期五中全会において採択された「中共中央の提案」では，「第11次五カ年規画」期(2006〜10年)を次のように総括している。「第11次五カ年規画期は，経済・社会発展において極めて大きな成果が得られた。……(同時に)我が国の発展史上，並々ならぬ5年であった。……我々は，世界金融危機の巨大な衝撃に，効果的に対応し，経済の安定的で比較的速い発展という良好な基調を維持し，……第11次五カ年規画で設定された主要な目標と任務を勝利のうちに達成した。5年の奮闘努力を経て，我が国社会の生産力は急速に発展し，総合国力は大幅に向上し，人民の生活は明らかに改善され，

表 8-3 「第 11 次五カ年規画」の目標達成状況

	項　目		目　標	実　績 (2009 年末時点)
経済成長	国内総生産 (GDP)	26.1 兆元	年平均 7.5%	10.8% (34.1 兆元)
	1 人当たり GDP	19,270 元	年平均 6.6%	10.8% (25,575 元)
経済構造	第 3 次産業対 GDP 比率	43.3%	(3 ポイント増加)	43.4%
	第 3 次産業就業比率	35.3%	(4 ポイント増加)	34.1%
	R&D の対 GDP 比率	2%	(0.7 ポイント増加)	1.7%
	都市化率	47%	(4 ポイント増加)	46.6%
人口資源環境	全国の総人口	13 億 6,000 万人	(8‰以下)	13 億 3,474 万人
	単位 GDP 当たりエネルギー消費	—	20%減少	−15.6%
	工業生産額当たりの水使用量	—	30%減少	N.A
	農業灌漑用水の有効利用係数	0.5	(0.05 ポイント増加)	N.A
	工業固体廃棄物の総合利用率	60%	(4.2 ポイント増加)	61.45
	耕地保有量	1 億 2,000 万㌶	(−0.3%以下)	1 億 2,171 万㌶
	主要汚染物質の総排出量 ・二酸化硫黄 ・化学的酸素要求量 (COD)	—	10%減少	二酸化硫黄 −13.1% COD −9.7%
	森林カバー率	20%	(1.8 ポイント増加)	20.36%
公共サービス人民の生活	平均教育年数	9 年	(0.5 年増加)	N.A
	都市部基本養老保険カバー人口	2 億 2,300 万人	(5.1 億人増加)	2 億 3,450 万人
	新型農村協同医療カバー率	80%以上	(56.5 ポイント増加)	94%
	都市部新規労働者増加数	—	4,500 万人	4,398 万人
	農業労働力移転数	—	4,500 万人	N.A
	都市部登録失業率	5%		4.3%
	都市部住民 1 人当たり可処分所得	13,390 元	(年平均 5%)	17,175 元
	農村住民 1 人当たり純収入	4,150 元	(年平均 5%)	5,153 元

資料：2009 年の実績値は、中国国家統計局『中国統計年鑑 2010』、「2009 年国民経済社会発展統計公報」等から作成。
注：■は「拘束性」目標、▨は、09 年末時点で目標が未達成の項目。

国際的地位と影響力は著しく向上し、……中国の特色ある社会主義事業の新たな 1 ページが記された」[24]。ここにおいて、中国の世界金融危機への効果的な対応と、国際的地位・影響力の向上を自ら評価している。

では、「勝利のうちに達成された」とする「第 11 次五カ年規画」目標の達成状況は、どのようなものであろうか。表 8-3 は、2006 年 3 月の全人代で採択された「第 11 次五カ年規画綱要」において設定された 2010 年までの目標と、2009 年末時点での達成状況を示したものである。「第 11 次五カ年規画」では、

---

[24] 『中共中央関於制定国民経済和社会発展第十二個五年規画的建議』2010 年 10 月 18 日。

目標を,「予期性目標」と「拘束性目標」の2つに分類し,「拘束性目標」については, 政府が必ず達成しなければならない「公約」に位置づけられた。

この表から, ほとんどの項目において, 2010年を待たずに前倒しで, その目標が達成されている。しかし,「拘束性目標」のうち, 2010年までの達成が危ぶまれている項目がある。それは「単位GDP当たりエネルギー消費量」である。2010年末までに, 2005年末比で, GDP単位当たりエネルギー消費量を20％削減するという目標は, 2009年末時点で, -15.6%である上, 2010年上半期には, 逆に$+0.09\%$と増加していることは既に述べたが, 政府が電力の供給制限などの強制措置を用い, 躍起になって目標達成を図ろうとしている理由はここにある。この他, 化学的酸素要求量（GOP）の削減, 第3次産業の就業比率, R＆D（研究開発）費の対GDP比も2009年末時点では, 未達成となっている。

(2)「中共中央の提案」の概要

「中共中央の提案」は, 次期「五カ年規画」を策定する上で, 中国共産党としての方針を示したものであり, 2011年3月に開催される全人代において採択される「第12次五カ年規画」(2011～15年)の基礎となるものであるが, 換言すれば, 中国共産党としての問題意識と, 今後5年間の方向性を反映したものであるといえよう。

まず,「中共中央の提案」では,「第12次五カ年規画期の経済・社会発展をとりまく国内環境」として,「我が国の発展において不均衡, 不調和, 持続不可能の問題が依然として際立っていることも冷静にみてとらなければならない。それは主, 経済成長の資源・環境の制約が強まり, 投資と消費の関係がアンバランスで, 所得分配格差が比較的大きい……ことである」との現状認識が示された。これらは, まさに筆者が第2節で指摘した, 中国の金融危機への対応によってもたらされた3つの問題, すなわち「節能排減（省エネ・排出削減）」問題,「地方融資平台（プラットフォーム）」問題,「国進民退（国有企業の進展, 民営企業の衰退）」問題に対応する問題意識である。

その上で,「第12次五カ年規画策定に当たっての指導思想」として,「科学的発展を主題に,経済発展方式の転換の加速を主軸に,……小康社会を全面的に建設させるための,決定的意義をもつ基礎を築かなければならない」ことが明記された[25]。すなわち,ここに,小康社会の全面的建設を達成することが最終的な目標であり,そのためには,「科学的発展観」という思想に基づいて,「経済発展方式の転換」を加速しなければならないことが,はっきりと打ち出されたのである。この「第12次五カ年規画」の根幹ともいえる「経済発展方式の転換」というキーワードは,「中共中央の提案」の文章中に,16回登場し,最も多用されている言葉でもある[26]。

　表8-4は,「中共中央の提案」の構成を示したものである。まず,第1章で「経済発展方式の転換」が次期「五カ年規画」の主軸であることが明記され,この「経済発展方式の転換」を加速するための具体的課題が,第2～11章で示されている。

　「節能排減(省エネ・排出削減)」問題については,第6章において,「省エネ・排出削減を重点に,刺激と規制の仕組みを整え,資源節約の,環境にやさしい生産様式と消費モデルの構築を急ぎ,持続可能な発展の能力を強めなければならない」ことが示されている。また,「中共中央の提案」では,「第12次五カ年規画期の主要な目標」として,5項目が挙げられたが,環境問題への取り組みをそのうちの1項目に掲げ,「単位GDP当たりのエネルギー消費と二酸化炭素排出を大幅に低下させ,主要な汚染物質の総排出量を著しく減らす」ことが具体的に盛り込まれた。

---

25) この「指導思想」は,2010年7月22日に開催された政治局会議において,胡錦濤主席が行った重要講話が基になっている。その他,「中共中央の提案」起草までの過程については,「『中共中央関於制定国民経済和社会発展第十二個五年規画的建議』誕生記」新華網,2010年10月29日に詳しい(http://news.xinhuanet.com/politics/2010-10/29/c_13582460.htm)。

26) なお,次いで多い言葉は,「科学的発展観」で15回,「和諧(調和)」10回などであった。また,第17期五中全会の開催概要を記した「公報(コミュニケ)」においても,「経済発展方式の転換」の登場回数が,12回と,最も多かった。

表 8-4 「中共中央の提案」の構成

1	経済発展方式の転換を加速し，科学的発展の新たな局面を切り開く
2	内需拡大戦略を堅持し，経済の安定的かつ比較的急速な発展を維持する
3	農業の現代化を推進し，社会主義の新しい農村建設を加速する
4	現代的な産業システムを発展させ，産業の核心的競争力を向上させる
5	地域のバランスの取れた発展を促進し，積極的かつ穏当に都市・小都市化を推進する
6	資源節約型の環境にやさしい社会建設を加速し，生態文明水準を向上させる
7	科学技術・教育による国家振興戦略ならびに人材強国戦略を掘り下げて実施し，革新型国家建設を加速する
8	社会建設を強化し，基本的な公共サービスシステムを確立・健全化する
9	文化の大いなる発展，大いなる繁栄を推し進め，国の文化のソフトパワーを向上させる
10	改革の難関攻略のペースを加速させ，社会主義市場経済体制を整備する
11	互恵・ウィンウィンを旨とする開放戦略を実施し，対外開放水準を一段と向上させる
12	全党，全国の各民族人民は団結し，「第 12 次五カ年規画」の実現のために奮闘しよう

注：2010 年 10 月 18 日，第 17 期五中全会で採択。10 月 27 日，新華社が全文を配信。

「地方融資平台」問題と「国進民退」問題については，第 2 章において「政府の投資範囲を明確に定め，地方政府の資金調達プラットフォームの管理を強化，規範化し，投資リスクを防止する。国有企業の投資行為を規範化し，経済的効果と社会的効果の向上を重んじる」と具体的に盛り込まれているほか，第 8 章において「分配の秩序を規範化し，……高すぎる所得を有効に調整し，都市と農村，地域，業種，社会構成員の間の所得格差拡大傾向を転換するため努力する」ことが掲げられた。

なお，これら課題の優先順位（各章の順序）について，前回の「第 11 次五カ年規画策定に関する中共中央の提案」（2005 年 10 月，第 16 期五中全会）と比較すると，第 2 章に，「内需拡大戦略」が単独の章として新たに加えられたほか，第 7 章の「科学技術による国家振興戦略」が格上げされているのに対し，第 11 章の「開放戦略」は，格下げされるなどの特徴がみられ，従来の「外資依存」ではなく，「内需主導」の発展方式への転換を目指す姿勢が看取できる[27]。

---

27) 2005 年 10 月開催の第 16 期五中全会において採択された「中共中央の提案」の概要等については，拙稿「第 11 次五カ年計画の策定と中国経済の展望」『世界経済評論』

(3)「経済発展方式の転換」とその背景

「第 12 次五カ年規画」の主軸が「経済発展方式の転換」であることは，既に述べたとおりであるが，結局のところ，「経済発展方式の転換」とは，何を意味するのだろうか。

胡錦濤国家主席は，2010 年 2 月，中央党校で重要講話を行い，この中で「経済発展方式の転換」を「①投資・輸出の牽引から消費・投資・輸出の協調的な牽引への転換，②第 2 次産業の牽引から第 1 次・第 2 次・第 3 次産業の協同的な牽引への転換，③物質の増加，資源の消耗から科学技術の進歩，労働者の素質の向上，管理イノベーションへの転換，によって経済成長を促進すること」であると定義している[28]。

なお，見落とされがちではあるが，「第 11 期五カ年規画」では，「経済発展方式」ではなく，「経済成長方式」という言葉が使用されている。「経済成長方式」という言葉は，1995 年の第 14 期五中全会から使用され，2007 年の 17 回党大会以降，「経済発展方式の転換」という言葉が使用されるようになった。では，「経済成長の転換」と「経済発展の転換」とでは，どのような違いがあるのだろうか。中国国際交流センター常務副理事長の鄭新立は，次のように解説する。すなわち「経済成長方式の転換は，主に生産要素の構造を調整することを通して，経済成長方式を粗放型から集約型に転換することである。これに対し，経済発展方式の転換は，この概念を更に広げ，①需給構造，②供給構造，③生産要素構造，の 3 つの構造転換を意味する」[29]。ここで，述べている 3 つの構造転換は，まさに上述した胡錦濤主席の定義の①，②，③と対応している。

2006 年 2 月号を参照。

28) 胡錦濤主席が，2010 年 2 月 3 日，中央党校で，省部級主要指導幹部「科学的発展観の貫徹と経済発展方式の転換加速」特定課題検討班の開講式において，行った重要講話の内容である。詳しくは，「胡錦濤強調：毫不動揺地加快経済発展方式転変」新華網，2010 年 2 月 3 日，(http://news.xinhuanet.com/fortune/2010-02/03/content_12926082.htm) 参照。

29)「十二五：衝破中国発展瓶頚的関鍵」新華網，2010 年 10 月 18 日，(http://news.xinhuanet.com/politics/2010-10/18/c_12673194.htm) 参照。

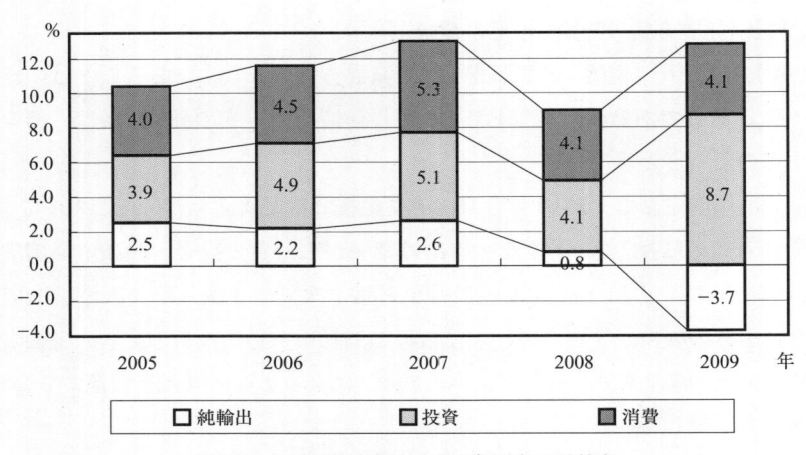

図 8-7　GDP 成長率に対する各要素の貢献率

資料：図 8-6 に同じ。

　では，なぜ「経済発展方式の転換」が必要なのだろうか。ここで，改めて「第11次五カ年規画」目標の達成状況を確認してみよう。ほとんどの目標が前倒しで達成される中，その達成が危ぶまれているのが，①「GDP 単位当たりエネルギー消費量」，②「第 3 次産業の就業比率」，③「R & D（研究開発）費の対 GDP 比」，の 3 つである。実は，これら 3 つの目標は，上述の 3 つの構造転換，すなわち①需給構造，②供給構造，③生産要素構造，とそれぞれと対応しているのである。

　①の「GDP 単位当たりエネルギー消費量」の目標達成がなぜ難しいのか。それは，既に述べたとおり，世界金融危機対応のための投資プロジェクトにより，エネルギー多消費・高汚染型産業が，生産を拡大したためであり，需給構造からみれば，消費ではなく投資に依存した経済成長を図っているためである。特に 2009 年は，GDP 成長率 9.1％のうち，8.7 ポイントが投資によって引き上げられたものであった（図 8-7）。

　②の「第 3 次産業の就業比率」は，第 1 次，第 2 次，第 3 次産業のバランスという，供給構造の問題と関連したものである。第 3 次産業の就業比率は，若干増加しつつあるものの，大きな変化はみられない（図 8-8）。第 2 次産業は，

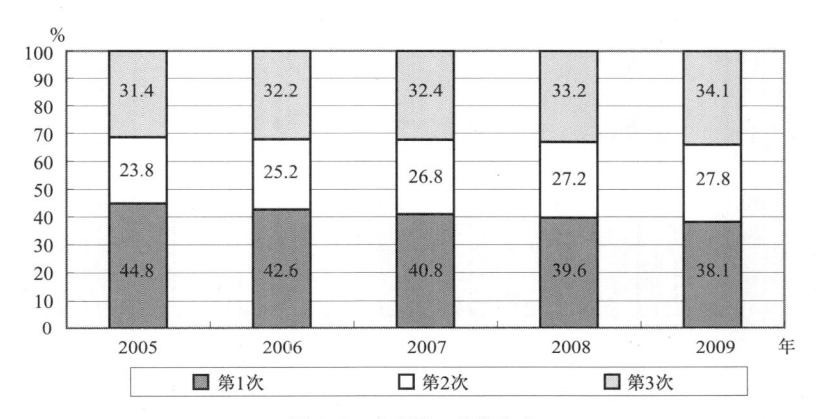

```
%
100 ┐
 90 ┤  31.4      32.2      32.4      33.2      34.1
 80 ┤
 70 ┤
 60 ┤  23.8      25.2      26.8      27.2      27.8
 50 ┤
 40 ┤
 30 ┤  44.8      42.6      40.8      39.6      38.1
 20 ┤
 10 ┤
  0 ┴─────────────────────────────────────────────────
     2005      2006      2007      2008      2009   年
         ■第1次      □第2次      □第3次
```

図 8-8　各産業の就業比率

資料：図 8-6 に同じ。

就業比率では，3 割にも満たないが，GDP に占める割合でみた場合，およそ 5 割を占めている。すなわち，中国経済の中心は，依然として第 2 次産業なのであり，第 3 次産業の育成があって，初めて第 3 次産業による雇用吸収が可能なのである。

③の「R & D（研究開発）費の対 GDP 比」は，生産要素構造の問題であり，経済成長を粗放型から集約型へと転換する上で，技術レベルの向上は，必要不可欠である[30]。これまで，その速度は不十分ではあるものの，少しずつその比率を上昇させてきたが，2008 年には逆に減少している（図 8-9）。このままでは，目標達成は難しいとみるや，09 年には大幅な増加がみられたが，2％という目標には，まだ大きな差があり，目標達成は困難であろう。なお，同指標は，「第 10 次五カ年計画」（2001〜05 年）においても 2005 年末時点で，1.5％という目標が掲げられていたが，この基準に照らし合わせてみても，08 年時点でさえ未達成であったのである。

---

30) 中国における技術レベルの問題を日中経済関係から論じたものとして，拙稿「中国の成長と対外経済関係」（坂田幹男編『中国経済の成長と東アジアの発展』ミネルヴァ書房，2009 年，所収）がある。

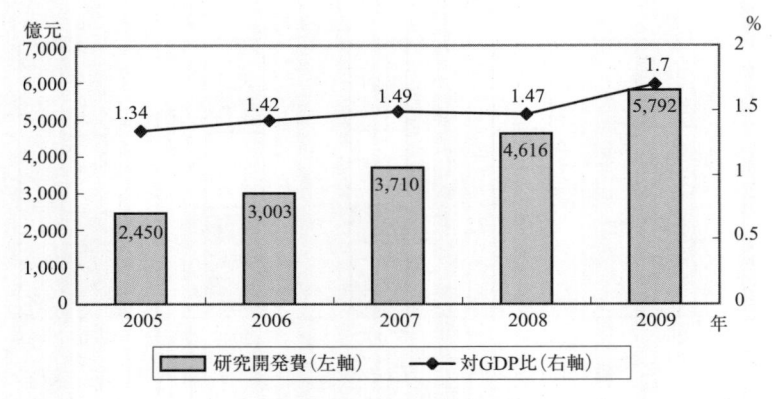

図 8-9　R＆D の対 GDP 比

資料：図 8-6 に同じ。

おわりに

　本章では，世界金融危機への中国の対応による負の影響として，①環境への負荷が高まり，「節能排減（省エネ・排出削減）」への取り組みが後退したこと，②この結果は，地方政府による「地方融資平台（プラットフォーム）」という資金調達会社を利用した，不要・不急の投資プロジェクトによってもたらされたこと，③投資プロジェクトにおける国有企業への傾斜配分が「国進民退（国有企業の進展，民営企業の衰退）」をもたらす中，所得格差が拡大し，中国社会において，「仇富心理（富豪嫌悪）」が急速に高まったこと，という 3 つの問題を指摘した。しかし，これらの問題は，中国が潜在的に抱える構造的問題が，現象として顕在化したに過ぎない。根本的問題は，中国の「経済発展方式」にあり，だからこそ中国は，「第 12 次五カ年規画」の策定に際し，「経済発展方式の転換」を主軸に掲げたのである。
　この「経済発展方式の転換」は，1995 年から「経済成長方式の転換」として，取り組みを始めていた。すなわち，中国は，これまでの発展方式では，持続可能な成長を維持するのは困難であるとの認識を，早くから持っていたのである。

しかし，その取り組みは，世界金融危機が発生するや棚上げされ，結局，従来の発展方式のまま，経済の質ではなく量を増やすことで，危機を乗り越えた。

　「中共中央の提案」には，目標として，GDP 成長率など，経済の数量を求める指標は盛り込まれなかった。これは，経済の量ではなく質を追求するという「経済発展方式の転換」の思想を反映したものである。しかし，「中共中央の提案」を基に，各省レベルで採択された「第 12 次五カ年規画策定に関する提案」には，GDP 成長率など，依然として数量を求める指標が多く含まれている[31]。国務院発展研究センターの呉敬璉は，「政府が依然として土地や融資などの裁量権を握っていることや，GDP 成長率を主とする行政成績基準があること，など制度面の障害が経済発展方式の転換を困難にしている」と指摘する[32]。

　「経済発展方式の転換」が，制度から技術レベル，人々の意識に至るまでの，包括的な経済・社会全体の変革であると考えるならば，一朝一夕には進展しないし，「経済発展方式の転換」への道程は，今後も困難が予想される。しかし，これまでの発展方式で持続可能な発展を維持することが不可能であることは，今次，世界金融危機への対応によってもたらされた様々な問題によって明らかになった。「経済発展方式の転換」こそが，中国の持続的・安定的な発展を可能にする唯一の道なのである。その意味において，今後の中国経済の行方は，「経済発展方式の転換」を主軸に掲げた「第 12 次五カ年規画」の策定と，その具体的取り組みの成否が，重要なカギを握っているのである。

---

31)「多省区十二五規画建議出炉仍明確提 GDP 増長目標」中国共産党新聞網，2010 年 11 月 16 日（http://cpc.people.com.cn/GB/164113/13222003.html）参照。
32)「呉敬璉：経済増長方式転変仍在体制性障碍」新華網，2010 年 11 月 17 日，（http://www.gd.xinhuanet.com/newscenter/2010-11/17/content_21418898.htm）参照。

第9章
中国地方政府間の財政格差について
── 義務教育経費に着目して ──

桑原美香

はじめに

　2010年,中国の財政収入は米国に続いて世界第2位 (8兆元:約105兆円) になる。付加価値税や企業所得税,営業税等は前年度比20％から30％増になる見込みである。支出面に目を転じると,第11期全国人民代表大会第3回会議では,財政政策の5つの重点項目として,農村住民の所得向上や地域間のつり合いのとれた発展,「三農 (農業・農村・農民) 問題」が重要課題として挙げられていた。とりわけ,2004年以降,7年連続で中央1号文書が公布されており,「三農問題」に対する財政支出は3,397億元 (2006年),4,318億元 (2007年),5,625億元 (2008年),7,161億元 (2009年) と増加している。それらの使途は,農業補助や農村のインフラ整備のみならず,教育や社会保障,医療衛生,文化面の支援,とされている。

　また,2010年は第11次五カ年計画の最終年であり,科学的発展観に立脚した「小康社会 (いくらかゆとりのある社会)」の建設を目指して,さらなる政策が行われるであろう。1993年に発表された「中国教育改革・発展綱要」では,国内総生産 (GDP) に占める教育費の割合を4％にすることが目標とされた。だ

が実際には，2008年にようやく3.48％を達成した程度である。そこで，「中国国家中長期教育改革・発展計画概要（2010～2020年）」に，達成期限を2012年までに延長し，教育問題を引き続き重点施策とすることが明記された。しかし，そうした財政支援が農村振興や農村の教育，農民の生活水準向上にどれだけ寄与してきたのか，数量的に示されていない。

　こうした背景から，第1節では中国の義務教育制度に着目し，教育財政や教育の質・量の格差の実態について整理する。第2節では教育制度と教育経費について，制度や政策の変遷，省（都市）間の教育格差についてデータを整理する。第3節では教育ジニ係数について述べる。第4節では全省（都市）の10年間の教育ジニ係数を掲示し，考察を加える。第5節ではまとめと今後の課題について述べる。

第1節　中国の義務教育制度と教育経費

(1) 中国の教育制度の変遷

　図9-1は，中国の教育制度を示したものである。幼稚園に関しては，3歳ごろから通う家庭もあれば，4歳，5歳から通う家庭もある。義務教育は小学校と中学校で，それぞれ7歳から13歳頃までの6年制と，13歳から16歳までの3年制である。一部，農村では小学校が5年制で中学校が4年制の地域もあったが，現在では，大半が6-3制となっている。

　こうした9年制の義務教育制度が整ったのは，1985年の「教育体制の改革に関する決定」以降である。これには，職業中学の拡充や，高等教育機関の募集定員拡大などが盛り込まれていた。それまでも農村における教育の普及は重要視されていたが，1978年に教育部から「教育の質を高める方針」が出され，小中学校の再編が行われたことにより，逆に郷・村の学級数は減り，都市・鎮の小学校が増加した。こうした現状を背景に，1980年に「教育の普及をめぐる若干の問題についての決定」，1983年に「農村教育の強化と改革に関する若

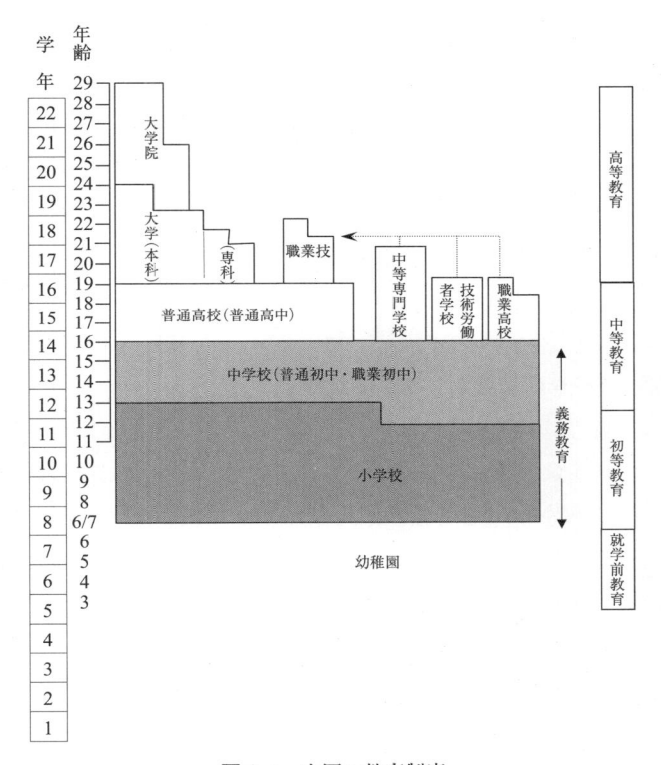

図9-1 中国の教育制度

出所）南ほか（2008）p12 を一部改編のうえ転載。

干の問題に対する通達」が発令され，1985年の決定に至った。

1986年には義務教育法が制定され，児童・生徒に対して学費を免除することが規定されたが，財源や負担については明記されていなかったため，地方政府では教育経費の不足が深刻化していた。1992年に教育課程基準法が制定され，義務教育の実施細則が公布されたが，雑費徴収が可能とされたことから「乱収費」と呼ばれる雑費が徴収されてきた。農村部では，そうした費用負担増を理由とした中途退学者も少なくなかった。

1993年には「中国教育改革・発展綱要」，1995年に教育法が制定され，ようやく財源に関して明確に規定された。1998年には「21世紀に向かう教育振興

行動計画」が出され，これを引き継ぐ形で2004年に「2003～2007年　教育振興行動計画」が出された。これには，重点大学への支援強化と同時に，農村教育，農村義務教育の改革を行うことが明記された。2007年には「国家教育事業発展"十一五"綱要」が出され，2006年から2010年まで義務教育の全責任を中央政府が負い，中央や省から，県への補助金を増額するなどして，高等教育の質の向上や教員の管理など，教育格差の是正に努めることが明記されている。

(2) 教育関連データの地域間・年度間比較

以下では，教育に関する質的・量的側面からの地域間格差について年度別に比較する。表9-1は，教育の質を示すものとして，1998年から2008年の各省（都市）の非識字率を整理したものである。1998年に非識字率が最も小さかったのは北京市で，6.5％であった。最も大きかったのは西蔵で，60％であった。地域間のばらつきを示す変動係数（CV）は，0.62であった。10年後の2008年の非識字率が最も小さいのも北京市の3.1％で，最も大きかったのは西蔵の37.8％であった。ただし，変動係数は0.75となっており，国内全体の非識字率の平均は17.7％から8.9％へと下がったものの格差は拡がったといえる。例えば天津市では，1998年に10.4％であったものが2008年には3.5％，同様に，山東省では22.1％が8.0％と，大幅に下がっている。逆に安徽省では20.5％が14.5％，甘粛では28.7％が17.8％と大きな変動はない。

次に，教育の量の側面に焦点を当てる。図9-2は，小学校と中学校の，(a)学校数，(b)在校生数，(c)専任教員数を示したものである。それぞれ，2003年までは城市，県鎮，農村の3地域に分けて示している。2004年以降は，データの関係上，合計値のみ示している。

1998年の小学校数は60万校を超えており，8割以上は農村部に立地している。2003年までに総数は40万校程度に減り，県鎮に立地する小学校は半減している。農村部の小学校も5年間で50万校から35万校程度に減っている。さらに2008年の小学生在校総数は30万校となっており，10年間で半分になっ

表 9-1　年度別非識字率 [1]

地　区	1998	99	00	02	03	04	05	06	07	08
全　国	15.8	15.2	9.1	11.6	11.0	10.3	11.0	9.3	8.4	7.8
北　京	6.5	6.5	4.9	5.4	4.6	4.5	3.9	4.5	3.3	3.1
天　津	10.4	8.0	6.5	6.7	6.4	5.4	4.8	4.1	3.9	3.5
河　北	12.0	11.4	8.6	7.8	7.4	6.8	7.2	6.4	6.3	4.8
山　西	10.5	9.1	5.7	6.4	5.8	5.8	5.6	4.4	4.3	4.2
内蒙古	15.8	16.4	11.6	13.5	13.7	10.5	11.3	9.4	8.2	8.1
遼　寧	8.2	7.2	5.8	5.2	4.7	4.4	4.8	4.1	3.8	3.5
吉　林	8.4	6.8	5.7	4.4	3.9	3.9	5.9	5.2	4.6	4.4
黒龍江	8.9	9.8	6.3	6.5	5.8	4.8	6.2	5.0	4.4	4.2
上　海	10.2	8.7	6.2	8.2	5.9	6.5	5.2	4.9	4.0	4.0
江　蘇	19.6	16.8	7.9	14.3	14.5	13.2	10.0	9.4	8.2	8.1
浙　江	16.4	15.7	8.6	13.5	13.2	13.4	12.0	10.2	10.1	9.4
安　徽	20.5	20.3	13.4	17.9	13.7	15.1	19.2	16.3	16.8	14.5
福　建	18.7	18.5	9.7	13.7	13.6	15.3	12.9	11.3	11.2	10.4
江　西	13.5	13.2	7.0	10.8	8.3	9.1	10.5	9.2	7.2	6.5
山　東	22.1	20.2	10.8	11.2	13.7	12.6	12.4	9.1	8.2	8.0
河　南	14.4	16.3	7.9	9.1	9.2	8.1	9.8	8.6	7.9	7.4
湖　北	15.2	15.0	9.3	15.1	11.8	11.5	12.1	9.8	8.7	7.7
湖　南	10.9	11.1	6.0	8.4	8.5	7.4	8.6	6.5	5.4	5.9
広　東	9.3	9.2	5.2	7.0	7.6	6.9	6.0	5.1	4.1	4.0
広　西	13.3	12.3	5.3	9.5	8.9	8.1	8.6	6.0	5.8	5.6
海　南	14.3	14.6	9.7	8.9	9.1	7.4	9.8	9.5	8.5	8.7
重　慶	15.4	14.8	8.9	10.3	8.4	12.3	11.7	9.7	8.0	7.8
四　川	15.7	16.8	9.9	13.6	11.7	11.5	16.6	12.6	10.6	10.2
貴　州	29.0	24.5	19.9	18.7	19.7	17.0	21.4	18.8	16.6	14.6
雲　南	25.5	24.3	15.4	23.1	21.5	16.4	20.1	16.5	16.1	13.3
西　藏	60.0	66.2	47.3	43.8	54.9	44.0	44.8	45.7	36.8	37.8
陝　西	16.5	18.3	9.8	15.6	11.9	10.6	10.3	9.4	8.9	8.2
甘　粛	28.7	25.6	19.7	21.1	20.3	19.4	20.8	22.3	19.3	17.8
青　海	42.9	30.5	25.4	24.8	23.5	22.1	24.1	19.3	18.4	16.7
寧　夏	25.6	23.3	15.7	17.5	17.6	15.7	18.7	15.4	13.8	10.1
新　疆	11.4	9.8	7.7	8.2	6.9	7.1	8.3	6.7	4.3	4.6
Min	6.5	6.5	4.9	4.4	3.9	3.9	3.9	4.1	3.3	3.1
Max	60.0	66.2	47.3	43.8	54.9	44.0	44.8	45.7	36.8	37.8
STDEV	11.0	11.0	8.3	7.9	9.5	7.7	8.2	8.1	6.9	6.7
AVERAGE	17.7	16.8	11.0	12.9	12.5	11.5	12.4	10.8	9.6	8.9
CV	0.62	0.66	0.75	0.61	0.76	0.67	0.66	0.75	0.72	0.75

1) 2000年には大規模な全数調査が行われたが，その他の年度は0.1％抽出調査となっているため，不連続なデータである．また，2001年度のデータは公表されていないため，除いている．

【小学校】 【中学校】

(a) 学校数

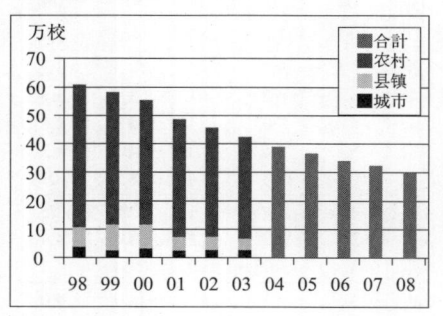

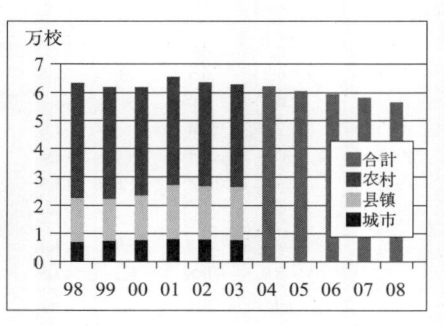

(b) 在校生数

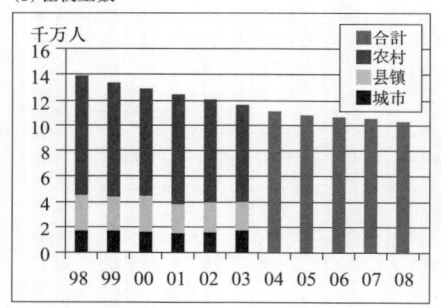

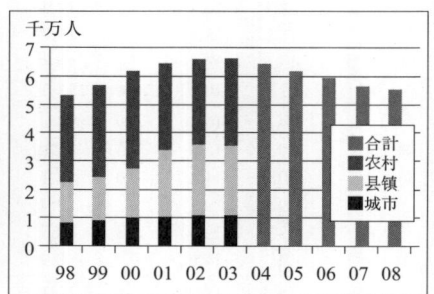

(c) 専任教員数

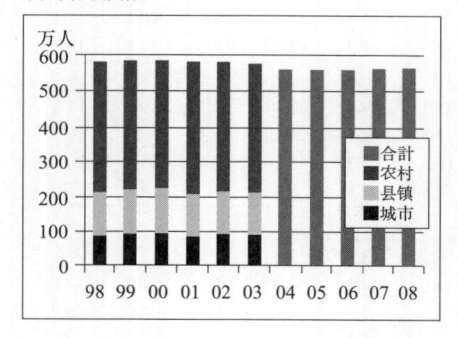

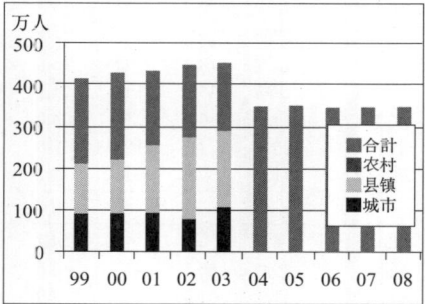

図 9-2　小中学校の現状

た。1998年の在校総数は1億4,000万人程度で，7割以上の1億人が農村在住者である。2003年の総数は1億2,000万人弱で，農村在住者が8,000万人に減った。城市や県鎮在住者数はほぼ変化がない。2008年までに小学生在校総数は1億人程度まで減っている。専任教員に関しては，10年間変わらず，600万人弱で推移している。農村部，県鎮，城市ともに，その割合もほぼ変化していない。中学校に関しては，1998年の学校数が6万校強で，7割近い4万校は農村に立地している。2001年から2003年にかけて県鎮の学校数が増え，農村に立地する中学校数は6割弱に減った。学校総数は10年間ほぼ変わっていない。中学生在校総数は1998年に5,000万人程度で，6割が農村在住者であった。その後2002年までに県鎮在住の在校生数が1.5倍の2,000万人に増え，農村在住者の割合は，総数6,500万人のうちの半分程度になった。ただし，2003年を境に在校生数は減少しており，2008年は5,500万人程度である。専任教員総数に関しては，1999年から2003年までの間わずかに増えており，県鎮の割合がかなり大きい。2003年には，農村部の学校の専任教員数は150万人程度に増加した。2004年以降に関しては，以前と計測方法が異なると考えられ，明確な傾向は読み取れなかった。

　表9-2は小学校1校あたりの児童数と教員1人あたり児童数，表9-3は，中学校1校あたりの生徒数と教員1人あたりの生徒数を示している。

　1998年に小学校あたり児童数が最も少なかったのは，平均値の3割程度の89人で，これは山西省であった。最も多かったのは，平均値の2倍以上の698人で，上海市であった。10年後の2008年の小学校あたり児童数が最も少なかったのは187人で，同じく山西省，多かったのは879人で上海市であった。10年間で，平均値は261人から386人へと増えているが，変動係数は0.42と0.43で，格差の程度は変わりがなかった。教員1人あたり児童数に関しては，1998年に最も少なかったのは14.9人の北京市，多かったのは30.8人の広西省であった。2008年に最も少なかったのは11.6人で吉林省，多かったのは23.5人で貴州省であった。平均値は22.6人から17.6人へと減少傾向にあるが，変動係数は0.19と0.18で変わりがなかった。小学校に関しては，学校数を減

表 9-2 小学校の教育環境

小学校あたり児童数											(N=31)
	1998	1999	2000	2001	2002	2003	2004	2005	2006	2007	2008
Min	89	89	92	98	107	117	127	144	156	171	187
Max	698	721	771	845	890	938	825	831	853	867	879
σ	112	114	120	135	143	166	158	158	160	165	170
平均	261	264	268	293	303	319	327	336	352	372	386
CV	0.42	0.42	0.44	0.45	0.46	0.51	0.48	0.46	0.45	0.44	0.43

教員一人あたり児童数											(N=31)
	1998	1999	2000	2001	2002	2003	2004	2005	2006	2007	2008
Min	14.9	13.7	12.8	12.1	11.2	11.0	10.6	10.3	9.8	11.7	11.6
Max	30.8	29.4	28.6	28.3	27.2	26.6	26.5	26.4	25.9	24.6	23.5
σ	4.3	4.2	4.0	4.2	4.2	4.2	4.3	4.1	4.0	3.4	3.2
平均	22.6	21.9	21.2	20.8	20.2	19.7	19.2	18.7	18.4	18.0	17.6
CV	0.19	0.19	0.19	0.20	0.20	0.21	0.22	0.21	0.21	0.19	0.18

表 9-3 中学校の教育環境

中学校あたり生徒数											(N=31)
	1998	1999	2000	2001	2002	2003	2004	2005	2006	2007	2008
Min	434	456	501	503	544	584	613	619	632	620	587
Max	1,233	1,353	1,483	1,499	1,483	1,544	1,591	1,511	1,752	1,465	1,493
σ	166	186	190	194	191	200	206	203	237	204	210
平均	753	822	893	915	974	1,022	1,001	978	983	966	965
CV	0.22	0.23	0.21	0.21	0.20	0.20	0.21	0.21	0.24	0.21	0.22

教員一人あたり生徒数											(N=31)
	1998	1999	2000	2001	2002	2003	2004	2005	2006	2007	2008
Min	—	10.9	12.8	14.3	14.2	13.7	11.9	10.3	9.6	11.2	10.8
Max	—	22.2	22.7	22.4	23.1	23.9	24.5	23.6	22.3	20.8	20.1
σ	—	2.5	2.4	2.1	2.1	2.2	2.6	2.8	2.9	2.6	2.6
平均	—	16.8	17.5	2.1	17.9	18.3	18.1	17.4	16.8	16.2	15.8
CV	—	0.15	0.14	0.12	0.12	0.12	0.14	0.16	0.17	0.16	0.16

らすことで1校当たりの児童数が増えたが，近年児童数が減少していたため，教員1人あたりの児童数も減った。

　1998年に中学校あたり生徒数が最も少なかったのは，平均の半分程度の434人で，これは青海省であった。最も多かったのは平均の1.7倍近い1,233人で，山東省であった。10年後の2008年に中学校あたり生徒数が最も少な

かったのは，587人の青海省で，最も多かったのは，1,493人の広東省であった。10年間で平均値は753人から965人へと増えているが，変動係数は0.22で変わらなかったことから，格差の程度は変わっていないことが示される。教員1人あたり生徒数に関しては，1999年に最も少なかったのは10.9人の西蔵で，最も多かったのは22.2人の安徽省であった。2008年に教員1人あたり生徒数が最も少なかったのは10.8人の北京市で，最も多かったのは20.1人の広東省であった。平均値は16.8人から15.8人と変わりがなく，変動係数に関しても0.15と0.16で大差はなかった。

(3) 教育経費

　学生の学力や学習効果は授業の質に左右されると考えられ，教員の質や教育施設整備などが関係する。ひいては，それらを整えるための安定した財政基盤があることが重要となる。しかし，中国においては，教育方針は中央政府が決め，責任は省レベル，実際のサービス提供や施設整備，費用調達は県政府，経費支出は郷鎮政府に任されてきた。そのため多くの地方政府では教育経費を捻出できず，義務教育法に学費を免除するよう記されていたにもかかわらず，教育費付加を企業に課したり，学生から学費や雑費を徴収したりしていた。こうした状況に鑑み，1995年に制定された教育法には，国が行う教育サービスの経費の財源を安定的に確保できるようにすることが明記された。

　表9-4は，2008年の教育経費の内訳を示したもので，（　）内の数値は各項目の中央政府対地方政府の比率を示したものである。中国における教育経費とは，中央政府が支出したものと地方政府が支出したものとの合計額である。教育事業費に関しては，9割以上が地方政府による歳出で，6,000億元に達する。建設費も8割以上が地方政府による歳出となっており160億元である。中央政府は科学研究事業費の支出割合が高く，7割を占める84億元を支出している。

　表9-5は，1996年から2007年における全省（都市）の歳出総額に占める教育事業費の割合を示したものである。1996年の割合が最も小さいのは14％の

表 9-4　教育経費の内訳 (2008 年度)

(単位：千元)

				中央政府		地方政府	
全国教育経費	国家財政性教育経費	予算内教育経費	教育事業費	38,180,954	(0.06)	601,662,844	(0.94)
			科学研究事業費	8,497,974	(0.69)	3,902,063	(0.31)
			基本建設費	3,897,175	(0.19)	16,279,982	(0.81)
			その他	25,671,972	(0.28)	67,397,855	(0.72)
		各級政府教育費附加		18,732		54,307,312	(0.99)
		企業負担の学校設立金		1,128,339	(0.22)	4,074,499	(0.78)
		学校附属企業の免税等		1,409,962	(0.47)	1,591,758	(0.53)
	社会団体・個人の学校経営費			―		8,093,374	(1.00)
	社会捐贈経費			1,443,295	(0.16)	7,862,544	(0.84)
	事業収入			46,047,689	(0.14)	271,675,884	(0.86)
		うち学雑費		21,968,282	(0.10)	191,122,540	(0.90)
	その他教育経費			9,962,789	(0.19)	41,699,634	(0.81)

注：(　) 内は中央政府対地方政府の割合を示している。
資料：『中国教育経費統計年鑑 2008 年版』より作成。

西蔵で，最も大きいのは 35％の北京市である。平均は 21％で，変動係数は 0.19 である。2007 年の歳出総額に占める教育事業費の割合が最も小さいのは 13％の上海市で，最も大きいのは 29％の福建省である。平均は 18％であまり変わりがないが，変動係数は 0.12 となっており，格差はわずかながら縮小したとみられる。

表 9-5 歳出総額に占める教育事業費の割合（1996 年～ 2007 年）

地区	1996	97	98	99	00	01	02	03	04	05	06	07
北 京*	0.35	0.34	0.34	0.34	0.35	0.35	0.32	0.32	0.31	0.29	0.18	0.18
天 津*	0.19	0.21	0.21	0.20	0.20	0.20	0.20	0.19	0.19	0.18	0.16	0.16
河 北*	0.21	0.20	0.21	0.21	0.20	0.20	0.22	0.21	0.21	0.20	0.18	0.19
山 西	0.21	0.22	0.20	0.21	0.19	0.20	0.20	0.18	0.17	0.17	0.15	0.17
内蒙古	0.19	0.18	0.16	0.16	0.14	0.15	0.15	0.14	0.14	0.13	0.13	0.14
辽 宁*	0.16	0.17	0.17	0.16	0.17	0.15	0.16	0.16	0.17	0.15	0.14	0.16
吉 林	0.22	0.22	0.23	0.21	0.20	0.19	0.21	0.19	0.17	0.16	0.15	0.17
黒龙江	0.17	0.17	0.18	0.16	0.15	0.16	0.17	0.18	0.16	0.16	0.14	0.16
上 海*	0.18	0.18	0.19	0.19	0.20	0.18	0.18	0.16	0.14	0.14	0.13	0.13
江 苏*	0.29	0.27	0.28	0.28	0.25	0.24	0.24	0.22	0.21	0.19	0.17	0.18
浙 江*	0.21	0.22	0.22	0.22	0.20	0.21	0.21	0.21	0.22	0.21	0.21	0.21
安 徽	0.21	0.21	0.20	0.20	0.20	0.20	0.22	0.21	0.22	0.21	0.17	0.18
福 建*	0.19	0.20	0.21	0.23	0.23	0.24	0.26	0.26	0.25	0.24	0.23	0.23
江 西	0.19	0.19	0.18	0.17	0.18	0.19	0.19	0.18	0.17	0.16	0.16	0.20
山 东*	0.22	0.22	0.20	0.20	0.21	0.20	0.21	0.20	0.19	0.18	0.16	0.19
河 南	0.25	0.23	0.21	0.21	0.21	0.22	0.23	0.22	0.21	0.20	0.19	0.21
湖 北	0.22	0.21	0.20	0.20	0.21	0.19	0.23	0.23	0.22	0.20	0.14	0.17
湖 南	0.20	0.21	0.19	0.19	0.19	0.18	0.20	0.20	0.18	0.18	0.16	0.18
广 东	0.18	0.18	0.17	0.16	0.17	0.17	0.19	0.21	0.21	0.19	0.19	0.20
广 西	0.20	0.19	0.20	0.20	0.19	0.19	0.20	0.20	0.19	0.19	0.20	0.19
海 南	0.20	0.19	0.17	0.19	0.17	0.17	0.17	0.17	0.16	0.18	0.19	0.20
重 庆	—	0.23	0.23	0.21	0.20	0.20	0.19	0.19	0.19	0.18	0.17	0.18
四 川	0.23	0.20	0.20	0.21	0.19	0.19	0.20	0.20	0.19	0.17	0.16	0.19
贵 州	0.18	0.18	0.18	0.17	0.17	0.16	0.19	0.19	0.18	0.18	0.18	0.20
云 南	0.18	0.17	0.18	0.18	0.18	0.18	0.19	0.18	0.20	0.19	0.19	0.18
西 藏	0.14	0.12	0.13	0.14	0.13	0.09	0.10	0.12	0.17	0.15	0.13	0.15
陕 西	0.26	0.26	0.25	0.24	0.21	0.22	0.22	0.23	0.21	0.19	0.16	0.16
甘 肃	0.21	0.21	0.20	0.21	0.19	0.19	0.20	0.19	0.18	0.18	0.18	0.19
青 海	0.17	0.17	0.17	0.15	0.14	0.13	0.13	0.13	0.13	0.14	0.15	0.14
宁 夏	0.18	0.18	0.16	0.17	0.16	0.15	0.14	0.16	0.17	0.16	0.16	0.21
新 疆	0.22	0.22	0.21	0.21	0.22	0.22	0.18	0.19	0.19	0.18	0.17	0.18
Min	0.14	0.12	0.13	0.14	0.13	0.09	0.10	0.12	0.13	0.13	0.13	0.13
Max	0.35	0.34	0.34	0.34	0.35	0.35	0.32	0.32	0.31	0.29	0.23	0.23
STDVP	0.04	0.04	0.04	0.04	0.06	0.04	0.04	0.04	0.03	0.03	0.02	0.02
Average	0.21	0.20	0.20	0.20	0.20	0.19	0.20	0.19	0.19	0.18	0.17	0.18
CV	0.19	0.19	0.19	0.19	0.33	0.22	0.20	0.19	0.17	0.16	0.14	0.12

注：＊印は沿海部の 11 省（都市）を示している。

第2節　教育ジニ係数

(1) ジニ係数とは

本節では，Vinod et al. (2001)[1]，北條 (2008)[2]，Hojo (2009)[3]，に倣い，教育ジニ係数を求める。ジニ係数は，所得の不平等度合いを示すものとして用いられるものである。横軸を所得順に並べた累積人口のパーセンテージ，縦軸を所得の累積額のパーセンテージとした時に表わされるローレンツ曲線を導出して求められる。係数の目安は表9-6 に示すように，0 は完全に平等な状態を表しており，全員が同じ所得を得ている場合を指す。0.1 以下では，人為的に平等が進められていることを示している。係数が 1 の場合は，全ての所得を 1 人が所有していることを指すが，0.5 を超すと，格差を是正すべきであると判断される。

近年，ジニ係数は所得格差のみならず，エネルギー消費の不平等さや教育格差を示すために用いられており，図9-3 に示すように，教育ジニ係数は横軸を累積人口，縦軸を累積就学年数としたものである。

(2) ジニ係数の計測方法

教育ジニ係数の計測にあたっては，以下 (1) の公式を用いる。

$$E_G = \left(\frac{1}{\mu}\right) \sum_{i=2}^{9} \sum_{j=1}^{i-1} P_i \mid y_i - y_j \mid p_j \tag{1}$$

E_G：教育ジニ係数
μ：平均就学年数

---

1) Vinod Thomas, Yan Wang, and Xibo Fan (2001) "Measuring Education Inequality: Gini Coefficients of Education," Policy Research Working Paper #2525, World Bank.
2) 北条雅一「日本の教育の不平等―教育ジニ係数による計測―」『日本経済研究』第 59 巻，2008 年，66～82 ページ。
3) Hojo, M. (2009) "Inequality in Japanese Education: Estimation Using the Gini Education Coefficient," *The Japanese Economy*, vol. 36, no. 3, pp. 3-27.

表 9-6 ジニ係数の目安

〜 0.1	平等（人為的背景がある）
0.1 〜 0.2	平等だが、ある程度の競争も必要
0.2 〜 0.3	通常の配分型
0.3 〜 0.4	格差はあるが、競争による向上も期待される
0.4 〜 0.5	格差がきつい
0.5 〜	是正を要する

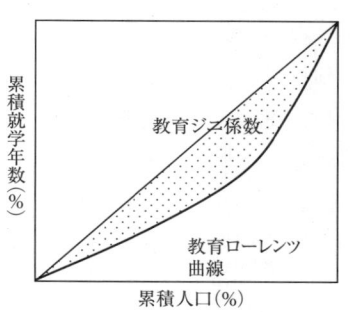

図 9-3 教育ジニ係数

表 9-7 教育水準と就学年数

分類（i）	教育水準	就学年数（y）
1	未就学	0
2	小学校在学中	3
3	小学校卒業	6
4	中学校在学中	7.5
5	中学校卒業	9
6	高等学校在学中	10.5
7	高等学校卒業	12
8	大学在学中	14
9	大学以上卒業	16

p_i, p_j：人口に占める各学校の学生数

y_i, y_j：各教育水準における就学年数（表 9-7 参照）

具体的な計算方法は式（2）に表わされる。

$$
\begin{aligned}
E_G = (1/\mu) \big[& p_2(y_2 - y_1)p_1 \\
& + p_3(y_3 - y_1)p_1 + p_3(y_3 - y_2)p_2 \\
& + \\
& + \cdots\cdots \\
& + p_9(y_9 - y_1)p_1 + p_9(y_9 - y_2)p_2 + p_9(y_9 - y_3)p_3 + p_9(y_9 - y_4)p_{45} \\
& + p_9(y_9 - y_5)p + p_9(y_9 - y_6)p_6 + p_9(y_9 - y_7)p_7 + p_9(y_9 - y_8)p_8 \big]
\end{aligned}
\quad (2)
$$

なお，就学年数の計算の仕方は表9-7に示すように，未就学者は0年，小学校既卒者は6年，中学校既卒者は9年の就学年数とする。調査年度に小学校に在学していた者は全て3年生として計算し，3年の就学年数があるものとする。同様に，調査年度に中学校に在学していた者は2年生と仮定して7.5年の就学年数があるものとして計算する。

第3節　分析結果と考察

(1) 分析結果

表9-8は，1998年から2008年までの全省（都市）の平均就学年数を示したものである。全国平均は1998年に6.72年であったものが，2008年には7.98年に延びている。つまり，多くの人が小学校程度までの就学年数しかなかったものが，中学2年生程度までに延びたということである。1998年時点で，最も就学年数が長いのは北京市で9.3年であった。次いで上海市の8.63年，天津市の7.76年であった。最も就学年数が短いのは西蔵で3.39年，次いで青海省の4.87年であった。10年後の2008年に最も就学年数が長いのは北京市で10.7年，次いで上海市の10.35年であった。一方，最も就学年数が短いのは西蔵で4.83年。次いで云南省の6.67年であった。2005年までに沿海部の省等で就学年数が7年を超し始めたのに対し，貴州省，云南省，西蔵，甘肅省，青海省では6年以下となっており，格差が広がりつつあった。しかしその後，西蔵を除くそれらの省の就学年数も6年を超え，2008年には西蔵のみ6年を切る結果となった。こうした状況から，変動係数も1998年に0.16であったものが2008年には0.13となり，就学年数の格差が縮小しつつあることが示された。

表9-9は，1998年から2008年までの全省（都市）の教育ジニ係数を示したものである。国内全体の教育ジニ係数は，1998年に0.293，2008年に0.248となっており，大きな格差は見られなかった。1998年時点で省（都市）内の教育格差が小さかったのは北京市と辽寧省の0.247であった。黑龍江省や山西省

表9-8 省別平均就学年数の推移　　　（単位：年）

地区	98	99	00	02	03	04	05	06	07	08
全　国	6.72	6.82	7.34	7.39	7.57	7.69	7.56	7.76	7.90	7.98
北　京*	9.30	9.54	9.66	9.98	10.11	10.35	10.50	10.76	10.79	10.70
天　津*	7.76	8.31	8.64	8.84	8.98	9.37	9.29	9.51	9.60	9.67
河　北*	6.97	6.99	7.40	7.62	7.97	8.03	7.89	7.90	7.94	8.10
山　西	7.13	7.37	7.63	7.77	7.90	7.92	7.97	8.24	8.32	8.38
内蒙古	7.08	7.03	7.46	7.58	7.52	7.90	7.97	7.96	8.11	8.14
辽　宁	7.63	7.79	8.05	8.12	8.57	8.53	8.47	8.66	8.74	8.84
吉　林	7.58	7.78	7.89	8.25	8.38	8.50	8.24	8.44	8.55	8.67
黑龙江	7.47	7.49	7.91	8.02	8.13	8.23	8.23	8.32	8.49	8.50
上　海*	8.63	8.94	9.15	9.37	9.88	9.92	9.86	10.25	10.28	10.35
江　苏*	6.72	6.96	7.62	7.32	7.46	7.61	7.93	8.07	8.26	8.29
浙　江*	6.78	6.90	7.40	7.44	7.53	7.71	7.44	7.84	7.90	8.02
安　徽	6.27	6.29	6.83	6.69	7.30	7.19	6.83	7.12	7.05	7.24
福　建*	6.37	6.47	7.24	7.14	7.30	7.27	7.34	7.52	7.56	7.63
江　西	6.67	6.78	7.28	7.17	7.89	7.66	7.30	7.46	7.90	7.90
山　东*	6.36	6.57	7.39	7.78	7.61	7.72	7.55	7.88	8.00	8.05
河　南	6.80	6.69	7.33	7.58	7.52	7.77	7.58	7.66	7.76	7.89
湖　北	6.88	6.90	7.42	7.08	7.62	7.83	7.63	8.05	8.21	8.28
湖　南	6.22	6.31	7.45	7.60	7.78	7.91	7.78	7.94	8.16	8.16
广　东*	7.02	7.11	7.64	7.56	7.48	7.59	7.85	7.94	8.17	8.29
广　西*	6.41	6.49	7.19	7.22	7.37	7.62	7.32	7.64	7.66	7.63
海　南	6.70	6.76	7.18	7.40	7.63	7.83	7.58	7.66	7.84	7.91
重　庆	6.41	6.60	7.05	7.14	7.36	7.02	7.15	7.33	7.49	7.57
四　川	6.52	6.38	6.88	7.00	7.14	7.20	6.67	7.03	7.21	7.31
贵　州	5.45	5.76	5.93	6.38	6.54	6.63	6.17	6.32	6.54	6.72
云　南	5.56	5.60	6.26	5.92	5.88	6.56	6.19	6.44	6.56	6.67
西　藏	3.39	3.06	3.71	4.32	3.98	4.46	3.95	4.32	4.74	4.83
陕　西	6.61	6.72	7.32	7.09	7.71	7.89	7.77	8.01	8.12	8.25
甘　肃	5.81	6.06	6.38	6.47	6.71	6.90	6.62	6.58	6.84	6.95
青　海	4.87	5.79	6.10	6.17	6.51	6.59	6.57	6.77	6.93	7.00
宁　夏	6.23	6.34	6.89	7.00	6.98	7.29	7.03	7.25	7.43	7.70
新　疆	6.93	7.33	7.30	7.82	7.83	7.95	7.75	7.86	8.06	8.12
Min	3.39	3.06	3.71	4.32	3.98	4.46	3.95	4.32	4.74	7.83
Max	9.30	9.54	9.66	9.98	10.11	10.35	10.50	10.76	10.79	10.70
STDVP	1.04	1.09	1.00	1.00	1.07	1.03	1.14	1.14	1.09	1.06
Average	6.66	6.81	7.28	7.38	7.57	7.71	7.56	7.77	7.91	7.99
CV	0.16	0.16	0.14	0.14	0.14	0.13	0.15	0.15	0.14	0.13

注：＊印は沿海部の11省（都市）を示している。

表 9-9　省別教育ジニ係数の推移

地区	98	99	00	02	03	04	05	06	07	08
全　国	0.293	0.289	0.252	0.268	0.265	0.260	0.269	0.258	0.253	0.248
北　京*	0.247	0.247	0.229	0.225	0.217	0.218	0.214	0.217	0.216	0.213
天　津*	0.266	0.254	0.240	0.241	0.235	0.231	0.231	0.226	0.226	0.221
河　北*	0.270	0.265	0.234	0.239	0.239	0.229	0.228	0.218	0.218	0.212
山　西	0.254	0.253	0.229	0.231	0.228	0.223	0.229	0.223	0.221	0.219
内蒙古	0.296	0.300	0.264	0.278	0.279	0.259	0.271	0.253	0.250	0.246
遼　寧*	0.247	0.242	0.233	0.218	0.223	0.215	0.222	0.222	0.218	0.219
吉　林	0.261	0.247	0.236	0.225	0.217	0.214	0.230	0.224	0.220	0.216
黒龍江	0.250	0.246	0.229	0.224	0.215	0.205	0.228	0.217	0.210	0.206
上　海*	0.261	0.248	0.228	0.244	0.220	0.227	0.223	0.219	0.214	0.215
江　蘇*	0.318	0.304	0.244	0.277	0.284	0.270	0.409	0.395	0.378	0.362
浙　江*	0.294	0.286	0.242	0.284	0.284	0.288	0.279	0.275	0.272	0.269
安　徽	0.307	0.305	0.267	0.289	0.278	0.282	0.307	0.293	0.293	0.279
福　建*	0.303	0.303	0.247	0.283	0.279	0.291	0.279	0.271	0.272	0.267
江　西	0.265	0.270	0.232	0.254	0.251	0.250	0.260	0.257	0.256	0.250
山　東*	0.318	0.303	0.250	0.258	0.273	0.266	0.269	0.250	0.242	0.239
河　南	0.275	0.284	0.236	0.244	0.239	0.236	0.247	0.241	0.237	0.237
湖　北	0.291	0.285	0.255	0.284	0.265	0.262	0.267	0.261	0.254	0.248
湖　南	0.263	0.260	0.227	0.240	0.241	0.232	0.243	0.232	0.230	0.235
広　東*	0.268	0.265	0.233	0.251	0.255	0.250	0.245	0.236	0.229	0.228
広　西*	0.264	0.258	0.227	0.254	0.253	0.247	0.249	0.235	0.227	0.222
海　南	0.292	0.301	0.266	0.256	0.267	0.248	0.265	0.258	0.254	0.249
重　慶	0.279	0.282	0.244	0.257	0.245	0.270	0.275	0.260	0.242	0.240
四　川	0.290	0.294	0.251	0.280	0.267	0.262	0.296	0.278	0.263	0.260
貴　州	0.370	0.348	0.315	0.313	0.327	0.304	0.327	0.305	0.294	0.284
雲　南	0.339	0.331	0.289	0.330	0.311	0.298	0.320	0.297	0.296	0.277
西　蔵	0.516	0.540	0.547	0.445	0.497	0.437	0.494	0.465	0.417	0.422
陝　西	0.298	0.312	0.266	0.292	0.277	0.267	0.264	0.260	0.257	0.254
甘　粛	0.374	0.358	0.326	0.329	0.330	0.327	0.333	0.335	0.319	0.310
青　海	0.489	0.413	0.380	0.355	0.356	0.343	0.373	0.335	0.330	0.322
寧　夏	0.363	0.345	0.304	0.313	0.316	0.308	0.326	0.309	0.296	0.273
新　疆	0.293	0.287	0.269	0.278	0.267	0.264	0.269	0.255	0.241	0.244
Min	0.25	0.24	0.23	0.22	0.21	0.20	0.21	0.22	0.21	0.21
Max	0.52	0.54	0.55	0.45	0.50	0.44	0.49	0.46	0.42	0.42
STDVP	0.06	0.06	0.06	0.05	0.05	0.05	0.06	0.05	0.05	0.05
Average	0.30	0.30	0.27	0.27	0.27	0.27	0.28	0.27	0.26	0.26
CV	0.21	0.20	0.23	0.17	0.20	0.17	0.21	0.20	0.18	0.18

注：*印は沿海部の11省（都市）を示している。

でも大きな格差は見られなかった。一方，西蔵では0.516，青海省では0.489となっており，激しい教育格差が見られる。2008年時点で教育格差が小さかったのは，黒龍江省の0.206で，次いで河北省の0.212，北京市の0.213であった。一方，比較的大きな格差が見られたのは西蔵で，0.422であった。次いで，0.362の江蘇省，0.322の青海省，0.310の甘粛省であった。

ジニ係数に関して，平均値は10年間で0.30から0.26へと下がり，格差が縮小したことが示された。同様に，変動係数も10年間で0.21から0.18へと下がっており，格差が縮小したことが示された。

(2) 考察

全体的には，1998年から2008年の10年間で，就学年数は6.72年から7.98年へと延びており，ジニ係数も0.293から0.248へと下がり，格差が縮小傾向にあることが示された。一部，西蔵のように就学年数が6年を切る地域もあったが，9年制の義務教育が根付きつつあることが示された。

また，省（都市）内の格差に関しては，1998年の西蔵では0.516という激しい格差が見られたが，2008年には0.422になっており，格差が緩やかになりつつある。一部，江蘇省のように，1998年より格差が拡大した都市も見られるが，それ以外の省（都市）では，格差が縮小している。

おわりに

本章では，教育ジニ係数を用いて就学年数に関する省（都市）間格差と，省（都市）内格差の実態を計測した。また，非識字率や小中学校の学校数や専任教員数，教育経費などのデータから，教育の質的・量的側面から省（都市）間の格差を概観した。全国の数値からは，省（都市）間に大きな格差は見られず，10年間で緩やかに格差が縮小していた。ただ，省（都市）内の格差に関しては，2000年初期にかけて格差が拡大する傾向が見られたが，2004年から2006年

を境に,縮小傾向が続いている。

　近年中国では,「三農問題」や沿海部と内陸部との格差是正に多額の予算が用いられてきた。それにより,教育就業年数に関する省(都市)間の格差はあまり見られず,縮小傾向にあった。しかし,西蔵や甘粛省などの省内部の地域格差は未だ大きく,今後はきめ細かい資金配分が必要になるであろう。

　最後に,本章に残された課題は,ジニ係数だけではなくタイル尺度も用いて格差に対して多面的な解釈をする必要がある。また,教育格差の要因分析に関して,計量的な裏付けも必要であろう。

第10章
中国特許法の改正と対中ビジネスへの影響
—— 第三次改正の問題点を中心に ——

福山　龍

はじめに

　製造業を中心として著しい経済成長を遂げてきた中国では，生産大国として生産・販売の増大とともにビジネス競争も激しくなっている。中国へ進出している外国企業は，競争力を向上するため，知的財産を重視・活用する動きが活発になっていると同時に，知的財産権の紛争に巻き込まれるおそれも増えている。このような背景の下で，中国はWTOに加盟して以来8年ぶりに，第3次特許法改正を行い，大きな関心を集めている。

　今回の法改正は，旧法に対して36カ所にわたって条文の修正，補充又は新設がなされ，条文数も69カ条から76カ条へと増大した大改正である[1]。改正特許法は，2009年10月1日より実施された後，改正特許法実施細則及び訂正審査指南は2010年2月1日より施行された。また，中国最高裁判所は，法改正と関連して「特許権侵害紛争事件の審理における法律適用の若干問題に関する解釈」（以下「特許侵害司法解釈」という）を制定し，2010年1月1日より施行

---

1) 中国の特許法では，特許，実用新案，意匠（中国語では「専利」，「実用新型」，「外観設計」という）に関する規制は，すべて特許法の内容として定められている。

した[2]。この一連の法改正と新たな司法解釈の施行によって,中国の特許制度は,大きく変わった。

　知的財産制度は,保護する国の経済とその国に参入する外国企業の活動の双方に影響を与えるため,日本企業を含めて外国企業は,当然法改正の影響を受けることになり,それゆえ自社の中国知的財産戦略を再構築することが求められている。

　本章では,中国特許法の改正経緯を整理し,その改正要点の紹介と若干の検討を加え,対中ビジネスへの影響とその留意点を明らかにしたい。

第1節　特許制度の変遷と法改正

(1) 特許制度の歴史と現行法の整備

　中国の特許制度は,その歴史を整理すると,①清の時代,②中華民国の時代,③中華人民共和国の改革・開放前,④1985年特許法実施以降,という四段階に分けられる。

　清の時代においては,皇室から数件の特許を個人又は企業に与えたことがあり,例えば,1882年,清の光緒皇帝は,織布の新技術を開発した「上海機械織布局」に10年の特許を与えた。さらに,1898年,清の「振興工芸給賞章程」が公布され,発明の内容により,10年,30年,50年の特許を付与すると規定された。残念ながら,当時の社会改革(戊戌変法)が失敗したため,この章程は実施されなかった。従って,清の時代においても,たしかに特許というものが存在していた[3]。しかし,発明者等に特許を与える根拠は法規ではなく,皇

---

[2]　中国最高裁判所による特許法の適用に関連する司法解釈については,2004年6月22日公布した「技術契約紛争事件の審理における法律適用の若干問題に関する解釈」と2001年6月22日公布した「特許権侵害紛争事件の審理における法律適用の若干問題に関する解釈」がある。

[3]　呉漢東『知的産権の基本問題』(第二版)中国人民大学出版社,2009年,203ページ,参照。

室の恩恵であったが，これは，中国現代特許制度の萌芽となった。

　清王朝を打倒した中華民国の時代においては，当時の政府によって1912年から1944年までの32年間に692件の特許が許可され，175件の新技術が奨励された[4]。これによって，中国の歴史上初めて法律に基づいて特許権が与えられる時代となった。だが，中華民国政府は，内戦に負けて，1949年台湾に逃げた。

　他方，1949年10月に中華人民共和国（以下「中国」という）が成立し，1950年という早い段階で「発明保護と特許権に関する暫定条例」を公布し，4件の特許権を付与し，6件の発明を登録した。その後，この暫定条例は実施されなくなり，代わって1963年に「発明奨励条例」が公布・実施された。この条例は，発明者は，発明に対して独占権を持っておらず，技術を他人に教えて，奨励金を貰えるという特別な制度であり，現代的な特許制度とはいえない[5]。

　中国で現代的な特許制度が初めて正式に確立されたのは，改革・開放の初期段階である1984年3月に中国全人民代表大会常務委員会により採択され，1985年4月1日から今日まで施行されている特許法である。この法律は，1979年アメリカとの間で締結された「米中貿易協定」の中で，商標権，著作権，特許権の保護義務が明記されたことを一つの契機として制定された法律であり，その内容には，現代的な特許制度の基本要素である公開制度，審査請求制度，異議申立制度などが明確に定められている。ただ，中国の特許法は，日本法と異なり，特許，実用新案，意匠に関する規制は，別々に立法することではなく，すべて特許法の内容として定めている。これは中国特許法の一つの特徴ともいえる。

(2) 特許法の改正経緯

①第一回改正

　中国では，1985年特許法実施後，中米知的財産権の交渉結果を踏まえ，中

---

4) 黄武双『知的産権案例と図表』法律出版社，2010年，246ページ，参照。
5) 斯衛江・他『中国の知的産権』法律出版社，2010年，256ページ，参照。

国の特許法を先進国の水準に到達させるために，1992 年，全人代常務委員会で特許法改正案が採択された。これは，特許法の第一回改正であり，主に，①特許保護範囲の拡大[6]，②保護期限の延長[7]，③特許権保護の強化[8]，などについて改正した。

②第二回改正

1992 年以降，中国の国有企業を中心とする経済体制の改革と市場経済のさらなる発展を促し，WTO 加盟の動きと関連して，市場競争に対応できるような特許権の保護と管理を強化するため，2000 年 8 月 25 日に，第二回特許法改正案が全人代常務委員会で採択され，2001 年 7 月 1 日から実施された。第 2 回改正は改正内容が多く，35 条の条文が改正されたが，主に，①国有企業の特許使用権を特許所有権への改正，②職務発明者に対する奨励と報酬の引き上げ，③特許権者の許諾を得ずに他人が特許製品に対する販売を申し出ることの禁止，④実用新案及び意匠特許の不服審判と無効宣告に関し発明特許と同様最終判断権限を特許局の復審委員会から裁判所に移行，⑤特許権侵害の賠償額に関する算定原則，などについて改正あるいは新設規定を定めた。

③第三回改正

2006 年 12 月 27 日，全人代常務委員会により特許法の第三次改正が採択・公布され，2009 年 10 月 1 日から施行された。この改正は，2003 年に WTO 理事会が採択した「ドーハ TRIPS 宣言」に基づく TRIPS 修正議定書の内容を反映することを目的とするものであり，その改正の特徴としては，技術創造能力を高め，特許権の保護を強める，などがあげられる。その改正要点と特許法の関連条文は，①同一発明創造に関する発明・実案特許出願の取扱い（9 条），②特許共有者の権利行使（15 条），③渉外特許代理機構の指定の廃止（19 条），

---

[6] 特許保護範囲の拡大については，薬品，化学物質製品，食品，飲料，調味料のすべての発明に対して特許権を授与することができると定めた。
[7] 発明特許の保護期限は 15 年から 20 年に延長し，実用新案は 5 年から 10 年に，意匠は 5 年から 10 年にそれぞれ延長された。
[8] 特許権ある製品の輸入については，特許権者の同意を得なければならないことが明確にされた。

④新規性に関するグローバル基準の導入と抵触出願の主体の拡大（22条），⑤中国で完成された発明の外国への特許出願（20条），⑥意匠権の付与基準の引き上げ（23条，25条，27条），⑦特許請求明細書記載用件の厳格化（26条），⑧遺伝資源（生物資源など）にかかわる発明の出願明細書に資源取得元の記載義務を明文化（26条），⑨特許権紛争にいて公知技術の抗弁規定の導入（62条），⑩特許侵害行為の処理に関する行政権限の拡大（64条），⑪特許損害賠償額の引き上げ（65条），⑫提訴前の仮処分の明確化（66条），⑬特許侵害とみなされない平行輸入（69条）などがある。以下では，その改正要点のうち対中ビジネスと関連する部分の改正内容を紹介し，若干の検討を加えてみたい。

第2節　新規性判断基準の引上げ

　特許性とは，特許権を受けるために必要な法的要件を発明が満たしていることである。世界各国の特許法では，表現は違うが，ほとんどが新規性，創造性（日本では進歩性），実用性などを法的用件として挙げている。

　新規性を判断するにあたっては，従来技術という概念と関連し，出願した技術は，従来技術と判断されたら，新規性がなく，特許として登録することができなくなる。従来技術に関する判断基準は，国によって違う。米国や台湾など「先発明主義」を採用している国と地域では，特許出願された発明が完成した時を判断するが，中国や日本などの国では，発明が完成した時の証明の困難を避けて「先願主義」を採用し，出願された時を判断する。また，従来技術の地域的判断範囲に関してもそれを国内に限定するかどうかについては，国によって違う。日本・韓国・ヨーロッパの特許制度では，出願の時を基準にし，世界の公知（公然と知られた発明）と公用（公然と実施された発明）及び文献公知（頒布された刊行物に記載された発明・考案又は電気通信回線を通じて利用可能となった発明）であれば，従来技術と判断されるという「絶対新規性の判断基準」を採用している（日本特許法第29条1項各号，韓国特許法第29条第3項，欧州特許条約

第54条の3)。中国では，改正前の特許法は，「相対新規性の判断基準」を採用し，文献公知に関しては世界中のものを従来技術として，公知・公用に関しては中国国内に限定されているため，海外で公知・公用となっていても中国国内では公知・公用となっていない発明に特許権が付与される場合があった。

今回の改正法では，改正前の相対的新規性の判断基準を引き上げて絶対的新規性の判断基準を採用し，中国国内だけでなく，世界で公知・公用の事実があれば，従来技術として特許の新規性用件を満たさず，中国で特許権として登録することができなくなる(特許法第22条)。

公知事実の具体的な内容としては，①出願日前に国内外の出版物において公表されたもの，②出願日前に国内外において公然使用されることにより公知となったもの，③出願日前に国内外においてその他の原因により公知となったもの，など三点に分けられる。①に関する「出版物」には，教科書，新聞等の通常の刊行物のほか，企業のカタログ，パンフレット，公開された会議議事録等も含まれる。また，印刷物だけでなく，写真や電磁媒体等に記録された情報，インターネット上のファイルもこれに含まれる。②に関する「使用」は，単なる使用のみならず，製造，販売，輸入，贈与，プレゼンテーション等，特許の実施よりも幅広い範囲にまで解釈されている。なお，当該発明の存在を公衆が知り得る状態に置けば足り，実際に公衆に知られたかどうかは問題ではない。③に関する「その他の原因」としては，口頭による公開が挙げられる。例えばシンポジウムでの報告，テレビでの演説はこれに該当すると解されている[9]。

この改正は，外国の出願人が自国での公知事実があれば，他人の中国での特許出願の新規性の阻却事由となることを明らかにしている。ただ，この新規性を阻却する抵触出願は他人が提出した特許出願の場合だけではなく，本人が提出した特許出願の場合も適用されることになる(特許法第9条)。つまり，同一出願人が同一発明について，前後に実用新案と発明を出願した場合，先に取得した実用新案の特許権を放棄しない限り，後で出願した発明の特許権を認めら

---

[9] 中国国家知的財産局著『中国特許法―第3次改正ガイドブック―』(中島敏訳) 発明協会，2009年，91ページ，および前掲(注3)，126ページ，参照。

れない恐れがあることに留意しなければならない。

第3節　国際出願と秘密保持審査

　改正前の中国特許法では，中国の法人又は個人が中国で完成した発明創造を自国あるいは第三国で特許出願する場合（国際出願），まず中国で特許出願し，同時に中国政府の秘密保持審査を受けなければならないと規定され，さらに，これらの実務の処理に関しては，中国政府から指定された渉外特許代理機構に委任しなければならないと規定されていた。今度の改正法は，「中国の法人又は個人」という文言を「すべての単位（企業）あるいは個人」へ変更し，「まず中国で特許出願」と「指定した渉外特許代理機構」に関する規定を廃止し，「中国政府の秘密保持審査」に関する規定を保留している。

　今度の改正は，国際出願に関する規制を緩和する面があるが，適用する対象が広くなるため，外国企業に対しては，もっと厳しい規定になるかもしれない。つまり，旧法の規定の「中国の法人」については，外国企業に適用するかどうかが明確ではなく，外国企業は，中国の子会社で完成した発明を契約で親会社に所有させ，中国の秘密保持審査を回避する措置を取ることも可能であった。新しい規定は，外国企業にも適用し，かかる規定に違反したら中国で特許を取得することができなくなる（特許法第20条）。従って，外国会社を含めて中国で完成した発明は，国際出願したい場合，中国の秘密保持審査を受けなければならない。

　特許の秘密審査に関することは，国際条約にもかかわる規定がある。たとえば，PCT条約第27条の8には「この条約および規則のいかなる規定も，締約国が自国の安全を保持するために必要と認める措置をとる自由又は締約国が自国の一般的な経済的利益の保護のため自国の居住者若しくは国民の国際出願する権利を制限する自由を制限するものと解してはならない」と規定されている。また，TRIPS協定第73条も「この協定のいかなる規定も加盟国に対し，

その開示が自国の安全保障上の重大な利益に反するとその加盟国が認める情報の提供を要求することを定めるものと解してはならない」と明確に規定している。

　世界各国では，国家の安全又は国家の重大な利益にかかわる特許に関する制度は，主に二種類に分けられる。一つは，イギリス，フランス，カナダのように，発明の秘密を解除する前に特許権を付与せず，国防部門は，その発明を保有し，国家が出願人に補償する制度である。もう一つは，アメリカ，ベルギー，オランダ，トルコのように，発明を秘密特許として出願し，審査で用件に適合すれば，特許権が付与されるが，特許の内容を公開してはならないとする制度である[10]。中国では，秘密保持特許制度を採用し，この制度に関する具体的な内容は，特許法実施細則と国防特許条例の規定で定めている[11]。

　秘密保持審査制度の運用は，特許法実施細則によると，次の三種類にまとめることができる。

　第一は，直接外国へ出願する場合又は国外機構に国際出願を請求する場合においては，事前に国務院特許行政部門に「秘密保持審査請求書」を提出し，且つその技術内容を中国語で「出願明細書」に記載し詳細に説明しなければならない。

　第二は，中国で出願をした後，外国に出願又は国外機構に国際出願を提出しようとする場合においては，外国に特許出願する前，又は関連する国外機構に特許国際出願を提出前に国務院特許行政部門に秘密保持審査請求を提出しなければならない。

　第三は，国務院特許行政部門に国際出願を提出すると同時に秘密保持審査の請求をすることである。

　国務院特許行政部門は審査の上，秘密保持を必要とするか否かを決定し，出

---

10) 中国国家知的財産局著『中国特許法詳解』（中島敏訳）発明協会，2007年6月，25ページ，参照。
11) 「国防特許条例」は，1990年7月3日国務院と中央軍事委員会によって連合公布・実施されたが，2004年9月7日改正，同年11月1日実施されている。

願人に通知しなければならない。出願人がその秘密保持審査請求を提出した日から6カ月以内に秘密保持を必要とする決定通知を受領しなかった場合，出願人は，当該発明又は実用新案を外国に特許出願するか又は関連する国外機構に国際出願を提出することができる（特許法実施細則第9条）。保密審査に関する規定に反した場合，中国国内での特許権付与が認められなくなるため，外国企業は，保密審査請求及び期間管理に十分注意する必要がある。

第4節　職務発明制度と共有特許

　近年，日本企業が中国の企業，研究機関または大学と共同開発，委託開発を行うケースが活発化していると同時に，中国の子会社による研究開発も増え始めている。これらの開発研究は，現地の中国人研究者によって開発が行われることがほとんどであるが，このような開発研究の成果は，特許出願に至る場合において，誰が出願権を有し，誰がこの特許を取得できるかという特許権の帰属問題をクローズアップする可能性がある。

　中国特許法第6条は，特許出願権と特許権の帰属問題に関しては，基本的に使用者主義を採用し，契約優先の原則がある。特許出願の権利及び特許権の帰属に関しては，所属企業と発明者との間の合意（契約）があれば，その契約内容による特許出願の権利及び特許権の帰属を決定する。このような契約がない場合，職務発明であれば，特許出願の権利は所属企業に帰属し，出願が認可された後，所属企業を特許権者とする。非職務発明であれば，特許出願の権利は発明者又は創作者に帰属し，出願が認可された後，当該発明者又は創作者を特許権者とする。

(1) 所属企業と発明者との発明契約

　発明者と所属企業の間では，契約により所属企業の物質的技術的条件を利用して完成した発明帰属については，職務発明としても非職務発明としても約束

することができる。このような契約については，下記の留意点がある。

①契約は書面により締結しなければならず，職務発明あるいは非職務発明のいずれに関しても約束することができる。発明権の帰属に関する紛争があった場合，所属企業の物質的技術的条件を主に利用したかどうかの問題より，契約の内容を優先的に判断することとなるが，これは，いわゆる契約優先の原則である。

②契約には所属企業の物質的技術的条件を利用する義務，例えば，施設の利用料の支払いなどに関して定めることができる。また，非職務発明と約束した場合には，発明権が発明者に所属すると同時に，所属企業が発明に関して無償で実施する権利を約束することもできる。

(2) 職務発明と非職務発明の区別

職務発明の意味に関しては，「所属単位の任務を遂行し又は主としてその単位の物質的・技術的条件を利用して完成した発明創造は職務発明とする」と定義されたが(特許法第6条)，また，特許法実施細則第12条1項には，職務発明についてさらに下記のような規定がある。①本来の職務の中で行った発明創造。②所属単位から与えられた本来の職務以外の任務を遂行する中で行った発明創造。③退職，定年退職又は転職一年間以内に行った，旧所属企業で担当していた職務又は旧所属企業から与えられた任務と関連のある発明創造。

中国法上の職務発明と非職務発明の区別については，下記のような留意点があると考えられる[12]。

①「所属企業の物質的・技術的条件」については，所属企業の資金，設備，部品，原材料又は対外的に公開されていない技術ファイル，技術図面，新技術情報など内部技術資料をさし(特許法実施細則12条2項)，所属企業の図書館ま

---

12) 姚旭『知的財産法の新解読』中国法制出版社，2010年，86ページ，あさひ・狛法律事務所「わかる中国知財法・職務発明制度」，「中国法務最前線 (4)」，http://news.searchina.ne.jp，2005年7月，夏宇「中国における職務発明の取り扱いおよびその注意点について」，「中国知財専科」，http://www.ondatechno.comt，2009年7月，参照。

たは資料室において一般的に公開された情報や資料は含まれない。

　②これら「物質的・技術的条件」は，発明を完成させるために不可欠なものでなければならない。利用がわずかであるか又は発明の完成に実質的に役立たなかった利用は，職務発明と認定することができない場合がある。

　③「所属企業」（中国語では「所属単位」）の意味は，中国にあるいかなる企業，行政機関も含まれており，外国企業にも適用されることが明確にされている。「所属企業」の従業員の身分は，正式な雇用契約が締結されている場合だけでなく，派遣，アルバイトなど一時的な勤務の場合であっても，勤務先は所属企業にあたる（特許法実施細則12条2項）。職務の内容は，職名，職種のほかに，社内の部門設置，社内規則等に基づき判断される。

　④発明を完成させる過程において，単にその組織化に責任を負う者，物質的技術的条件の利用に便利を提供した者又は他の補助作業をした者は，発明者の一員とはならない。

　⑤職務発明と関連している新しい発明も職務発明である。例えば，発明者の本来の職務が繊布工場でデザインを行うデザイナーであり，仕事中に机に関する新しいデザインを完成した場合は職務発明と認定される。

　⑥従業員の職務以外の任務に関しては，所属企業から明確な目的を有する指示のみならず，概括的な指示を与えられた場合も要件を満たしうる。ただ，所属企業は，研究開発に関する具体的な内容をある程度明確にしなければ，「任務」であることを立証できない場合には職務発明と認定できない可能性がある。

　⑦従業員が，在職中に発明を完成させたにもかかわらず，その事情を隠して退社し，1年間を経てから自らの名義で出願するといったことも実際に発生しているが，会社側が発明の完成時を立証するのは困難な場合が多く，利益が損なわれてしまう。このような損害を避けるためには，従業者の研究開発過程を記録させて発明を把握しておくなど，日常的に書面に記載し管理することが大切であり，これら管理資料は職務発明の用件を満たすかどうかを判断する際の証拠となり，特許権の帰属に関するトラブルを回避することができる。

(3) 発明者への奨励金, 報酬金

職務発明等に対する奨励と報酬について, 発明者の所属企業は, 発明者との間に合意があれば, この合意により執行し, このような合意がない場合, 所属企業は, 法の規定により支払う義務がある。

特許法16条には, 特許権を付与された企業は, 職務発明の発明者に奨励金を与えなければならないが, 特許の実施後は, その普及と応用の範囲及びその経済的効果と収益に応じて, 発明者に合理的な報酬金を支払わなければならない, という原則が規定された。

特許法実施細則には, 特許法の原則により奨励金と報酬金の額と支払方法などについて下記のように規定されている。

①特許権を付与された国有企業等単位は特許権が公告されてから3カ月以内に発明者又は考案者に奨励金を支給しなければならない。発明特許の奨励金は2000元を下回ってはならない。実用新案特許又は意匠特許の奨励金は500元を下回ってはならない。発明者又は考案者に奨励金を支給するときには企業は原価に算入することができ, 事業単位は事業費から支出することができる (第74条)。

②特許権が付与された国有企業等単位は特許権の存続期間内に, 発明創造の特許を実施した後, 毎年発明又は実用新案の実施により得られた税引き後の利益から2%以上を, 又は意匠の実施により得られた税引き後の利益から0.2%以上を, 発明者又は考案者への報酬金として支給しなければならない。また, 上記の比率を参考として, 発明者又は考案者に報酬を一括して支給することもできる (第75条)。

③特許権を付与された国有企業等単位が他の単位又は個人にその特許の実施を許諾したときには, 納税後の使用料から10%以上を, 発明者又は考案者への報酬として支給しなければならない (第75条)。

奨励金と報酬金に関する規定を国有企業以外の外国企業に適用するかどうか

について,従来から議論されてきたが[13],今回の特許法実施細則の改正により,日本企業を含め外国企業にも適用されることが明確にされた(第76条)。それによると,外国企業は,発明者等の間で契約又は規則制度により定められている場合はそれにもとづいて執行し,契約又は社内規則制度がない場合は,奨励金と報酬金に関する特許法実施細則の規定により支給しなければならないとされた。

そのため,中国へ進出している日本企業は,職務発明者等との紛争を予防するため,従業員との契約や発明等に関する社内規則を明確かつ合理的に定めておく必要がある。特に共同開発や委託開発において生まれた発明が特許権を共有することになっている場合は,特許権の実施や他人に対する実施許諾,各企業が雇用している発明者に対する奨励金・報酬金の支給方法,支給額の算出について事前に詳細な取り決めを行っておく必要がある。

発明者と企業との間の利益のバランスを十分に考慮した上で,発明者等に対する奨励金と報酬金を公平公正に支給することは,さらに多くの職務発明が生まれ,社内における知的財産創造の良好なサイクルを作り出すきっかけとなることが期待できるであろう。

(4) 特許権の共有とその取扱

特許権は財産権であるため,複数人が特許権を共有する場合がある。特許権の共有に関する法規制は,原則として民法の所有権の共有に関する規定が適用されることになっているが,特許権の特殊性,つまり,複数の人間が同時に同一の発明を実施できるという性質があるため,複数人が特許権を共有する場合についての取扱いを明確にするために,民法に対する特許法の特別規定を設け,各共有者の権利義務を規定している。

日本特許法第73条には,特許権の共有について定められているが,中国特許法は,もともとこのような規定がなかった。改正特許法には,特許権の共有

---

13) 遠藤誠「特許法実施細則の改正及び特許権侵害に関する司法解釈の制定」『国際商事法務』2010年,No. 3,384ページ,参照。

について新しい規定が追加されている。即ち，特許出願権又は特許権が二つ以上の企業又は個人により共有される場合において，共有者の権利の行使について別途取決めがあるときは，その取決めに従い，別途に取決めがないときは，各共有者が単独で当該特許を実施し，又は他人に特許の実施許諾をすることができる。他人が当該特許権の実施許諾をした場合には，受け取った実施料を共有者の間で分配しなければならない。前項に規定された場合を除き，共有に係る特許出願権又は特許権を行使するときは，所有者全体の許諾を受けなければならない（特許法第15条）。

　これら規定を整理すると，以下の点を留意する必要がある。

　①各特許所有者の自己実施は，とくに契約で定めない場合は，日本法と同じく，相手の同意を得なくても，自由に実施することができる。そのため，他の共有者に自由実施して欲しくない場合は，契約でその旨を定めておく必要がある。ただ，日本法では，各共有者は，他の共有者の同意を得なければ，自己の持分を譲渡することができず，また，自己の持分を目的として質権を設定することができないと定められている（特許法第73条1項）。中国法にはこのような明確な規定が見つからない。しかし，発明は，投下資本と技術力により効果が異なるため，自由な譲渡等を認めると，他の共有者の持分の価値が変動し，共有者間の信頼関係が崩れるおそれがあるため，持分の自由譲渡と質権の自由設定について，日本法のように制限する必要があると考えられる。

　②共有者以外の者への実施許諾について，契約で定めない場合に関する法規制は，日本と中国では規定が異なる。日本では，ライセンス先の製造能力などによっては，他の共有者へ影響するために，自由にライセンスすることができず，共有者の同意が必要となる（特許法第73条3項）。これに対し，中国では，自由にライセンスをすることができる。ただし，実施料を相手に配分する必要がある（特許法第15条）。

　③契約で定めない場合においては，特許共有の権利について侵害者に対し差止請求や損害賠償請求を行う場合，日本と中国では取扱いが異なる。日本では，他の共有者の持分権に基づく差止請求（特許法第100条），あるいは不法行

為に基づく損害賠償請求（民法第709条）が可能である。また，共有者の同意に関する規定は強行規定であると解されるため，これに反する契約は無効であると解される。これに対して中国では，単独で差止請求権と損害賠償請求権を行使することはできず，いずれも相手の同意が必要となる。そのため，相手に自由にこれら権利を行使して欲しくないときには，とくに契約で定めなくても良いが，反対に，これら権利を自由に行使したいときには，その旨を契約で定めておかないと，相手の同意を得なければ行使できなくなることに注意しておく必要がある。

第5節　特許権保護範囲の新解釈

(1) 発明・実用新案特許の保護範囲の認定

特許権は，特許出願から20年の存続期間内において，特許権者は特許発明を独占的に実施することができる権利である。第三者が特許権者から実施を許諾されていないのにその特許発明を実施する場合は，特許権の侵害となる。特許権の侵害にあたるかどうかは，特許発明が保護される範囲によって判断される。この保護範囲は，特許出願の際に提出した願書に添付したクレームの記載を基準に定められ，特許請求の範囲に記載された文言によって限定される点は，中国法と日本法の規定は同じである（中国特許法第59条1項，日本特許法第70条1項）。

しかし，現実には発明の思想を漏れなくクレームに記載することは困難であり，クレームの記載の隙をつくような些細な変更を加えることによって特許権の保護範囲から逃れようとすることは容易である。このような「均等侵害」に対応する理論は，均等論といわれているが，中国と日本の特許法上には，関連する規定がなく，司法解釈の形で確立された。

日本では，ボールスプライン事件に関する最高裁第三小法廷の平成10年2月24日判決において均等論を初めて認め，その判断基準として5つの要件を

示した[14]。その後，この基準を引用した判決が多数繰り返されており，均等論の解釈として確立した。

中国では，発明・実用新案の特許権の保護範囲について，新しく制定された中国最高裁判所の「特許侵害司法解釈」は，下記の通りである。

①裁判所は，権利者が主張するクレームに基づき，特許法第59条第1項の規定に照らして特許権の権利範囲を特定する。特許権利者は第一審の法廷弁論が終了する前に，その主張するクレームを変更することができる。また，権利者が変更したクレームに基づいて特許権の保護範囲を確定することを主張する場合，裁判所は，クレームに記載された付加要件及びその変更したクレームに記載された構成要件に基づいて，特許権の権利範囲を特定しなければならない（第1条）。

②裁判所は，クレームの記載に基づき，当該分野の一般技術者がその明細書及び添付した図面を閲覧した後の理解を踏まえてクレームの内容を特定するものとする（第2条）。

③裁判所は，明細書，図面，特許請求の範囲に記載されたクレーム及び特許審査書類を用いて，クレームを解釈することができる。明細書にクレームの用語について特別な定義がある場合，その特別な定義に従う。上述の方法によっても請求項の意味を明確にすることができない場合，辞書，教科書などの公知文献及び当該分野の技術者の通常の理解を参酌して解釈することができる（第3条）。

④クレームにおいて機能又は効果により表現された構成要件に対して，裁判所は，明細書及び図面に記載された当該構成要件の実施形態及びその均等形態

---

14) 5つの要件とは，①対象製品等との相違部分が特許発明の本質的部分ではないこと。②相違部分を対象製品等におけるものと置き換えても，特許発明の目的を達成することができ，同一の作用効果を奏すること。③相違部分を対象製品等におけるものと置き換えることが，対象製品等の製造等の時点において相当容易なこと。④対象製品等が，特許発明の出願時における公知技術と同一，または公知技術から容易に推考できたものではないこと。⑤対象製品等が特許発明の出願手続において特許請求の範囲から意識的に除外されたものに当たるなどの特段の事情がないこと，である。

を参酌して，当該構成要件の内容を特定するものとする（第4条）。

⑤クレームに記載されておらず，明細書又は図面にのみ記載された技術案について，権利者が特許権侵害訴訟においてその技術案が特許権の保護範囲に含まれていると主張しても，裁判所はその主張を認めない（第5条）。

⑥特許権者が特許の権利化又は無効審判の手続の際にクレーム及び明細書に対する補正又は意見書を通じて特許出願人又は特許権者により放棄された技術案について，権利者が特許権侵害訴訟においてその技術案が特許権の保護範囲に含まれていると主張しても，裁判所はその主張を認めない（第6条）。

⑦裁判所は，侵害被疑物件が特許権の保護範囲に属すか否かを判断するとき，権利者が主張するクレームに記載された全ての構成要件を考察するものとする。

侵害被疑物件が，クレームに記載された全ての構成要件と同一又は均等なものを含む場合，裁判所はそれが特許権の保護範囲に属すと認定するものとする。侵害被疑物件の構成要件とクレームに記載された全ての構成要件とを比較して，クレームに記載の構成要件の一つ以上が欠如するか，又は一つ以上の構成要件が同一でも均等でもない場合，裁判所は当該侵害被疑物件が特許権の保護範囲に属さないと認定するものとする（第7条）。

(2) 意匠特許の保護範囲の認定

中国最高裁判所の「特許侵害司法解釈」は，被疑侵害意匠が「登録意匠特許と同一或は類似する」場合を意匠特許権の保護範囲に該当すると認定している（第8条）。「同一或は類似」であるかどうかに関する判断基準は，下記のとおりである。

①意匠製品の用途により，製品の種類が同一又は類似であるか否かの認定をしなければならない。製品の用途を確定するには，意匠の簡単な説明，国際意匠分類表，製品の機能及び製品の販売，実際の使用状況等の要素を参考にすることができる（第9条）。

②関連する一般消費者の知識水準と認知能力を基準にして，意匠の同一或は

類似であるか否かの判断をしなければならない（第10条）。

　③意匠が同一または類似であるか否かを認定する時，登録意匠と被疑侵害意匠の特徴に基づき，意匠の全体的な視覚効果から総合的に判断しなければならない。主に技術的な機能から決定される意匠の特徴及び全体的な視覚効果に影響しない製品の材料，内部構造等の特徴を考慮に入れてはならない。被疑侵害意匠が登録意匠と全体的な視覚効果において差異がない場合，両者は同一であると認定しなければならない。全体的な視覚効果において実質的な差異がない場合，両者は類似すると認定しなければならない（第11条）。

　中国では，2001年7月1日の「最高人民法院の特許紛争案件の審理における法律適用についての若干の規定」の中に，特許権侵害判定における均等論に関する規定があり，特許権の保護範囲には技術的特徴により確定される範囲だけでなく，均等する特徴から確定される範囲も含まれることがはじめて明確にされたが，2010年1月に実施された新しい司法解釈では，均等論の適用原則に対して更に上述した⑥と⑦の解釈内容を追加した[15]。ただ，均等論により拡大する権利範囲が「公知技術から想到容易な範囲」まで及ぶべきではない点と意匠権侵害判断基準として「同一又は類似」に加えて「一般消費者の混同」を要件とする点につき誤解を招く規定を再考して，もっと明確な規定が必要と考えられる[16]。

第6節　特許侵害追及措置の強化

(1) 特許権侵害への行政体制の強化

　特許権を侵害され，紛糾を引き起こした場合は，当事者が協議して解決す

---

[15] 中国均等論の司法運用については，華誠弁護士事務所編著『知的財産権訴訟事例と訴訟代理』法律出版社，2009年，105ページ，参照。

[16] 日本経済産業省特許庁国際課「中国特許法改正調査団の訪日に伴う意見交換会・シンポジウムの結果」資料，2006年8月31日，10ページ，参照。

る。協議を望まないか協議が成立しなかった場合は，特許権者又は利害関係者は裁判所に訴えを起こすことができ，また特許行政管理部門に処理を求めることもできる（特許法第57条）。従って，中国の特許権紛争の解決方法は，司法と行政という二つのルートがあり，特許権に対して「二重保護」を行っている。行政保護に関しては，先進国にはない中国の特別な制度であり，中国特許法の一つの特徴である。新しい改正特許法第63条においては，特許権侵害への行政取締りの職権を強化し，下記の職権があると明確に定めている。

A：関係当事者に尋問し，他人の特許権の侵害容疑に関わる情況を調査する。B：他人の特許権の侵害容疑に関わる当事者の契約，領収書，帳簿及びその他の資料を調べ，複製することができる。C：当事者が他人の特許権を侵害した疑いのある行為の場所について現場検査を行う。D：証拠により他人の特許権を侵害したことが証明された製品，又は侵害行為を実施するための専門設備について，閉鎖又は差し押さえをすることができる。

特許行政管理部門が法に基づき前項に定めた職権を行使するとき，当事者はそれに協力するものとし，拒絶，妨害をしてはならない。また，特許権侵害への行政罰金も厳しくされ，違法所得の没収に加え，違法所得の4倍の罰金を科し，違法所得がない場合には，20万元以下の罰金を科することができる（特許法第64条）。

当事者が特許行政管理部門による処理決定に不服がある場合，処理通知を受け取った日から15日以内に，『中華人民共和国行政訴訟法』に基づき，裁判所に訴えを起こすことができる。権利侵害者が期限を過ぎても訴えを起こさず，権利侵害行為も停止しない場合は，特許行政管理部門は裁判所に強制執行を申請することができる。

行政による侵害救済のメリットについては，特許行政管理部門の処理は，行動が早く，手続きが簡単で侵害事件を片付けるまでの時間が短いことである。また，行政機関は，政府から一定の予算と専属職員を割り当てられ，特許使用状況の監視体制が常に機能しており，特許侵害救済の確率が高く，侵害された企業の対応コストも比較的節約することができる。そのため，外国企業は，こ

の制度を積極的に利用することが通例である。ただ，この救済方法は，行政機関が，特許侵害に関する財産保全，証拠保全，損害賠償の強制執行等司法専有権を持っていないため，これら事項を重視する場合は，当事者は司法解決方法を選択する必要がある。また，地方保護主義が強いといわれる中国においては，特許権侵害の告発地の選択，つまり，特許権侵害行為の実施地，特許権商品の保管地または特許権侵害者住所地のうち，どこの特許行政管理部門に告発するかを戦略的に選択する必要がある。

(2) 提訴前保全措置の申立て

今回の改正法は，特許権侵害訴訟の提起前に当事者が講ずることのできる措置が，従前の裁判所に対する権利侵害行為の停止命令及び財産保全の申立てから権利侵害行為の停止命令及び証拠保全の申立てに変更され，新たな規定が設けられている。

これら措置を裁判所に申立てする場合は，以下の留意点があると考えられる。

①申立ての条件について。停止命令については，特許権者又は利害関係者は，他人が特許権侵害行為を現に実施し又は実施しようとしていることを証明する証拠を有し，直ちに制止しなければ合法な権利を侵害される場合という条件がある（第66条1項）。証拠保全の申立てについては，権利侵害行為を制止するため，証拠が消失する可能性あるいは証拠の取得が困難になる可能性がある場合という条件がある（第67条）。

②申立ての担保について。停止命令及び証拠保全の申立てに対して，裁判所は，申立て人に担保を提供する命令を下すことがあり，申立て人が担保を提供しない時は，申立てを却下することになる（第66条2項，第67条2項）。また，裁判所は，担保を確定するとき，停止命令にかかわる商品の販売収益および合理的な倉庫保管などの費用又は停止命令により生じるおそれのある合理的な損失などを考慮し，停止命令の執行過程において，被申立て人がこの実施によりさらに大きな損害を被る可能性がある場合，裁判所は，申立て人に相応の担保

を追加するよう命じることができる。申立て人が，担保を追加しない場合，裁判所は，停止命令を解除することができる。

③特許行政部門の執行中止について。裁判所が特許権について保全措置を裁定する場合には，特許行政部門は執行協力の過程において保全された特許権についての関連手続を中止し，裁判所は，保全期間満了で引き続き保全措置を裁定しない場合には，特許行政部門は自動的に関連手続を回復する（第87条）。

④訴訟提起時期について。申立て人は，裁判所が停止命令及び証拠保全の申立てを採用した日から15日以内に提訴を行わない場合，裁判所は当該措置を解除しなければならない（第66条4項，第67条4項）。

(3) 損害賠償額の増加とその算定

損害賠償額については，改正特許法は，従来の制度において認められていた権利者の実際の損失，侵害者の獲得利益又は許諾使用費の合理的な倍数により確定することに加え，更に権利者が権利侵害を阻止するために支払った合理的な支出を含むと定めた。また，上記の要素をすべて確定することができない場合には，裁判所が特許権の種類，権利侵害行為の性質および情状等の要因に基づいて，1万元以上100万元以下の賠償（法定賠償金制度）を確定することができると定めている（第65条）。この法定賠償金額の上限は，改正前の50万元以下から100万元以下へと倍増された。日本を含めて先進国の特許法には，特許権侵害賠償金額の上限を定めている国はなく，インフレや特許権価値の向上を考慮すれば，中国法もこの上限をさらに改正する必要があるだろう。

中国では，特許権侵害訴訟で確定した損害賠償の額は，精工エプソン株式会社事案のような20〜30万元の事例が一般的であったが[17]，近年は巨額賠償額

---

17) 原告精工エプソン株式会社は「インク噴きつけ記録装置カートリッジ」（特許登録番号01143328.0）の特許権者である。2006年10月，原告は被告広州麦普科技有限公司が生産し，被告北京市朝陽商業大楼有限責任公司の販売した48種型番のMIPOブランドインクカートリッジ製品が原告の特許権を侵害していることを発見したため，ただちに北京市第二中級裁判所へ提訴し，裁判所は，被告が原告の経済的損失である38万元および本案訴訟のために支出した合理的な費用である7929.4元の賠償を命ずる判決を下した。

が認められる事例も増加傾向にある。例えば，日本企業が対象になった中国の特許訴訟として富士化水工業の事例がある。中国最高裁判所は2009年12月21日，被告である富士化水と中国企業に対し，5061.24万元（約6億6000万円）を共同で賠償するよう命じる判決を下した。また，中国の正泰集団が仏シェナイダー（Schneider Electric）社へ実用新案の侵害を訴えた事例では，中国温州中級裁判所は一審で3.3億元（約43億円）の損害賠償を命じたが，その後，双方の和解が成立し，被告である仏シェナイダー社は約半額の1.6億元（約20億円）の損害賠償金を原告に支払うことに同意した。

特許権侵害賠償金の算定については，以下の留意点があると考えられる。

①できるだけ賠償金額の上限がある「法定賠償金制度」を利用しないで，A・実際の損失，B・権利侵害者が特許権侵害によって得た利益，C・当該特許権の許可使用の倍数参照などの方法に基づいて賠償金額の算定を行うよう積極的に主張することが大事である。

②中国「民事訴訟法」第64条には，当事者は自らが提出した主張に対して，証拠を提示する責任があると定めている。特許権侵害訴訟は，民事訴訟であるため，この規定も適用され，賠償金額の主張に関して立証責任がある。

③上記Bについては，最高裁判所の司法解釈に下記のような規定がある。つまり，権利侵害者が特許権侵害によって得た利益に限定しなければならず，権利侵害者が他の権利により得た利益は，合理的に差し引かなければならない。具体的には，発明・実用新案特許権を侵害する製品が他の製品の部品である場合，当該部品自体の価値とその完成品利益の実現における作用等の要素，また意匠特許権を侵害する製品が包装物である場合，包装物自体の価値及びその包装される製品の利益の実現における作用等の要素に基づいて，合理的な賠償金額を確定すると定めている（特許権侵害の司法解釈第16条1項・2項）。

④2010年7月1日より実施されている中国「権利侵害責任法」第19条には，他人の財物，財産に侵害を与えた損失は，損失発生時の市場価格等により算定すると定めているが，特許権侵害も財産権の侵害であり，賠償金額の算定にもこの規定が適用される。

おわりに

　本章では，中国特許制度の改正要点の考査を通じて対中ビジネスへの影響を検討したが，その主な影響と留意点については改めて以下のようにまとめることができる。

　①改正特許法では，改正前の相対的新規性の判断基準を引き上げて絶対的新規性の判断基準を採用し，中国国内だけでなく，世界で公知事実があれば，それは従来技術とされ特許の新規性用件を満たさず，中国で特許権として登録することはできなくなった。これは，外国企業にとって，自国での公知・公用の事実があれば，中国人や他の外国企業の中国特許出願の阻却事由となることを意味している。ただし，この新規性を阻却する抵触出願は，他人が提出した特許出願の場合だけでなく，本文第2節で検討したように発明者本人が提出した特許出願の場合にも適用されることに留意しなければならない。

　②今回の改正は，国際出願に関する規制を緩和する面があるが，秘密保持審査の適用対象が広くなるため，外国企業に対してはもっと厳しい規定になるかもしれない。つまり，旧法の規定にある「中国の法人」については，外国企業に適用するかどうかが明確ではなかったが，新しい規定では，外国企業にも適用され，かかる規定に違反した場合中国で特許を取得することができなくなる。従って，外国企業を含めて中国で完成した発明は，国際出願したい場合，中国の秘密保持審査を受けなければならない。また，外国企業は，本文第3節で分析した秘密保持審査の各場面に応じて，その申請手続きと期間管理に十分留意する必要がある。

　③職務発明に関する規定は，外国企業にも適用されることとなるため，外国企業は，本文第4節で分析した中国の新職務発明制度を理解し，職務発明者等との紛争を予防するため，従業員との契約や発明等に関する社内規則を明確かつ合理的に定めておく必要がある。特に共同開発や委託開発において生まれた発明が特許権を共有することになっている場合は，特許権の実施や他人に対す

る実施許諾，各企業にいる発明者に対する奨励金・報酬金の支給方法，支給額の算出について事前に詳細な取決めをしておく必要がある。

④特許権の侵害にあたるかどうかの判断は，特許出願の際に提出した願書に添付したクレームの記載を基準に定められ，特許請求の範囲に記載された文言によって限定されることが，改正特許法に明確に定められている。しかし，クレームの記載の隙をつくような些細な変更を加えることによって特許権の保護範囲から逃れようとする「均等侵害」については，特許法の規定がなく，裁判所の司法解釈に委ねられている。日本企業は，本文第5節で取り上げた日本制度と違う点がある中国均等侵害対応制度を理解し，クレームの作成・変更・解釈についてしっかり対応する必要がある。

⑤中国の特許権紛争の解決方法は，司法と行政という二つのルートがあり，特許権に対して「二重保護」を行っている。今回の法改正では，行政体制を強化し，外国企業にとっては，行政による侵害救済は，手続きが簡単で救済の確率が高く，侵害対応コストも比較的節約することができる。ただ，行政機関は特許侵害に関する財産保全，証拠保全，損害賠償の強制執行等司法専有権を持っていないため，これら事項を重視する外国企業は，司法救済方法を選択する必要がある。司法救済に関しては，今回の法改正は，従前の裁判所に対する権利侵害行為の停止命令及び財産保全の申立てから，権利侵害行為の停止命令及び証拠保全の申立てに変更し，新たな規定を設けている。本文第6節では，申立ての条件，申立ての担保，特許行政部門の執行中止などの留意点について検討した。また，同節には，特許侵害に関する損害賠償額に関する改正点も取り上げて，その算定方法，立証責任など留意点を整理した。

なお，遺伝資源にかかわる発明に関する出願明細書に資源取得元の記載義務を明文化する規定や特許権の強制実施の許諾など外国企業への影響もある改正内容に関する検討は，紙幅の制限のため，今後の研究課題として残されている。また，中国では，法律上の規定と司法上の執行状況との乖離が大きく，今後は，法改正後の司法執行状況から，外国企業への実際的な影響に対して引き続き注目する必要がある。

第11章
グローバル化進展の中で変容する地域企業の取引構造
―― 福井県の産業連関分析を中心に ――

南保　勝・江川誠一

はじめに

　1985年のプラザ合意以降，急激に進展したグローバル化，とりわけ日本企業の海外進出は，地方圏において生産減少，雇用の喪失等を伴い，結果として経済活力が低下するなど様々な負の影響をもたらした。例えば，著者がフィールドとする福井県においても，地域を代表する繊維業界では，衣料分野で原糸メーカー主導の国際展開が進んだ結果，現在，東アジア諸国の追い上げと内需不振のなかでその生産規模を縮小させている。また，眼鏡業界でも産地企業の海外シフト進展による結果現象として，大勢を占める小規模零細企業を中心に，2000年以降，海外製品の流入に悩まされている。

　こうした中，2005年の産業連関表をみると，福井県内での生産額，つまり，福井県内に所在する各企業の生産活動によって生み出される財・サービスの生産額が，1975年以来初めて前回調査比マイナスとなっており，全国の生産額に占める福井県内の生産額のウェイトも低下傾向にある。また，県内生産額と国内生産額の伸び率を比較しても，1990年以降，県内生産額の伸びが国内生産額の伸びを下回っていることが分かった。このことは，福井県内企業の取引

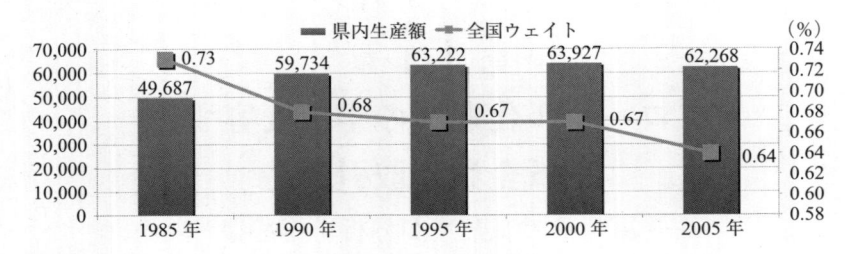

図 11-1　県内生産額の推移

資料：福井県『福井県産業連関表』1985 年〜2005 年。

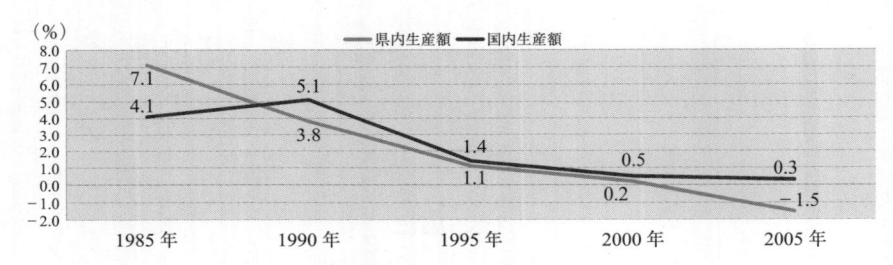

図 11-2　生産額の伸び率の推移

資料：福井県『福井県産業連関表』1985 年〜 2005 年。

総額が相対的に低下していることを意味しており，この要因の一つとして地域内企業のグローバル化進展をあげなければならない。そして，こうしたグローバル化の影響は，今や製造業のみならず建設業，卸・小売業などの内需型企業においても現れていることがうかがえる。

それでは，進展するグローバル化に対して，地域はどのような対応をはかればよいのか，企業と地域がいったいどのような関係を構築すれば，両者において Win-Win の関係を保つことが可能なのであろうか。

こうした点に着目し，本章では，福井県産業界におけるグローバル化が地域企業にどのような影響を及ぼしているのか，特に，グローバル化により企業間の取引構造がどのように変容しているかを，産業連関表をもとに分析する。そのうえで，今後，地域経済が持続的発展を遂げるために，企業と地域がどのような関係を構築することが必要なのかについても若干の考察を試みたい。

第1節　分析の枠組み

　福井県産業連関表[1]の1985年と2005年を用いて，県際取引に着目した各産業部門における取引構造を比較する。2005年の34部門の取引基本表（生産者価格評価表）をベースに，県内生産額，県内需要計，移輸出，移輸入等をそれぞれ1985年と2005年とで比較することにより，この間に生じた取引構造の変容を定量的に明らかにする。1985年はプラザ合意の年でその影響はまだ生じていないと考えられ，また産業連関表の最新版の2005年はその20年後に当たり，プラザ合意を契機とした大きな取引構造の流れを捉えるには適切な2時点と思われる。

　産業部門が組み換えられているので，比較するには1985年の産業部門を2005年の産業部門に割り当てる必要がある。1985年から5年ごとに作成される産業連関表の産業部門を，それぞれ2005年の産業部門に対応させた上で，1985年の産業部門をどのように2005年の産業部門に割り当てるかを検討した。

　産業連関表における1985年と2005年での産業部門の大きな違いは，製造業とサービス業の区分である。大分類で見た場合，製造業では2005年（34部門）の一般機械，電気機器，情報・通信機器，電子部品，輸送機械，精密機械が，1985年（21部門）では概ね一括して機械として扱われている。同じくサービス業では通信・放送，対事業所サービス，対個人サービスが，1985年ではこれもまたほぼ一括してサービス業として扱われている。

　そこで，こういった産業部門をより細分化された部門レベル（1985年は91部門，2005年は102部門）にて突合し，2005年の34部門に1985年の産業部門を組み替えて比較が可能な状態にした。両年における部門割当は表11-1のとおりである。なお，両年では産業構造および製品・サービスそのものが大きく

---

1)　昭和60年福井県産業連関表（平成元年11月，福井県），平成17年福井県産業連関表（平成22年3月，福井県）。以下，全ての図表は同資料をもとに作成。

表 11-1 福井県産業連関表部門割当表（1985年→2005年）[2]

2005年産業連関表の34部門	102部門	91部門	1985年産業連関表の21部門
01 農林水産業	001 耕種農業	001 耕種農業	01 農業
	003 農業サービス	003 農業サービス	
	002 畜産	002 畜産	
	004 林業	004 林業	02 林業
	005 漁業	005 漁業	03 漁業
02 鉱業	006 金属鉱物	006 金属鉱物	04 鉱業
	008 石炭・原油・天然ガス	008 石炭・亜炭	
		009 原油・天然ガス	
	007 非金属鉱物	007 非金属鉱物	
03 飲食料品	009 食料品	010 食料品	05 食料品
	010 飲料	011 飲料	
	012 たばこ	013 たばこ	
	011 飼料・有機質肥料	012 飼料・有機質肥料	
04 繊維製品	013 繊維工業製品	014 製糸・紡織	06 繊維製品
		015 織物	
	015 ニット生地		
	017 染色整理	017 染色整理	
	016 衣服・その他の繊維工業製品	016 ニット製品	
		018 衣服	
		019 その他の繊維既製品	
05 パルプ・紙・木製品	018 製材・木製品	020 家具・装備品	20 家具・装備品
	019 家具・装備品		
	020 パルプ・紙・板紙・加工紙	022 パルプ・紙	21 製材・木製品
	021 紙加工品		
18 その他の製造	022 印刷・製版・製本	023 出版・印刷	
06 化学製品	024 化学肥料	025 化学肥料	07 化学製品
	026 化学繊維	026 無機化学基礎製品	
	027 有機化学工業製品	027 有機化学基礎・中間製品	
	028 合成樹脂	028 合成樹脂	
	029 医薬品	030 化学最終製品	
	025 無機化学工業製品	029 化学繊維	
07 石油・石炭製品	030 石油製品	031 石油製品	
18 その他の製造	031 石炭製品		
	032 プラスチック製品	032 プラスチック製品	
	033 ゴム製品	033 ゴム製品	
	034 なめし革・毛皮・同製品	034 なめし革・毛皮・同製品	
08 窯業・土石製品	035 ガラス・ガラス製品	036 ガラス・ガラス製品	
	036 セメント・セメント製品	037 セメント・セメント製品	
	037 陶磁器	038 陶磁器	
	038 その他の窯業・土石製品	039 その他の窯業・土石製品	
09 鉄鋼	039 銑鉄・粗鋼	040 銑鉄・粗鋼	08 鉄鋼・非鉄金属
	040 鋳鍛造品	041 鋼材	
	041 非鉄金属製錬・精製	042 鋳鍛造品・その他の鉄鋼製品	
10 非鉄金属	042 非鉄金属加工製品	043 非鉄金属製錬・精製	
11 金属製品	043 建設・建築用金属製品	044 非鉄金属加工製品	
	044 その他の金属製品	045 建設・建築用金属製品	
		046 その他の金属製品	
12 一般機械	045 一般産業機械	047 一般産業機械	09 機械
	046 特殊産業機械	048 特殊産業機械	
	047 その他の一般機械・同修理	049 その他の一般機械・同修理	
	048 事務用・サービス用機器	050 事務用・サービス用機器	
13 電気機器	049 産業用電気機器	053 重電機器	
	050 電子応用装置・電気計測器	054 その他の電気機器	
	051 その他の電気機器		
	052 民生用電気機器	051 民生用電気機器	
14 情報・通信機器	053 情報・通信機器	052 電子・通信機器	
15 電子部品	054 電子部品		

第 11 章　グローバル化進展の中で変容する地域企業の取引構造　283

No.	分類名	コード	内訳
16	輸送機器	055	乗用車
		056	船舶・同修理
		057	その他の輸送機械・同修理
17	精密機械	058	眼鏡・その他の光学機械
		059	時計・その他の精密機械
18	その他の製造	060	漆器・その他の製造工業製品
19	建設	061	住宅新建築
		062	非住宅新建築
		063	住宅補修
		064	公共事業
		065	その他の土木建設
20	電力・ガス・熱供給	066	電力
		067	ガス・熱供給
21	水道・廃棄物処理	068	水道
		069	廃棄物処理
22	商業	070	商業
23	金融・保険	071	金融・保険
24	不動産	072	不動産仲介および賃貸
		073	住宅賃貸料
25	運輸	074	鉄道輸送
		075	道路輸送（除自家輸送）
		076	自家輸送
		077	水運
		078	航空輸送
		079	倉庫
		080	運輸付帯サービス
26	通信・放送	081	通信
		082	放送
		083	情報サービス
		084	インターネット附随サービス
		085	映像・文字情報制作
27	公務	086	公務
28	教育・研究	087	教育
		088	研究
29	医療・保健・社会保障・介護	089	医療・保健・社会保障
30	その他の公共サービス	090	その他の公共サービス
31	対事業所サービス	091	広告
		092	自動車・機械修理
		093	物品賃貸サービス
		094	その他の対事業所サービス
		(088)	（対事業所サービス）
32	対個人サービス	095	飲食店
		096	娯楽サービス
		097	宿泊業
		098	洗濯・理容・美容・浴場業
		099	その他の対個人サービス
33	事務用品	100	事務用品
34	分類不明	101	分類不明

資料：福井県「福井県産業連関表」1985 年，2005 年より筆者作成。

変容しており，細分化された部門レベルにおいても一対一で対応していない部門がある。可能かつ適切な範囲での割当を行ったうえでの比較であり，取引構造を大枠から捉えたものであることに留意する必要がある。

第2節　県内生産額と県内需要の推移

(1) 県内生産額

取引構造の分析の前に，県内生産額と県内需要により福井県の経済規模および産業構造の変容を概観する。

県内生産額は1985年の4兆9,687億円から2005年の6兆2,268億円へと，この20年間で1兆2,581億円増加した（増加率25.3％）。産業構造はサービス化が急速に進展し，第三次産業の増加額は全産業の増加額に匹敵するとともに，その構成比は1985年の58.2％から2005年の66.8％へと8.6ポイント上昇している。

部門別では，両年とも電力・ガス・熱供給が最大の産業となっており，原子力産業の福井県経済に占める大きな位置づけが明確に示されている。全般に産業構造のサービス化が進展するなか，この20年間における県内生産額の最大の変化は繊維製品の激減（▲4,459億円，▲62.0％）であり，1985年以前から生じていた生産規模の縮小が，プラザ合意以降も深刻な状況にあることが示されている。また，製造業のなかでは電子部品，化学製品等において生産規模が増大している。一方で第三次産業においては，事務用品以外の全ての部門で増加している。

(2) 県内需要

県内需要は1985年の4兆5,488億円から2005年の5兆9,188億円へと，こ

---

2) 2005年福井県産業連関表の102部門に1985年の91部門を対応可能な範囲で割り当てた。細部で一対一対応をしていない部門がある。

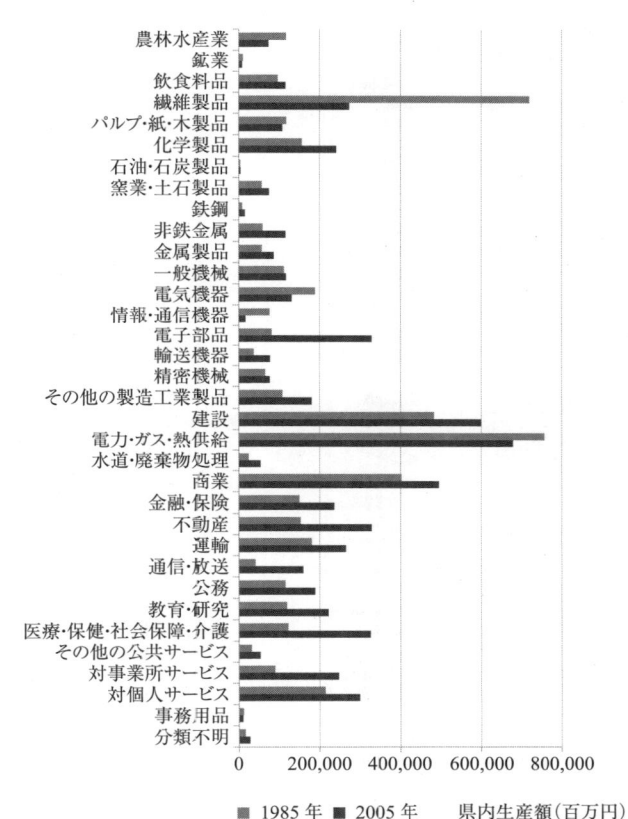

第 11 章　グローバル化進展の中で変容する地域企業の取引構造　285

図 11-3　部門別県内生産額の変動
資料：福井県『福井県産業連関表』1985 年，2005 年。

の 20 年間で 1 兆 3,700 億円増加した（増加率 30.1％）。

　産業構造のサービス化を受け，県内需要もまたサービス化が進展しており，第三次産業の構成比は 1985 年の 52.5％から 2005 年の 70.8％へと 18.3 ポイント上昇している。

　部門別に県内需要を比較すると，両年ともに建設と商業において大きな需要が生じているが，1985 年では建設が最大の需要であったのに対し，2005 年ではその地位が商業にとって代わられている。全般に第三次産業の需要が大きく

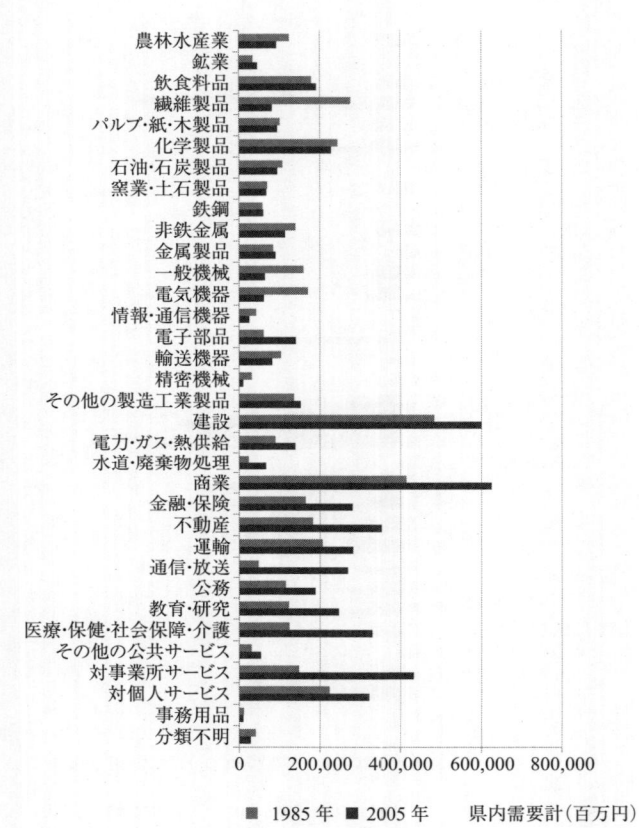

図 11-4　部門別県内需要計の変動

資料：図 11-3 に同じ。

伸びるなか，対事業所サービス，通信・放送，医療・保健・社会保障・介護において特に大きな増加がみられる。

　一方で製造業においては繊維製品の需要減が非常に大きく，電気機械，一般機械においても需要を減じている。化学製品は若干減少しているものの 2005 年における製造業の最大需要となっている。

表 11-2　部門別県内生産額および県内需要計の変動

単位：百万円

部門	県内生産額 1985年	県内生産額 2005年	増減額	増減率	県内需要計 1985年	県内需要計 2005年	増減額	増減率
001 農林水産業	117,034	73,162	−43,872	−37.5%	124,775	93,338	−31,436	−25.2%
002 鉱業	9,601	7,441	−2,160	−22.5%	34,505	46,370	11,866	34.4%
003 飲食料品	96,912	116,104	19,191	19.8%	178,944	191,215	12,271	6.9%
004 繊維製品	719,025	273,100	−445,925	−62.0%	275,947	82,023	−193,925	−70.3%
005 パルプ・紙・木製品	117,761	108,017	−9,744	−8.3%	101,315	94,634	−6,681	−6.6%
006 化学製品	155,976	241,393	85,417	54.8%	243,591	227,753	−15,837	−6.5%
007 石油・石炭製品	3,440	4,017	578	16.8%	107,363	94,774	−12,588	−11.7%
008 窯業・土石製品	56,072	74,452	18,380	32.8%	69,604	67,839	−1,765	−2.5%
009 鉄鋼	7,536	14,608	7,073	93.9%	57,954	60,026	2,072	3.6%
010 非鉄金属	58,437	116,150	57,713	98.8%	139,490	113,863	−25,628	−18.4%
011 金属製品	56,053	85,670	29,618	52.8%	84,215	90,372	6,157	7.3%
012 一般機械	111,814	116,899	5,085	4.5%	159,293	64,112	−95,181	−59.8%
013 電気機器	188,893	131,290	−57,603	−30.5%	170,528	61,147	−109,381	−64.1%
014 情報・通信機器	75,292	16,136	−59,156	−78.6%	42,088	25,361	−16,727	−39.7%
015 電子部品	80,345	328,281	247,935	308.6%	60,940	140,037	79,097	129.8%
016 輸送機器	36,749	76,818	40,069	109.0%	103,582	81,976	−21,606	−20.9%
017 精密機械	64,488	76,395	11,908	18.5%	31,474	9,853	−21,622	−68.7%
018 その他の製造工業製品	108,140	180,747	72,606	67.1%	135,600	152,218	16,618	12.3%
019 建設	483,473	599,371	115,898	24.0%	483,473	599,371	115,898	24.0%
020 電力・ガス・熱供給	755,680	678,280	−77,399	−10.2%	89,553	138,829	49,277	55.0%
021 水道・廃棄物処理	23,452	52,953	29,502	125.8%	23,452	66,807	43,355	184.9%
022 商業	401,862	495,078	93,216	23.2%	414,157	624,610	210,453	50.8%
023 金融・保険	149,722	235,969	86,247	57.6%	164,209	280,531	116,322	70.8%
024 不動産	153,232	328,057	174,824	114.1%	182,224	351,780	169,556	93.0%
025 運輸	180,617	265,239	84,623	46.9%	206,038	281,485	75,447	36.6%
026 通信・放送	40,320	159,434	119,114	295.4%	48,135	268,761	220,626	458.3%
027 公務	115,453	189,052	73,599	63.7%	115,453	189,052	73,599	63.7%
028 教育・研究	119,207	221,580	102,373	85.9%	123,199	246,493	123,294	100.1%
029 医療・保健・社会保障・介護	122,185	326,005	203,820	166.8%	124,106	328,764	204,659	164.9%
030 その他の公共サービス	30,560	52,664	22,104	72.3%	30,846	53,764	22,918	74.3%
031 対事業所サービス	89,720	246,804	157,084	175.1%	147,873	432,060	284,187	192.2%
032 対個人サービス	213,787	298,969	85,181	39.8%	223,053	321,355	98,302	44.1%
033 事務用品	10,778	9,721	−1,058	−9.8%	10,778	9,721	−1,058	−9.8%
034 分類不明	15,080	26,895	11,815	78.4%	41,060	28,484	−12,576	−30.6%
合計	4,968,697	6,226,751	1,258,054	25.3%	4,548,817	5,918,779	1,369,963	30.1%

資料：図 11-3 に同じ。

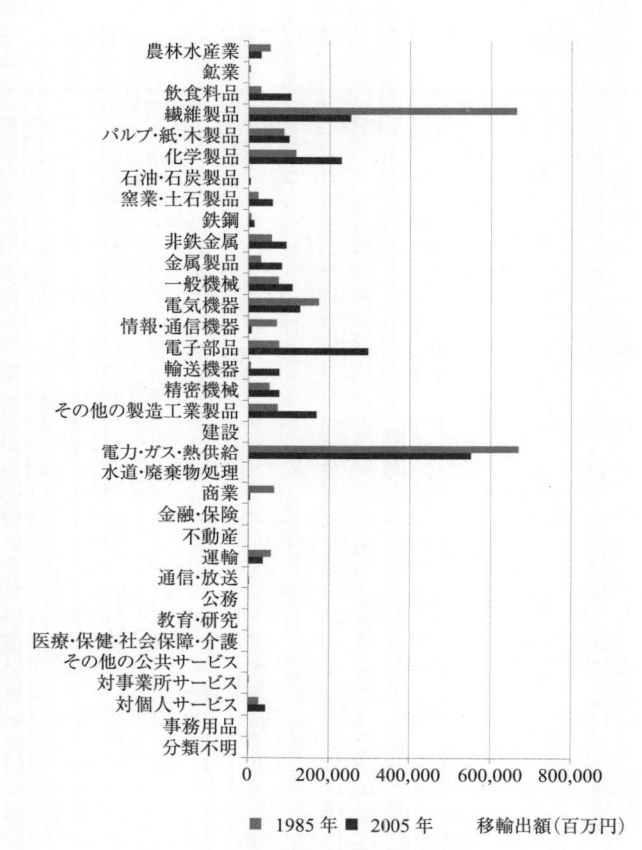

図 11-5　部門別移輸出額の変動

資料：図 11-3 に同じ。

第 3 節　県際取引構造の変容

(1) 県際収支

　県内産業における移輸出額（県外への移出と海外への輸出）は，1985 年の 2 兆 4,111 億円から 2005 年の 2 兆 4,650 億円へと 538 億円（2.2%）増加した。増減率が低くとどまった要因は，大きな比重を占める繊維製品と電力・ガス・熱供

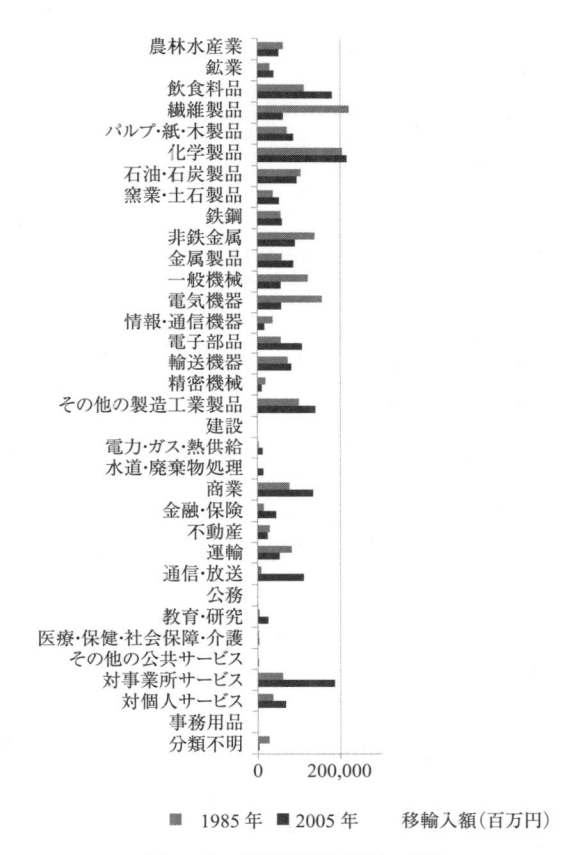

第 11 章　グローバル化進展の中で変容する地域企業の取引構造　289

図 11-6　部門別移輸入額の変動

資料：図 11-3 に同じ。

給において，移輸出額が大きく減じたからであり，なかでも繊維製品の減少率は 62.0％と非常に大きくなっている。一方で電子部品や化学製品は大きく移輸出額を伸ばし，電子部品は 2005 年には繊維製品を抜いて第二位（製造業では第一位）の移輸出産業となっている。

　県内の各産業における移輸入額（県外からの移入と海外からの輸入）は，1985 年の 1 兆 9,913 億円から 2005 年の 2 兆 1,570 億円へと 1,657 億円（8.3％）増加した。移輸出とは違い，移輸入額において突出した産業はない。2005 年にお

表 11-3　部門別移輸出額および移輸入額の変動

単位：百万円

部門	移輸出額 1985年	移輸出額 2005年	増減額	増減率	移輸入額 1985年	移輸入額 2005年	増減額	増減率
001 農林水産業	53,344	30,487	−22,857	−42.8%	61,085	50,663	−10,421	−17.1%
002 鉱業	4,099	0	−4,099	−100.0%	29,002	38,929	9,927	34.2%
003 飲食料品	30,015	104,487	74,471	248.1%	112,047	179,598	67,551	60.3%
004 繊維製品	663,345	252,371	−410,975	−62.0%	220,268	61,293	−158,975	−72.2%
005 パルプ・紙・木製品	87,009	100,055	13,045	15.0%	70,563	86,672	16,108	22.8%
006 化学製品	116,679	229,157	112,479	96.4%	204,293	215,517	11,224	5.5%
007 石油・石炭製品	0	4,011	4,011	−	103,923	94,768	−9,155	−8.8%
008 窯業・土石製品	23,327	58,889	35,562	152.4%	36,859	52,276	15,417	41.8%
009 鉄鋼	5,570	13,337	7,767	139.4%	55,988	58,755	2,767	4.9%
010 非鉄金属	56,693	92,718	36,025	63.5%	137,746	90,431	−47,315	−34.3%
011 金属製品	29,992	81,809	51,817	172.8%	58,155	86,510	28,356	48.8%
012 一般機械	74,000	108,431	34,431	46.5%	121,479	55,644	−65,835	−54.2%
013 電気機器	173,602	127,111	−46,491	−26.8%	155,237	56,968	−98,269	−63.3%
014 情報・通信機器	69,618	6,933	−62,685	−90.0%	36,414	16,158	−20,256	−55.6%
015 電子部品	75,358	295,382	220,024	292.0%	55,953	107,138	51,185	91.5%
016 輸送機器	5,519	76,186	70,667	1280.4%	72,352	81,344	8,992	12.4%
017 精密機械	51,686	76,386	24,699	47.8%	18,673	9,843	−8,830	−47.3%
018 その他の製造工業製品	72,082	168,337	96,255	133.5%	99,542	139,809	40,267	40.5%
019 建設	0	0	0	−	0	0	0	−
020 電力・ガス・熱供給	668,501	551,210	−117,290	−17.5%	2,374	11,759	9,386	395.4%
021 水道・廃棄物処理	0	7	7	−	0	13,860	13,860	−
022 商業	64,085	4,490	−59,595	−93.0%	76,380	134,022	57,641	75.5%
023 金融・保険	0	19	19	−	14,487	44,581	30,094	207.7%
024 不動産	0	0	0	−	28,991	23,723	−5,269	−18.2%
025 運輸	56,400	36,619	−19,781	−35.1%	81,822	52,865	−28,957	−35.4%
026 通信・放送	110	1,494	1,384	1259.3%	7,925	110,821	102,896	1298.3%
027 公務	0	0	0	−	0	0	0	−
028 教育・研究	0	0	0	−	3,992	24,913	20,921	524.0%
029 医療・保健・社会保障・介護	72	0	−72	−100.0%	1,993	2,760	767	38.5%
030 その他の公共サービス	0	0	0	−	286	1,101	815	285.0%
031 対事業所サービス	1,938	21	−1,917	−98.9%	60,092	185,278	125,186	208.3%
032 対個人サービス	27,096	44,409	17,313	63.9%	36,361	66,795	30,434	83.7%
033 事務用品	0	0	0	−	0	0	0	−
034 分類不明	1,003	615	−388	−38.7%	26,982	2,204	−24,779	−91.8%
合計	2,411,146	2,464,970	53,825	2.2%	1,991,266	2,156,999	165,734	8.3%

資料：図 11-3 に同じ。

第 11 章　グローバル化進展の中で変容する地域企業の取引構造　291

図 11-7　部門別県際収支の変動

資料：図 11-3 に同じ。

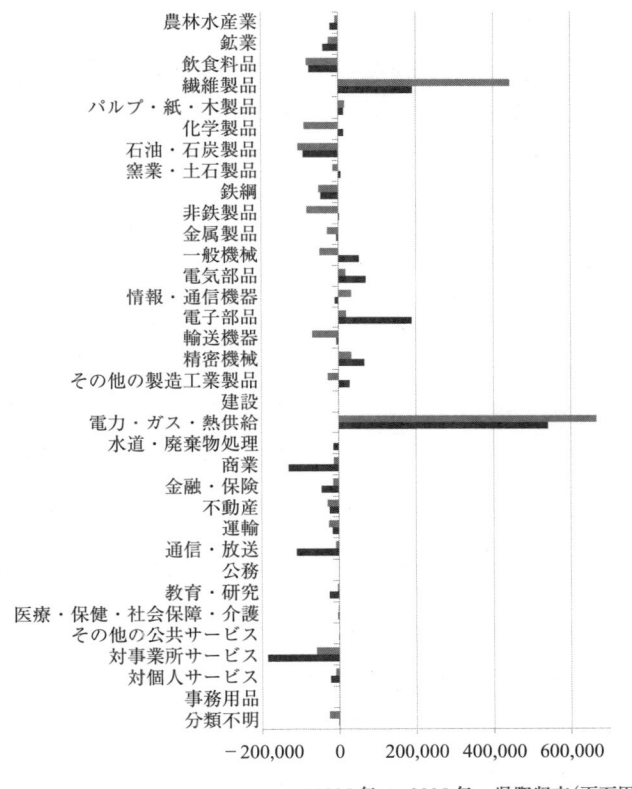

いて移輸入額が最も大きいのは化学製品であり，1985 年に最大の移輸入産業であった繊維製品は，大幅にその額を減じている。このほか，第二次産業では飲食料品，第三次産業では対事業所サービス，商業，通信・放送等の移輸入額が大きくなっている。

県内産業における県際収支（移輸出額から移輸入額を減じた額）は，1985 年の 4,199 億円から 2005 年の 3,079 億円へと黒字幅が 1,119 億円（▲ 26.7％）減少した。両年とも電力・ガス・熱供給が最大の黒字産業であり，その黒字額は減

少したものの2005年で5,395億円と圧倒的な存在感を示している。仮に原子力産業が本県に立地していなかった場合は，単純な仮定ではあるものの本県の県際収支は赤字となるような規模である。第二位の黒字産業は繊維製品であるが，その額は1985年から大きく減じており，逆に大きく黒字幅を増加させた電子部品がこれに迫る勢いである。なお，本県の主力産業の一つである化学製品は，移輸出額と移輸入額ともに大きくなっており県際収支はほぼ均衡している。

(2) 移輸出率と移輸入率

本県産業の移輸出率(県内総生産に占める移輸出額の割合)は，1985年の48.5％から2005年の39.6％へと8.9ポイント減少した。これは，各産業の特性上，移輸出率は第二次産業が大きく第三次産業が小さいという構図のなか，産業構造のサービス化の進展により本県産業全体としての移輸出率が減じたためである。第二次産業では多くの部門において移輸出率はむしろ増加傾向にあり，県内生産額が相対的に小さい石油・石炭製品を除くと，移輸出率が大きく上昇したのは，輸送機械(84.2ポイント)，飲食料品(59.0ポイント)，金属製品(42.0ポイント)などである。移輸出率が低下しているのは，情報・通信機器(▲49.5ポイント)，非鉄金属(▲17.2ポイント)などとなっている。一方で第三次産業では，大きな県内生産額を占める電力・ガス・熱供給での減少(▲7.2ポイント)，主力産業の一つである商業での減少(▲15.0ポイント)等により，全体としての移輸出率の減少に影響を与えている。

本県産業の移輸入率(県内需要に占める移輸入額の割合)は，1985年の43.8％から2005年の36.4％へと7.3ポイント減少した。これは移輸出率の減少と同様に，県内需要のサービス化の進展によるものである。移輸出率と同様，第二次産業の多くの部門で移輸入率が増加しており，特に増加率が高いのが精密機械(40.6ポイント)，飲食料品(31.3ポイント)，輸送機械(29.4ポイント)などである。移輸入率が低下しているのは，情報・通信機器(▲22.8ポイント)，非鉄金属(▲19.3ポイント)，電子部品(▲15.3ポイント)などとなっている。第三

表 11-4 部門別移輸出率および移輸入率の変動

	部門	移輸出率 1985年	移輸出率 2005年	増減ポイント	移輸入率 1985年	移輸入率 2005年	増減ポイント
001	農林水産業	45.6%	41.7%	−3.9	49.0%	54.3%	5.3
002	鉱業	42.7%	0.0%	−42.7	84.1%	84.0%	−0.1
003	飲食料品	31.0%	90.0%	59.0	62.6%	93.9%	31.3
004	繊維製品	92.3%	92.4%	0.2	79.8%	74.7%	−5.1
005	パルプ・紙・木製品	73.9%	92.6%	18.7	69.6%	91.6%	21.9
006	化学製品	74.8%	94.9%	20.1	83.9%	94.6%	10.8
007	石油・石炭製品	0.0%	99.9%	99.9	96.8%	100.0%	3.2
008	窯業・土石製品	41.6%	79.1%	37.5	53.0%	77.1%	24.1
009	鉄鋼	73.9%	91.3%	17.4	96.6%	97.9%	1.3
010	非鉄金属	97.0%	79.8%	−17.2	98.7%	79.4%	−19.3
011	金属製品	53.5%	95.5%	42.0	69.1%	95.7%	26.7
012	一般機械	66.2%	92.8%	26.6	76.3%	86.8%	10.5
013	電気機器	91.9%	96.8%	4.9	91.0%	93.2%	2.1
014	情報・通信機器	92.5%	43.0%	−49.5	86.5%	63.7%	−22.8
015	電子部品	93.8%	90.0%	−3.8	91.8%	76.5%	−15.3
016	輸送機器	15.0%	99.2%	84.2	69.9%	99.2%	29.4
017	精密機械	80.1%	100.0%	19.8	59.3%	99.9%	40.6
018	その他の製造工業製品	66.7%	93.1%	26.5	73.4%	91.8%	18.4
019	建設	0.0%	0.0%	0.0	0.0%	0.0%	0.0
020	電力・ガス・熱供給	88.5%	81.3%	−7.2	2.7%	8.5%	5.8
021	水道・廃棄物処理	0.0%	0.0%	0.0	0.0%	20.7%	20.7
022	商業	15.9%	0.9%	−15.0	18.4%	21.5%	3.0
023	金融・保険	0.0%	0.0%	0.0	8.8%	15.9%	7.1
024	不動産	0.0%	0.0%	0.0	15.9%	6.7%	−9.2
025	運輸	31.2%	13.8%	−17.4	39.7%	18.8%	−20.9
026	通信・放送	0.3%	0.9%	0.7	16.5%	41.2%	24.8
027	公務	0.0%	0.0%	0.0	0.0%	0.0%	0.0
028	教育・研究	0.0%	0.0%	0.0	3.2%	10.1%	6.9
029	医療・保健・社会保障・介護	0.1%	0.0%	−0.1	1.6%	0.8%	−0.8
030	その他の公共サービス	0.0%	0.0%	0.0	0.9%	2.0%	1.1
031	対事業所サービス	2.2%	0.0%	−2.2	40.6%	42.9%	2.2
032	対個人サービス	12.7%	14.9%	2.2	16.3%	20.8%	4.5
033	事務用品	0.0%	0.0%	0.0	0.0%	0.0%	0.0
034	分類不明	6.6%	2.3%	−4.4	65.7%	7.7%	−58.0
	合計	48.5%	39.6%	−8.9	43.8%	36.4%	−7.3

資料：図 11-3 に同じ。

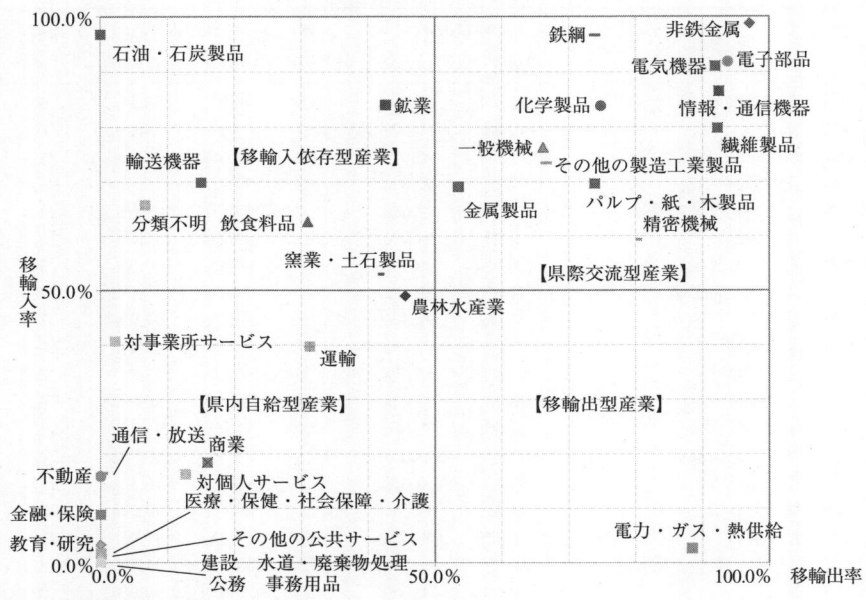

表11-5 県際取引構造の類型（1985年）

	【移輸入依存型産業】		【県際交流型産業】	
移輸入率 100.0%	石油・石炭製品		鉄鋼　　　　　非鉄金属 　　　　　　　　電気機器　電子部品 鉱業　　　　化学製品　　情報・通信機器 輸送機器　　　　　　　一般機械　　　　　　　繊維製品 　　　　　　　　　　　その他の製造工業製品	
50.0%	分類不明　飲食料品 　　　窯業・土石製品		金属製品　パルプ・紙・木製品 　　　　　　　精密機械 　　　　　　農林水産業	
	対事業所サービス 　　　　運輸			
	【県内自給型産業】		【移輸出型産業】	
	通信・放送　商業 不動産 　　　　　対個人サービス 金融・保険　医療・保健・社会保障・介護 教育・研究　その他の公共サービス 0.0%　　　建設　水道・廃棄物処理 　　　　公務　事務用品		電力・ガス・熱供給	
0.0%		50.0%		100.0%　移輸出率

資料：福井県『福井県産業連関表』1985年。

次産業では通信・放送の移輸入率が大きく増加（24.8ポイント）したのに対し，運輸では大きく減少（▲20.9ポイント）した。

(3) 部門別県際取引構造

　各産業部門は県際取引の構造から，「県際交流型産業」，「移輸入依存型産業」，「移輸出型産業」，「県内自給型産業」の4区分に類型化される。

　県際交流型産業とは，移輸出率，移輸入率がともに高く，県外・海外から多くの原材料・サービスを仕入れ，県外・海外へ製品・サービスを多く供給しているような部門である。2005年においては製造業のほとんどがこの類型に含まれ，本県の製造業が県外・海外と強く結びついていることが明確に表れている。1985年と比較するとこの傾向は強まっており，プラザ合意以降，自社の海外展開や取引先のグローバル化等の進展により，県外・海外との取引が非常

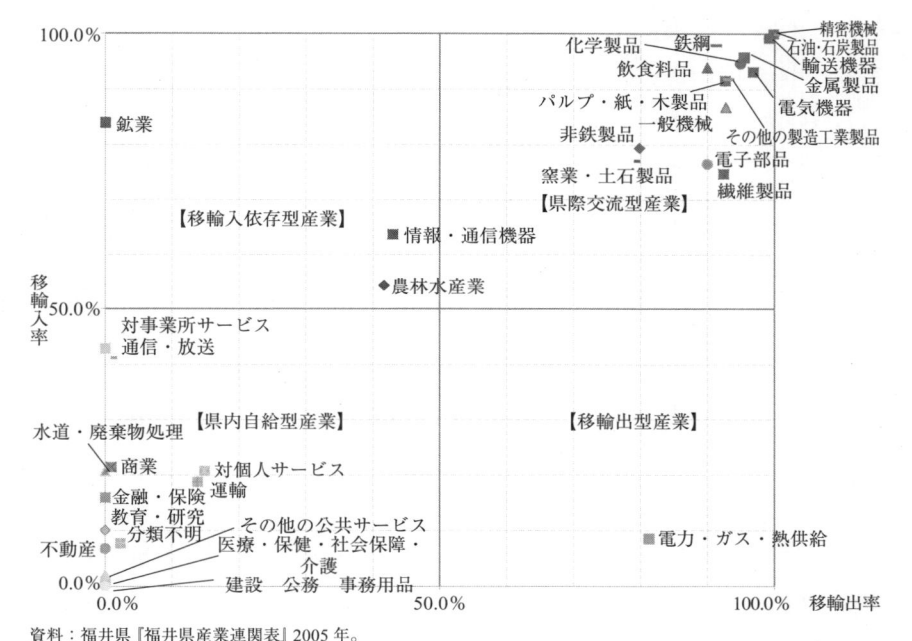

表 11-6 県際取引構造の類型（2005 年）

[散布図：横軸 移輸出率（0.0%～100.0%）、縦軸 移輸入率（0.0%～100.0%）]

左上【移輸入依存型産業】：鉱業
右上【県際交流型産業】：化学製品、鉄鋼、精密機械、石油・石炭製品、輸送機器、金属製品、飲食料品、パルプ・紙・木製品、一般機械、電気機器、非鉄製品、その他の製造工業製品、窯業・土石製品、電子部品、繊維製品、情報・通信機器、農林水産業
左下【県内自給型産業】：対事業所サービス、通信・放送、水道・廃棄物処理、商業、対個人サービス、金融・保険、運輸、教育・研究、その他の公共サービス、不動産、分類不明、医療・保健・社会保障・介護、建設、公務、事務用品
右下【移輸出型産業】：電力・ガス・熱供給

資料：福井県『福井県産業連関表』2005 年。

に高まっていることが分かる。

　移輸入依存型産業とは，移輸入率は高いが移輸出率は低く，県外・海外から多くの原材料・サービスを仕入れ，製品・サービスは県内への供給が多いような部門である。2005 年においてこの類型に明確に分類される部門は鉱業のみである。情報・通信機器，農林水産業は移輸出率，移輸入率ともに中位にあり，県内と県外・海外の取引においてバランスがとれた部門であると言える。

　移輸出型産業とは，移輸入率は低いが移輸出率は高く，多くの原材料・サービスは県内で調達し，製品・サービスは県外・海外への供給が多いような部門である。2005 年においては電力・ガス・熱供給がこの類型に分類され，本県が原子力産業の集中立地により，近畿地方のエネルギー供給基地となっている現状を示している。

県内自給型産業とは，移輸出率，移輸入率がともに低く，多くの原材料・サービスを県内で調達し，製品・サービスは県内への供給が多いような部門である。2005年においては第三次産業のほとんどがこの類型に含まれているが，これらの産業はもともと自給型の特性を有しており，全般的には本県の第三次産業がとりわけ自給型であるとは言えない。

以下，福井県の主力産業について，詳細に分析を行う。

繊維製品は，先に見たように1985年から2005年にかけて県内生産額，県内需要ともに大きく減じているものの，移輸出率および移輸入率は一定のレベルであまり変化が生じていない。県際取引の構造に大きな変容が見られない理由としては，1985年において原糸メーカーを中心とするグローバル化が既に一定程度進展しており，その後の生産額の減少過程においても，県内・県外・海外における基本的な取引構造の枠組みには，影響が相対的に小さかったと推測されることがあげられる。

精密機械(眼鏡工業)は，1985年においては少なくない県内取引が存在していたものの，2005年には移輸出率，移輸入率ともにほぼ100％と大きく変貌した。これはまさに，県内の有力メーカーが海外生産に大きくシフトし，輸出代替効果，逆輸入効果が進行するなど，本県製造業の中でも，グローバル化の影響を最も強く受けた業種であることを，明確に示した結果であると思われる。

化学製品は，1985年から2005年にかけて移輸出率，移輸入率ともに高まっている。本県の化学工業は二次加工メーカーが主体であり，県内メーカーの海外展開等により県外・海外との取引が徐々に拡大しているものと思われる。

非鉄金属は，他の製造業とは様相が異なり，1985年には移輸出率，移輸入率ともにほぼ100％であったものが，2005年にはともに80％程度にまで低下している。当該部門は大手企業の存在が大きいが，この企業の取引形態が何らかの要因により県内取引が一部で拡大しているものと思われる。

第三次産業は全般にあまり大きな変化が見られないものの，商業において移輸入率に大きな変化はないが移輸出率が1985年の15.9％から2005年の0.9％と激減しているのが特筆される。1985年当時は一定程度存在した卸売機能が，

その後のまさに取引構造の変容等により大きく減少したことを表しているものと思われる。

これまで見てきたように，福井県の製造業のほとんどが県際交流型産業化を強めており，主力産業は東アジアを中心とするグローバルな分業体制に，能動的あるいは受動的にしっかりと組み込まれている。この潮流の強まりが避けがたいこともまた明白である。地域経済の持続的発展に向けては，この大きな流れを見誤ることなく先んじて捉えるとともに，適応し生き残るための術を見出すことが喫緊の課題である。そこで次節では，東アジアにおける分業構造の潮流と，それに対応した共生策の方向性を概観する。

第4節　地域として求められる「技術革新の風土」

(1) 東アジアにおける分業構造の変容

東アジアにおける近年の分業体制をみると，現在，以下の変化が進行している事実を確認する必要がある。その一つは，近年の東アジアにおいては，産業集積と呼ばれる経済活動の地理的集中立地により効率性向上を目指す動き＝アグロメレーション（agglomeration）化[3]に対し，一つの産業が分散立地するフラグメンテーション化の動きが進んでいることである。木村福成によれば[4]，フラグメンテーション化とは，もともと1か所で行われていた生産活動を複数の生産ブロックに分解し，それぞれの活動に適した立地条件のところに分散立地させることをいう。半導体関係を中心とする電子機械産業が典型例であり，近年では自動車産業においてもその動きが見られるようになった。工程ごとの技術特性を考えて，重要部分を日本に残し，他の工程を東アジア諸国に立地させれば，全体の生産コスト削減が可能となる。この場合，日本の地域内にある産

---

3) 詳しくは，木村福成『国際貿易理論の新たな潮流と東アジア』開発金融研究所報，2003年，参照。
4) 同上書。

業を例に考えると，その産業を将来的に維持・発展させるために，どの部分の工程を地域に残すかが重要となるが，それには多様性が期待でき将来性ある生産分野が適当であり，さらに付け加えるとすれば高付加価値を生む生産分野を残すべきということになろう。

そして二つ目に，東アジア諸国の経済発展によって，リバース・イノベーションという概念が定着しつつあることも確認しなければならない。この言葉の意味は，これまでのような先進国の新興国への進出によって，知識・イノベーションが，先進国から新興国へ一方的に流出していた時代から，新興国の成長が進むにつれ，その流れが双方向で起きている現象を指している。つまり，日本の製造業では，元来，試験・研究開発部門や生産ノウハウの構築など知的生産力を伴う領域は国内に残し，量産分野のみを海外にシフトするやり方が取られていた。しかし，近年では研究開発から量産化までの一連の流れを新興国にて賄おうとする動きが出始めている。こうした動きは，グローバル市場での最適生産を促し，海外市場での販売力を付けるという意味では効果的な動きととらえることができる。しかし，こうした動きが可能となったのも，東アジア諸国の技術力，付加価値創造力が相対的に高まっているためである。将来的には，新興国から先進国へ新たな技術やノウハウが逆流入し，先進国の市場や生産体制そのものを変える可能性も内在している。つまり，日本の企業では，今後，リバース・イノベーションの進展により，製造業は無論のこと建設業や，卸・小売業，サービス業など内需型企業においても，これまで以上に海外企業の影響を受けることが予想される。

(2) グローバル化時代における地域と企業の共生のために

以上，東アジアにおける分業構造の変容について述べたが，こうした状況は，言うまでもなくグローバル化の進展から生み出されたものであり，その中で，地域及び地域企業はいったいどのような共生策を講じればよいのか。ここでは，その方向性について若干のコメントを付け加えたい。

ところで，Florida[1995]の学習地域論によれば，「学習地域とは，シリコ

ンバレーにみられるような，イノベーションと集団的学習が行われる空間である」とし，グローバルで知識集約的な資本主義の時代において，知識の創造と学習の拠点としての地域が重要であることを述べている[5]。つまり，Floridaの説から言えることは，グローバル化が進展する中で，地域に求められるものは，地域自らが「技術革新の風土」[6]を備えた地域へと変身することであり，さらに言えば，グローバル化の中で地域企業を育てるインキュベート（孵卵機）機能を保有すること，地域全体がインキュベーションシステムとして機能することで，グローバル化する企業の成長を補い，一定レベルまで育った企業が地域から飛び立った後は，また新たな企業を招き育成する。この企業育成システムを地域が備えることこそ，グローバル時代における地域発展の重要な要素であると考える。

おわりに

本章では，県内産業界で県内自給型及び県際交流型といった取引構造の二極化が進んでいる事実を，産業連関分析により検証した。これは，言うまでもなくグローバル化進展の影響と考えられる。その中で，最も懸念されることは，取引構造の二極化が，域内企業全体での取引縮小をもたらすことであり，その打開策をFloridaの学習地域論に求めたが，地域と企業の共生策としては概念的なものにとどまっており，各業種における実態を踏まえた具体策を導くことが必要である。今後は，域内企業の取引構造につき実証面でのさらなる研究を進め，地域経済発展のシナリオを解き明かしていきたい。

---

5) 詳しくは，松原宏『立地・地域・都市の理論』東京大学出版会，2006年，参照。
6) 「技術革新の風土」とは，企業，インフラ，知識，ノウハウ，法的制度など様々な経済的・社会的制度の整った空間を指す。

第12章
北陸地域・企業の海外展開の現状と展望
── リーマン・ショックによる北東アジア地域との
経済交流の変化 ──

野村　允

はじめに

　世界経済は，2009年半ばには危機的な状態を脱し，成長軌道に復帰する気配を見せた。経済の回復を牽引した主要新興国の中でも，中国がV字型回復を示したのに対して，ロシア経済に回復の遅れが見られるなど，経済情勢はマダラ模様を呈した。
　2010年に入り，中国を中心とした主要新興国の順調な歩みが鮮明となり，反面，先進国の経済に依然遅れが目立つなど，リーマン・ショック2年目を迎えて世界経済の二極化が一層浮き彫りにされたようである。最近，好調な足どりを持続してきた中国，韓国の経済にやや陰りがみえ始めたが，2010年10月に発表されたIMFの世界経済見通しによると，2011年の世界経済は先進国の減速が鮮明となり，ロシア経済もプラス成長へ転じるなど主要新興国との勢いの差がさらに拡大するものと予測している。
　他方，日本経済は，海外需要の縮減と円高が進む中で，景気の長期停滞への不安感が各地で広がっている。2010年10月，日銀が発表した「地域経済報告」によると，2009年末には地方経済にも回復に向けた動きが見え始めたものの，

2010年に入ってからは、「景気の持ち直しのペースが鈍化している」との悲観的な回答を寄せている地域が散見される。項目別では、生産を下方修正する地域が相次ぎ、さらに円高への懸念を深めている地域が大半を占めた。

北陸企業の動向についても、いくつかの変化が見られる。2010年10月、日本経済新聞社が実施した「地域経済500調査」によると、北陸企業の景況感は半年前の調査に比べて悪化しており、先行きについても「やや悪化する」と回答した企業が5割に達している。こうした景況感の悪化が窺われる中で、北陸企業は中国を中心としたアジアへの投資を拡大しており、新興国の成長を取り込むことへの期待感を抱いているようである。なかでも、北陸企業の海外展開への姿勢として、これまでのような一つの国に絞り込むのではなく、「点から面」（たとえばChina＋1など）への展開が目立つようになった。

本章では、リーマン・ショック後の北陸地域と北東アジア地域との経済交流の動向について、ロシア、中国、韓国との関係を中心に考察する。

第1節　北陸地域の北東アジア貿易取引の現状

(1) 貿易取引の概要
① 2009年の対岸貿易

2009年の北陸地域の貿易総額は、4,808億円（前年比54.3％減）で、このうち対岸貿易額は2,281億円（同56.2％減）となり、2008年秋に発生したリーマン・ショックによって激減した。貿易総額に占める対岸貿易額の構成比は47.4％（2008年は44.5％）で、40％台を保持している（表12-1，表12-2）。

国別では、ロシアが前年比4分の1に激減し、中国が33.1％減、韓国が23.8％減となった。とくに、対ロ貿易の落ち込みが大きく、長年保持してきたトップの座を中国に譲り、最下位となった。

県別、輸出入品目別では、富山県の対ロシア中古車輸出がほぼ壊滅状態となったのに対して、福井県の対韓国ガラス製品の輸出が大きく伸びた。

表 12-1 北陸地域の対岸諸国貿易 (2009 年)

(単位:億円)

県別	貿易総額	対岸貿易合計	ロシア	中国	韓国	北朝鮮
富山	2,386	1,334	351	538	445	—
	(1,276)	(870)	(167)	(327)	(376)	(—)
	(1,110)	(464)	(184)	(211)	(69)	(—)
石川	1,359	424	45	253	126	—
	(575)	(217)	(35)	(132)	(50)	(—)
	(784)	(207)	(10)	(121)	(76)	(—)
福井	1,063	523	86	235	202	—
	(514)	(305)	(21)	(112)	(172)	(—)
	(549)	(218)	(65)	(123)	(30)	(—)
合計	4,808	2,281	482	1,026	773	—
	(2,365)	(1,392)	(223)	(571)	(598)	(—)
	(2,443)	(889)	(259)	(455)	(175)	(—)

注:(上段)輸出,(下段)輸入
資料:各県税関支署統計より作成。

表 12-2 北陸地域の対岸諸国向け主要輸出入品 (2009 年)

県別	国区分	ロシア	中国	韓国	北朝鮮
富山	輸出品	中古車・同部品,一般機械,人造黒鉛電極	一般機械,非鉄金属,電気機器,ファスナー	プラスチック,電気機器,非鉄金属,一般機械	—
	輸入品	アルミインゴット,木材,製材品,石炭	金属製品,化学品,雑製品,一般機械	一般機械,電気機器,非鉄金属	—
石川	輸出品	金属加工機	一般機械,電気機器,繊維関連品	医薬品,荷役機械,金属加工機	—
	輸入品	水産品,製材品	建機,原ж,雑製品	原糸,一般機械,科学光学機器	—
福井	輸出品	中古車,一般機械	電気機器,織物,金属加工機	プラスチック,ガラス,科学光学機器	—
	輸入品	非鉄金属,木材,石炭	石炭,科学光学機器,電気機器	化学品,原糸,一般機械	—

資料:表 12-1 に同じ。

② 2010 年上半期の対岸貿易

2009 年下半期から，中国，韓国の経済は，その歩調にばらつきが見られたものの，回復傾向が強まり，北陸地域との貿易も回復傾向を見せ始めた。

貿易総額では，前年同期比で 33.8％増となり，対岸貿易額も同 35.7％増で（輸出 41.2％増，輸入 27.6％増），特に輸出の増加が目立った（表 12-3）。

相手国別では，対ロシア貿易が前年同期比 42.8％増（内輸出，67.6％増），対中国が同 33.9％増（内輸出，46.8％増），対韓国が同 33.4％増（内輸出，26.8％増）となり，対ロ，対中への輸出増が際立った。

県別では，富山県が前年同期比 34.9％増（内輸出，37.2％増），石川県が同 45.5％増（内輸出，41.6％増），福井県が同 29.2％増（内輸出，53.0％増）となった。

北陸地域の対岸貿易の特徴として，富山県の対ロ輸出，石川県の対中輸出，福井県の対韓輸出がそれぞれ際立った増加を示したことがあげられる。

表 12-3　2010 年上期・北陸地域の対岸諸国貿易（前年同期比）

(％)

県別	貿易総額	対岸貿易合計	ロシア	中国	韓国	北朝鮮
富山	28.6	34.9	73.1	31.9	12.4	—
	(35.9)	(37.2)	(156.2)	(28.1)	(5.1)	(—)
	(21.0)	(31.8)	(15.2)	(37.5)	(58.1)	(—)
石川	57.9	45.5	▲73.7	74.3	71.7	—
	(106.5)	(41.6)	(▲97.0)	(109.6)	(85.2)	(—)
	(24.4)	(50.6)	(126.6)	(42.1)	(57.7)	(—)
福井	17.5	29.2	35.7	0.8	63.3	—
	(44.7)	(53.0)	(60.0)	(37.8)	(61.0)	(—)
	(▲4.2)	(2.5)	(28.1)	(▲22.0)	(76.9)	(—)
合計	33.8	35.7	42.8	33.9	33.4	—
	(53.8)	(41.2)	(67.6)	(46.8)	(26.8)	(—)
	(16.1)	(27.6)	(21.9)	(20.1)	(61.4)	(—)

注：（上段）輸出，（下段）輸入
資料：表 12-1 に同じ。

(2) 相手国別の貿易動向と展望

①対ロシア貿易の現状と展望

2009年の北陸3県の対ロシア貿易額は,482億円(前年比72.4%減)で,輸出が85.3%減,輸入が57.2%減となった。輸出が激減した主要な要因としては,対口貿易の7割を占める富山県の中古車輸出が,中古車への輸入関税の引き上げ表明によって大きく落ち込んだことが上げられる(表12-4)。一方,輸入減は,日本の景気低迷による需要減,国際相場の下落による金額ベースでの非鉄金属の落ち込み,およびロシア側の原木輸出関税の大幅引き上げに伴う木材輸入の減少などによるところが大きかった(図12-1)。

しかし,2009年後半からのロシア経済の回復に伴い,2010年に入り,貿易は増加に転じ,2010年上半期の貿易額は前年同期比42.8%増となった。県別では,富山県が同73.1%増(輸出は2.5倍増)と著しく増加したのに対して,石川県は同73.7%減(輸出は97.0%減)となった。

輸出の主要増加品目では,富山県に特化している中古車が急増し(台数で前年同期比2.6倍),そのほか人造黒鉛電極(富山県),建材(福井県)が目立った。減少主要品目は,金属加工機(石川県)があげられる。

他方,輸入の主要増加品目は,アルミインゴット(富山,福井県),石炭(富山,石川,福井県),水産品(福井県)などであり,主要減少品目は,木材(富山県)が目立った。

中古車の輸出急増の要因としては,ロシア経済の回復に伴う市民所得の向上,

表12-4 対口向け伏木富山港からの中古乗用車輸出状況

(単位:台,億円,%)

年	伏木富山港(A)		全国(B)		構成比(B/A)	
	台数	金額	台数	金額	台数	金額
平成17年	78,110	422	242,144	1,076	32.2	39.2
平成18年	94,714	541	333,016	1,649	28.4	32.8
平成19年	149,909	955	441,539	2,612	33.9	36.6
平成20年	167,299	1,069	517,456	3,167	32.3	33.8
平成21年	18,742	98	44,657	233	42.0	42.1

資料:伏木税関支署発表より作成。

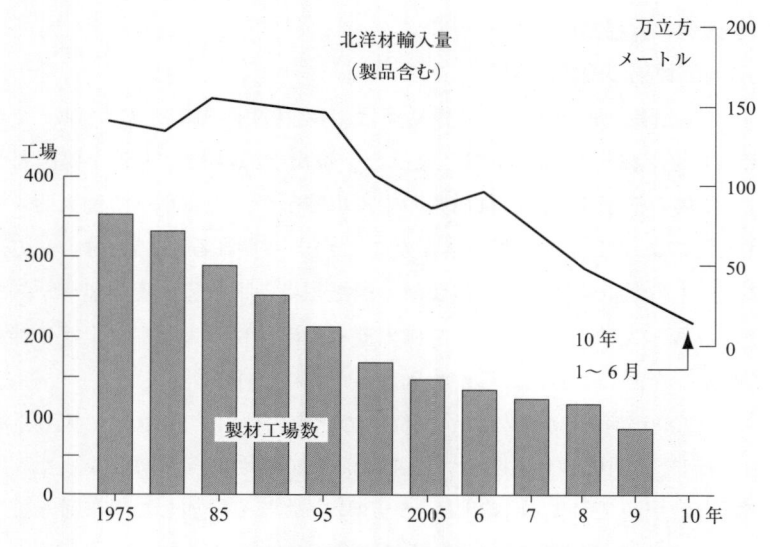

図 12-1 富山県内の製材工場数と北洋材輸入量
資料：『日本経済新聞』2010 年 10 月 29 日．

　日本車に対する根強いニーズ（高い信頼性）などを背景に，輸入関税引き上げ実施の先送り，中古車の新基準導入の撤回などが影響したものといわれている。しかし，今後とも，ロシア政府の国産車（外国企業による現地生産を含む）優先の姿勢は変わらないものと見られており，これまでのような中古車輸出の高い伸びは望めないという見方が強い。

　木材輸入減の背景としては，ロシア政府による自国の製材業育成（国内での製材加工の促進）を目的にした原木の輸出関税の引き上げ，および日本の住宅市場の低迷による需要減が指摘できる。今日，北洋材業界では，従来の原木輸入→自社での製材・加工→販売といった事業形態が大きく崩れようとしている。今後，地元の北洋材業界では，現在稼働中の合弁事業の継続（後述），他樹種への転換（国産材など），ロシアからの原板，完成品の直接輸入，業容転換・廃業などの方向への収斂が進むことは避けられず，「北洋材のメッカ」として永年守り続けてきた北洋材ビジネスは大きな転換期に直面している。

では，対ロシア貿易は今後どのように展望されるのであろうか。2010年に入って，ロシア経済は鉱工業生産の回復，個人消費の伸びを背景に，順調な推移を示している。2010年上期のGDP成長率は4.2％であり，日ロ貿易は前年同期比を大きく上回った。今後，ロシア経済は，「2020年までのロシアの長期社会経済発展コンセプト」(2008年11月承認) に沿って，産業の多角化，生活の改善が進められ，安定した推移をたどるものと予想される。したがって，日ロ貿易は，その発展プロセスで，新たな輸出入分野の開拓が進むものと期待される。

　北陸地域は，中古車輸出の回復傾向が見え始めたとはいえ，先行き不透明な見通しの中で，これまで指摘されてきた輸出入品の開拓に更なる努力が求められる。今後，開拓可能な分野として，輸出品では，医療関連 (医療器具，医薬品，介護用品など)，日常生活用品 (化粧品，洗剤，紙おむつなど)，食品 (果実など)，建材 (小型住宅用) など，輸入品では，穀物，水産品などが挙げられる。また，現在進捗中の極東開発プロジェクト関連の機械設備・部材 (中古建機，ワイヤーなど) が期待されている。

②対中国貿易の現状と展望

　2009年の北陸3県の対中貿易は，1,026億円で (前年比34.0％減)，輸出は21.4％減，輸入は43.5％減となった。県別では，富山県が同35.7％減，石川県が33.1％減，福井県が41.2％減であった。なお，対岸貿易額に占める対中貿易額の構成比は，富山県が52.4％でトップとなっている。輸出入品の特徴は，2009年上期の中国経済の落ち込みを反映して，一般機械の輸出減が目立ったが，反面，これまで北陸企業が内製化してきた機械部品などの輸入増加が目立った。

　2010年に入り，中国政府の内需拡大策の浸透に伴い，機械工業を中心に，地場産業の回復が一段と高まり，自動車関連部材を主体に輸出増が顕著となった。2010年上期の対中貿易は，前年同期比33.9％増 (輸出は46.8％増) となり，県別では，石川県の同74.3％増 (輸出は109.6％増) に対して，福井県が0.8％増 (輸入が22.0％減) にとどまった。

輸出の主要増加品目は，富山県の非鉄金属，スクラップ，スライドファスナー，石川県の繊維機械，荷役機械，電気機器，福井県の音響映像機器などであった。輸出の主要減少品目は，プラスチック（富山県），金属加工機（石川県）などがあげられる。

　輸入の主要増加品目は，富山県の非鉄金属，化学品，石川県の原糸・繊維製品，建材，石炭，福井県の化学品，金属製品などであった。輸入の主要減少品目は，福井県の眼鏡枠，石炭などが目立った。

　対中貿易の今後の展望については，以下の点が指摘できる。中国経済の2010年上期のGDP成長率は11.4％であったが，鉱工業生産分野に鈍化が見られるなど，経済の減速傾向が窺われる。今後，中国経済が抱えている「進退両難」のジレンマの中で，政府はバランスのとれた安定成長政策を進めていくものと予想される。2011年からスタートする「第12次5カ年計画」(2011～2015年)でも，内需主導を強く打ち出すものとみられている。

　したがって，当面先進国経済の回復が遅れることになれば，日中貿易は中国の内需主導型成長の動向に影響されることになろう。中国の輸出向け生産が影響を受けることになれば，中国の輸出産業への日本の部材輸出は影響を受けることになるが，反面，中国の内需拡大が対中輸出を牽引し，日本経済の景気回復を後押しする局面も予想される。

　北陸地域は，中国の内需拡大によって，繊維機械，建機・同部品のほか，中国市場のニーズに合った新分野（コスト，品質面を考慮した機械・部材など）の開拓を進めれば，新しい輸出品を生み出す可能性も出てこよう。輸入面でも，中国企業の技術向上によって，これまで北陸企業が内製化していた部材（金型など）の輸入が増えてくることも予想される。

③対韓国貿易の現状と展望

　2009年の北陸3県の対韓貿易額は，773億円（前年比23.8％減）で，輸出は20.2％減，輸入は34.0％減であった。対韓貿易は，全国とほぼ同じ歩調を辿り，輸出超過型（輸出入比は74：26）である。対岸貿易額に占める対韓貿易の構成比は，県別では，富山県が58％，福井県が26％，石川県が16％であっ

た。

　2010年に入り，韓国経済の回復が軌道に乗り始め，2010年上期の対韓貿易額は前年同期比33.4％増となった。特に，輸入が同61.4％増を示した。県別では，石川・福井両県が顕著に増加したのに対して，富山県は微増にとどまった。

　輸出品の主要増加品目は，富山県のプラスチック，石川県の金属加工機，荷役機械，繊維機械，鉄鋼，福井県のガラス製品（液晶ガラス基板），プラスチックなどであった。主要減少品目は，電気用炭素・黒鉛製品（富山県）がとくに目立った。

　輸入の主要増加品目は，原糸・繊維製品（石川・福井県），雑貨・化粧品（福井県）などがあげられる。

　では，対韓貿易は今後どのように展望されるのであろうか。韓国経済は，リーマン・ショック時に厳しい状態に陥るものと予想されていたが，内外需とも比較的順調な回復を示した。しかし，2010年下期に入り，欧米の消費停滞，半導体などの市況下落の影響から，輸出の伸び悩み傾向が見え始めた。2011年の韓国政府の経済予測は，2010年よりやや減速するものの，ほぼ安定した動きを見せると報じている。

　今後，韓国経済の減速は，部材，製造装置などを提供する日本企業に一抹の不安感を与えることになろう。しかし，北陸地域の対韓貿易は，先行きに若干の不安はあるものの，今後企業独自の技術を基盤にした高付加価値の部材，新しいニッチ分野（環境関連など）での輸出の可能性があり，輸入面でも，従来内製化していた機具・部材などが期待されよう。また，新潟県の事例のように，日本にはない斬新なデザイン，安い価格の韓国製品を発掘し，北陸地域内での差別化製品の拡販を狙うのも有効な輸入活用手段となろう。

第2節　北陸地域の海上輸送ルートの動向

(1) 海上輸送ルートの現状

2010年9月末現在の北陸地域港湾における国際コンテナ海上定期航路は，表12-5の通りである。2009年末と比較すると，以下のような変化が見られる。

①ロシアルートでは，伏木富山港のラストポート化が実現し，また，2009年末から休航していた貨客フェリーが復活した。

②中国ルートでは，金沢港の既存ルートの中で荷動きが活発化してきた上海ルートのダブル寄港化が実現した。

③韓国ルートでは，2010年に入り，敦賀港が週2便増便（Ro-Ro船）となったが，11月にはコンテナルートが週1便減便となり，金沢港が週1便増便となった。

④これまで北陸地域以外の港湾を利用していた輸入貨物が，東海北陸自動車道の開通によって北陸地域の港湾利用へとシフトしたケースや，環境意識の高まりを背景とした環境にやさしい輸送への切り替え（モーダルシフト）への取り

表12-5　北陸・国際定期航路（2010年9月末現在）

航路 港	韓国	中国	韓国・中国	TSCS	北米
伏木富山	興和海運・週/2便 陽海海運・週/1便 東京船舶・週/1便	神原汽船・週/2便	STXパンオーシャン/ 天敬海運・週/2便 南星海運・週/1便	トランス・ FESCO月/2便	
金沢	興和海運・週/1便 高麗海運・週/2便	神原汽船・週/3便	高麗海運・週/1便		イースタンカー ライナー月/1便
敦賀	長錦商船・週/1便 興和海運・週/2便 サンスタードリーム （Ro-Ro）・週/2便				

注：2010/2　伏木富山～香港～台湾～タイ航路開設（週/1便）
　　2010/11　金沢～釜山（興和海運・週/1便増便）
　　2010/11　敦賀～釜山（興和海運・週/1便減便）
資料：北陸AJEC『Warm Topics』2010年1月号より作成。

組み（域内の港湾利用への変更）などが散見される。

　このような変化に加えて，近年海上輸送をめぐる新しい動きが見られる。日本海沿岸諸県では，グローバル化の流れが加速する中で，港湾の競争力向上を目指して，北東アジア地域との物流網の構築，拠点化を狙う動きが活発化している。こうした情勢の中で，ロシア側でも，シベリア鉄道の貨物輸送の高速化，安全化を促進するための整備が行われており，日本海沿岸諸県でのTSR（シベリア鉄道輸送）利用に対する関心が一段と高まってきている。

　2009年，富山県は，伏木富山港を核に，隣接の経済圏を巻き込んだトライアル複合輸送を試行した。2010年には，伏木富山港の既存ルート（TSR）の効率化―対ロ輸出貨物に要する輸送日数の短縮化を図るため同港を最終寄港地（ラストポート）にする―を実現させた。

　敦賀港は，2010年9月，釜山港のトランジット機能の活用をより促進するため，週2便の増便（Ro-Ro船）が実現した。しかし，2010年11月には，コンテナルートが週1便減便となり，代わって金沢港が週1便増便となった。このように，韓国ルートは，荷動きに敏感に反応し，めまぐるしく変化している。このことは，貨物量次第では増便が比較的容易に可能であることを示している。

　また，日本海横断フェリー航路の動きも注目される。2009年6月にスタートした新潟港を核としたV字型航路（韓国・束草～新潟～ロシア・トロイツア）は，目下休航状態にある。しかし，2010年10月，中国・ハルピン～長春～琿春間の高速道路が開通したのを機に，ハルピン―（トラック輸送）―琿春（通関）―（トラック輸送）―トロイツアー―（海上輸送）―新潟―（JR）―岩手・岐阜という複合輸送ルートが実現した。初回は，試験的に，ハルピンから長靴（新潟県企業が中国企業に生産委託）および琿春から婦人服（琿春の日系アパレルメーカーが生産）を新潟港へ輸送し，同港からJRでそれぞれ花巻，岐阜のJRターミナルに運び込まれた。今後，新潟県では，「シーアンドレール（Sea & Rail）」方式の輸送実現を目指し，数回試験輸送を実施するものと予想される。

　さらに，2010年8月には，2009年末から休航していた伏木富山～ウラジオストク間貨客フェリーが復活した。これは，現在，束草～トロイツア～ウラジ

オストク間を運行している貨客フェリー（韓国・東春航運株式会社）が，隔週1回伏木富山港へ寄港することになったものである。その背景には，2010年に入ってからの対ロ中古車輸出の増加傾向への対応という要因がある。

(2) 物流ルートの展望

今後の展望としては，輸送面では，日本海沿岸諸県における「シーアンドレール（Sea & Rail）」方式の複合輸送の本格化が注目されている。2011年中には，秋田県が2008年以来2度目となる実験輸送を行う予定であり，福井県も「南福井JR貨車基地〜敦賀港〜ウラジオストク」の複合輸送を検討している。

航路では，トロイツア港（旧ザルビノ港）の去就がふたたび注目されている。中国政府は，「東北振興計画」の具体化の一環として，2009年8月，「図們江地域協力開発企画要綱」の実施を正式に認可した。これは，図們江地域開発計画が今後中国政府によって正式な国家計画として取り組まれることを意味している。同計画の重点目標は，吉林省の長春・吉林・図們を結ぶ東西ルートを「開発・開放の先導区」として位置づけ，周辺のインフラ整備と物流ルートの拡大を目指すものである。

この国家計画を受けて，琿春市では，トロイツア港を北東アジア地域への窓口として，北朝鮮の羅津港とともに重要視している。現在，トロイツア港では，中国資本によって，コンテナヤードの拡張・コンクリート舗装が進められており，ガントリー・クレーンの設置も検討されている。今後，トロイツア港は，日本からのマツダの完成車のモスクワへの輸出基地およびロシアからの穀物，製材品などの輸入基地として，その活用が注目されている。

さらに，中国吉林省・図們市も，北朝鮮と繋がる鉄道を利用して，北朝鮮の清津港を利用した「シーアンドレール（Sea & Rail）」方式の複合輸送の開拓に意欲をみせている。北朝鮮の核開発問題をめぐる日本と韓国の経済制裁措置がとられている現状では，北朝鮮の港を利用した物流ルートの開拓は実現性が乏しいが，北東アジアの情勢次第では，その可能性も皆無ではない。

第3節　北陸企業の対岸事業展開の現状と課題

　リーマン・ショックは，機械工業など輸出関連企業が多く集積している北陸地域の産業界・企業に対して，急激な受注減や生産・雇用調整など大きな衝撃を与えたが，2009年半ば頃から中国への輸出を中心に景気回復の兆しが見られ，自動車，電子部品などの関連企業に安堵感を与えた。中でも，中国に多くの企業を送り込んでいる北陸地域の産業界は，中国のＶ字型回復に伴い，生気を取り戻しつつあるといえよう。しかし，2010年下期からの急激な円高の強まりや，遅々として進まない主要先進国経済の回復振りなど，企業環境は次第に厳しさを増してきているのも事実である（表12-6）。

　このような深刻かつ複雑な様相を呈している世界経済情勢の下，北陸企業は，自社のコスト削減や海外比率を高めるなど，企業の生き残りをかけて社内体制の再編を進めている。例えば，海外戦略として，海外進出を粛々と実施している親企業の動きに追随して海外展開を試みようとしている下請け企業，この「危機をチャンス」ととらえ，自社独自の技術を活用して新たな海外市場開

表12-6　北陸企業の対岸諸国への進出状況

（単位：件）

国名	県名				主な進出企業		
	富山	石川	福井	北陸計	富山県	石川県	福井県
ロシア	5	2	1	8	伏木海陸運送 田島木材 YKK	奥野自動車商会	サンワ・アロー ズ（竹田材木店）
中国	159	102	103	364	タカギセイコー スギノマシン YKK	ヤギコーポレーション、コマニー、小松電業所、アイ・オー・データ機器	井上プリーツ 日華化学 新道繊維 セーレン
韓国	6	11	6	23	不二越 北陸電気工業 YKK	アサヒ装設 高山リード エフ・イーシー	日華化学 セーレン タケダレース
計	170	115	110	395			

資料：ジェトロ富山（2010年5月），ジェトロ金沢（2010年3月），福井商工会議所（2009年3月）。

拓へ挑戦しようとする中堅・中小企業の動きなどが胎動している。

　また，既進出企業でも，現地での生産・販売機能の強化，分散化，サービス機能の付加，外資企業とのビジネス・アライアンスの推進など，多様な事業展開を試みている。こうした動きの中で，現地企業の共通行動として，現地調達の促進，人材の現地化の徹底に傾注している姿が目にとまる。

　以下では，北陸企業の対岸地域への事業展開の現状と今後の展望について概観してみたい。

(1) 対ロシア事業展開の現状と課題

　対ロ進出には逡巡を見せていた北陸企業の中で，近年，ロシア市場の成長性に期待し，建機の現地工場の稼動，複合工作機械の販売店の設置，家具のショールームの開設などの動きを見せる企業が現れ始めた。また，現地での県事務所やサービスセンターの設置，展示・商談会の開催など，北陸地域としても，ロシア市場への関心が次第に高まりつつあるように思われる。

　すでに進出している企業の間でも，新しい事業展開が見られるようになった。以下において，三つの事例を紹介しておこう。

　永年，東シベリア地域で原木輸出，製材加工の合弁事業を行ってきたA社は，ロシア政府の先般の原木輸出関税の大幅引き上げや日本の住宅市場の低迷によって，本社の製材部門を廃止したのを機に，現地合弁工場での乾燥機の増設に踏み切った。今後，現地合弁工場が，日本市場で受け入れられる高品質な半製品加工を続けるために，設備増強に踏み切ったものである。A社の現地における存在は，単なる地域の外資系製材業にとどまることなく，幅広い製材関連分野（荷役，自動車修理，レストラン，保安警備など）の充実をはかりながら，地域に貢献している（2010年に，イルクーツク州の優良企業として地方政府により表彰されたと伝えられた）。

　また，家具などの販売を手がけるB社は，2007年，合弁形式でハバロフスク市郊外ホームセンターの一角に，キッチンセットなどを展示・即売する「ショールーム」を開設した。ショールームは，2010年に入って進行した円高

の影響によって人員削減を含む規模の縮小を余儀なくされたが，コストと地域住民のニーズの両面を勘案して，商品を家具類に絞って営業を継続している。家具類は，すでに欧州製，中国・韓国製が出回っているため，B社は欧州製と中国・韓国製の中間製品（価格，品質）を狙う販売戦略を取った。最近，地域住民の消費活動が活発化し，売り上げは順調に伸び始めた。B社は，キッチンセットのような高価格製品にこだわることなく，現地におけるビジネスの継続性を重視して大胆に販売政策を転換し，成功した事例を提供している。B社は，今後も，現地ニーズに柔軟に対応しながら事業を展開をしていく方針である。

　2009年7月，大手建機メーカーのC社は，モスクワ近郊のヤロスラベリーで，独資で建機生産を開始した。ロシア市場は，鉱山機械，エネルギーパイプライン敷設関連の建機需要が旺盛である。特に，鉱山機械は好調で，2011年生産に向けての商談が進んでいる。他方，現地工場の主力製品である油圧ショベルの生産は，鉱区でのパイプの納入遅れなどの影響によって横ばい状態である。C社は，人材の現地採用をモットーとしており，地元大学へ寄付金を提供して公開講座を開設するなど，C社に入社した社員も含め積極的な人材育成を実施している。人材育成も含めた事業展開という意味では，新しい事象として注目されよう。

　他にも，ロシア市場の将来性を見込んで，近年注目すべきいくつかの事例も見られる。クレーンリース業のD社は，既に中国に拠点を設置しているが，今後，海外市場においてインフラ整備事業が急速に進展する国としてロシア，インドに焦点を当てて，合弁事業の検討を始めている。

　また，繊維製品の染色などを手がける加工業E社は，ロシア市場では今後，スポーツウェア，ユニフォーム分野で，E社の付加価値の高い加工技術が活かされるものと予想している。そのため，モスクワなどで開催される国際見本市，極東地域で開かれる商談会に積極的に参加し，現地事情の把握に努めている。

　北陸以外の日本海沿岸の諸県でも，集荷の促進，現地でのビジネスチャンス

の掘り起こしのため，ウラジオストク市に地方自治体の連絡事務所，サービスセンター，ショールームなどを開設するケースが増えている（富山，新潟，秋田，島根，鳥取など）。島根県では，既存の境港〜ウラジオストク間の定期貨客フェリー航路を活用し，ロシア極東沿海地方の貿易企業が境港支店を開設する計画があり（島根県産の梨の酢ハイ，中古農機具などの対ロ輸出業務を中心とする），注目されている。

対ロシア事業展開の今後の課題についても若干触れておきたい。ロシア経済は，今後，発展のベクトルを資源輸出型からイノベーション型へ転換するという政府方針に沿って進むものとみられ，その過程で新しいビジネスチャンスが生まれてくることは疑いない。しかし，ロシアの場合，政府のコンセプトどおりに事態が進むかどうかは不透明な部分もあり，またロシアにはいまだ旧態然とした社会環境，ビジネス慣習が残存しているだけに，企業単独の直接投資には慎重さが求められる。

とはいえ，北陸地域では，ロシア市場の将来性を有望視する企業が増えてきており，事業展開への関心が高まっている。とくに，近年のロシア政府の極東地域に対する積極的な姿勢や各種開発プロジェクトの進捗状況，2012年ウラジオストクでのAPEC開催に向けたインフラ整備などが身近に見分されるに及んで，ロシア市場への参入を試行しようとする企業も散見される。今後，企業としては，大手商社など専門機関の協力の下，焦ることなく，着実に現実的な展開を進めることが望ましい。

(2) 対中国事業展開の現状と課題

2010年に入り，中国経済は，引き続き内需主導政策の浸透によって着実な成長軌道を示しており，世界の国々の期待が中国市場に寄せられている。2010年1月〜7月までの海外から中国への直接投資は，小売業などのサービス業を中心に，前年同期比20.7%増を示した。

北陸企業の中国展開は，2000年から2004年にかけて製造業を中心にピークを迎え，それ以降足踏み状態が続いている。リーマン・ショック2年目を迎

え，進行する円高の影響に苦渋している北陸企業は，企業の生き残りをかけ，また新たなビジネスチャンスを求めるなど，中国市場において多彩な事業展開を試みている。新規進出のケースとしては，後発医薬品メーカーが，従来からの取引先である中国企業（安徽省）へ出資，将来製造工場を建設する計画であり，医療用液晶モニターメーカーは，現地生産（蘇州市）を目的に子会社を設立するなどがある。また，大連市に北陸の中小企業向け「共同オフィス」（金沢市の医薬品関連企業）が開設，現在各業種の中小企業が15社入居している。この共同オフィス開設を機に，大連市から公共工事の受注が実現している。

既進出企業の動向については，生産設備の増設・増強，販路の拡大，生産委託，技術供与，戦略的ビジネス・アライアンスなどの面で，いくつかの注目すべき点がみられる。

生産設備増設の事例としては，大手建機メーカーC社がある。C社は，華北地区にある自社工場（小型ショベルカーなど）が受注増による生産に追われ，設備増強に踏み切った。また，華東地区にある自社工場（油圧ショベルなど）も手狭となり，新工場の建設を進めている。また，鉱山機械の大口ユーザーへのサービス提供のため，北京市に保守サービスに特化した現地法人を設立する計画である。そのほか，C社の中国市場における生産拡大に伴って，C社の協力企業が数社中国へ進出する予定である。

また，ニットメーカー I 社は，中国の消費者が近年高級品志向を強め，現地メーカーの提供する汎用品と一線を画した高機能素材を求める傾向が強まったことを受けて，消費者のニーズに対応した生地の種類を増やすために，生産設備の増強に踏み切った。

販路拡大に取り組んでいる事例としては，プラスチック製品メーカーJ社がある。J社は，中国でのベビー用品の販売事業を強化するため，広東省東莞市の合弁会社内に駐在員事務所を設置して，中国国内で試作中のベビー用品などの品質を現地で審査する体制を整えた（それまでは日本で実施していた）。

生産委託事業の展開事例としては，液晶パネル検査・製造装置メーカーK社の事例がある。K社は，液晶パネルの製造装置に組み込む位地決め装置を，

煙台市の現地企業に技術指導を行い，生産委託することを決めた。今後は，現地に販売会社を設立して，独占販売を目指す計画である。ちなみに，石川県の企業では，中国企業に委託加工している企業は，金型など30件と報告されている。

　技術供与を中心とした事業展開としては，製鉄・化学プラントの設計施工業のL社の事例がある。L社は，中国最大の製鉄関連エンジニアリング会社（重慶市）と業務提携し，脱硫設備の技術を供与して，中国市場での脱硫設備の普及を図っていく方針である。さらにL社は，大連市に鉄鋼関連の設備設計や機械の輸出入を行う現地法人を設立する計画である。

　戦略的ビジネス・アライアンスを展開しているケースとしては，食品加工調理機械メーカーM社の事例がある。M社は，すでに給食事業向けの日韓合弁会社を設立していたが，その後，この日韓合弁企業は上海市に日韓中三カ国合弁となる工場を設立し，M社独自の日本向け機械を製造していた。しかし，現地コストの上昇などの事情により，中国市場のニーズに合った食品加工機の生産に踏み切った。パートナーの韓国企業は，スピーディーな特性を活かして，電気器具の生産に参加している。

　対中国ビジネス展開の今後の課題についても少し触れておきたい。

　中国経済は，2010年に入って，やや下降傾向にあるとはいえ，これまでの外国投資と輸出に依存した成長から，消費や技術革新なども含めたバランスの取れた内発的発展を目指すことになろう。この成長戦略によって，日本企業は，中国市場における新たな販路開拓，斬新な商品，サービスの提供など，新しいビジネスチャンスを掴むことも可能となろう。反面，中国政府の外資政策の変化（外資企業に対する優遇措置の廃止など）や複雑な国内事情（雇用問題，人件費の上昇，エネルギー問題など）が，外資企業に対して厳しい投資環境をもたらすことも予想される。

　北陸企業は，こうした事情を踏まえて，従来の対中ビジネスに対する認識を転換し，自社独自の経営資源の活用・拡大を図るとともに，中国でのコスト上昇リスクを回避するためにも，中国内陸部や周辺諸国（ベトナム，インドなど）

へのシフトを視野に入れるなど，「点から面」への企業展開を検討する必要があろう。

(3) 対韓国事業展開の現状と課題

　近年，北陸企業の韓国への新規進出のケースは少ないが，生産委託，委託販売店の設置，共同研究・開発，さらに現地法人を通した販売開拓のケースなど，多彩な企業展開が窺われる。

　新規進出の事例としては，工作機械メーカーN社の例が上げられる。N社は，韓国の大手自動車メーカーの要請もあり，韓国商社（N社の販売代理店）の生産工場でN社独自の高圧水噴射洗浄装置を現地生産し，現地の自動車部品メーカーに供給している。主要部品を除き，韓国商社が部品調達から組み立てまでを手掛けており，N社は主要部品と技術を提供しているが，装置の品質を一層高めるために，N社の技術者を韓国へ派遣させることも検討中である。

　販路拡大に取り組んでいる事例としては，スポーツウェア・メーカーのO社のケースがある。O社は，日本国内では「段階着圧機能」のあるアンダーウェアの販売が好調である。O社は，このアンダーウェアのシリーズを，既設の現地法人の関連会社を通じて韓国国内で販売することを決定した（同時にアメリカでも販売予定である）。

　韓国での生産委託の事例としては，鋼材（H形鋼向け）の接合板を加工する機械メーカーD社のケースがある。D社は，独自加工技術を韓国の金属加工会社に供与，委託生産し，日本国内の鋼材加工会社へ販売することを決定した。これまでの自社生産を韓国での委託生産に切り替えることによって，製造原価を2割程度抑えることができると試算されている。目下，日本の鋼材を使用する建築業界は低迷しているが，今後老朽化した機械の買い替え需要が見込めると踏んでいる。ちなみに，石川県企業で，韓国企業に委託加工している企業（部材加工など）は4件あると報告されている。

　韓国での委託販売店の設置を行った事例としては，チェーンメーカーQ社のケースがある。各種のチェーンメーカーであるQ社は，韓国の鉄鋼商社と

販売代理店契約を締結し，現地企業向けに汎用品，業界ごとに仕様を変えた特注品を販売している。

共同研究・開発の事例としては，医薬品分野のベンチャー企業 R 社のケースがある。抗体医薬品分野で事業展開している R 社は，韓国のバイオ医薬大手企業と抗体医薬品の共同開発に関する契約を締結した。R 社の共同研究・共同開発の提案に対して，日本の大手企業が躊躇する中で，この韓国企業が真っ先に名乗りを上げたという。さらに，後発医薬品メーカーの S 社は，韓国のバイオ後発薬メーカーのベンチャー企業へ資本参加し，バイオ医薬品の日本向け後発薬品を共同開発・発売する計画を発表した。

戦略的ビジネス・アライアンスの事例としては，強化プラスチック分野の T 社のケースがある。強化プラスチックの成型技術の海外移転を目的に設立された T 社は，韓国での日韓合弁と中国での日中韓合弁を行うなど，複合材料関連ビジネスを展開している。2009 年に，イギリス高速鉄道車輌の部品を受注したが，2010 年には日本の大手企業から日中韓合弁企業に対して医療器具部材の受注があった。T 社の実績は，日韓合弁時代に育った韓国人技術者の活用によるところが大きいといわれている。

対韓国事業展開の今後の課題について若干触れておきたい。

韓国経済は，2009 年下期からプラス成長に転じ，2010 年に入り韓国政府の迅速な景気刺激策及びウォン安の進行も加わり，成長が一段と加速され，OECD 加盟国の中ではもっとも早い回復を示している。しかし，2010 年後半からは，輸出の伸び悩みが見られ，景気に若干のかげりが出てきたようである。2010 年上期の韓国への海外からの直接投資額は，前年同期比 9.5％減であったが，四半期ごとの投資額は増加している。

今後，韓国経済は，新興国での強さを発揮している韓国企業を背景に，「スピーディーな経営」，「大胆な投資」などをモットーに，力強い足どりで推移していくものと予想される。

日韓は，将来ともに発展を期すためにも，深い信頼に基づいた経済協力関係を構築していくことがますます肝要となろう。具体的には，両国が抱えている

共通課題（イノベーションの強化，コンテンツ産業の発展，医薬介護分野の充実など）を協力し合いながらクリアーすることが焦眉の課題であろう。

　北陸企業は，過去11回開催してきた「北陸韓国経済交流会議」を引き続き継続し，商談会の開催など韓国企業との根強い経済交流を深めていくとともに，韓国企業の得意な分野を取り込み，逆に弱い分野を補完するなど，ビジネス・アライアンスの可能性に目を向けることが肝要となろう。具体的には，医療・製薬分野における共同研究→開発→販売への取り組み，海外市場でのビジネス・アライアンスの促進などがあげられよう。

おわりに

　今後，世界経済は，先進国と主要新興国との勢いの差を際立たせながら，混迷状態を続けるものと予測される。こうした混沌とした世界経済情勢の下，国内市場の需要縮減が一段と進むものと予想され，北陸地域の業界，企業としては，生産・販売体制の再編を進めながら，よりグローバルな視点に立脚した新たな海外戦略を指向することが求められている。

　2010年5月に，内閣府が発表した「海外行動に関するアンケート調査」によると，今後，企業の海外行動として「拡大・強化する」と回答した企業が55.7％を占め，企業の海外展開への意識がきわめて高いことが窺われる。

　また，2010年10月に日本経済新聞社が報告した「社長100人アンケート調査」によると，円高への対応として各社が講じている方策の第1位が，「国内でのコスト削減」(44.1％)であり，第2位が「中国など新興国での現地生産の拡大」(32.2％)で，海外展開への指向が高いことが窺われる。ちなみに，企業ヒアリングでは，海外への生産拠点シフトの意向を示しながらも，自社での高付加価値製品の開発・生産に努力を続けるという企業も散見された。

　北陸地域の今後の対応としては，物流ネットワークの構築や，垣根を越えた産学協同活動の推進などへの取り組みが期待される。物流ネットワークの面で

は，利便性の高い輸送ルートの開設や，集荷活動の広域化のため，各港湾および各種交通手段の連携・協力などへの取り組みが重要となろう。

産学協同の面では，2009年に産地の復権を目指した「北陸3県繊維産業クラスター」が発足した。県境を越えて，海外市場調査，人材育成，研究開発の事業活動を展開し，その具体的な成果が期待されている。また，福井県の事例に見られるように，産学協同で実施された「中国の砂防事業活動」の研究開発・事業化が注目される。

さらに，ビジネスマッチングのためのコーディネート機能の充実も望まれる。既に，富山県など日本海沿岸諸県では，現地事務所，サービスセンターなどのビジネスチャンスをコーディネートする組織が発足している。今後，これら組織の具体的活用とその成果が期待されている。

最後に，今後望まれる北陸企業の戦略について述べておきたい。これまで，北陸企業の多くは，海外市場に対して，高価格でも高品質，多機能な製品提供に固執してきたが，今後は，コスト意識を高め，現地の多様なニーズに合った製品づくり，販売体制を目指すという意識に転換することが求められている。

同時に，現地ニーズ，ビジネスチャンスを的確に，スピーディーに把握するため，台湾企業などの華僑パワー，および展示・商談会の活用を促進する必要がある。また，現地事情の変化やニーズを的確に，スピーディーに把握し，ビジネスチャンスの可能性を見極めるため，企業経営者が定期的に現地視察を実施することも肝要である。

あわせて，北東アジア地域のビジネスマンと対等に交渉しあい，ビジネス・アライアンスをリードできる国際ビジネスマン（外国人の採用・登用を含め）の育成が緊要の戦略であろう。

【参考・引用文献】

日本貿易振興会編『世界貿易投資白書・2010年版』2010年。
ロシアNIS貿易会編『ロシアNIS経済速報』各号。
北陸環日本海経済交流促進協議会編『Warm Topic』各号。
環日本海経済研究所編『ERINA BUSINESS NEWS』各号。

統計資料

付表 1　中国経済の主要指標

	2003 年	2004 年	2005 年	2006 年	2007 年	2008 年	2009 年
実質 GDP 成長率	10.0	10.1	11.3	12.7	14.2	9.6	9.1
国内総生産（GDP・億ドル）	16410	19316	22446	26452	32816	44016	49847
一人当たり GDP（元）	10542	12336	14185	16500	20169	23708	25575
一人当たり GDP（ドル）	1274	1490	1715	2028	2566	3266	3744
都市世帯一人当可処分所得（元）	8432	9421	10493	11760	13786	15781	17175
農村世帯一人当純収入（元）	2622	2936	3255	3587	4140	4761	5153
直接投資受け入れ額（億ドル）	536	606	603	630	748	924	900
貿易総額（億ドル）	8510	11546	14219	17604	21737	25633	22075
輸出額	4382	5933	7620	9689	12178	14307	12016
同伸び率（％）	34.6	35.4	28.4	27.2	25.8	14.7	▲16.0
輸入額	4128	5612	6599	7915	9560	11326	10059
同伸び率（％）	39.8	36.0	17.6	19.9	20.8	18.5	▲11.2
経常収支（億ドル）	459	687	1608	2532	3718	4261	2971
外貨準備（億ドル）	4033	6099	8189	10663	15283	19460	23992
為替レート（元／ドル）	8.2770	8.2768	8.1917	7.9718	7.6040	6.9451	6.8314
通貨供給（M2 前年比％）	19.6	14.9	16.3	17.0	16.7	17.8	27.7
消費者物価指数（前年比％）	1.2	3.9	1.8	1.5	4.8	5.9	▲0.7
小売物価指数（前年比％）	▲0.1	2.8	0.8	1.0	3.8	5.9	▲1.2
財政収支（億元）	▲2935	▲2090	▲2281	▲1663	1541	▲1262	▲7782
歳入	21715	26396	31649	38760	51322	61330	68518
歳出	24650	28487	33930	40423	49781	62593	76300
上海株価総合指数　最高	1649.60	1783.01	1328.53	2698.90	6124.04	5522.78	3478.01
最低	1307.40	1259.43	998.23	1161.91	2541.53	1664.93	1844.09
年度末	1497.04	1266.50	1161.06	2675.47	5261.56	1820.81	3277.14
食糧生産（万トン）	43069	46947	48402	49804	50160	52871	53082
穀物生産量	37429	41157	42776	45099	45632	47847	48156
コメ	16066	17909	18059	18172	18603	19190	19510
小麦	8649	9195	9745	10847	10930	11246	11512
トウモロコシ	11583	13029	13937	15160	15230	16591	16397
豆類生産量	2128	2232	2158	2004	1720	2043	1930
肉類生産量（万トン）	6444	6609	6939	7089	6866	7279	7650

豚肉	4239	4341	4555	4651	4288	4621	4891
牛肉	543	560	568	577	613	613	636
自動車生産台数（万台）	444	509	570	728	889	931	1380
乗用車	207	228	277	387	480	504	748
トラック	112	158	149	180	218	203	308
自動二輪車生産台数（万台）	1461	1675	1691	2055	2508	2838	2759
自動車個人保有数（万台）	1219	1482	1848	2333	2876	3501	4575
携帯電話生産台数（万台）	18231	23752	30354	48014	54858	55945	61924
エアコン生産台数（万台）	4821	6390	6765	6849	8014	8147	8078
パソコン生産台数（万台）	3217	5975	8085	9336	12073	15854	18215
洗濯機生産台数（万台）	1964	2533	3036	3561	4005	4447	4974
冷蔵庫生産台数（万台）	2243	3008	2987	3531	4397	4800	5930
カラーTV生産台数（万台）	6541	7432	8283	8375	8478	9187	9899
粗鋼生産量（万トン）	22234	28291	35324	41915	48929	50306	57218
化学繊維生産量（万トン）	1181	1700	1665	2073	2414	2453	2747
化学肥料生産量（万トン）	3881	4805	5178	5345	5825	6028	6385
農薬生産量（万トン）	77	82	115	138	176	210	226
原油生産量（万トン）	16960	17587	18135	18477	18632	19043	18949
原油輸入量（万トン）	9102	12281	12682	14518	16317	17888	20379
大豆輸入量（万トン）	2074	2023	2659	2827	3082	3744	4255
小麦輸入量（万トン）	45	726	354	61	10	4	90
原木輸入量（万立方米）	2546	2631	2937	3215	3709	2957	2806
海外渡航者数（万人次）	1481	2298	2514	2880	3492	4013	4221

注：GDP（ドル）および一人当たりGDP（ドル）は，政府発表の各年の年平均レートによりドル換算。
　　為替レートは年平均レート。
　　財政は中央政府と地方政府の合計。
　　海外渡航者数は私的目的のみ。
資料：中華人民共和国国家統計局編『中国統計年鑑』，『中国統計摘要』各年版，他より作成。

付表2 中国の主要貿易相手国（2009年）

	総額		輸出		輸入		収支
	億ドル	構成比	億ドル	構成比	億ドル	構成比	億ドル
米　国	2983	13.5	2208	18.4	775	7.5	1433
日　本	2288	10.4	979	8.1	1309	13.0	▲330
香　港	1749	7.9	1662	13.8	870	8.6	792
韓　国	1562	7.1	537	4.5	1025	10.2	▲488
台　湾	1062	4.8	205	1.7	857	8.5	▲652
ドイツ	1056	4.8	499	4.2	557	5.5	▲58
オーストラリア	601	2.7	206	1.7	395	3.9	▲189
マレーシア	520	2.4	196	1.6	323	3.2	▲127
シンガポール	479	2.2	301	2.5	178	1.8	123
インド	434	2.0	297	2.5	137	1.4	160
ブラジル	424	1.9	141	1.2	283	2.8	▲142
オランダ	418	1.9	367	3.1	51	0.5	316
英　国	392	1.8	313	2.6	79	0.8	234
ロシア	388	1.8	175	1.5	212	2.1	▲37
タイ	382	1.7	133	1.1	249	2.5	▲116
フランス	345	1.6	215	1.8	130	1.3	85
サウジアラビア	325	1.5	90	0.7	236	2.3	▲146
イタリア	313	1.4	202	1.7	110	1.1	92
カナダ	297	1.3	177	1.5	121	1.2	56
インドネシア	284	1.3	147	1.2	137	1.4	10
アラブ首長国	212	1.0	186	1.5	26	0.3	160
イラン	212	1.0	79	0.7	133	1.3	▲54
フィリピン	205	0.9	86	0.7	119	1.2	▲33
スペイン	184	0.8	141	1.2	43	0.4	98
総　計	22075	100.0	12016	100.0	10059	100.0	1957

資料：中華人民共和国国家統計局編『中国統計年鑑』2010年版より作成。

付表3 対中国直接投資（実績）

(単位：100万ドル)

	2003年	2004年	2005年	2006年	2007年	2008年	2009年
日　本	5054	5452	6530	4598	3589	3652	4105
韓　国	4489	6248	5168	3895	3678	3135	2700
台　湾	3377	3117	2152	2136	1774	1899	1881
シンガポール	2058	2008	2204	2260	3185	4435	3605
マレーシア	251	385	361	393	397	247	429
米　国	4199	3941	3061	2865	2616	2944	2555
ドイツ	857	1058	1530	1979	734	900	1217
英　国	742	793	965	726	831	914	679
フランス	604	657	615	383	456	588	654
オランダ	725	811	1044	841	617	862	741
イタリア	317	281	322	350	348	493	161
香　港	17700	18998	17949	20233	27703	41036	46075
マカオ	417	546	600	603	637	581	815
バージン諸島	5777	6730	9022	11248	16552	15954	11299
ケイマン諸島	866	2043	1948	2095	2571	3145	2582
サモア	986	1129	1352	1538	2170	2550	2020
モーリシャス	521	602	908	1033	1333	1494	1104
総　額	53505	60630	60325	63021	74768	92395	90033

注：バージン諸島，ケイマン諸島，サモア，モーリシャスは課税回避地。香港，マカオは現地子会社からの投資を含む。
資料：中華人民共和国国家統計局編『中国統計年鑑』各年版より作成。

付表 4 中国の対外直接投資（非金融部門・ネット，実績）

（単位：100万ドル）

	2005年	2006年	2007年	2008年	2009年	2009年末残高
香　港	3420	6931	13732	38640	35601	164499
バージン諸島	1226	538	1876	2104	1612	15061
ケイマン諸島	5163	7833	2602	1524	5366	13577
オーストラリア	193	88	532	1892	2436	5863
シンガポール	20	132	398	1551	1414	4857
米　国	232	198	196	462	909	3338
南アフリカ	47	41	454	4808	42	2307
ロシア	203	452	478	395	348	2220
マカオ	8	▲43	47	643	456	1837
カナダ	32	35	1033	7	613	1670
韓　国	589	27	57	97	265	1218
ドイツ	129	77	239	183	179	1082
英　国	25	35	567	17	192	1028
ナイジェリア	53	68	390	163	172	1026
インドネシア	12	57	99	174	226	799
アルジェリア	85	99	146	42	229	751
ベトナム	21	44	111	120	112	729
日　本	17	39	39	59	84	693
スーダン	91	51	65	▲63	19	564
タ　イ	5	16	76	45	50	448
総　　計	12261	17634	26506	55907	56529	245755

注：南アフリカは統計不一致が見られる。
資料：付表3に同じ。

付表5 韓国経済の主要指標

	2002年	2003年	2004年	2005年	2006年	2007年	2008年	2009年
GDP成長率（%）	7.2	2.8	4.6	4.0	5.2	5.1	2.3	0.2
民間最終消費支出（%）	8.9	▲0.4	0.3	4.6	4.7	5.1	1.3	0.2
総固定資本形成（%）	7.1	4.4	2.1	1.9	3.4	4.2	▲1.9	▲0.2
建設投資（%）	6.2	8.5	1.3	▲0.4	0.5	1.4	▲2.8	4.4
設備投資（%）	7.3	▲1.5	3.8	5.3	8.2	9.3	▲1.0	▲9.1
失業率（%）	3.3	3.6	3.7	3.7	3.5	3.3	3.2	3.7
鉱工業生産指数	80.7	85.2	94.0	100.0	108.4	115.9	119.8	118.9
製造業常庸月額賃金（万ｳｫﾝ）	191	207	228	246	259	267	268	266
同　上昇率（%）	12.0	8.7	10.0	7.8	5.6	6.9	0.4	▲0.6
労働生産性（%）	10.7	4.8	10.6	7.2	12.3	6.4	0.5	3.4
外貨準備高（期末：億ﾄﾞﾙ）	1214	1554	1991	2104	2390	2622	2012	2700
為替レート（年末：ｳｫﾝ/$）	1200	1198	1044	1013	929	938	1257	1174
輸出（億ﾄﾞﾙ）	1625	1938	2538	2844	3255	3715	4220	3635
輸入（億ﾄﾞﾙ）	1521	1782	2245	2612	3094	3568	4353	3231
貿易収支（億ﾄﾞﾙ）	103	150	294	232	161	146	▲133	404
消費者物価（%）	2.8	3.5	3.6	2.8	2.2	2.5	4.7	2.8
一人当たりGNI（ﾄﾞﾙ）	12100	13460	15082	17531	19722	21695	19296	17175
対外直接投資（100万ﾄﾞﾙ）	3697	4062	6391	6954	11481	21421	22904	19437
市中銀行一般貸出金利	6.70	6.24	5.90	5.58	5.99	6.55	7.17	5.65
株価指数80年1月=100	757.0	679.8	832.9	1073.6	1352.2	1712.5	1657.3	1659.5
乗用車登録台数（万台）	934	1010	1048	1088	1140	1190	1236	1255

注：GDP成長率，民間最終消費支出，総固定資本形成，建設投資，設備投資，消費者物価は2005年価格基準。製造業生産指数2005年=100，労働生産性は全産業労働者の対前年変化率。貿易収支は輸出入の差額。対外直接投資は国際収支基準，一般貸出金利は期中平均，乗用車登録台数は期末，%に前期比または前年同期比。株価指数は年平均。

資料：Bank of Korea, *National Account*, Korea National Statistical Office, *Monthly Statistics of Korea*, The Export-Import Bank of Korea, *Overseas Direct Investment Statistics Yearbook*, 他より作成。

付表6　日本と東アジア諸国との貿易

	2008年							2009年						
	総 億ドル	額 伸び率	輸 億ドル	出 伸び率	輸 億ドル	入 伸び率		総 億ドル	額 伸び率	輸 億ドル	出 伸び率	輸 億ドル	入 伸び率	
中　　国	2663.8	12.5	1240.4	13.7	1423.4	11.5		2321.8	▲12.8	1096.3	▲11.6	1225.5	▲13.9	
香　　港	415.4	3.2	399.9	3.0	15.5	6.7		329.7	▲20.6	318.7	▲20.3	11.0	▲28.9	
韓　　国	882.4	8.3	589.9	8.8	292.5	7.3		692.5	▲21.5	472.5	▲19.9	220.0	▲24.8	
台　　湾	673.5	4.3	457.1	2.1	216.4	9.2		547.7	▲18.7	364.3	▲20.3	183.4	▲15.2	
シンガポール	342.6	18.9	264.3	21.3	78.3	11.3		268.1	▲21.7	207.0	▲21.7	61.1	▲21.9	
タ　　イ	498.8	13.8	292.5	14.5	206.3	12.9		382.9	▲23.2	222.5	▲23.9	160.4	▲22.3	
マレーシア	393.6	21.5	163.3	8.7	230.3	32.6		296.2	▲24.7	128.6	▲21.2	167.6	▲27.2	
インドネシア	448.0	26.2	125.1	38.3	322.9	22.1		311.6	▲30.4	93.3	▲25.4	218.3	▲32.4	
フィリピン	182.6	0.6	99.0	4.7	83.6	▲4.0		146.3	▲19.9	82.3	▲16.9	64.0	▲23.4	
ベトナム	168.0	42.4	77.7	36.9	90.3	47.4		134.8	▲19.8	65.2	▲16.1	69.6	▲22.9	
イ　ン　ド	130.7	26.9	78.5	27.6	52.2	25.6		100.7	▲23.0	63.4	▲19.3	37.3	▲28.4	
アジア計	6898.3	12.9	3826.6	11.5	3071.7	14.7		5608.4	▲18.7	3144.1	▲17.8	2464.3	▲19.8	
世　界　計	15320.1	14.9	7759.2	8.9	7560.9	21.7		11330.4	▲26.0	5807.9	▲25.2	5522.5	▲27.0	

資料：日本貿易振興機構編『JETRO貿易投資白書 2010』より作成。

付表7 東アジア諸国の成長率

	2001年	2002年	2003年	2004年	2005年	2006年	2007年	2008年	2009年
韓　　　国	4.0	7.2	2.8	4.6	4.0	5.2	5.1	2.3	0.2
台　　　湾	▲1.7	5.3	3.7	6.2	4.7	5.4	6.0	0.7	▲1.9
香　　　港	0.5	1.8	3.0	8.5	7.1	7.0	6.4	2.2	▲2.8
シンガポール	▲1.2	4.2	4.6	9.2	7.4	8.6	8.5	1.8	▲1.3
タ　　　イ	2.2	5.3	7.1	6.3	4.6	5.1	4.9	2.5	▲2.2
マレーシア	0.5	5.4	5.8	6.8	5.3	5.8	6.5	4.7	▲1.7
インドネシア	3.6	4.5	4.8	5.0	5.7	5.5	6.3	6.0	4.5
フィリピン	1.8	4.4	4.9	6.4	5.0	5.3	7.1	3.7	1.1
中　　　国	8.3	9.1	10.0	10.1	11.3	12.7	14.2	9.6	9.1
ベトナム	6.8	7.1	7.3	7.7	8.4	8.2	8.5	6.3	5.3
イ　ン　ド	5.8	3.8	8.5	7.5	9.5	9.7	9.2	6.7	7.4
ロ　シ　ア	5.1	4.7	7.3	7.2	6.4	7.7	8.1	5.6	▲7.9
日　　　本	0.2	0.3	1.4	2.7	1.9	2.0	2.4	▲1.2	▲5.2

資料：各国政府統計より作成。

付表8 東アジア諸国の一人当たり GDP の推移

(単位：ドル)

	韓 国	台 湾	香 港	シンガポール	マレーシア	タ イ	インドネシア	フィリピン	中 国	ベトナム	日 本	インド	ロシア
1970年	275	390	963	914	394	196	80	183	na	na	1978	110	1790
1980年	1689	2330	5695	4854	1812	696	644	672	na	na	9072	263	na
1990年	6308	8086	13368	13472	2432	1518	699	718	344	na	24547	378	3430
1995年	11979	12865	23003	24114	4358	2826	1144	1105	604	289	41969	386	2116
2000年	11347	14641	25199	23019	4030	1967	807	987	949	402	36800	460	1794
2001年	10655	13108	24753	20700	3864	1836	773	906	1042	413	32214	463	2096
2002年	12094	13370	24351	21152	4112	1999	928	958	1135	440	30756	477	2377
2003年	13451	13738	23443	22651	4409	2229	1100	973	1274	489	33134	543	2968
2004年	15029	14986	24403	26319	4898	2479	1188	1040	1490	554	36059	620	4100
2005年	17551	16023	25998	28350	5319	2709	1300	1159	1715	637	35633	716	5322
2006年	19707	16451	27489	31622	5951	3174	1636	1351	2028	724	34150	791	6932
2007年	21653	17123	29783	37111	6967	3759	1916	1624	2566	835	34268	989	9140
2008年	19162	17480	30696	36384	8143	4108	2238	1848	3266	1048	38272	1066	11739
2009年	17074	16372	29803	37597	6950	3941	2329	1748	3744	1068	39740	1032	8681

注：インドとロシアの1970年は一人当たり GNP。中国は、政府発表の中間レートでドル換算。
資料：IMF, *International Financial Statistics*, *World Economic Outlook*、および各国政府統計他より作成。

付表9 日本と中国の貿易動向

(単位：億ドル, %)

	総額		輸出		輸入		収支
	金額	伸び率	金額	伸び率	金額	伸び率	
2000年	1148.0	28.2	577.9	28.0	570.1	28.4	7.7
2001年	1140.4	▲0.7	544.8	▲5.7	595.6	4.5	▲50.8
2002年	1278.7	12.1	649.3	19.2	629.4	5.7	19.9
2003年	1630.2	27.5	866.8	33.5	763.4	21.3	103.4
2004年	2050.2	25.8	1092.1	26.0	958.1	25.5	134.0
2005年	2276.0	11.0	1168.0	6.9	1108.1	15.6	59.9
2006年	2494.1	9.6	1293.1	10.7	1201.0	8.4	92.2
2007年	2765.8	10.9	1476.4	14.2	1289.4	7.4	187.0
2008年	3081.6	11.4	1643.3	11.3	1438.3	11.6	204.9
2009年	2646.5	▲14.1	1412.6	▲14.0	1233.8	▲14.2	178.8

注：税関長公示の年平均為替レートでドル換算。伸び率はドルベース。香港との取引を含む。
資料：財務省，貿易統計より作成。

付表10 日本とインドの貿易動向

(単位：100万ドル, %)

	総額		輸出		輸入		収支
	金額	伸び率	金額	伸び率	金額	伸び率	
2000年	5121	10.2	2474	2.7	2647	18.4	▲176
2001年	4159	▲18.8	1932	▲21.9	2227	▲15.9	▲295
2002年	3948	▲5.1	1862	▲3.6	2086	▲6.3	▲224
2003年	4540	15.0	2374	27.5	2166	3.8	208
2004年	5649	24.4	3039	28.0	2610	20.5	429
2005年	6755	19.6	3541	16.5	3214	23.1	327
2006年	8514	26.0	4457	25.9	4057	26.2	400
2007年	10305	20.9	6152	38.0	4153	2.4	1999
2008年	13075	26.9	7854	27.7	5221	25.7	2633
2009年	10041	▲23.2	6322	▲19.5	3719	▲28.8	2603

注：税関長公示の年平均為替レートでドル換算。伸び率はドルベース。
資料：付表9に同じ。

付表 11　福井県の経済・社会指標

	項目	調査年	データ	単位	R
面積	面積	09 年 10 月	4,189.54	km²	
	人口密度	10 年 3 月末	193.2	人 / km²	
	可住地面積	05 年	1,070.01	km²	
	都市計画区域面積	09 年 3 月末	973.10	km²	
人口・世帯	人口 (住民基本台帳)	10 年 3 月末	809,465	人	
		00 年 3 月末	828,189	人	
	増減率	10 年 / 00 年	▲ 2.3	%	
	世帯数 (住民基本台帳)	10 年 3 月末	272,292	世帯	
		00 年 3 月末	252,810	世帯	
	増減率	10 年 / 00 年	7.7	%	
	世帯当たり平均人員	10 年 3 月末	2.97	人	
	高齢者比率	10 年 3 月末	32.1	%	
	人口 (国勢調査)	05 年	821,592	人	43
		95 年	826,996	人	44
		85 年	817,633	人	45
	労働力人口	05 年	442,747	人	43
	人口に占める労働力人口	05 年	53.9	%	4
	完全失業者	05 年	18,788	人	45
	非労働力人口	05 年	249,098	人	45
	産業別就業人口構成比　第 1 次産業	05 年	4.7	%	32
	第 2 次産業	05 年	33.1	%	7
	第 3 次産業	05 年	61.5	%	32
	高等教育卒業比率 (国勢調査)	00 年	20.7	%	30
	出生者数	09 年度	7,027	人	
	死亡者数	09 年度	8,219	人	
	自然増減	09 年度	▲ 1,192	人	
	転入者数	09 年度	19,344	人	
	転出者数	09 年度	21,309	人	
	社会増減	09 年度	▲ 1,965	人	

	項目	調査年	データ	単位	R
	地方公務員数 職員数（全職種）	2009年4月	13,765	人	
	地方公務員数 採用者数（全職種）	08年度	394	人	
	歳入	08年度	464,298,423	千円	
	地方税	08年度	118,447,446	千円	
	地方交付税	08年度	115,220,190	千円	
	地方債	08年度	76,357,974	千円	
行財政	歳出	08年度	457,838,694	千円	
	財政力指数	08年度	0.42	―	
	経常収支比率	08年度	91.6	%	
	実質公債費比率	08年度	13.3	%	
	将来負担比率	08年度	234.6	%	
	ラスパイレス指数	08年度	100.2	%	
	人口10万人当たり職員数	08年度	1,577.22	人	
	人口1人当たり人件費・物件費等決算額	08年度	165,816	円	
	県内総生産	07年度	3,846,762	百万円	
	県内総生産	97年度	3,303,544	百万円	
経済計算	増減率	07/97年度	16.4	%	
	一次産業比率	07年度	1.1	%	
	二次産業比率	07年度	31.6	%	
	三次産業比率	07年度	70.5	%	
	人口あたり県内総生産 *4	07年度	475.2	万円	
	農業産出額	06年	495	億円	44
	事業所数	06年	48,713	ヶ所	42
	事業所数	91年	56,907	ヶ所	40
	増減率	06/91年	▲14.4	%	36
事業所	事業所従業者数	06年	404,338	人	40
	事業所従業者数	91年	427,390	人	41
	増減率	04/91年	▲5.4	%	37
	新設事業所（民営事業所）	06年	8,398	社	44
	廃業事業所（民営事業所）	06年	12,240	社	42
	上場企業数	10年	16	社	

	項目		調査年	データ	単位	R
製造業	製造業事業所数		08年	2,891	ヶ所	
			98年	4,168	ヶ所	
	増減率		08/98年	▲30.6	%	
	300人以上		08年	26	ヶ所	
	大企業比率		08年	0.90	%	
	製造業事業所従業者数		08年	75,468	人	
			98年	92,102	人	
	増減率		08/98年	▲18.1	%	
	製造品出荷額等		08年	2,095,120	百万円	
			98年	1,943,164	百万円	
	増減率		08/98年	7.8	%	
	粗付加価値額		08年	801,030	百万円	
			98年	870,111	百万円	
	増減率		08/98年	▲7.9	%	
製造業（つづき）	従業員あたり製造品出荷額等		08年	2,776	万円	
	従業員あたり粗付加価値額		08年	1,061	万円	
	製造品出荷額等	第1位業種	08年	デ	15.8	%	—
		第2位業種	08年	化	13.5	%	—
		第3位業種	08年	繊	13.2	%	—
		第4位業種	08年	非	7.8	%	—
		第5位業種	08年	プ	7.1	%	—
小売業	小売商店数		07年	9,380	店	43
			94年	12,274	店	44
	増減率		07/94年	▲23.6	%	22
	取扱品目別小売店舗数割合	各種商品	07年	0.4	%	19
		織物・衣服・身の回り品	07年	15.6	%	6
		飲食料品	07年	33.5	%	32
		自動車・自転車	07年	8.3	%	10
		家具，じゅう器，機械器具	07年	35.1	%	35
		その他の小売	07年	32.5	%	47
	小売商店従業者数		07年	51,937	人	42
			94年	51,936	人	44
	増減率		07/94年	0.0	%	26

		項目	調査年	データ	単位	R
小売業	年間商品販売額		07年	904,694	百万円	41
			94年	999,661	百万円	41
	増減率		07/94年	▲9.5	%	31
	取扱品目別年間商品販売額割合	各種商品	07年	6.8	%	41
		百貨店・総合スーパー	07年	6.1	%	37
		織物・衣服・身の回り品	07年	6.6	%	27
		飲食料品	07年	31.9	%	16
		うち各種食料品	07年	14.3	%	21
		自動車・自転車	07年	15.6	%	3
		家具,じゅう器,機械器具	07年	7.6	%	29
		その他の小売	07年	31.5	%	27
		医薬品・化粧品	07年	4.6	%	46
		書籍・文房具	07年	2.9	%	25
	売場面積		07年	1,215,677	m^2	41
			94年	1,045,351	m^2	42
	増減率		07/94年	16.3	%	37
	従業員あたり年間商品販売額		07年	1,742	万円	15
	人口あたり年間商品販売額 *4		07年	111.8	万円	
	人口あたり売場面積 *4		07年	1.50	m^2	
	大型小売店舗	大型小売店舗数	10年4月	176	店	
		大型小売店舗面積	10年4月	647,576	m^2	
		大型店1店舗あたり店舗面積	10年4月	3,679.41	m^2	
		大型店面積占有率 *1	10年4月	53.3	%	
	流出入係数 *2		07年	1.05	—	
建築・土地	新設住宅着工戸数		08年度	4,497	戸	
	新設住宅着工床面積		08年度	492,826	m^2	
	建築物着工床面積		08年度	860,368	m^2	
	建築物着工床面積用途別割合	製造業用	08年度	10.8	%	
		卸売・小売業用	08年度	6.9	%	
		その他サービス業用	08年度	3.0	%	
	1m^2あたり平均地価	住宅地	07年7月	373	百円	
		商業地	07年7月	696	百円	
		工業地	07年7月	133	百円	

	項目	調査年	データ	単位	R
	個人預貯金残高	07年3月末	44,033	億円	39
	一世帯当たり	07年3月末	1,636	万円	2
	乗用車保有台数	09年3月末	474,185	台	
預金・消費・福祉等	世帯あたり乗用車保有台数*3	07年3月末	1.74	台	
	病院・一般診療所数	08年10月	671	ヶ所	
	医師数	08年12月末	1,851	人	
	都市公園面積	09年3月末	1,111	ha	
	人口あたり都市公園面積*4	09年3月末	13.72	m²	
	公共下水道普及率	06年3月末	68.2	%	
ごみ排出量	年間排出量	08年度	294,392	t	
	人口あたり年間ごみ排出量	08年度	358	kg	

注：Rは，47都道府県中の順位（降順）。
*1　小売業売場面積は07年度，大型店舗面積は10年4月データを使用。
*2　流出入係数＝07年小売業売上シェア／10年人口シェア。
*3　世帯数は10年3月末，乗用車保有台数09年3月末データを使用。
*4　人口は10年3月末データを使用。
資料：各種統計より筆者作成。

執筆者紹介（執筆順）

坂田幹男（SAKATA Mikio）：福井県立大学経済学部教授・経済学博士。
1949年山口県生まれ。大阪市立大学大学院経済学研究科博士後期課程修了。
専門分野：アジア経済，開発経済。
主著：『中国経済の成長と東アジアの発展』（編著）ミネルヴァ書房，2009年。
『開発経済論の検証』（単著）国際書院，2011年。

杉本 侃（SUGIMOTO Tadashi）：欧亜総合研究所代表・（公財）環日本海経済研究所副所長。
1944年東京生まれ。東京外国語大学ロシア科卒業。
専門分野：ロシアCISエネルギー開発，日露経済関係，北東アジア経済圏構想。
主著：『2030年までのロシアの長期エネルギー戦略』（単著）東西貿易通信社，2010年。
『21世紀のロシア・エネルギー戦略 2008年版』（監修）東西貿易通信社，2008年。

アンドレイ・ベロフ（Andrey BELOV）：福井県立大学経済学部教授・Ph. D.
1959年ロシアサンクトペテルブルグ生まれ。サンクトペテルブルグ大学大学院国際経済関係研究科修了。
専門分野：ロシア経済，国際経済。
主著：『北東アジアにおける国際労働力移動と地域経済開発』（共著）ミネルヴァ書房，2005年。
『中ロ経済論』（共著）ミネルヴァ書房，2010年。

崔 宗一（CHOE Jongil）：韓国朝鮮大学校経済学科助教授・経済学博士。
1968年韓国光州生まれ。大阪大学大学院経済学研究科博士課程修了。
専門分野：マクロ経済，計量経済。
主著："Do Foreign Direct Invesment and Gross Domestic Investment Promote Economic Growth?" *Review of Development Economics*, 7(1), 2003.
"An Ordered Probit Analysis of Factors Promoting the Regional Information Policy: The Case of Japanese Local Governments" (with Masatsugu Tsuji), *Mathematics and Computers in Simulation*, 64(1), 2004.

来馬克美(KURUBA Katsumi):財団法人若狭湾エネルギー研究センター専務理事。
　1948年福井県生まれ。大阪大学工学部原子力工学科卒業。
　専門分野：原子力安全行政。
　主著：『君は原子力を考えたことがあるか——福井県原子力行政40年私史——』ナショナル
　　　　ピーアール株式会社，2010年。

龍　世祥(LONG Shixiang):富山大学経済学部・大学院教授・博士(学術)。
　1959年中国吉林省生まれ。金沢大学大学院社会環境科学研究科後期博士課程修了。
　専門分野：環境経済学，環境産業論。
　主著：『循環社会論』(単著)晃洋書房，2002年。
　　　　『環境産業と産業構造』(単著)晃洋書房，2004年。

吉田真広(YOSHIDA Masahiro):駒澤大学経済学部教授・経済学博士。
　1958年北海道生まれ。國學院大學大学院経済学研究科博士後期課程修了。
　専門分野：国際金融，国際貿易。
　主著：『今日の国際収支と国際通貨』(単著)梓出版社，1997年。
　　　　『ドル体制とグローバリゼーション』(編著)駿河台出版社，2008年。

金　良姫(Kim Yanghee):韓国対外経済政策研究院(KIEP)日本経済チーム・経済学博士。
　1965年韓国ソウル市生まれ。東京大学大学院経済学研究科博士課程修了。
　専門分野：日本経済，韓日経済関係。
　主著：『日本の既締結EPAの分析と韓日FTAへの政策示唆点』(編著)対外経済政策研究
　　　　院，2008年。
　　　　『長期不況以後日本経済の構造変化とグローバル経済危機』(共著)対外経済政策研
　　　　究院，2009年。

加藤健太郎(KATO Kentaro):福井県立大学訪問研究員・経済学博士。
　1973年福井県生まれ。福井県立大学大学院経済学研究科博士後期課程修了。
　専門分野：中国経済。
　主著：「『第11次5カ年計画』の策定と中国経済の展望」『世界経済評論』第50巻第2号，
　　　　2006年2月。
　　　　『中国経済の成長と東アジアの発展』(共著)ミネルヴァ書房，2009年。

執筆者紹介

桑原美香（KUWAHARA Mika）：福井県立大学経済学部准教授・経済博士。
1974年山口県生まれ。広島大学大学院社会科学研究科博士後期課程修了。
専門分野：地方財政，財政学。
主著：『分権型社会の制度設計』（共著）勁草書房，2005年。
　　　『中国経済の成長と東アジアの発展』（共著）ミネルヴァ書房，2009年。

福山　龍（FUKUYAMA Ryu）：福井県立大学経済学部准教授・法学博士。
1962年中国山東省生まれ。龍谷大学大学院法学研究科博士後期課程修了。
専門分野：商法，会社法。
主著：『中国における外資系合弁企業の法規制と問題点』（単著）日本評論社，2003年。
　　　『小規模閉鎖会社と従業員持株制度』（単著）朋友書店，2006年。

南保　勝（NANPO Masaru）：福井県立大学地域経済研究所教授・経済学博士。
1953年福井県生まれ。福井県立大学大学院経済・経営学研究科修士課程修了。
専門分野：地域経済，地場産業論。
主著：『地方小都市の産業振興戦略』（共著）新評論，2004年。
　　　『地場産業と地域経済』（単著）晃洋書房，2008年。

江川誠一（EGAWA Seiichi）：福井県立大学地域経済研究所講師。
1967年福井県生まれ。京都大学工学部建築学科卒業。
専門分野：地域経済，地域政策論。
主著：「福井における都心機能に関する一考察」『ふくい地域経済研究』（福井県立大学地域経済研究所編）第2号，2006年。
　　　「観光産業の市場規模と福井県経済への寄与度に関する考察」『ふくい地域経済研究』第10号，2010年。

野村　允（NOMURA Makoto）：環日本海経済交流センター貿易・投資アドバイザー。
1931年山形県生まれ。金沢大学法文学部卒業。
専門分野：北東アジア経済。
主著：『東アジアの交流と地域諸相』（共著）思文閣出版，2006年。
　　　『日本海学の新世紀7：つながる環境　海・里・山』（共著）角川学術出版，2007年。

（東アジアと地域経済　2011）
北東アジアのエネルギー政策と経済協力
　　　　　　　　　　　　　Ⓒ Fukui Prefectural University 2011

2011年3月20日　初版第一刷発行

　　　　　編集・発行　　福 井 県 立 大 学
　　　　　　　　　　　　福井県吉田郡永平寺町松岡兼定島4-1-1
　　　　　　　　　　　　　　　　　　　　（〒910-1195）
　　　　　　　　　　　　電　話（0776）61-6000
　　　　　　　　　　　　F A X（0776）61-6011

　　　　　発　売　　　京都大学学術出版会
　　　　　　　　　　　　京都市左京区吉田近衛町69
　　　　　　　　　　　　京都大学吉田南構内（〒606-8315）
　　　　　　　　　　　　電　話（075）761-6182
　　　　　　　　　　　　F A X（075）761-6190
　　　　　　　　　　　　U R L　http://www.kyoto-up.or.jp
　　　　　　　　　　　　振　替　01000-8-64677

ISBN 978-4-87698-991-1　　　　　印刷・製本　㈱クイックス
Printed in Japan　　　　　　　　　定価はカバーに表示してあります

本書のコピー，スキャン，デジタル化等の無断複製は著作権法上での例外を
除き禁じられています。本書を代行業者等の第三者に依頼してスキャンやデ
ジタル化することは，たとえ個人や家庭内での利用でも著作権法違反です。